KB124977

전쟁과 성폭력의 비교사

가려진 피해자들의 역사를 말하다

우에노 지즈코 · 아라라기 신조 · 히라이 가즈코 엮음

서재길 옮김

SENSO TO SEIBORYOKU NO HIKAKUSHI E MUKETE
edited by Chizuko Ueno, Shinzo Araragi, and Kazuko Hirai

First published 2018 by Iwanami Shoten, Publishers, Tokyo.
This Korean edition published 2020
by Amoonhaksa, Seoul
by arrangement with Iwanami Shoten, Publishers, Tokyo

차례

제2부
이야기할 수 없는 기억

제5장 | 섹스라고 하는 접촉지대: 일본 점령의 경험에서

챠조노 도시미

제6장 | 이야기를 꺼내기 시작한 성폭력 피해자: 만주 인양자의 희생자 담론을 독해하다

이노마타 유스케

제7장 | 인양 여성의 '불법 임신'과 전후 일본의 '중절의 자유'

히구치 게이코

제3부
역사학에 대한 도전

일러두기

- 일본어 및 중국어 고유명은 현 외래어 표기법에 준해 표기하였다.

- 중국어는 현지 한자음을 가급적 살려서 표기하며 발음이 불명확한 경우 한국어 발음을 사용했다.

- 본문 속 한국어 표현은 최대한 한국어 원문을 찾아 인용했다.

- 서양서의 번역일 경우, 가급적 한국어 번역본과 원서를 참조하여 역자가 원서로부터 번역하였다.

- 원문의 주석은 숫자로, 역자 주석은 별표(*)로 표기하여 각주로 둔다.

- 외국어는 괄호 속에 두며, 후리가나가 붙은 경우에도 괄호에 넣어 표시한다.

- 독자의 편의를 위해 붙인 한자는 괄호 없이 병기한다.

들어가는 말

전쟁과 성폭력의 비교사를 향하여

1. 아시아발의 전쟁과 성폭력 연구

전쟁과 성폭력에 관한 연구는 아시아에서 출발했다. 출발선은 1991년. 일본군 '위안부'였던 한국 여성 김학순이 실명을 밝히면서 익명의 '위안부' 및 군인·군속과 함께 일본 정부를 상대로 손해배상을 청구하는 재판을 제소한 것이 그 시작이었다. 그 이전에도 한국정신대문제대책협의회의 전 대표 윤정옥에 의한 청취 조사와 센다 가고千田夏光(1973), 김일면(1976) 등이 쓴 르포르타주가 있었다. 그러나 '위안부' 문제와 전시 성폭력이 역사학의 정통적인 대상으로서 인식되었다는 점에서 1991년은 획을 그은 한 해였다. 그 뒤 아시아발의 전쟁과 성폭력 연구는 세계 각지로 비화하여 각국의 전시 성폭력 실태 연구가 진전됨으로써 우리가 비교사를 진행할 수 있도록 하는 조건을 축적했다.

그로부터 사반세기. 전쟁과 성폭력의 비교사를 바라보는 관점을 개척한 두 권의 저작이 일본에서 번역, 간행되었다. 그 한 권이 메리 루이즈 로버츠의 『병사와 섹스—제2차 세계대전하 프랑스에서 미군은 무엇을 했는가?』(Roberts, 2013=2015)이고, 다른 한 권이 레기나 뮐호이저의 『전장의 성—독소전쟁하 독일병과 여성들』[1](Mühlhäuser, 2010=2015)이다. 앞의 책은 1944년 노르망디 상륙작전에서 프랑스의 해방군으로 상륙한 미군 병사들과 현지 프랑스 여성 사이에 일어난 강간, 매매춘, 연애 등의 다양한 성적 접촉을 묘사하고 있다. 뒤의 책은 제2차 세계대전 중의 독소전쟁(1941-45)에서 옛 소련지역을 침공한 독일 병사와 전장 혹은 점령지가 된 지역의 여성들 사이에서 발생한 강간, 거래로서의 성, 합의에 의한 관계, 독일군 아이의 임신과 출산까지를 포함한 성적 관계를 기술하고 있다.

전쟁과 성폭력의 비교사를 촉구하게 된 두 권의 저작은 일본군 '위안부' 문제와 깊은 관련을 가지고 있다. 뮐호이저는 2000년 여성국제전범재판[2]에 자원봉사자로 참여한 경력을 가졌다. 로버츠의 저서는 병사에게 '위안'이 필요하다는 '위안소' 긍정론을 주장하는 전 오사카부 지사 하시모토 도루橋下徹에 의해 일본에 소개되는 복잡한 사연이 있는 책이다.[3]

사실 성폭력이라고 하는 스티그마*화하기 쉬운 주제는 그 자체를 아는 것이 매우 곤란하다. 이 같은 상황하에서 미국, 프랑스, 독일에 관한 경험이 사실로서 발굴되었다는 것 자체가 획기적인 것이라 해도 좋을 것이다. 게다가 두 책은 성폭력을 강간에서 매매춘, 연애에 이르기까지의 다양성과 연속성이라는 관점에서 파악하고 있다는 점에서도 공통점을 지니고 있다.

실험실적인 상황을 재현할 수 없는 역사학에서는 비교가 특별히 중요한 방법이 된다. 비교에 의해 비로소 특정 사례가 지닌 독특함과 다른 것과의 공통점이 명확해지기 때문이다. 비교라고 하는 문맥에서 바라볼 경우 일본군 '위안부' 문제의 고유성과 보편성은 어디에 있는 것인가? 말할 수 있는 성폭력 피해와 말할 수 없는 성폭력 피해를 나누고 그 차이를 낳는 단절선은 어디에 있으며, 그것은 무엇 때문인가? 그리고 역사에서 트라우마화하고 스티그마화하는 경험을 우리는 어떻게 이야기할 수 있을까? 또한, 비교사는 오용될 경우 '군대 성폭력의 보편설'을 지지하는 쪽에 이용될 위험성도 있다. 비교사에서는 어떤 것이 가능할 것인가? 무엇을 비교하고 무엇을 비교해서는 안 되는 것인가? 이러한 질문에 대답함으로써 비교사의 방법론을 향해 한 걸음 나아가는 것이 이 책의 과제이다.

1 영어 번역이 아직 간행되지 않은 뮐호이저의 저서는 일본어 번역서가 먼저 발행되어 일본어권에서는 이 두 책을 모두 읽을 수 있는 혜택을 누리는 상황이다.

2 버트런드 러셀의 민중법정을 좇아 2000년 12일 도쿄에서 일본, 남북한, 타이완, 필리핀, 인도네시아, 말레이시아 등 10개국의 여성단체가 협력하여 개최한 전범 법정. 국제적 페미니스트 법학자들이 참가하여 판사의 역할을 맡아 천황 히로히토에 대해 유죄 판결을 내리는 등 획기적인 사건이었다.

3 2013년 "위안부 제도가 필요하다는 것은 누구든 안다"며 이를 정당화함으로써 자매 도시인 샌프란시스코 시의회로부터 비판받은 하시모토 도루 오사카 시장(당시)이 상대방 의회에 보내는 석명문釋明文 속에서 이 책을 언급했다. 이 일을 계기로 이 책이 일본에 소개된 사정을 역자인 사토 후미카가 '해설'에서 소개하고 있다.

* 어떤 대상에게 부정적인 편견이나 고정관념을 갖게 되는 현상을 의미하는 심리학 용어. 한국어로 '낙인'으로 번역됨.

2. 기억과 증언이 묻는 것

전쟁과 성폭력 연구의 앞을 가로막고 있는 최대의 곤란은 기억과 증언이라고 하는 문제이다. 성폭력은 가해자도 피해자도 이를 사실로서 기록으로 남기는 경우가 매우 드물다. 가해자에게는 스티그마가 되고, 피해자에게는 트라우마인 동시에 스티그마가 되기 때문이다. 또한 가해자와 피해자 사이의 인지 갭(perception gap)이 현저하게 크다고 하는 경험의 비대칭성도 특징이다. 특히 피해자를 스티그마화하는 젠더 규범하에서 피해자의 증언은 억압되기 십상이다. 피해자의 침묵에 의해 가해자는 면책되었고 피해자는 구제받지 못했다. 그렇다면 성폭력 피해의 이야기는 어떻게 가능해지는가. 증언을 가능하게 하는 조건은 어떠하며, 무엇이 이야기되고 무엇이 이야기되지 못하는가. 여기에 이야기를 듣는 이는 어떻게 관여하며 이야기는 어떻게 다루어져야 하는가. 이상과 같은 과제에 응답할 것이 요청되고 있다.

따라서 전쟁과 성폭력의 비교사는 아래의 세 가지 분야에 대해 도전하게 될 것이다.

첫 번째로는 전쟁 연구에 대한 도전이다.

전쟁에 수반되는 성폭력에 대해서는, 지금까지 컨트롤이 불가능한 남성의 성욕의 발로, 혹은 통제가 불가능한 전시하에서 일어나는 병사의 일탈 행위로 간주되어 왔다. 전쟁은 모든 이문화異文化 접촉 가운데에서도 가장 폭력적이고 강제적인 접촉이다. 이 때문에 종종 '강간'으로 비유된다. 메타포가 아니라 문자 그대로의 강간이 전쟁에는 수반되었다. 그렇지만 여태껏 '전사의 명예'를 이유로 전쟁의 성적 측면에 대해서는 이야기되지 않았다.[4] 조직적인 매춘에서 강간에 이르기까지 전시 성폭력을 주제로 한 연구는 늘 군대와 병사들의 분노를 야기했다.[5] 그러나 최근 전쟁과 성폭력에 대한 연구가 진척됨에 따라, 성폭력은 전쟁 수행에 수반되는 병사의 일탈행위라든가 우발적인 일화 같은 것이 아니라는 사실이 차츰 밝혀졌다. 실제로는 조직적인 성폭력에서 우발적인 성폭력에 이르기까지, 군대가 관여한 것에서 묵인하는 것에 이르기까지, 다양성이 존재한다는 것이 알려졌다. 적에 대한 성폭력뿐만 아니라 아군 병사의 신체 관리를 위한 여성 동원에 이르기까지 성폭력은 심지어 군사적인 전술의 하나로서도 채택되어 왔다는 것이 명확해짐에 따라,[6] 전쟁연구에서 성폭력은 필수적인 주제 중 하나가 되었다. 일본군 병사의 전력 유지에 공헌하였던 '위안부'는 군수물자의 하나로서 이송되었지만, 동원된 기록을 정식으로 남기지 않았고 야스쿠니에 모셔지지도 않았다. 그렇지만 가해자와 피해자가

4 강간과 매춘이 존재했다는 사실이 비록 공공연히 알려져 있었다고 해도, 그것은 군대가 공식적으로 인정하는 기억 속에서는 포함되지 않았으며, 전사戰史에도 기록되지 않았다. 민간인에 대한 강간은 군기 위반으로 처벌대상이 되는 경우도 있었으나 대개는 처벌을 면했다. 적어도 명분상으로는 성폭력을 군대가 인정하려 들지 않는(수치스러운) 것으로 생각되어 왔던 까닭이다. 이것이 전시 성폭력에 관한 기록이 남지 않은, 혹은 기록을 말소하려 했던 이유였을 것이다.

5 로버츠의 책은 간행된 뒤 미국 퇴역군인들의 분노를 샀다. 또한 오스트레일리아 군이 남방전선에서 점령 후 일본군 '위안부'를 자신들의 '위안'을 위해 전용했다고 지적한 다나카 도시유키(1993)는 오스트레일리아 퇴역군인회로부터 비난을 받았다. 병사들은 적어도 이를 '불명예스러운 행위'라고 생각하고 있었다는 것이 드러난다.

6 보스니아-헤르체고비나 분쟁에서는, 세르비아 쪽이 '레이프 센터'를 설치하여 세르비아 병에게 강간당한 무슬림 여성을 중절이 불가능할 때까지 구속해 두는 '민족정화(ethnic cleaning)' 작전이 조직적으로 시행되었다.

모두 침묵하고 있다고 해서 성폭력은 없었던 일이 될 수 없다. 그리고 군사사軍事史가 공식적인 기억으로서 성폭력의 역사를 억압해 온 이유는 무엇인지를 질문하지 않으면 안 된다.

두 번째로는 역사학에 대한 도전이다.

'위안부' 증언이 등장한 1990년대는 역사학에서 피에르 노라의 '기억의 장소'(Nora, 1984 = 2002)와 같은 기억론에 기초한 접근이 등장한 시기이기도 했다. 이를 역사학의 '기억론적 전회'라고 한다. 기억 속에는 말해질 수 있는 경험과 끝내 말해질 수 없는 경험 두 가지가 존재한다. 바로 이런 이유 때문에 역사란 기억만이 아니라 '선택적 기억과 망각'의 집합인 것이다. 그리고 '선택적 망각' 속에는 '불편한 진실' 곧 가해의 기억이나 트라우마적 피해의 기억이 있다. 노라가 '기억의 장소'로 역사적 모뉴먼트나 박물관을 거론하는 배경에는 생존자의 고령화에 의해 제2차 세계대전과 같은 국민적 기억이 위기에 처해 있다는 상황이 있었다. 역사학은 해당 사건을 경험하지 못한 세대가 국민적 기억을 어떻게 계승할 것인가 하는 과제에 직면해 있다.

역사학의 '기억론적 전회'를 가져온 것은 구조주의에 의해 '언어론적 전회(linguistic turn)' 혹은 '서사론적 전회(narrative turn)'라 불리는 인식론적 전환이었다(우에노, 2001; 1998). 이러한 기억론적 전회는 역사학에서 증언이 차지하는 위치를 변화시켜 구술사(oral history)의 중요성을 강조했다. 기억과 증언이 역사학에 도입됨으로써 역사학은 다원적이면서도 풍부해졌지만, 다른 한편으로는 기억과 증언을 둘러싼 복잡한 문제계問題界를 한꺼번에 가져왔다.

역사는 집합적 기억이라고 하는 '기억론적 전회'는 많은 역사학자들에게 거센 반발을 불러일으켰다. 이들은 실증과학의 추종자들로서 '사료(evidence)'와 '사실(fact)'에 충실한 전문가를 자처하였으므로 역사가 이야기라는 주장을 받아들이기 어려웠던 것이다. 문서자료 중심주의에 기초한 실증주의 사학에서 증언은 오랫동안 문서자료를 보완하는 보조 자료로서의 가치밖에 가지지 못했다.[7] 근래에 증언의 가치가 중시되고 있다고는 하지만, 문서자료와의 대응관계를 통해서 사실을 증명하기 위한 '증언'으로서만 인정될 뿐, 문맥 속에서 생성, 변용하는 '기억'으로서는 아니다. 그러나 '기억'이란 역사의 법정에서 '증언' 그 이상의 것이다.

개인의 기억이 내러티브라고 한다면 집합적 기억인 기록된 역사 역시 내러티브일 것이다. 여기에서 공적 역사(official history)를 담은 이야기를 의미하는 마스터 내러티브(master narrative)라는 개념도 등장했다. 마스터 내러티브라는 개념이 시사하는 것은 역사를 이야기하는 방법에는 대안적 내러티브(alternative narrative)나 대항적 내러티브(counter narrative)도 존재한다는 다원적 역사관(multiple histories)이다. 그렇다면 역사에는 '다양한 이야기'가 있을 뿐이므로, 역사는 문학과 별다를 바 없어질 것이다. 이 같은 역사상대주의처럼 오직 하나의 진실에 봉사한다고 하는 역사가의 신경을 거슬리게 하는 것은 없을 것이다.

7 기록된 역사와 구별하여 구술청취를 '구술사(oral history)' 혹은 '생애사(life history)' 등으로 부르는 명명법에 대해, 이야기는 단지 "구두로 이야기된 역사"가 아니라고 하는 관점이 등장했다. 왜냐하면 증인은 같은 이야기를 반복하는 녹음기가 아니기 때문이다. 이를 엘리자베스 톤킨은 'Talking book fallacy'(Tonkin, 1992)이라 부른다. 사쿠라이 아쓰시(2012)처럼 '라이프 히스토리'를 '라이프 스토리'로 바꿔 부르는 논자도 있다.

잊지 말아야 할 것은 다원적 역사관은 지배권력 쪽이 아니라 피억압자 쪽에서 등장했다는 사실이다. 공적 역사에 맞서 '대항적 역사'나 '또 하나의 역사'를 제시하기 위해 소수자들은 '이야기'를 이용했다. 왜냐하면 이들에게는 공적 역사와 달리 문서자료나 기록된 역사가 없었기 때문이다. 1970년대에 2세대 페미니즘*이 가져온 여성사 붐 속에서 구술사의 활황을 떠올려도 좋을 것이다. 문자와 기록을 갖지 못한 여성들 사이에서 구술 청취는 그 자체가 대안적인 역사 실천이자 운동이었다.[8]

세 번째로 여성에 대한 억압적이고 젠더 비대칭적인 성규범에 대한 도전이다.

성폭력 피해 경험의 증언을 얻기 어려운 이유는 피해자를 침묵하도록 하는 젠더 규범에 있다. 성폭력은 가해자인 남성에게는 자연시하여 면책을 받게 하고 피해자인 여성에게 그 원인과 결과를 귀책시키는 비대칭성을 가진다. 피해자는 가부장적 젠더 규범을 내면화한 '수치'를 의식하면서 종종 침묵을 선택한다. 성폭력 가해자를 고발하는 장에서 여성 쪽이 '빈틈을 주었다'고 책망을 당하는 것은 가부장적 젠더 규범하에서는 남성에게 여성이 '유혹자'로서 구축되고 있기 때문이다. 그 때문에 종종 피해자의 '잘못'(노출도가 큰 복장을 하고 있었다거나, 남자의 집에 혼자서 따라갔다는 등)을 책망당하는 2차 피해를 당할 뿐만 아니라, 철저하게 저항했다는 사실(무책성)을 증명해야 하는 처지에 놓이게 된다. 흉기로 위협을 당해 저항을 할 수 없게 된 상황에서도 '혀를 깨물고 죽을' 정도로 거부할 것이 요구되는 것이다. 왜냐하면 여성의 '정조'는 '생명보다 귀중'하기 때문이다. 여성이 저항의 흔적(구타나 상해의 흔적)을 보여주지 않으면 그것만으로도 '동의'로 간주될 수 있다. '동의'의 혐의가 조금이라도 있을 경우 여자의 '정조'는 의심스러운 것이 된다. 그리고 일단 성폭력 피해를 당한 여성은 동의의 유무와 무관하게 흠결 있는 여자로 간주되고, 가부장제하에서 보호될 가치가 있는 여성의 지정석에서 방출된다.

가부장적 젠더 규범은 여기에 더해 더 교묘한 '성의 이중기준'이라고 할 수 있는, 여성에 대한 분리지배 장치를 끼워 만들고 있다. 그것은 어머니·아내·딸 vs 창부라고 하는, 여성에 대한 구별과 창부차별娼婦差別**의 장치이다. 전자에게는 '정조'가 강요되고, 후자에게는 '윤락'이라는 스티그마가 부여된다. 일말의 '동의'의 징조만으로도 여성을 가부장제가 지켜야 할 여자의 지정석으로부터 방출하기에 충분한 이유가 되고, 후자는 아무렇게나 취급되어도 이의를 제기할 수 없는 존재가 된다. 그 '동의' 과정에 금전이라도 등장하면 '더럽혀진' 것은

8 구조주의나 역사상대주의는 인식론상의 패러다임이자 도구이다. 이는 소수자의 이익에 이용되는 경우도 있지만, 다수자의 지배에 봉사하는 경우도 있다. 이론은 선용될 수도 악용될 수도 있는데, 이는 그 이론의 도구로서의 보편성이 그만큼 크다는 것을 보여준다고 말할 수도 있다. 결과로서 역사상대주의가 역사수정주의자들에 의해 이용되는 것을, 그 이론을 생각해낸 사람이 예상하지 못했다고 해도, 이를 이론 그 자체의 책임으로 귀속시키는 것은 불가능하다. 원래 소수자의 이익을 위해 제안된 다문화주의조차도 신자유주의자에 의해 '유용'(시오바라, 2005)되는 경우도 있기 때문이다.

* 19세기에서 20세기 전반에 걸쳐 여성참정권을 중심에 두었던 페미니즘을 1세대 페미니즘으로 보고, 사회 내부의 뿌리 깊은 성차별과의 투쟁을 중시한 2차 대전 이후 특히 1970년대 이후의 페미니즘을 2세대 페미니즘이라 한다.

** 가부장제하의 성의 이중적 잣대에 의해 지켜야 할 여성婦과 그렇지 않은 여성娼을 차별하는 현상

금전을 지불한 남자가 아니라, 금전을 취한 여성 쪽이다. 정조를 지킨 전자의 여성들조차도 이러한 '창부차별'에 가담했다. '총후銃後의 열녀'와 '전선의 위안부'의 대립 또한 이렇게 해서 만들어졌다.

3. 이야기의 생산과 소비

기억과 증언을 둘러싼 문제계는 나아가 2차적인 복잡한 문제로 우리를 이끌고 있다.

첫 번째는 증언을 가능하게 하는 조건이다. 트라우마화하고 스티그마화한 소수자의 이야기에 대해 연구한 켄 플러머(Plummer, 1995 = 1998)에 따르면, 이야기는 일정한 문맥하에서 이야기의 정식화(formulation)를 거쳐 집단적으로 실천된다. 이야기의 정식화는 한편으로는 발화자를 면책함으로써 이야기의 가능성을 열어젖히지만, 다른 한편으로는 이야기를 일정한 형식 속으로 유도하는 움직임을 갖는다. 경험을 언어화한다는 것은, 다음에 서술할 청자의 존재를 포함한 상호적 커뮤니케이션 행위로서 전혀 개인적인 것이라고 할 수 없다.

두 번째로는 청자(audience)의 존재이다. 서사론이 문학 연구에 도입되었을 때 발견된 것이 독자이다. 텍스트는 독립적으로 존재하는 불변의 것이 아니라 독자에 의해서 그때그때 재생산되고 소비되는 존재라는 것이다. 이리하여 텍스트는 작자에 속하는 것이 아니라, 작자와 독자 모두가 관여하여 성립하는 생산과 소비과정에 속하게 되었다.

문자 텍스트조차 그러하다면 구술 텍스트의 생산과 소비에는 청자라고 하는 액터*의 관여가 더욱 중요하다 할 수 있다. 특히 트라우마화하고 스티그마화한 경험을 언어화하는 데는 주의 깊은 공감적 청자의 존재가 필요 불가결하다. 증언이라고 하는 것은 발화자와 청자의 공동제작물이라고 할 수 있는데, 그 대화적이고 공동적인 텍스트 생산 과정에 대해 구술사 연구는 주의 깊은 논의를 축적해 왔다. 그리고 이 청자라고 하는 액터는 피해자의 목소리를 해방시킬 수도 착취할 수도 있는 양가적인 존재라는 사실이 밝혀졌다.[9]

세 번째로는 피해자의 에이전시(agency, 행위주체성이라고 번역됨)** 이다. 아무리 비대칭적인 권력관계하에서도 피해자는 단지 무력하고 수동적인 존재로만 그치지 않는다. 여기에는 비록 한정된 선택지라고 해도 피해자의 에이전시가 작용한다. 여성사의 도전은 무력화되고 희생자화된 여성이라고 하는 "에이전시를 역사에 되돌려주는(restore women's agency to history)" 실천이었다. 이는 여성사를 일면적인 '피해자 사관'으로부터 구해냈지만, 다른 한편 역설적이게도 여성의 가해성과 공범성까지도 폭로하는 양의적인 역할도 수행했다. 피해자와 가해자는 절연되거나 분리가능한 그러한 존재가 아니다. 탈식민주의 이론가

9 '위안부' 피해자의 증언도 비슷한 프로세스를 밟고 있다. '위안부' 증언의 공적 역사는 청취조사를 통해 얻어진 다양성을 잃어버리는 과정이었다고도 할 수 있다.

* 특정한 사건이나 행위에 관여된 인물. '행위자'로도 번역된다.

** 일반적으로 사회구조의 결정적인 구속력에서 벗어나 독립적으로 기능하는 행위자의 힘을 의미한다. 이 책에서는 구조로 환원되지 않으며, 제약된 조건하에서도 행사되는 주체의 능동성이라는 의미로 사용하고 있다.

가야트리 스피박(Spivak, 1988 = 1998)이 말하듯 “저항이 복종이 되고 복종이 저항이 되는” 상황하에서는 피해자는 피해자임으로 하여 가해자가 되기도 하고, 가해자 역시 피해자가 될 수 있다.

이상에서 보듯 ‘전쟁과 성폭력의 비교사’ 연구에 있어서는 문맥이나 상황의 복잡성에 대응하는 섬세하고 치밀한 분석이 요구된다. “복잡한 것을 복잡한 대로” 이야기하는 화법이 필요한 것이다. 왜냐하면 인간과 인간이 만드는 역사는 복잡한 것이기 때문이다.

4. 이 책의 구성

이 책을 편집하는 과정에서 편자와 저자는 몇 차례에 걸치는 검토회의를 거듭하여 문제를 공유할 수 있도록 노력해 왔다. 이하, 본서의 구성에 대해서 소개한다.

서장에서는 편자 중 한 명인 우에노 지즈코上野千鶴子가 ‘전쟁과 성폭력의 비교사의 관점’에 대해 이 책을 관통하는 기조가 되는 이론적 개념을 제시하고 비교사의 가능성에 대해 논한다.

제1부 「‘위안부’를 이야기하는 방법」에서는 ‘전쟁과 성폭력의 비교사’ 연구의 계기가 된 일본군 ‘위안부’ 문제에 대한 연구의 축적과 과제를 제시한다. 제1부의 제목에서 알 수 있듯이, 이 책이 관심을 보이는 것은 ‘위안소’ 제도는 무엇이었나, ‘위안부’는 어떠한 사람이며 어디에 몇 명이 있었나 하는 역사적 ‘사실’이 아니다. 그것이 어떻게 ‘이야

기되었고' 무엇이 그 이야기를 가능하게 하거나 억압했는가, 무엇이 이야기되고 무엇이 이야기되지 않았는가, 라는 증언과 기억에 관련된 문제이다.

제1장 야마시타 영애의 「한국의 '위안부' 증언 청취 작업의 역사—기억과 재현을 둘러싼 노력」은 '위안부' 재판의 기초가 된 생존자의 '증언'을 바탕으로 몇 차례에 걸친 증언집이 어떻게 만들어졌고, 그 과정에서 청취 조사 방법에 어떤 변화가 있었는가 하는, 구술사 방법론의 핵심을 건드리는 문제를 역사적 경과를 따라가면서 논하고 있다.

제2장 기노시타 나오코의 「'강제연행' 담론과 일본인 '위안부'의 불가시화」는 '위안부'를 이야기하는 방법이, 한편으로는 일본인 '위안부'의 부재를 낳게 한 동시에 다른 한편으로는 그 이야기를 억압하는 효과가 있었다는 것을 밝히고 있다.

제3장 오카다 다이헤이의 「일본군 '위안부' 제도와 성폭력—강제성과 합법성을 둘러싼 갈등」은 필리핀 세부섬을 무대로 한 전범재판 자료의 치밀한 검토를 통해 무엇이 범죄가 되고 무엇이 범죄로 되지 않았는가, 군대의 '상식'이 어떠한 성폭력을 범죄시하고 다른 성폭력을 면죄했는가를 '기록'과 '기억'의 틈새에서 논한 것이다.

제4장 히라이 가즈코의 「병사와 남성성—'위안소'에 간 병사/가지 않았던 병사」는 국립국회도서관이 소장한 막대한 병사들의 회상록을 바탕으로, '돈을 주는 쪽'인 병사가 '위안부'와 '위안소'에서의 경험을 어떻게 보고 있었는가, 그곳에서 병사와 '위안부' 사이의 경험의 비대칭성을 부각함으로써 군대와 징병제가 만든 '남자다움'에 대한 질문을 제기한다.

제2부 「이야기할 수 없는 기억」에서는 같은 시기에 일어난 성폭력 피해 가운데 오늘날에 이르기까지 말하는 것이 억압되고 있는 이야기에 초점을 두고, 무엇이 이야기를 가능하게 하는지를, 무엇이 이야기를 억압하고 있는 것인가 하는 그 이면을 통해서 드러나게 한다.

제5장 챠조노 도시미의 「섹스라고 하는 접촉지대—일본 점령의 경험에서」는 패전 후 곧바로 점령군 위안 시설을 조직하여 '성의 방파제'로 만든 일본 정부의 대응과 그것이 폐쇄된 후 '빵빵'*으로 살아나간 여성들의 생존 전략을 극히 일부만 남은 귀중한 청취조사 자료를 통해서 분석한 것이다.

제6장 이노마타 유스케의 「이야기를 꺼내기 시작한 성폭력 피해자—만주 인양자의 희생자 담론을 독해하다」는 인양** 당시 만주 이민 여성에 대한 성폭력이 제3자의 증언이나 소문을 통해 널리 알려져 있었음에도 불구하고, 피해 당사자의 증언을 얻을 수 없어서 오랫동안 역사의 공백이 된 것은 어째서인가를 다루고 있다.

제7장 히구치 게이코의 「인양 여성의 '불법 임신'과 전후 일본에서의 '중절의 자유'」는 성폭력이 여성의 신체에 임신과 출산이라는 결과를 가져온다는 잊히기 쉬운 측면을 밝힌 것이다. 인양 여성들 중에는 성폭력에 의해 임신한 여성들이 있었다. 인양선이 입항했던 지역에는 법을 어기고 중절수술을 한 의사와 그것을 정리한 행정부의 의도가 있었다. 히구치는 당사자가 평생 침묵을 지킨 채 말하지 않았을 인양의 어두운 역사와 이것이 전후 일본의 '중절의 자유'에 끼친 영향이라는 아이러니를 논하고 있다.

제8장 히메오카 요시코의 「나치 독일의 성폭력은 어떻게 불가시화

되었나—강제수용소 내 매춘시설을 중심으로」는 일본군 '위안부' 연구와는 달리, 독일의 전후사 가운데 군대 성폭력이 문제화되지 않은 이유는 무엇인가를 묻는다. 성폭력이라고 하는, 젠더에 관련된 문제가 이슈가 되기 위해서는 무엇이 장벽이 되고 무엇이 조건이 되는 것인지를, 같은 패전국이자 가해국인 독일의 사례를 통해 비교사적 관점에서 보여준다.

제3부「역사학에 대한 도전」에서는 방법론적 과제와 정면으로 마주한다.

제9장 나리타 류이치의「성폭력과 일본근대역사학—'만남'과 '만나지 못함'」은 필자가 속한 일본근현대사 학계가 전쟁과 성폭력을 주제로 다루지 않았다는 사실과 그 이유를 비판적으로 검토한 것이다. 1991년 김학순 쇼크로 일본 페미니즘은 "'위안부' 문제를 묻지 않았다"고 비판을 받았는데, 일본 근현대사학 역시 같은 질문을 받는 상황이었다. 이와 함께 기억과 증언의 문제계가 일본 근현대역사학에 무엇을 가져오고 무엇을 가져오지 않았던 것일까, 그리고 그것은 왜인가, 하는 문제에 대답하고 있다.

제10장 아라라기 신조의「전시 성폭력 피해를 듣는 작업—『황토마을의 성폭력』을 단서로」는 성폭력이 '이야기되는 방식'을 뛰어넘

* 제2차 세계대전 패전 이후 주로 주일 미군 병사들을 대상으로 가두에서 성매매를 했던 여성들을 의미한다. '빵스케', '양빵'이라는 말도 같이 사용되었다.

** 일본의 외지나 점령지 등에서 생활하던 일본인이 패전 이후 국가 정책에 따라 일본 본토로 돌아오는 것. 식민지인의 '귀환'이나 강제성의 의미가 강한 '송환'과는 구별되어 사용된다.

어, 역사학 가운데에서 특히 증언이 지닌 가치를 평가하는 구술사가 그 증언을 어떻게 '듣고 있었는지'를 검토함으로써 '학'으로서의 구술사를 반성적으로 재고하려는 시도이다. 이러한 시도를 통해 역사학과 구술사의 불행한 분리 및 분단을 넘어서는 것이 과제로 제시된다.

마지막으로 제11장 사토 후미카의 「전쟁과 성폭력—이야기의 정통성을 둘러싸고」는 전시 성폭력으로서의 강간, 매춘, 연애라는 연속성 가운데 무엇이 이야기되고 무엇이 이야기되지 않는지, 여기에서 말해도 되는 이야기에 대해 정통성을 부여하는 것은 무엇인지, 그 조건에 대해 논의한 것이다. 이야기는 자동적으로 생겨날 수 없다. 듣는 쪽의 사회는 특정한 이야기를 산출하거나 억제하는 것을 통해 이야기를 통제한다. 기억과 증언의 문제계는 역사 속에서 트라우마화하고 스티그마화한 경험이 "자신의 목소리를 드러내도록" 하려는 시도인데, 우리는 거기에 무엇이 있는가에 대해서만이 아니라 무엇이 없는가에 대해서도 알아야 한다. 그 목소리의 부재와 침묵에 대해서는 청자인 우리 역시 공범이기 때문이다.

전쟁과 성폭력의 비교사는 겨우 단서가 잡혔을 뿐이다. 그 과제는 많고, 대상은 넓으며, 가능성은 크다. 이를 위해서 이 책은 모든 것을 망라할 수 없겠지만, 방법적 과제에 도전함으로써 비교사를 향한 관점을 개척하는 한 걸음이 되는 것을 그 목표로 한다.

서장

전쟁과 성폭력의 비교사의 관점

우에노 지즈코上野千鶴子

머리말—'성폭력 연속체'

서장에서는 레기나 뮐호이저(Mühlhäuser, 2010 = 2015)와 메리 루이즈 로버츠(Roberts, 2013 = 2015)를 단서로 전시하에 있어 성폭력의 연속성과 그 분단을 논하려 한다. 성폭력은 전쟁이 수반하는 물리적·구조적 폭력의 일부를 이루고 있으며, 강간에서부터 매매춘, 연애에 이르기까지, 더 나아가서는 임신, 중절, 출산에서 결혼까지의 다양성을 포함하고 있다. 성폭력을 강간에서 매매춘, 연애, 결혼까지의 연속선상에 배치하는 것은 사실 그 사이에 연속성이 있고, 경계를 짓는 것이 어렵기 때문이다. 한 남성이 이 모든 연속성 사이의 성 경험을 가질 수도 있고, 한 여성이 연속성 사이를 이동할 수도 있다.[1]

1 사회학자는 '섹스는 본질적으로 사랑의 행위이다'라든가 '섹스는 노동이다'라는 등의 일반화된 명제를 증명 가능한 것으로서 제시하지 않는다. 대신 질문을 문맥화하여 다음과 같이 대체한다. '섹스는 어떠한 문맥에서 사랑의 행위가 되고, 어떠한 문맥에서 노동이 되는가?' 그렇다면 섹스는 어떠한 문맥에서 성폭력이 되는가? 피해자는 어떠한 문맥에서 피해자가 되는가? 이러한 질문에 대답하는 것이 필요할 뿐 아니라 가능할 것이다.

리즈 켈리의 용어를 사용하여 이를 '성폭력 연속체'라 명명하려 한다.[2] 켈리는 "여성의 이성 간 성행위 경험은 (중략) 압력에 의한 선택에서 힘에 의한 강제까지의 연속체상에 존재한다"(Kelly, 1987 = 2001: 96)고 했다. '성폭력 연속체' 개념은 단순히 강간인가 합의인가 하는 양자택일로는 서술할 수 없는, 여성의 다양한 성폭력 경험을 분명히 하는 효과가 있다. 여기에는 '젠더화된 폭력'이 포함된다. 제8장의 히메오카의 논문에서 소개하는 독일 젠더사 연구의 '섹슈얼화된 폭력'이 그 속에 포함된다고 생각해도 좋다. '젠더화된 폭력'이나 '섹슈얼화된 폭력'이란 직접적인 성적 접촉을 포함하지 않더라도, 성적 모욕이나 가정폭력(DV), 여러 사람의 면전에서 나체가 되는 등 젠더나 섹슈얼리티에 관련된 심리적·신체적 폭력을 말한다.[3]

'성폭력 연속체'에 원치 않는 임신과 중절도 포함하려 한다. 잊지 말아야 할 것은 성행위가 생식 행위이기도 하다는 것이다. 뮐호이저에게는 있고 로버츠에게 없는 것은 결혼과 자녀의 항목인데, 뮐호이저에게도 중절은 포함되지 않는다. 중절이 언급되지 않는 것은 그것이 기록으로도 증언으로도 남지 않을 정도로 스티그마화되고 있다는 증거일 것이다. 강간이나 매매춘 경험은 몰래 숨길 수 있지만, 임신이나 출산의 경우는 숨기기 어렵다. 성폭력 피해가 스티그마화한 곳에서는 그 결과로 나타나는 임신이나 출산은 계속 숨길 수 없는 스티그마이자 리스크가 된다. 게다가 혼전 및 혼외 임신은 최대의 스티그마가 된다. 임신은 성적 일탈의 확실한 증거가 되기 때문이다. 원치 않는 임신은 중절을 통해 중단시킬 수 있지만, 중절의 경험 또한 이야기를 억압한다. 또 한 사람의 액터 없이 임신은 일어나지 않지만, 여성

에게 원치 않는 임신을 시킨 남성의 '성폭력'은 문제시되지 않는다.[4] 제7장 히구치의 논문에 등장하는, 상륙을 눈앞에 두고 인양선에서 몸을 던진 여성들의 일화는 그녀들의 원치 않는 임신을 시사하고 있다. 이러한 여성들을 '구제'한다는 명목으로 위법적인 중절이 행해졌지만, 거기에는 야마모토 메유山本めゆ가 지적하듯 "해변에서 혼혈아를 방지하려는"(야마모토, 2015a; 2016) 행정부의 숨겨진 의도가 있었다는 사실도 알려져 있다. 여성 자신이 그 과거를 계속해서 숨겨야 했을 뿐만 아니라, '인도적 이유'로 중절을 시술한 사람들도 입을 닫았다. 이 사실은 최근에서야 조금씩 밝혀지고 있지만, 중절을 경험한 당사자로부터의 증언은 얻을 수 없었다.

성폭력 연속체라는 개념이 우리에게 알려준 것은 그 연속성 가운데에서 무엇이 문제화되고 무엇이 문제화되지 않는가 하는, 존재와 함께 부재도 드러나게 하는 색출적 효과이다. 성폭력 연속체는 원래 일상을 설명하는 개념이지만, 이를 평시에서 전쟁이라는 '비상시'의

2 성폭력의 연속성에 대해서는 로버츠의 '강간, 매춘, 연애'까지, 펄호이저의 '강간, 매춘, 연애, 결혼, 아이'까지의 다양성과 연속성을 토대로 개념화했지만, 나중에 켈리가 '성폭력 연속체'라는 개념을 사용한 것을 알고 이를 채용하기로 했다.

3 '가정폭력(DV, domestic violence)'도 '젠더화되고 섹슈얼화된 폭력'의 하나이다. 그리고 가정폭력 신고 속에는 포함되지 않는 경우가 많지만 신체적인 폭력에는 생각하는 것 이상으로 성폭력이 수반된다는 것이 알려져 있다.

4 남성학 연구자인 누마자키 이치로沼崎一郎(1997)는 질내 사정을 '성폭력'으로 정의했다. 이를 받아들여 미야지 나오코宮池尚子(1998)는 피임 없는 성교가 가져오는 원치 않는 임신을 '강제임신죄'로 범죄화하고 성폭력의 범주 속에 넣어야 한다고 제언한다. 만일 이러한 정식화가 가능하다면 성폭력 피해의 범위는 확대될 것이다. 설사 그 속에 여성의 에이전시가 수반된다 할지라도, 그녀는 성교에는 동의했지만 임신까지 동의하고 있다고는 할 수 없기 때문이다.

맥락까지 검토하는 것이 서장의 과제이다. 평시에도 곤란한 과제는 '비상시'에는 증폭된다. 반대로 '비상시'의 과제는 평시와의 연속선상에 있다는 점에도 주목할 필요가 있다.

1. 성폭력의 이야기는 어떻게 가능한가

기억의 동결과 해동

성폭력을 문제화하기 어려운 것은, 그것이 피해 여성을 침묵하게 함으로써 '피해자가 없는 범죄'를 만들어 내기 때문이다. 륄호이저와 로버츠는 모두 병사의 성 행동을 주제로 하고 있다. 그중에는 권장된 행위나 묵인된 행위도 있고, 군기 위반으로 문제시되는 일탈행위도 있다. 이 모든 것에 공통되는 것은, 점령지에서 병사는 섹스를 하는 것이라고 병사 자신도 군대의 지도자도 자명한 것으로 여기고 있어 이에 대한 '가해자 의식'이 결여되어 있다는 점이다. 병사의 행동에 대해서는 기록이나 증언이 있지만, 륄호이저와 로버츠의 저작 속에 피해 여성의 증언은 거의 나오지 않는다.

바로 이러한 이유 때문에 1991년 김학순의 커밍아웃의 충격은 컸다. 그 충격은 몇 겹으로 둘러싸인 것이었다.

첫째, 성폭력 피해의 당사자가 실명을 드러내고 증언대에 섰다는 충격이다. 둘째, 성폭력 피해 가운데에서도 가장 스티그마성이 강한 경험을 고발한 것이었다. 나중에 패러다임 전환이 일어날 때까지 '위안소'는 군대매춘시설('military brothels'로 번역되어 있었다)로 이해되었고, '위안부'는 군대 매춘부(military prostitute)라고 하는, 창녀의 일종으로 간주되고 있었다는 사실을 잊어서는 안 된다. 셋째, 여기에 식민지 경험이 관여하고 있었다는 것이다. 한국인 여성의 '민족의 수난'은 동포 남성이 동포 여성을 지키지 못했다는 무력함과 수치의 상징이기도 했다. "동포 남성이 동포 여성을 지키지 못했다는" 것은 소유물로서의 여성을 적에게 손쉽게 빼앗겼다는 의미로서, 민족적 '남자다움'을 부정하는 것이 되기 때문에 더더구나 분노와 원통함을 불러일으킨다.[5] '위안부'의 증언에 강한 저항감을 드러낸 것이 한국의 가부장제 사회였다는 사실 역시 잊어서는 안 된다. 넷째, 그 침묵이 전후 반세기 가까이 계속되었다는 점이다. 이 반세기라는 시간은 한국의 가부장적 젠더 규범이 지닌 지배력의 계속성을 드러낸다. '위안부' 증언의 충격은 성폭력 피해라고 하는 사실뿐만 아니라 그것을 커밍아웃하는 데 오랜 시간이 걸렸다는 사실에도 있었다.

침묵을 깨고 피해자의 발화를 가능하게 한 조건은 중층적인 문맥의 변화였다.

첫째, 한국 안팎에서 일어난 국제 페미니즘의 고양이다. 민주화 투쟁의 운동가 권인숙의 성고문 고발처럼 성폭력을 범죄화하고 피해자를 면책하는 패러다임 시프트(paradigm shift)가 선행했다. '위안부'의 문제화에 대해서도 한국정신대문제대책협의회(약칭 '정대협')의 호소가

5 이 '동포여성'들이 '동의' 하에 적의 남성에게 복종하게 되면 그들의 남성성은 더욱 위협에 처해져 더 큰 격분을 불러일으킬 것이다. 점령기에 빵빵을 향한 일본인 남성의 시선은 이와 같은 것이었다. 그 때문에 다른 희생자보다 더욱더 빵빵의 경험은 억압될 수밖에 없었을 것이다.

선행하고, 당사자의 증언이 그 뒤에 등장했던 사정은 이를 웅변하고 있다.

둘째, '위안부'를 해석하는 프레임이 '매춘부'에서 '강제 성노동자'(나중에는 '성노예'로 불리게 되었다)로 변모하는 패러다임 시프트가 일어났다는 점이다. 이 때문에 '위안부'를 이슈화하는 데 있어서 '강제성' 유무에 초점을 두게 되었다. 이 강제성은, 초기에는 '강제연행'의 유무에 초점이 주어져 있었지만, 나중에는 구금하에서의 강제 성노동으로 확대됨으로써 그 강제성을 뒷받침하는 근거가 제시되었다.

셋째, 동서 냉전 구조의 붕괴에 따른 세계화와 국제 질서의 재편하에서 나타난 '내셔널리즘'의 대두이다. 소련의 붕괴에 의한 문서 자료의 공개와 억압의 해제에 따른 '희생자의식 민족주의(victimhood nationalism)'(임지현, 2017)가 각지에서 발흥했다.

넷째, 김학순 자신이 말하듯 피해자의 고령화와 가족의 부재이다. '위안부' 증언을 막는 첫 번째 저항세력은 가족인데, 가족과 이를 둘러싼 공동체의 가부장적 억압이 존재하지 않는 곳에서만 발화가 가능했다.

'위안부' 피해는 제국주의 일본의 식민지 지배라고 하는 국가에 의한 억압, 빈곤이라는 계급에 의한 억압, 남성에 의한 성폭력이라는 젠더에 의한 억압의 복합적인 효과로 간주되었지만, 운동의 과정에서 '위안부' 문제가 국민적 과제로서 공감대를 획득해간 배경에는 '민족 담론'의 동원이 있었다는 것을 부정할 수 없다(야마시타, 2008). '공동체의 수치'는 '민족의 수난'으로 변화하고, '위안부'는 '민족의 딸'로서 국민적 영웅이 되었다.

그러나 발화를 가능하게 하는 조건은 특정 발화를 가능하게 하고,

그렇지 않은 발화를 억제하는 조건으로도 작용한다. 성폭력 피해의 패러다임 시프트는 강제성을 초점화함으로써 가부장적인 성의 이중기준 아래에서 창부차별을 보완하는 것이기도 하다. 게다가 이러한 강제성의 유무가 민족에 의한 경계와 겹쳐짐으로 해서, 한국에서는 '위안부'의 다양성이나 임의성을 부정하는 효과를, 일본에서는 일본인 '위안부'의 피해나 희생을 과소평가하는 효과를 내외적으로 가지게 되었다. 제2장 기노시타의 논문이 시사하듯, 한국인 '위안부'에 의한 고발은 일본인 여성 중에도 '위안부'가 있었다는 사실에 주의를 돌리게 했지만, 동시에 그 이야기의 정식화에 의해 일본인 '위안부'의 이슈화를 억제하는 효과도 가졌다(기노시타, 2017).

상황을 해석하는 장치로서 하나의 카테고리를 선택하는 일은 포섭과 배제를 모두 수반한다. 카테고리 없이 논의하는 것은 불가능하지만, 그 카테고리의 도입이 무엇을 가능하게 하고 무엇을 불가능하게 할 것인지를 항상 되물을 필요가 있을 것이다. 뮐호이저와 로버츠로부터 우리가 '역수입'하여 배워야 할 것이 있다면 바로 이 점일 터이다.

이야기의 정통성

성폭력 연속체라는 접근법은, 성폭력에는 연속성이 있는데 그 속에서 이야기 할 수 있는 경험과 이야기할 수 없는 경험과의 사이에 분할선이 그어진다는 것을 우리에게 알려준다. 무엇이 성폭력 피해로서 사회적으로 승인되는가? 무엇이 그렇지 않은 것인가? 여기에서 요청되는 것이 이야기의 정통성이다. 이야기의 정통성에는 누가 피해자로서의 자격(entitlement)이 있으며, 어떤 이야기가 수용되고 어떤 이야기가 수용되지 않는가에 대한 이야기의 정형화(formulation)가 포함된다(우에노, 1998).

피해자의 자격을 부여하는데 관여하는 것이 '무구'과 '저항'의 유무이다. 성폭력은 가해자인 남성의 성욕을 자연시하여 이를 면책하는 한편, 피해자인 여성에게 그 원인과 결과를 귀책시키는 비대칭성을 지닌다. 성폭력 연속체 속에서 지금까지 피해자가 피해사로서 자신을 규정할 수 있는 것은 '강간'에 한해서였다. 이조차도 '무구한 피해자'일 경우로 한정되었다.[6]

이야기할 수 있는 피해는 이야기의 공식화를 수반한다. 이야기의 정식화는 피해자에게 정통성을 부여하는 어휘를 제공한다. 이는 사회가 수용 가능한(acceptable) 어휘이다. 이야기의 정식화는 피해자에게 목소리를 제공하지만, 동시에 이야기를 통제하는 경우도 있다.[7] 이야기의 정식화에는 늘 이 양의성이 따른다.[8]

'위안부'가 이슈화하기 시작한 초기에는 전시 강간부터 '위안소'까지 성폭력의 다양성이 문제시되었다. 그 뒤 우발적으로 일어난 전시 강간과, 시설에 격리·수용되어 지속적으로 성노동을 강제하는 조직적인 '위안소'는 다르다는 사실이 지적되어, '위안부' 문제는 '위안소' 내에 한정되었지만, 이 때문에 오히려 전시 강간과의 연속성이 드러나기 어려워졌다. 또 아시아 전역으로 확대된 '위안소'가 동일한 명칭으로 불리었기 때문에, 적지에 대한 점령지배의 산물이었던 인도네시아 여성이나 필리핀 여성 '위안부'와, 당시 '황국신민'이었던 조선인 여성과 일본인 여성 '위안부'가 동일시되어 그들 사이의 차이가 드러나기 어려워졌다.[9] '여성을 위한 아시아평화 국민기금'(약칭 '아시아여성기금')이 필리핀이나 인도네시아 등 점령지 여성에 대해 일정의 성과를 거둔 후, 그 대상은 한반도와 타이완 등 일본의 옛 식민지의 '위안부' 문제로 거의 좁혀지게 되었다. 그 결과 일본군 '위안부' 문제는 한국과 일본에서 연구의 축적이 진행되었지만, 반대로 '위안부'로 한정되지 않는 성피해에 대해서는 등한시하기 십상이었다. 이시다 요네코石田米子의 노작 『황토 마을의 성폭력』(이시다 · 우치다 편, 2004)에서는 '위안부'라는 개념은 기피되고 있다. 중국 여성이 당한 성폭력은 우발적인 강간에서부터 감금 상태에서의 지속적인 성노예, 나아가서는 공동체나 가족의 묵인 혹은 공출에 의한 '접대'까지 폭이 넓어서 하나의 범주로

6 이조차도 최근에 와서야 가능해진 일로서, 여태껏 성폭력 피해자는 침묵을 강요당해 왔다. 피해를 밝히는 것이 피해자의 이익이 되는 경우는 거의 없었기 때문이다. 강간은 물론 성희롱, 가정폭력 등에서 피해자의 자기 신고가 등장하게 된 것은 '상황의 정의'가 변화하여 이야기에 정식正式이 부여되고 나서부터였다. 그때까지 성희롱은 사인私人 간의 프라이버시, 가정폭력은 부부의 치정 싸움으로서 소문이 날까봐 두려운 '수치'였다.

7 푸코가 「담론의 배치」에서 논한 것은 어떤 사회적 문맥하에서 왜 특정한 담론 집합이 만들어지고, 다른 담론 집합이 만들어지지 않는가 하는 담론의 잠세태潛勢態였다.

8 사회학에는 '동기의 어휘(vocabulary of motive)'라는 개념이 있다. 왜 그와 같은 행위를 했느냐는 질문에 대답할 때 '이야기'의 선택 범위는 결코 자유롭지 않고 유한하다. 그 속에서 개인은 사회적으로 수용 가능하고 또한 자신에게 유리한 동기의 어휘를 채용한다. 그리고 이렇게 채용된 '동기'는 원인이 아니라 사후적으로 구축된 것이다. 예를 들어 가정폭력 희생자인 아내가 남편과 '헤어질 수 없는 이유'를 '아이들한테서 아버지를 빼앗기고 싶지 않아서'라고 한다면, 이는 자기희생적인 '모성애'의 발로로서 사회적으로 수용되고 심지어 칭송될 것이다. '모성'이라는 강력한 문화자원은 어떠한 경우에서도 동원된다.

9 인도네시아에서 네덜란드 여성의 성피해는 아시아 남성에 의한 서양 여성에 대한 성폭력으로 인종화되었던 까닭에, 네덜란드의 식민지 지배가 가져 온 현지인과의 '하이브리드' 여성들은 여기에서 배제되었다.

한정할 수 없었기 때문이다.[10]

강제에 의한 '성노예'라고 '위안부'가 재정의된 뒤에는 그 범주에 부적합한 이야기는 억제되었다. '위안부' 피해자의 증언도 비슷한 프로세스를 밟고 있다. '위안부'의 이야기 중에는 부모에 의해 '기생'으로 팔린 이야기로 시작하는 경우도 있었지만, 어느 시점에서부터는 그 출발점이 이야기에서 사라지는 사례가 발견된다. 여기에서 우리가 알 수 있는 것은 증언의 신뢰성이 낮다는 것이 아니라, 증언이 만들어지는 문맥의 비대칭적인 권력성에 대해서이다.

필자가 『내셔널리즘과 젠더』(우에노, 1998)에서 '모델 피해자'론을 제시한 것은 이 때문이다. 이 책에서 제시한 '모델 피해자' 상은 다음과 같은 것이었다.

"아무것도 모르는 처녀가 어느 날 문득 예고도 없이 강제연행으로 끌려가 윤간을 당한 후 위안부 노동을 하도록 강요받게 되었고 탈출을 꿈꾸지만 가로막히자 견딜 수 없는 고통 속에서 살아남았다"(같은 책, 176).

이리하여 '위안부'의 이야기가 '기억의 장소'에서 모뉴먼트가 될 경우, '위안부 소녀상'으로 표상되는 것과 같은 정형화가 완성된다.

청자의 관여

동결된 기억의 해동에 기여한 것은 청자의 존재이다. 청취 행위는 그 자체로서 '또 하나의 역사'를 이곳에 현현하게 하는, 호카리 미노루保苅実(2004)가 말하는 'Doing history'의 구술사 실천이었다. 그렇지만 청자는 듣고 싶은 것을 듣고, 듣고 싶지 않은 것은 듣지 않는다. 또한 화자 역시 말해야 하는 것과 그렇지 않은 것을 선별한다. 그 가운데에서 특히 성폭력 피해는 이야기할 수 없는 경험이 된다.

그 하나는 스베틀라나 알렉시예비치가 『전쟁은 여자의 얼굴을 하지 않았다』(2008/2016)에서 서술한 적군赤軍* 여성병사의 경험이다. 독일과의 전쟁에서 소련군에 수십만 명의 여성병사가 있었다는 사실은 알려져 있었지만, 그녀들은 복귀한 뒤 출신지의 공동체에서 영웅으로 환영받지도 못했고 전공戰功에 대해 보상받지도 못한 채 입을 다물었다. 전투라는 가장 '여성답지 않은' 행위에 종사했기 때문에 '결혼상대로 적합하지 않다'거나 '닳고 닳았다'고 스티그마화했기 때문이다. 그녀들은 과거를 숨기고 가족에게도 말하지 못하고 전상병戰傷兵로서의 치료도 받지 못한 채 긴 침묵 속에서 살아왔다. 반세기 이상이 지난 뒤 딸 세대인 알렉시예비치가 청자로 나타났을 때 봇물 터지듯 이야기를 시작했다. 이 청자의 존재가 없었다면 적군 여성병사의 경험은 영원히 봉인된 상태로 남았을 것이다.

알렉시예비치가 소개한 적군 여성병사의 증언 속에는 동료 남성병사에 의한 성피해는 등장하지 않는다. 여성병사의 기억 속에서 적군 병사는 전선에서 함께 싸우는 영웅적인 동지로서 미화되고 있어, 어쩌면 있었을지도 모를 성폭력 피해에 대해서 이야기하는 것이 억압되거나(적군 병사를 모독할 우려 때문에), 스티그마화를 피하기 위해 기억이

10 이시다의 노작을 정독한 송샤오펑宋少鵬(2016)은 이 공동체의 공범관계를 지적하고 있다.

* 러시아 혁명이 일어난 1917년부터 제2차 세계대전이 종결된 후인 1946년까지 사용되었던 옛 소련군의 명칭.

봉인되었을 것이다. 적군 여성병사들은 미혼의 소녀였다. '닳고 닳았다'는 멸칭蔑稱이 귀환한 이들을 기다리고 있었다는 것은, 여성병사의 경험에 (시집가기 전의 처녀에게는 어울리지 않는) 성적 경험이 함의되어 있었기 때문이다. 이리하여 한때 동지였던 남성들조차도 이들을 '아내로 삼기에는 부적격인 여자'로 취급했다. 남성의 성적 이중기준은 이렇게 행사되었다.

비슷한 일은 중국의 여성학 연구자, 리샤오쟝李小江의 구술사 프로젝트에도 보인다(아키야마, 2003). 일본군에 의한 팔로군 여성병사들의 포로 경험이다. 정예의 남성 부대를 먼저 철수하도록 후미를 담당한 여성병사 부대는 충분한 무기도 갖추지 못해 전멸에 가까운 손해를 입었고, 가까스로 살아남은 이들은 일본군의 포로가 되었다. 포로에서 해방된 후 참담한 경험을 겪고 귀환한 그녀들은 영웅으로서 환영받기는커녕 '적과 동침한 여자'라 하여 배척되었다. 여성병사에 대한 일본군의 포로 학대 중에는 성학대도 있었을 터이기 때문이다. 이처럼 성폭력의 귀결이 가해자가 아니라 피해자에게 귀책하는 이 같은 남성 우위의 성규범은 일본이건 중국이건 따지지 않는다. 게다가 지켜야 할 여성을 적의 수중에 넘겨 버렸다는 남성들의 참괴한 마음이 그녀들에 대한 배척을 더욱 강화했을 것이다.

제10장 아라라기의 논문에서 상세하게 논의하겠지만, 이시다 요네코는 전후 반세기 이상이 지난 뒤 마을을 방문한 일본인 여성을 향해 일본군 성폭력 피해자가 처음으로 입을 열었다는 것을 밝히고 있다(이시다·우치다 편, 2004). 청자가 등장하지 않았다면 그녀들의 기억은 봉인된 상태 그대로였을 것이다. 이야기를 꺼낼 때까지의 고뇌와 망

설임, 그리고 이야기를 시작한 뒤의 피해 여성들의 변모에 대해 이시다는 감동적으로 말하고 있다. 이시다를 움직인 것은 1992년 국제공청회에서 있었던 완아이화万愛花의 증언(전쟁희생자를 마음에 새기는 모임, 1997)이었다. 완아이화의 이야기 역시 항일구국의 투사로서 이겨냈던 가혹한 고문의 경험을 강조하지만 성폭력 피해에 대해서는 부차적인 가치밖에 두지 않았다. 이들의 이야기는 필경 법정에서 '증언'으로 인정될 것이지만, 이시다는 '청취'가 가진 힘에 촉발되어 "청취한 내용이 재판에서 유리한지 그렇지 않는지에 대한 걱정(중략)은 이야기를 들려준 분들에 대한 이중의 모욕이고, 우리 자신이 하고 있는 일의 의미를 낮추는 것이다"고 말한다.

에이전시—구조와 주체의 애로에서

이야기할 수 있는 성폭력 피해와 이야기할 수 없는 성폭력 피해 사이에 경계선을 긋는 것은 에이전시의 있고 없음이다. 피해자의 '동의'가 있을 경우 강간은 화간和姦으로 일변한다. 성희롱(sexual harassment) 가해자들이 대부분 "그건 연애였어"라며 '상황의 정의'[11]에 집착하는 것 역시 단지 자기애적인 망상에서 비롯된 것만은 아니다. '위안부'와의 접촉을 병사들이 '연애'라 표현하는 것은 과거에 대한 미화뿐만 아니라 떳떳지 못한 면책의 욕망도 작동한 까닭일 것이다.

이야기할 수 없는 성폭력 피해의 대표적인 사례가 매춘이다. 비록 '섹스워크'론이 어느 정도 성노동의 합법화를 주장한다지만, 매춘이

11 푸코에 따르면 권력이란 이 '상황의 정의'권을 의미한다.

이력서에 쓸 만한 경력이 되는 일은 아마 없을 것이다.

이야기할 수 있는 성폭력 피해와 이야기할 수 없는 성폭력 피해의 경계선이 에이전시라고 한다면, 피해자의 에이전시는 부정되어야 한다. 경험적으로는 연속성이 있음에도 불구하고 범주가 그것을 분단한다.

에이전시라는 것은 구조주의의 패러다임이 구조와 주체의 애로를 돌파하기 위해 만들어낸 개념이다. 그것은 근대의 주객이원론을 극복하기 위해서, 완벽히 자유로운, '부하負荷 없는 주체'도 아니고 완벽히 수동적인 객체도 아닌, 제약된 조건하에서도 행사되는 능동성을 가리킨다.[12] 푸코의 구조주의가 '주체의 죽음'을 선고한 이래로 '주체'라는 개념은 유보 없이는 사용할 수 없게 되었다. 언어론적 전회 이후 라캉이 말하듯 '주체'는 이야기를 함으로써 '이야기하는 주체(sujet parlant)'가 되지만 그 주체는 타자의 것인 언어에 종속됨(sujet)으로써 비로소 주체(sujet)가 된다. 데카르트적 '주체' 개념을 피하기 위해 구조주의자들이 생각해낸 것이 에이전시라는 개념이었다.

여성은 제약이 없는 완전히 자유로운 주체도 아니지만, 그렇다고 해서 역사에 그저 수동적으로 희생당하기만 하는 객체도 아니다. 페미니즘 이후의 여성사는 '역사로부터 여성의 에이전시를 되찾는' 일을 과제로 했다. 이는 지금까지의 여성사가 여성을 단지 수동적인 희생자로 그리는 '억압사관'이나 '해방사관'이 주류였기 때문이다.

여성사에 에이전시를 도입한 결과는 아이러니한 것이 되었다. 여성은 역사의 희생자였을 뿐만 아니라, 가해자 혹은 공범자이기도 했다는 사실을 여성사가 잇달아 밝혔기 때문이다. 여성의 가해성이나 공범성은 지금까지의 여성사에서는 '불편한 진실'이었다.[13]

가부장제는 억압이나 차별을 통해서만 성립하지는 않는다. 피지배자의 협력이나 공범이 없으면 지배는 계속되지 않는다. 이를 역설적으로 보여준 것이 탈식민주의이다. 가야트리 스피박(Spivak, 1988 = 1998)은 이를 "저항이 복종이 되고 복종이 저항이 되는 실천"이라 부른다. 스피박이 거론하는 인도의 '사티'라는 관습(과부가 남편을 화장하는 불에 몸을 던져 뒤를 좇는 것)은 인도의 '부덕婦德'에 대한 순종이라는 점에서 영국의 식민지 지배에 대한 저항이 되고, 반대로 인도의 가부장제에 대한 저항의 의미로 사티를 따르지 않는 것은 영국이 대표하는 근대에 대한 복종이 된다. 탈식민지주의적인 실천은 늘 양의성을 피할 수 없다.[14]

에이전시에 아마르티아 센(Sen, 1992 = 1999)의 잠재능력(capability) 개념을 접속하는 것도 가능할 것이다.

자원의 배분과 기회집합으로 구성되는 잠재능력 개념을 원용하여 설명하면, 자원의 배분과 기회집합에 있어서 현저히 비대칭적 상황에 놓인 사회적 약자는 그 속에서 최대의 '합리적 선택'을 행사한다. 손에 넣을 수 없는 재화를 가난한 이가 찾지 않다는 '신 포도' 가

12 일본어에서는 '능동적 주체성' '행위체'로 번역되기도 한다.

13 예를 들어 가노 미키요加納実紀代는 '총후사 연구' 속에서 서민여성의 전쟁협력을 밝혔고, 니시카와 유코西川裕子와 스즈키 유코鈴木裕子는 다카무레 이쓰에高群逸枝의 '익찬翼賛'을 비판했다.

14 오늘날 프랑스의 '정교분리(laicité) 정책하에서의 무슬림 여성의 베일 착용에 관해서도 같은 이야기를 할 수 있다. 무슬림의 가부장제에 순종하는 것이 보편주의의 이름을 빌린 프랑스 내셔널리즘에 대한 저항이 되는 반면, 무슬림의 여성억압적 문화규범에 반항하는 일이 프랑스 '문명(civilization)'에 대한 복종이 된다(Scott, 2007 = 2012).

설 또한 헛수고를 미리 회피함으로써 상대적 박탈감이라는 심리적 비용을 줄이는 '생존전략'이라고 생각하면 극히 '합리적'이라고 해석할 수 있다. 그런데 이 '신 포도' 그늘에서의 욕망의 냉각과 포기에 의해 지배의 비용도 삭감됨으로써 억압적 구조는 재생산된다. 트라우마에 대한 자기방어 기제로서의 해리解離나 나치 수용소에서의 '무젤만(Muselmann)'[15](Agamben, 1998 = 2001)도 이 같은 '합리적'인 적응 형태, 곧 극한상황에 놓인 사람의 생존전략이라고 해석할 수 있다. 그것이 통치나 억압을 더 쉽게 한다고 해도 당사자의 '합리적 선택'과 여기에 작동한 에이전시를 누구도 비난할 수는 없다. 오히려 우리가 여기에서 읽어낼 수 있는 것은 희생자의 '살아남으려는 의지'이다.

구조주의나 탈식민주의는 우리에게 다양한 분석 장치를 주었다. 우리에게 필요한 것은 구조와 주체의 애로를 짚어가며 구조로도 주체로도 환원되지 않는 에이전시를 존중하면서 동시에 구조의 폭력에 면죄부를 주지 않는 그러한 복합적인 접근이다.

2. 전쟁이라는 문맥 아래

전쟁과 성폭력 연속체

'성폭력 연속체'라는 개념은 일상 속의 연속성을 가리키는데, 여기에 '전쟁과 성폭력의 비교사'라는 주제를 도입하면 '전쟁'이라는 비일상적 문맥 아래에서 성폭력 연속체에 어떠한 연속성과 단절이 생기는

지를 문제삼게 된다.

성폭력 연속체가 전쟁이라는 문맥 아래에 놓이면 어떻게 될까? 이하에서는 전쟁과 관련된 문맥을 다루려 한다. 이를 통하여 전시하에 있어서의 성폭력의 고유성이 드러나게 될 것이다.

관여자의 복수성과 인지 갭

성폭력에는 반드시 복수의 관여자(actor)가 있다. 가해자와 피해자이다. 그러나 성폭력 피해에 대한 수많은 연구가 밝힌 것처럼, 가해자와 피해자 사이에는 '상황의 정의'를 둘러싸고 현저한 인지 갭이 존재한다고 알고 있다. 따라서 성폭력 피해에는 당사자의 '상황의 정의'가 필수적이다.

성폭력이 우발적·개별적으로 일어난 경우와 달리 조직적·계속적으로 행해진 경우에는 관여자가 더 늘어난다. 소네 히로미(1990)는 매춘의 관여자로 ① 고객, ② 업자, ③ 국가, ④ 가족, ⑤ 여성이라는 다섯 개의 액터를 열거하고, 매매춘이란 고객(남성)과 업자(대부분은 남성) 사이에서 여성이라는 상품을 둘러싸고 벌어지는 경제적 교환관계로서, 여기에 허가를 부여하는 상위의 권력(국가)과 그곳에서 이익을 얻는 여성의 가족으로 구성된다고 했다. 이 중에서 매매춘 행위로 이익을 얻는 것은 ①부터 ④까지의 액터이고, ⑤는 거래되는 상품에 불과

15 원래는 '이슬람 교도'라는 뜻. 강제수용소에서 가혹한 억압하에 놓인 수용자들이 무기력해져서 무저항을 선택함으로써 살아 있으면서도 죽은 사람처럼 행세하는 것을 이른다. 생존의 비용을 최소화함으로써 억압에 적응하는 생존전략의 일종이라고 생각할 수 있다(Agamben, 1998 = 2001).

하여 액터라고도 할 수 없다. '위안부' 제도의 경우, 일본군이 '위안소' 설치를 추진·허락·감독하고 있었으므로, 병사와 업자 사이의 사적 관계는 아니라는 사실이 명확해졌다.

병사의 성 체험에서 알 수 있는 것은 그들에게는 가해자 의식이 없다는 사실이다. 제3장 오카다의 논문은 병사가 무엇을 합법이라고 생각하고 무엇을 위법이라고 간주하고 있었는지를 재판기록을 토대로 적나라하게 보여주고 있다. 적어도 위법행위에 관해서는 가해자라는 의식을 가졌어야 했지만, 그들은 '위안부' 제도는 합법적인 것이라고 간주하고 있었다. 병사들 대부분은 회상록이나 자서전 속에서 '위안부'와의 접촉을 그리운 추억으로 이야기하고 있고, 이들을 연애나 결혼의 대상으로 언급한 경우도 있다. '위안부' 쪽에서 그 경험을 입증하는 증언도 있고, 실제로 전황이 어려워진 뒤 간혹 병사와 '위안부'의 '마음'이 맞은 것은 그들 사이의 '연애'의 가능성을 시사한다.

관할하는 군대나 군인 등의 기록을 통해 알 수 있는 것은, 이들이 '위안소' 설치에 대해 적어도 외부에 알려지는 것이 우려되는 필요악으로 간주하고 있었다는 사실과 '위안부'에 동원된 여성의 가혹한 환경에 대한 이해와 동정을 가진 이들도 있었다는 사실 등이다. 하지만 '위안부'의 증언에 나타난 폭력적인 학대(구타, 살상, 린치 등)에 대해서 가해자는 침묵한다.

위치성과 역사의 복수화

여기에 위치성(positionality)라는 개념을 도입하면 액터에 의해 역사는 복수화하고 다원화한다. 병사의 기억을 허위의식으로 단정할 수는 없다. 이 역시 또 하나의 현실이기 때문이다. '위안부' 생존자가 제기한 것은 그 배후에 있는 '또 하나의 현실'로서 가해자의 시점에서는 결코 보이지 않는 '또 하나의 역사'였다. 그리고 이 두 가지 역사의 낙차에 우리는 아연실색했다.

'위안소' 설치에 관여한 중요한 액터 중에서 빠진 것은 여성을 속이거나 감시하며 혹사한 업자의 역사이다. 이들은 식민지주의의 협력자로 보이는데, 실제로 식민지 지배조차 자기 이익을 위해 이용하는 교활한 개인주의자였다는 견해도 있다. 그녀들을 포주의 손에 건넨 부모나 공동체의 역사 또한 기록되지 않았다. 그녀들이 대개 과거를 숨기거나 고향에 돌아가기를 거부한 것은 부모나 친족의 반응을 예기하고 있었기 때문이다. 나아가 이를 묵인하고 지지한 공동체의 책임 또한 추궁되어야 할 것이다. 만주에서 소련병을 '접대'하기 위해 공동체의 리더가 여성을 '공출'한 곳에서는 '중개자'라는 액터도 등장한다. 그들은 피해자인 동시에 가해자였다.

역사의 복수성을 강조하는 것은 그것을 '다양한 역사'라고 하는 상대주의의 니힐리즘에 빠뜨리려는 것이 아니다. 성폭력을 둘러싼 여러 액터 중에서, 성폭력에 의한 피해를 성폭력 피해로 규정하는 '상황의 정의'의 자격을 부여받은 것은 오로지 ⑤인 당사자 여성이기 때문이다. 성희롱을 '원치 않는 성적 접근'이라 정의할 때, '원치 않는'의 주어는 여성이고 '상황의 정의'권은 여성이 가지고 있다. '피해자' 카테고리에 동일화할 때 비로소 '성폭력'은 사후적으로 정의된다. 이것이 본고에서 '성폭력'을 정의하지 않았던 이유이다. 이 정의권은 피해자에게 있고 가해자에게는 없다. 가해자 쪽에 가해자 카테고리의 자기동일화가 없어도 '성폭력'은 성립할 수 있다. 공식의 역사에 나타난 젠더 비대칭성에 맞서 이 '상황의 정의'권의 탈환을 달성한 것이 20세기 후반 성폭력을 둘러싼 페미니즘의 성과였다고 할 수 있다.

적과 아군의 분단

여기까지는 평시의 '성폭력 연속체'와 다를 바 없다. 그러나 전쟁은 여기에 '적'과 '아군'이라는 분단선을 가져온다. 이렇게 되면 가해자/피해자 관계는 가해자가 적인 경우와 아군인 경우로 분할된다. 문제는 전장에서는 적과 아군이 실제로는 확실하게 구별되지 않으며 수시로 그 전환이 일어난다는 사실이다.

그럼에도 불구하고 전쟁은 적과 아군을 이등분함으로써 애매한 회색지대(grey zone)를 인정하지 않는다. 중간적 존재는 협력자 혹은 적과의 내통자로 이분된다. 그리고 적에 속하는 사람인 경우, 남녀를 불문하고 생명을 빼앗는 것을 포함하여 아무리 능멸해도 상관없는 것으로 간주된다. 적측의 남성은 민간인을 포함하여 잠재적 전투원으로 간주되고, 여성은 성적 착취가 가능한 전리품으로 간주된다. 적측 여성에 대한 성적 착취는 적측 남성의 '남성성'에 깊은 상처를 주기 때문에 강한 분노와 증오를 불러일으키는데, 바로 이러한 이유 때문에 성적 착취가 의도적으로 행해진다.

그러나 적지였던 곳이 점령지가 되면 여기에는 우호적인 점령지부터 적대적인 점령지까지의 그러데이션(gradation)이 생겨난다. 아무리 예기치 않은 점령이라 할지라도, 만주국 건국 당시의 황제 푸이溥儀나 파리 무혈입성을 이룩한 나치에 협력한 프랑스의 비시 정권과 같은 괴뢰정권이나 협력자가 등장한다. 뮐호이저는 점령지에서 사람들의 선택지는 '방관자, 협력자, 저항자' 등의 폭이 있다고 지적한다. 여성도 마찬가지이다. '자발적'으로 점령자들에게 접근하는 여성도 있고, 점령자의 권력을 자신의 비호나 특권에 이용하는 여성도 있을 터이다. 공동체의 남성이나 지방 행정기관 혹은 국가에 의해 점령자에게 바쳐진 여성들도 있었다. 만주에서 소련병에 대한 성적 '접대'를 위해 공출된 여성들은 소련병의 희생자일 뿐만 아니라, 일본인 공동체의 가부장적 지배의 희생자이기도 했다. 그들은 가부장적 젠더 규범에 따라 여성을 골라 창부 경험이 있는 자나 남편에게 소속되지 않는 여성들을 선별하여 보냄으로써 가부장제가 지켜야 하는 여자와 그렇지 않는 여자를 나누었다.

패전 후 일본 정부가 점령자에게 제공한 것이 점령군 위안시설의 '특수접객부'들이다. 그녀들은 '여자사무원 모집'이라는 말에 속아 응모하였는데, 오자와 노부오小沢信男는 이를 "하녀봉공이라고 칭하면서, 처녀들을 사 모으던 포주의 수법이 국책이 되었다"(오자와 노부오, 2016: 102)고 표현하고 있다. 이는 '여급'이나 '간호'라는 말로 꼬드겨 한국 여성들을 '위안부'로 동원한 수법과 다를 바 없다. '위안부' 중에는 일의 내용을 어렴풋이 알고 있던 사람도 있었을 터이나, 대부분은 이송 후 현장에 투입되어 강간을 당해 퇴로가 막혀 버렸다. 제5장 챠조노의 논문은 강간을 경험하고서 '자포자기에 빠져'(정조를 잃은 불가역적 경험을 했기 때문에) '빵빵'이 된 여성이 있다는 것을 보고하고 있다.

그러나 실제로는 점령지의 적과 아군 사이에는 회색지대가 있어 이를 성폭력 연속체와 나란히 '점령지 연속체'라 부르는 것도 가능할 것이다. 그리고 그 속에 놓인 개개인도 저항자에서 협력자에 이르기까지 '피점령자 연속체'가 생겨난다. 점령과 함께 피점령자가 모두 저항자가 되는 것은 아니다. 그리고 어떠한 점령도 피점령자의 자발적·비자발적 협력 없이는 통치의 효과를 높이는 것이 불가능하다. 이 같은 복잡한 상황이 성폭력을 이야기하는 것을 더욱 어렵게 한다.

적과 아군이라는 카테고리의 채용은, 뒤집어 말하면 아군으로 간주되는 집단 속의 성폭력 피해를 불문에 부치는 경향이 있다. 병사가 아군 여성에게만은 '신사적'이었을 것이라고 생각하기는 어렵다. 이러한 카테고리화는 군대 내 성폭력 피해의 고발을 억제한다. 남성들 사이에서 성폭력 피해가 있다는 사실은 오늘날엔 널리 알려져 있지만, 군대에 여성이 있는 곳에서 여성병사에 대한 성희롱 피해는 일본에서도 미국에서도 문제시되기 어려웠다.

일본군에는 여성병사가 없었지만, '위안부' 외에 '종군간호부'(당시)가 수행하고 있었다. 그녀들이 동포 남성으로부터 성폭력 피해를 당하지 않았다고는 생각하기 어려우나, 적십자 간호사들의 회상록에 성피해는 등장하지 않는다. 가메야마 미치코亀山美智子(1984)에 의하면 종군간호부는 '위안부'에게 간호부와 같은 업무를 시키는 것을 싫어했다고 하는데, 이는 정조를 지켜야만 하는 여성과 창부 사이의 분단지배를 받아들인 창부차별의 결과였다. 성폭력 연속체하에서 경계의 관리는 보다 엄중하지 않으면 안 되었다. 그러나 카테고리가 그녀들 사이를 나누고 있었다고 하더라도, 현실적으로 그 경계선은 흔들렸다. 실제에 있어서는 '위안부'들이 전선에서 간호부로서 일하기도 했고, 간호부들에게도 성적인 시선이 향해졌을 것이다. 간호부들이 가부장적 젠더 규범에 동의함으로써 오히려 자신의 성피해를 언어화하는 것을 억제하는 결과를 낳았다는 것을 지적하는 이는 필자가 아는 범위에서는 히구치 게이코[16]뿐이다.[17]

적과 아군의 이동

뮐호이저의 연구가 특히 주목되는 것은, 독일 국방군 병사가 인종이나 점령지에 따라 성행동을 바꾸는 다양성을 그려내고 있기 때문이다. 동부 전선을 침공함에 따라 전선은 이동하고 있었는데, 소련 지배하에서 반소감정을 가지고 있던 발트 3국이나 벨라루스에서 독일병은 환영을 받았다. 그곳에서는 연애, 동거는 물론 결혼까지 허용되고 묵인되었다. 원래 압도적인 권력의 비대칭성하에서 난민화한 피점령민에게 있어 물자 입수는 사활이 걸린 문제였기에, 병사는 약간의 일용품과의 교환으로 쉽사리 섹스를 손에 넣을 수 있었다. 여성 중에는 자진해서 독일병을 후원자로 구하는 사람도 있었다. 여기에 더해 인종에 의한 통제와 제약이 있었다. 나치에게 유대인 여성은 성적인 대상으로서 부적절하다고 여겨졌지만, 물론 거기에는 겉모습과 속내가

16 직접 이야기들은 바에 의함.

17 종군간호부들의 회상록에는, 야전병원에서 죽어가고 있는 젊은 병사로부터 유방을 만지게 해달라는 간원懇願을 받아들였다는 '미담'이 보고되고 있다. 유방이 표상하는 것이 모성만은 아닐 것이다. 만일 오늘날 요양시설에서 죽음을 목전에 둔 고령자가 동일한 일을 간병 직원에게 '간원'했다고 하면 문제의 여지없이 성희롱으로 규정될 것이다. 그 '간원'에 응하는 것은 이제는 '미담'이 될 수도 없다. 요양시설에 따라서는 그 정도의 요구에 임기응변으로 대응하는 것이 간병인의 마음가짐이라고 '지도'하는 곳도 있는 듯하지만, 오늘날에 있어서는 '부적절'한 지도라고 말을 들어도 어쩔 수 없다.

있었다. 부적절한 대상이라고 해서 성행동이 억제된다고 할 수 없고, 오히려 마음껏 능욕해도 좋은 대상이 된다.

'제2차 세계대전하 프랑스에서 미군은 무엇을 했는가?'를 부제로 한 로버츠의 저서는 프랑스 영내에 그 연구대상이 머물러 있다. 프랑스에 상륙한 연합군 병사들은 그 후 독일 영내로 침공하는데, 그곳은 명백한 적의 영토였다. '적의 여자'에 대한 태도는 프랑스 여성에 대한 태도와는 달랐을 것이다. 같은 병사가 문맥이 달라지면 다른 성행동을 취하는 것은 당연한 일이다. 가사하라 도쿠시(1999)는 일본군 병사가 중국의 '치안지구'와 '준치안지구' '비치안지구'[18]에서 서로 다른 성행동을 했다는 사실을 지적한다. 병사는 누구에게 무엇을 해도 좋은지를 숙지한 다음에 '이성적으로' 행동하고 있었다. 전시 성폭력은 제어가 불가능한 병사의 '수욕獸慾' 탓 따위가 아니다.

적과 아군의 반전—'협력자'에서 '배신자'로

사태를 더욱 복잡하게 한 것은 독소전쟁 과정에서 동부전선이 반대 방향으로 이동하게 된 것이었다. 독일의 점령지는 소련에 의해 재점령되고, 이전의 적은 아군으로, 아군은 적으로 오셀로 게임처럼 바뀌었다.[19] 여성들 역시 이러한 전황에 희생되었다. 지배자가 바뀌자 이전 점령자들이 가버린 뒤의 피점령지에서, 사람들의 증오는 '적'보다도 '협력자' 쪽으로 더욱 가혹하게 향해졌다. 이전의 독일병의 '연인'은 '적의 공범자(collaborator)'가 되었다. 여기에 여성의 에이전시가 조금이라도 의심되면, 적과 아군이 반전된 뒤에는 '적과 동침한 여자'에 대한 제재는 더욱 가차 없었다. 그 전형적인 사례가 프랑스의 '삭발당한 여자들'(후지모리, 2016)이었으리라. 독일 점령하의 프랑스에서 독일병의 연인이거나 아내였던 여성들이 전후에 공동체의 제재를 받아 삭발을 당해야만 했다. 후지모리 아키코藤森晶子가 그린 '삭발당한 여자들'은 중세의 샤리바리(charivari)*와 유사한, 야만적이면서 본때 보여주기 식인 공동체의 제재를 이어받은 것이다.[20] 그리고 그 제재는 현저히 젠더화되어 있다. 마찬가지 '협력자'였던 남성들은 이 같은 제재의 대상이 되지 않았기 때문이다. 최근 프랑스사의 재심 과정에서 비시 정권 및 프랑스인의 나치 협력이 이슈가 되고 있지만, 그 속에도 '삭발당한 여자들'의 거처는 없다.[21]

적에 의한 성폭력의 고발은 적이 철수하거나 패배한 경우에만 가능해진다. 점령자가 승자일 경우 성폭력 피해는 다른 폭력과 더불어

18 '치안지구'는 일본군에 협력적인 괴뢰 행정권력이 확립된 지역, '비치안지구'는 게릴라 등 적대적인 세력이 잠재하고 있는 지역, '준치안지구'는 그 중간이다. 강간은 비치안지구에서 빈발했다.

19 독일과 소련 사이에 끼어 양쪽으로부터 유린되었던 비극의 땅 폴란드에서 발생한 '카틴 숲' 학살사건은 독일군의 범죄인지 소련군의 범죄인지가 오랫동안 밝혀지지 않았다. 바야흐로 그 봉인이 풀린 것은 냉전이 종결된 뒤 소련의 지배력이 약해진 이후의 일이다.

20 후지모리는 삭발의 기원을 중세까지 거슬러 올라가 검증하고 있다.

21 일본인 역사 연구자인 후지모리는 가까스로 당사자를 찾아가서 르포르타주를 저술했는데, 선행 연구도 없고 당사자가 취재를 받아들인 것도 처음이었다고 한다. '삭발당한 여자'라는 주제는 프랑스사에 있어 다루고 싶지 않은 금기의 영역이어서, 후지모리가 '외국인 여자'였기 때문에 그 금기를 깨뜨리는 것이 가능했을 것이다.

* 중세 이후 유럽에서 공동체 규범을 어긴 이들에게 가한 의례적인 처벌 행위. 젊은이들을 중심으로 한바탕 야단법석을 떤 다음 규범을 어긴 자가 벌금을 내는 것으로 용서받고, 공동체의 일원으로 다시 인정하게 된다.

침묵을 강요당하게 된다. 반환 전의 오키나와를 지배한 것은 미군의 성폭력을 감내하는 것이었고, 이는 오키나와 반환 후에도 오랫동안 이어졌다. 또 1945년 베를린 여성의 강간 경험은 동독이 붕괴하고 소련군이 철수한 후에 다시 문제로서 제기되었다.[22]

유사한 경우는 '위안부'에 대해서도 말할 수 있다. 제국 일본의 지배하에서 강제로 일본 국적을 가져야 했던 조선인 '위안부'들은 박유하(2014)가 지적한 것처럼 일본식으로 단장하고 일본 이름을 사용했으며 일본어를 사용했다. 일본군의 '동반자'였던 이들은 적지였던 피점령지에서 피점령민의 원망과 증오의 대상이었음에 틀림없다. 그러나 일본패전은 조선에게는 '광복'이었다. 적과 아군이 역전한 뒤인 전후 한국에서는, 비록 강제적인 동원이나 관리하에 놓여 있었다고는 해도, 일본군의 '협력자'로 간주되었던 조선인 '위안부'나 강제동원 노무자*와 군속들이 처한 위치는 다루기에 까다로운 것이 되었을 것이다. 특히 '지원병'의 위치는 난문제가 되었다. 1995년 오키나와현 오타 마사히데太田昌秀 지사(당시)가 적과 아군, 민과 군을 가리지 않고 오키나와전 전몰자 전원의 이름을 새긴 '평화의 초석'을 건립할 때, 일만 명에 가까운 조선인 전몰자 중에서 이름을 새긴 것은 423명에 지나지 않았다. 그중 341명을 한반도까지 건너가 조사하고 밝힌 역사가가 홍종일이다. 이 같은 노력에도 불구하고 각명刻銘을 거절한 유족들도 있었다. 오키나와전에 종사한 사실이 알려질 경우 한국에서 일본의 협력자라는 낙인이 찍힐 것을 우려했기 때문이다. 그 가운데 여성의 이름은 없다. 조선인 여성 전몰자는 '위안부'였다고 추측될 가능성이 있기 때문이라고 설명된다. 전후 한국에서 '위안부' 피해의 고발이 더뎠던 것은 성피해의 스티그마에 더해 '친일파'라는 스티그마가 중첩되어 있었기 때문이라 생각한다.

권력의 정통성이 뒤바뀐 뒤 '협력자'에 대한 처리는 그 뒤의 '해방'이나 '독립'의 문맥 속에서는 생각하고 싶지 않은 불편한 과거가 되었다. 유사한 변화는 전쟁은 물론 혁명이나 정권교체 뒤에도 일어난다. 이전에 역적이었던 자가 영웅이 되고, 협력자였던 이가 배신자가 되기 때문이다.

에이전시의 관여

강간에서 매매춘, 연애, 결혼의 배열은 여성 쪽의 '동의'를 척도로 한다. 이와 달리 '폭력'에는 강제성이 포함되어 있다. '위안부' '성노예'설 vs '매춘부'설의 경계에는 동의의 유무가 있다. 양자에 공통되는 것은 창부차별일 것이다. '성노예'설은 창부가 될 리가 없었던 여성들이 창부와 같은 취급을 받았다고 고발한다. 그러나 창부라면 어떤 처우를 받아도 좋다고는 할 수 없다.

이와 달리 '위안부'를 공창제도의 연장으로 파악하는 논자(후지메, 2015)들은 공창제 그 자체가 계약이라는 외관을 가진 성노예제라는 것을 지적해 왔다. 그 강제성은 폭력에 의한 구속뿐만 아니라 채무라

22 이것이 '민족의 수난'으로서 탈젠더화하여 내셔널리즘에 전유될 가능성에 경종을 울린 것은 유대인 망명자 2세인 미국의 역사학자 아티나 그로스만이었다(제8장 히메오카의 논문을 참고할 것).

* 일본어에서는 '징용공徵用工'이라는 명칭을 사용한다. 한국 대법원의 강제동원 피해자에 대한 확정 판결(2018)로 '위안부'와 더불어 한일 간의 역사 문제를 둘러싼 현안이 되었다.

는 경제적 구속의 형태를 취한다. 이 경제적 계약의 은혜를 입는 것은 창부 본인이 아니라 그 가족이었다. 이 같은 접근방식은 평시와 전시의 연속성을 강조하는 것으로서 일본인 '위안부' 역시 공창제도의 희생자가 된다.

결혼은 모든 성적 접촉 가운데 가장 제도화된 것이라는 말은 사회적으로 승인된 형식이란 의미이다. 약탈혼이나 유아혼을 제외하면 결혼에는 당사자의 동의가 있다고 간주되기 때문에 이것을 '피해'라고 부르기는 어렵다. 일본인 전쟁 신부戦争花嫁*들은 점령기에는 정복자의 사랑을 쟁취한 승자였을지도 모른다. 그러나 이후 도미渡美한 그녀들은 가정폭력, 차별, 경제적 곤궁 등 다양한 문제와 직면해야 했다. 점령기의 구조적 폭력은 혼인 후에도 계속되었고, 거기에서 달아날 수 없다는 점에서 가족은 탈출할 수 없는 일종의 '강제수용소'(노부타, 2012)였다. 또한 '중국 잔류 고아'와 '중국 잔류 부인'을 갈랐던 분할선(불과 13세의 나이)이 존재한 것은, 잔류 부인이 현지 남성과 결혼하는 것에 동의했던 것으로 간주되었기 때문이다. 그것이 성을 대가로 한 필사의 생존전략이었다고 하더라도 여성의 에이전시는 구조적 폭력을 면책하는 결과가 된다.

유사한 사태는 '수입 신부輸入花嫁'에게도 있다. 지자체가 알선하는 노골적인 집단 맞선은 자취를 감췄지만(너무도 문제가 많아 지자체가 자숙하기에 이르렀다), 그 대신 2000년대 이후 급속히 증가한 일본인 남성과 아시아인 여성 사이의 '연애'에 의한 국제결혼 커플에게는 가정폭력이나 경제적 학대, 일본어 습득 방해나 외출금지에 의한 유폐상태 등이 보고되고 있다. 구속에서 달아날 수 없다는 점에서 권력과 자원의 압도적인 비대칭성하에서 구조적 폭력이 계속되고 있는 것이다. 게다가 이러한 선택은 당사자의 '동의'를 전제로 하기 때문에 타인에게 호소하는 것도 책임을 묻는 것도 불가능하다. 친족이 반대한 경우는 물론이고 축복한 경우에도 출가외인인 그녀들에게 되돌아갈 선택지는 없다. 그리고 가정폭력을 포함한 학대는, 피해자에게 달아날 곳이 없다는 사실을 숙지한 가해자에 의해 교묘하고도 교활하게 행해지는 것이지, 결코 '발끈해서' 충동적으로 일어나는 것이 아니라는 사실도 연구를 통해 밝혀졌다.

가정폭력이라는 개념은 이 같은 여성들에게 성폭력 피해를 이야기하도록 정식定式의 선택지를 주었다. 이 때문에 가정폭력은 이혼을 위한 정당한 이유가 되었다. 경제적·사회적인 이유로 인해 이혼할 수 있는 조건을 갖추지 못한 여성은 이같이 부당한 상태에 계속해서 머무를 수밖에 없다. 브누아트 그루(Groult, 1975 = 1979)는 여성을 '최후의 식민지'라 했는데, 해소할 수 없는 혼인 생활 속에서 계속 살아가야 하는 여성은 가부장제하의 '식민지' 상황을 살아가고 있다고 할 것이다.

* 자국에 주둔하는 외국군과 결혼한 여자로서 여기에서는 주로 2차 세계대전 패전 후 미군과 결혼하여 미국으로 이주한 여성을 가리킨다.

3. 구조적 폭력과 조선인 '위안부'의 위치

구조적 폭력과 식민지 지배

평화학의 제창자 요한 갈퉁(Galtung, 1991)은 폭력을 물리적인 위력뿐만 아니라 권력이나 부 등의 구조적 폭력까지 확대하여 정의하고 있다. 압도적인 권력이나 부의 비대칭성하에서 여성이 성적 서비스에 동원될 경우 거기에 '동의'가 있다고 이야기할 수 있을 것인가? 부모에게 속아서 팔리는 것이나 구슬리는 말에 울면서 동의하는 것, 부모의 곤경을 살펴 스스로 몸 파는 신세를 자원하는 것 사이에 결정적인 차이가 있는 것인가. 미국에서 징병제도가 폐지되고 지원병제로 변경된 후에 병사가 빈곤가정 출신자로 치우치게 된 것을 '경제적 징병'이라고 부르는 것은 단지 비유에 그치지 않는다.

미셸 푸코는 폭력이나 강제력을 행사하여 복종을 가져오는 것을 통치기술로서는 졸렬한 것이라고 했다. 자발성을 가져오는 '사목司牧권력' 쪽이 통치비용이 저렴하고 훨씬 교묘한 지배라는 것이다. 그 궁극적 형태는 내면지도이다. 어떠한 외적인 강제력을 동반하지 않고 자신들의 자발성에 근거해 규범에 복종하는 사람들…… 그것이야말로 황민화교육의 목표였다. 식민지 엘리트 교육에 종주국이 열심이었던 것도 교육이 종주국의 가치관을 이식하는 세뇌장치와 다를 바 없기 때문이다. '일본인과 대등해지고 싶다'는 국민적 동일화의 이데올로기는 피지배민 쪽에서도 동원된다. 조선인 지원병들 또한 일등국민화에 대한 유혹과 더불어 그 자존심이 동원되었음에 틀림없다. 어쩌면 남보다 성실하고 긍지가 높았을 이들 조선인 지원병은 비극의 주

인공일 수는 있지만 배척될 이유는 없다.[23]

증언에서는 조선인 '위안부'가 동원에 '동의'한 사례는 확인되지 않지만(이 같은 증언은 존재하지 않거나 발화를 억압당했으리라고 생각된다), 일본인 '위안부'의 경우 그것을 알고 전지로 향한 이도 있다고 알려져 있다. 니시노 루미코西野瑠美子 등의 『일본인 '위안부'』('전쟁과 여성에 대한 폭력' 리서치액션센터 편, 2015)가 '애국심과 인신매매'라는 부제를 달고 있듯이, 일본인 '위안부' 중에서는 "병사들처럼 우리도 국가를 위해 봉공했다"는 생각을 가진 이도 있었다. 병사가 빨간 딱지*를 통해 '강제징병'된 것과 마찬가지로 '위안부'도 인신매매나 기만에 의해 '강제연행'되었다고 해도, 그것이 '위안부'가 병사와 마찬가지로 '애국심'을 가지는 것을 가로막지 않았다. 괌에 있던 오키나와 '위안부'가 투항을 권유받자 "포로가 되고 싶지는 않아요. 일본 여자랍니다. 지금 여기서 죽여 주세요. 나는 야스쿠니 신사에 가고 싶어요"라고 대답했다는 증언을 시모지마 데쓰로(2012: 236)는 기록하고 있다. 그러나 그녀들의 '보국'은 보상을 받지 못했다. 야스쿠니 신사에는 '위안부'의 거처가 없었기 때문이다.

23 특공대원에게도 동일한 동의의 조달이 발견된다. 자폭 공격을 의미하는 특공이 '명령'이 아닌 '지원'이라는 형태를 취한 사실이 알려져 있지만, 오늘날에는 특공대 '지원'이 '강제'와 다름없었다는 사실을 공통으로 인정하고 있다.

* 소집영장을 뜻함.

조선인 '위안부'의 위치

이상과 같은 성폭력 연속체 속에 '위안부'의 위치를 부여한다면 어떻게 될 것인가. 설사 동원과정에 '동의'가 있었다 하더라도 구금하에서 조직적이고 지속적인 강간 속에 놓인 그녀들의 상황이 '성노예' 상황이었다는 것을 부정할 수는 없다. 그러나 아시아 각지의 '위안부'가 마침 같은 명칭으로 불리고 있다는 이유로 그 문맥의 차이를 무시하는 것은 적절치 않다. 적국의 점령지에서 우발적이거나 조직적인 강간이나, 점령지 여성을 납치하여 수용한 점령지 '위안소'의 '위안부'와, 조선인 '위안부' 사이의 결정적인 차이는 조선이 식민지 상황에 놓여 있었다는 것이다. 식민지에는 무력을 동반하지 않고 행사가능한 권력의 압도적인 비대칭성이 동원 전부터 이미 내장되어 있었다. 식민지 여성의 동원이라고 하는 이러한 사례는 뮐호이저나 로버츠에게서는 등장하지 않는다. 조선인 '위안부'는 성차별, 창부차별, 식민지 차별, 계급차별이라고 하는 3중, 4중의 차별 아래 놓여 있었다.

일본인 '위안부'를 문제화하는 데 수반되는 어려움은 성차별, 창부차별은 공통적이지만 '식민지 차별'의 유무가 둘을 나누기 때문이다. 역사적으로 돌이켜보면 조선인 '위안부'에게 이야기의 정치성을 부여한 것은 '식민지 지배'에 대한 고발이라고 하는 민족주의적인 담론이었다. 이 때문에 김학순에 의한 최초의 고소는 다른 강제징용 노무자들과 함께 한 집단소송의 일환이었고, 2000년 여성국제전범법정에서의 국제 페미니즘에 대한 한국 여성단체의 비판도 여기에 '식민지 지배'라는 관점이 누락되었기 때문이었다. 다양한 지역의 '위안부' 문제 중에서 조선인 '위안부' 문제의 해결이 더욱 어려운 것 역시 이런 이유 때문이다.

피해자의 에이전시는 성폭력 피해 사이에 분단선을 긋게 함으로써 이야기할 수 있는 피해와 이야기할 수 없는 피해를 구별하였다. 구조와 주체의 애로 사이에서 에이전시는 100퍼센트 복종도 아니고 100퍼센트 저항도 아닌, 피해자의 생존전략의 발로였다. 이 에이전시를 인정한다는 것은 에이전시가 행사되는 문맥인 조직적 폭력의 존재를 절대 부정하지 않으며 그것을 면책하지도 않는다. 오히려 그것은 구조적 폭력 속에서 개개인의 경험의 다양성을 담보하며 '고난에서 살아남은 자'로서의 증인과 증언의 가치를 높이는 것일 터이다.

맺음말—'역사의 구멍'

2017년 8월 5일, NHK는 ETV 특집 〈고백—만몽개척단의 여자들〉에서 전후 72년이 지나 처음으로 인양 여성의 성폭력 피해 경험에 대해 당사자가 직접 이야기하는 영상을 방영했다. 여태껏 인양 여성의 성폭력 피해에 대해서는 제삼자에 의한 증언은 있었지만, 방대한 수에 이를 터인 당사자들의 증언은 전무에 가까웠다. 그것이 가능했던 것은 어떠한 개척단의 공동체가 전후에도 지속되고 있었기 때문이다. 인양 시에 개척단은 살아남기 위해 '접대'라는 명분으로 미혼여성을 선별하여 소련병에게 공출하였고, 인양 후에는 공동체의 공공연한 비밀로 침묵을 지켰으며, 72년이 지난 후에 처음으로 매스컴의 취재에 응해 과거의 기록을 공개했다. 그 누구에게도 책임을 추궁하지 않으려는 듯 여러모로 신중한 배려 속에 만들어진 프로그램은, 집단자결을 할 것인가 아니면 살아남기 위한 희생을 할 것인가 하는 양자택일 속에 놓인 '공동체 수난의 희생자'의 이야기였다. 희생을 당한 데다 멸시의 대상이 된 피해 여성들에 대해서는 보고도 못 본 체하는 '침묵'이 '배려'이자 공동체의 생존전략이었다. 이시다 요네코가 지적한바 "피해와 가해의 모자이크와 같은 관계와 침묵을 강요해 온 구조"(이시다·우치다 편, 2004: 232)는 여기에서도 발견된다.

인양 여성들에게 마취 없이 중절수술을 시행한 후쓰카이치二日市 보양소의 경우, 의사들에 대한 '현창顯彰'의 움직임이나 낙태한 아이의 '공양'은 있었지만 피해 여성에 대한 통석痛惜이나 사죄는 없다(시모카와, 2017). 인양 여성의 성폭력 피해에 주목하는 것은 아이러니하게도 이를 '민족의 수난'으로서 프레이밍하는 보수 세력 쪽이다. 여성의 성폭력 피해는, 탈젠더화하여 공동체에 의해 전유될 때 비로소 이야기의 정통성을 공식적으로 가지는 듯하다. 이러한 이야기의 정식화가 마지막까지 불문에 부쳐지는 것은 가장 가까운 타자, 곧 공동체나 가족 내에서의 성폭력이다.

제8장 히메오카의 논문은 독일의 '기억 문화'에 성폭력 피해자의 거처가 없다고 한다. 매우 빈약한 기록만 남겨진 강제수용소 내 매춘에 대해서도 피해자의 증언은 얻어지지 않는다. 왜냐하면 여성의 성피해, 특히 '매춘부'의 성피해는 홀로코스트를 정점으로 하는 '희생의 피라미드' 속에서 '2류 희생자'에 의한 '2류 희생'이었기 때문이다. 그렇지만 성폭력 고발은 이러한 '희생의 피라미드' 그 자체를 무너뜨리려

해 온 것이 아니었던가. 여성의 희생을 하찮은 것으로 자연화하려는 힘에 맞서는 것이야말로 전쟁과 성폭력의 비교사가 맡은 과제일 터이다.

E. H. 카는 '역사는 현재와의 끊임없는 대화이다'라고 했다. 역사는 몇 번이라도 이야기를 바꿔 쓰지 않으면 안 된다. 잊지 말아야 할 것은 증인과 증언은 과거에 속한 것이 아니라 현재에 속해 있다는 것이다. 현재의 문맥의 변화가 과거의 증언을 가능하게 하고, 또한 그 문맥의 변화가 증언을 변화시킨다. 그렇다면 우리들 역시 증언의 생성과 변용을 가능하게 하는 조건을 만들어 내는 협동자이거나, 경우에 따라서는 이를 억제하는 공범일 수도 있다. 우리들의 역사 속에는 아직 '역사의 구멍'이라고 할 공백이 매우 많다. 그리고 이에 대한 책임은 현재를 살고 있는 우리 자신에게 있다.

제1부

'위안부'를 말하는 방식

제1장

한국의 '위안부' 증언 청취 작업의 역사

: 기억과 재현을 둘러싼 노력

야마시타 영애山下英愛

머리말

이 글의 목적은 1990년대 초반부터 2000년대 중반에 걸쳐 한국에서 이루어진 일본군 '위안부' 피해자의 증언 청취 작업의 역사를 되돌아보는 것이다. 증언의 중요성에 대해서는 새삼 말할 나위도 없을 것이다. 한일 양국 정부를 대상으로, 반세기 동안 어둠에 묻혀있던 일본군 '위안부' 문제를 공공연한 사실로 제시하여 이 문제의 존재를 확고히 한 것이 김학순의 실명 증언이었기 때문이다. 전시 성폭력 피해자의 실태를 밝히기 위해서는 당사자의 증언이 필수적인데, 증언을 한다는 것이 얼마나 어려운 것인가에 대해서는 이 책의 다른 장에서의 논의에 맡겨 둔다.

한국에서는 피해자들이 모습을 드러내기 시작한 이후 한국정신대문제대책협의회(이하 '정대협')과 정신대연구회(이하 '연구회', '연구소')가 운동의 일환으로 피해자들에 대한 청취 조사에 착수하여 증언집을 간행해 왔다. 국내 거주자를 대상으로 한 제1집(1993)부터 제6집(2004)까지, 그리고 중국 거주자를 대상으로 한 제1집(1995)과 제2집(2003)을 합치면 그 수는 총 8권이다. 그 밖의 단체나 기관이 펴낸 것까지 포함하면 합계 10권에 이른다.[1] 증언자의 수는 정부등록자 239명 중 약 절반에 해당하는 120명 정도이다.

십수 년에 걸쳐 이어진 증언 청취 작업은 '위안부' 문제를 해결하는 운동에서 중요한 한 축을 담당했음에도 불구하고, 한국에서는 이 작업에 그다지 관심을 기울이지 않았다. 나중에 살펴보겠지만, 이 활동의 중심적 존재였던 연구소가 2000년대 중반부터 활동을 축소하지 않으면 안 되었던 점, 그리고 기본적으로 다른 활동에 바빴던 정대협이 증언집을 만드는 일을 활동의 중심에 두지 않았다는 점 등과 관련이 있을 것이다.[2] 더구나 한국에서는 '모델 피해자'상의 영향이 컸던 까닭에 증언집에 수록된 다양한 목소리에 귀를 기울이는 연구 또한 적었다고 할 수 있다.[3] 한편 일본에서는 번역이 두 권(증언집 1과 중국 거주자판 제1집)에서 멎어 있었기 때문에 증언집이 그다지 잘 알려져 있지 않았다.[4]

그러나 증언집에는 피해 당사자들의 다양한 목소리가 구술 텍스트로 실려 있고, 당사자와 마주하면서 청취 작업을 진행했던 조사자들의 시선이나 생각도 반영되어 있다. 이런 것들을 하나씩 되짚어보면 한국의 '위안부' 문제 해결 운동의 역사와 '위안부' 인식의 특징이 드러나지 않을까 한다.

본고에서는 이상의 8권 중에서 중국 거주자의 증언집을 제외한 6권(증언집 1—6)을 중심으로, 각 증언집의 청취 작업이 어떻게 진행되었는지, 각각은 어떤 특징을 지니고 있는지, 조사에 착수한 사람들은 어떤 생각을 가지고 무엇을 목표로 하였으며 어떠한 문제에 직면했는지 등에 대해 고찰하려 한다.[5] 이 글은 증언집을 만드는 활동에 초점을 둔 것이므로 증언 내용 그 자체를 분석의 대상으로 한 것은 아니다.

1. '위안부' 문제의 진상규명을 요구하며—증언집 1, 2

청취 조사의 시작

한국에서 일본군 '위안부'에 대한 청취 조사가 시작된 것은 1992년 봄의 일이다. 1991년 여름 김학순의 실명 증언 이후[6] 한일 양국에서

1 다른 두 책은 기독살림여성회 편, 『전북지역 일본군 '위안부' 생존자의 이야기』(2004)와 대일항쟁기 강제동원피해조사 및 국외강제동원희생자 등 지원위원회 편, 『들리나요? 열두 소녀의 이야기』(2013)이다. 개인의 전기류는 제외했다.

2 대부분의 증언집에는 편저자로 정대협의 이름이 기재되어 있는데, 실제로는 정대협 산하단체인 연구회(연구소)나 연구자들이 중심이 되어 작업했다. 정대협, 『한국정신대협의회20년사』(2014)에서는 '증언집 간행'이라는 항목에서 증언집 활동에 대해 짧게 다루고 있는 정도이다.

3 이런 의미에서는 박유하(2014)는 증언집을 활용한 드문 연구자 중 한 명이다.

4 증언 자체는 액티브 뮤지엄 '여성들의 전쟁과 평화 자료관' 편, 『증언, 미래를 위한 기억—아시아'위안부' 증언집』, Ⅰ Ⅱ(2006; 2010)에 수록된 것을 포함하면 약 40명분(전체의 약 3분의 1)이 일본어로 되어 있다.

5 증언집 활동을 언급한 일본어 논문으로는 사카모토 지즈코(2005)와 김부자(2010) 등이 있다.

6 김학순의 실명 증언 경위에 대해서는 졸저(야마시타, 2016)를 참조할 것.

이 문제에 대한 관심이 높아졌는데, 1992년 1월 중순 미야자와 기이치宮澤喜一 수상이 한국 국회에서 사죄한 무렵부터 정신대 신고전화가 울리기 시작한 뒤 많은 피해 당사자들이 모습을 드러내기 시작했다. 신고자 숫자는 순식간에 늘어나서 3월 초순에는 생존한 '위안부'만으로도 40명 이상이 되었다.[7]

청취 작업은 정신대연구회라는 작은 단체가 수행했다. 이 단체의 결성은 1990년 7월로 거슬러 올라간다. 이화여대 영문과 교수였던 윤정옥이 이 문제에 관심을 갖고 있는 같은 대학의 여성학과 대학원생 4명[8]과 함께 공부모임을 시작한 것이 계기였다. 당초에는 '연구반'으로 시작했으나, 3개월 후인 10월에 여성단체가 한일 양국 정부를 향해 공개서간을 보낼 때, 다른 운동단체와의 위상을 맞추기 위해 명칭을 '연구회'로 바꾸었다. 11월에 윤정옥이 중심이 된 정대협이 결성되자 대학원생들도 잡무를 거들면서 운동과 연구회 활동을 병행하게 된다.

이 시기 연구회 활동의 중심은 한국 내의 '위안부' 생존자들을 찾아내는 일이었다. 태평양전쟁희생자유족회(이하 '유족회')를 방문하여 정보를 구하기도 하고, 징용자 명부에 기대어 전라남도나 경상북도를 방문하여 마을의 징병·징용 경험자들을 찾아다니면서 이야기를 들었다. 그러나 피해 당사자를 직접 알고 있는 사람은 만나지 못했다. 그러던 중 김학순의 실명 증언(1991년 8월)이 나오면서 사태가 급속히 진전했다. 그 뒤 김학순을 포함한 '위안부'들의 제소(같은 해 12월)가 직접적인 계기가 되어 이 문제가 순식간에 한일 양국 사이의 정치적 쟁점으로 부상하였고, 피해 당사자나 그 가족들의 신고가 봇물 터지듯 일어났다.

당사자들이 나타남에 따라 이들의 증언을 청취하는 것이 긴급한 과제가 되었다. 연구회는 갑자기 활기를 띠게 되었다. 회원도 늘어나 1992년 3월에는 10명을 조금 넘는 정도가 되었다. 모인 이들은 20대부터 30대의 여성들로서 역사학, 사회학, 영문학 등을 전공하는 대학원생이 많았다.[9] 다들 구술 청취 작업의 경험은 없었지만 이 문제의 진상을 밝히고 싶다는 사명감을 갖고 있었다. 처음에는 정대협 사무실이나 수요집회(1992년 1월에 시작되었다)를 찾아오는 피해 당사자들과 조금씩 교류하면서 친분을 쌓으려 했다. 3월 말경에는 청취 조사의 대상자와 담당자를 정하고 조금씩 작업을 개시했다.

'진실을 진실 그대로 밝히다'

청취 조사에 박차가 가해진 것은 6월부터였다. 서울대 교수 안병직이 연구회에 참가하게 된 것이 계기가 되었다. 한국근현대경제사를 전공한 안병직은 식민지 시기의 군 '위안부'와 정신대에 대한 진상규명에 깊은 관심을 가져, 증언 청취 작업의 중요성을 인식하고 연구회의 문을 두드렸다. 그는 베테랑 연구자로서 식민지 시대의 전문가였기 때문에 자연스럽게 증언집 활동을 지도하는 입장이 되었다. 그

7 1월 1일부터 3월 7일까지의 신고자 내역은 총 194명(위안부 68명, 근로정신대 86명, 불명 40명)이다. 또한 위안부 68명의 내역은 생존자 41명, 사망 27명이었다(당시의 기록을 통해).

8 여순주, 이상화, 조혜란과 필자. 필자는 마침 이화여대 여성학과에 유학 중이었다.

9 이 무렵에 강정숙, 고혜정, 정진성 등 이후의 주요 멤버가 참가했다.

는 "그간의 경과를 들어보니 조사는 아직 초기 단계에 있었고, 또 회원도 새로이 보충되고 있었다. 나도 그 때 새로이 보충된 회원인 셈이다. 그러나 나는 새내기로서 연구회에서 하던 일을 그대로 따라가기만 하면 좋은 처지는 못 되었다. 나이로 보나 연구 경력으로 보나, 또 전공 시대로 보나 새내기에게는 걸맞지 않은 역할을 하지 않을 수 없었다"[10](『증언집』 1, 「조사에 참가하면서」, 8-9)라고 쓰고 있다.

안병직은 우선 조사 요목과 조사 지침을 문장화할 것, 연표를 작성할 것, 자료를 수집할 것 등을 제안하고, 조사 지침의 초안을 직접 작성해 왔다. 조사 지침은 '조사자의 사전 준비 및 자세', '피조사자에 대한 주지사항', '조사사항'의 세 가지로 되어 있었다. '조사자의 사전 준비 및 자세'에서는 조사자가 이 조사의 목적[11]을 숙지할 것, 당시의 역사를 각자 공부할 것, 그리고 조사를 할 때에는 "피조사자의 진술을 최대한으로 존중"할 것, 이를 위해 "인간적 신뢰감을 획득"하는 것이 필수적이라고 했다.

'조사사항'에는 14개 항목이 거론되었다. 그 중심이 되는 것은 연행, 이동, 위안소에서의 생활, 귀국의 경위에 관한 것이었다. 이들 항목에는 더욱 구체적인 질문이 설정되어 있었다. 예를 들어 '연행방법에 관한 사항'의 경우, "강제연행인가, 금전적 매수인가, 사기적 방법인가", "무슨 명목이었나(정신대, 처녀 공출, 위안부)", "매수를 당했다면 대금은 얼마나 받았나", "독자적인가, 집단적인가", "연행자나 매수자는 경찰관, 행정 직원, 직업소개소원, 혹은 뚜쟁이 중 어느 쪽인가" 등과 같은 질문들이다. 회원들은 이 같은 조사 항목이나 지침을 염두에 두고 조사를 하러 나가게 되었다.*

그런데 이 초기의 단계에서 안병직과 윤정옥 사이에 격렬한 논쟁이 일어났다. 필자의 기억에 따르면 이는 윤정옥의 원고를 검토하는 과정에서 표면화되었다.[12] 윤정옥의 서술방법은 생존자의 이야기 이외에 조사자의 생각이나 조사 당일의 모습 등을 기술한 르포르타주 같은 스타일이었다.[13] 윤정옥은 "피해자에게 증언을 들으러 갔던 날씨와 피해자가 살고 있던 그 집의 상태와 할머니의 표정, 건강상태도 그 할머니를 나타내는 중요한 자료라고 생각했다"고 한다. 할머니의 말버릇이나 사투리를 포함하여 있는 그대로 기록하는 것이 당사자를 드러내는 "강한 증언이 되리라"고 생각한 것이었다.[14]

반면 안병직은 상술한 바와 같이, 생존자가 '위안부'가 된 경위와 '위안부' 생활을 중심으로 조사하고, 조사 항목에 따라 사실을 담담하게 서술하는 형식을 바람직한 것으로 보았다. 이는 당사자의 증언을 일본군에게 책임이 있다는 사실을 드러내는 증거로 일본 정부에 제시

10 일본어판에는 이 부분이 삭제되어 있다.

11 조사 목적은 "성차별 극복 운동, 식민지 잔재 청산 운동, 계급 차별 철폐 운동, 피해배상 운동, 역사적 진실의 해명과 교육"이라고 기록되어 있다.

12 안병직은 "위안부와 정신대를 같은 범주로 볼 것인가 아닌가 하는 문제"였다고 기억하고 있다(안병직의 메일, 2017년 8월 25일).

13 김수진은 "우리는 윤정옥을 서발턴 지식인 여성이라고 부를 수 있을 것 같다. 그리고 이 여성이 선택하려 했던 낮은 목소리가 거대한 학문의 언설이 아니라 말 그대로 작은 이야기인 소설이었다는 사실은, 이후 이어진 기나긴 위안부 운동의 역사에서 증언이 처한 자신의 필연적 운명을 예고하는 듯하다"(김수진, 2013: 41)고 서술하고 있다.

14 미간행의 윤정옥, 『일본군위안부』(가제)의 원고에서 여순주가 정리하여 제공해 주었다.

* 이상의 조사지침은 증언집 3권에 부록으로 실려 있다.

하기 위한 것이었다. 또한 윤정옥이 심정적으로 생존자들에게 다가서서 특히 처음에는 그들의 이야기를 그대로 받아들이려 했던 것과 달리, 안병직은 처음부터 연구자로서 '사실인지 아닌지'를 검증하려는 태도를 취하고 있었다.[15]

연구회의 멤버들은 이 논쟁을 지켜보고 있었지만, 결국에는 안병직의 방법론에 대체로 찬동했다. 증언집 활동이 '진상규명'이라는 사회적 요청에 응하는 것이라는 인식이 당시에는 압도적이었기 때문이었다. 이 사건을 계기로 윤정옥은 국내 거주자들을 대상으로 한 청취 작업에서 다소간 거리를 두는 상태가 되었다.

이 사건이 있었기 때문인지 집필 원칙에 "조사 자료는 '실태 중심'이라 기술하였고 '조사자의 인상이나 평가는 기술하지 않는다'"는 문구가 포함되었다. 그리고 "진실을 진실대로 밝히는 것을 최대의 원칙"(증언집 1: 10)으로 하여 청취 조사가 진행되었다. 청취 작업은 조사 대상자 한 명을 두 명 이상이 담당했다. 또한 증언의 "신빙성에 자신이 생길 때까지 몇 차례고 재면접을 실시했다"(같은 책, 16). 증언을 문장으로 만드는 일은 조사 항목을 통째로 한 번 들은 후에 조사자가 녹음을 들으면서 행했다. 원고를 전원이 읽고 검토하면서, 특히 언제, 어디에서, 어떻게, 누구와 함께 등 사실에 관한 부분이 불명료한 경우 다시 방문하여 확인했다.

청취한 증언 내용은 조사 항목에 따라 시계열로 정리했다. 문체는 1인칭 문어체('나는 ~했다', '~이다')로 통일했고, 화자의 특징을 드러내는 사투리나 독특한 말투 같은 것은 반영하지 않았다. 이야기가 옆으로 샐 경우도 있었는데 이는 대부분 삭제했다. 이리하여 약 7, 8개월의 집중 작업 끝에 19명의 증언을 수록한 증언집 1권이 완성되었다. 제목은 논의 끝에 『강제로 끌려간 조선인 군위안부들』로 했다. 물리적인 강제 연행이라는 의미보다는, 식민지 조선의 가난한 계층의 여성/소녀들이 인신매매나 취업사기 등의 다양한 형태로 일본군 '위안부'로 동원되었다는 것을 전반적으로 표현하려는 의도가 이 제목에 담겨 있다. 증언집 1권은 출판 후 곧바로 일본어로 번역되었다.

페미니즘 관점의 비판

증언집 1에 대해 가장 적극적인 비판을 보인 것은 페미니즘의 관점을 가진 연구자들이었다. 당시 연구회 기록(회의록, 1993년 3월 16일)에 따르면, 증언집이 출판된 직후에 가진 평가회에서 회원인 강선미가 "증언집의 기록형식이 1인칭인 까닭에 조사자의 목소리가 배제되어 있다"고 지적했다. 젊은 여성학 연구자였던 강선미는 50년도 지난 일을 회상하는 증언자의 구술을 판에 박힌 질문과 1인칭 서술로 정리하는 것에는 한계가 있다는 문제의식을 가지고 있었다(강선미의 메일, 2017년 9월 20일).

비판의 목소리는 외부에서도 나왔는데, 그중 한 사람이 김성례였다.[16] 김성례는 구술생애사(oral history)의 시점에서 '위안부' 증언집에

15 한편 안병직은 '위안부' 피해자에 대한 구술청취는 가와다 후미코川田文子의 『빨간 기와집赤瓦の家』(1987)을 본받아야 한다고 늘 말했다.

16 김성례는 미국에서 종교인류학을 전공하여 제주도의 샤머니즘 연구로 학위를 받았다(1987). 「한국 무속에 나타난 여성 체험」(『한국여성학』 7, 1991)이라는 논문에서 '구술생애사'라는 용어를 한국에서 처음으로 도입했다(윤택림, 2010: 83).

관심을 가져 여성학회 주체의 여성학 워크숍(1994년 8월)에서 증언집에 관한 논의를 펼쳤다. 연구회는 곧바로 김성례를 초청해서(1994년 11월) 직접 이야기를 들었다.

김성례가 작성한 이날의 발표문은 「정신대연구회 증언집에 대한 여성주의적 논평」이라는 제목으로 10매 분량이었다(후반부는 여성주의적 구술사 방법론에 관한 소개로 이루어져 있었다). 증언집에 대해서는 '조사지침'이나 '집필 원칙'의 사례를 구체적으로 들어 신중히 문제점을 지적했다. 앞에서 말한 '집필 원칙'에 대해서는, 조사 목적의 초점을 여성주의적 구술사로서의 가치에 둔다면 그 원칙은 "상당히 부적절하다"고 비판했다. 또한 '집필 원칙' 중에서 "위안부 생활에 대한 감상, 한일 정부에 대한 요망사항은 자료 말미에 간단히 기술"이라 한 것에 대해서도 "증언자의 위안부 생활에 대한 주관적 인식과 증언 자체가 가지는 자기해방적 여성해방적 의도를 무시하는 결과를 가져오지는 않았는지"라며 의구심을 표시했다. 또한 '위안부'였던 시기를 중심으로 시계열로 서술한 것에 대해서도 "증언자 개인에게 특별히 중요한 사건의 의미를 알 수 없게 되었"고 "여성으로서 증언자가 특별히 분노와 한을 표현하는 언어가 무엇인지, 한의 근원이 되는 경험이 정확하게 무엇이었는지를 알 수 없다"고 지적했다(당일의 발표문).

같은 해 6월에 열린 한국여성학회 10주년 기념 춘계학술대회에서는 김은실이 「민족 담론과 여성」이라는 제목의 발표를 통해 증언집에 대해 언급했다. 이 발표문을 토대로 완성된 논문에 따르면 우선 한국사회에서 위안부 문제가 "민족의 식민지적 고난과 불행의 상징으로 표면화"되고, "민족적 분노라는 공감을 만들어내는 중요한 담론의 장을 형성"하고 있다고 지적한다. 그리고 '위안부'들의 증언으로부터는 더욱 다양한 목소리를 읽어낼 수 있지만, 진상 규명을 목적으로 하는 연구자들의 의도에 의해 증언집이 양식화되어 버린다고 우려했다(김은실, 1994 = 2000: 38, 75).

참고로 1994년은 여성학회 설립 10주년을 맞이하여 여성학 연구와 여성운동 사이의 접점이 전례 없이 모색되었던 해이다. 이 대회에서는 학회 및 여성운동의 리더인 이효재(전 이화여대 사회학과 교수)가 「한국 여성학과 여성운동」이라는 제목으로 기조강연을 한 것을 필두로, 여성학 연구자와 여성운동가들이 「한국여성학과 여성운동—전망과 과제」라는 제목의 패널 토론을 진행했다. 정대협의 공동대표로서 스스로도 '위안부' 문제 해결운동에 깊이 관여해 온 이효재가 기조강연에서 '위안부' 문제의 중요성을 강조하였음은 물론이다. '위안부' 문제는 '민족주의와 페미니즘'이라는 제목의 세션에서도 거론되었다. 그 후로도 몇 년 동안 민족주의와 페미니즘은 연구자들 사이에서 논쟁의 테마가 되었다.

조사의 계속과 진전

연구회는 정대협의 사무실이나, 안병직의 연구 거점인 낙성대연구소에서 편집 작업을 해 오다가, 이즈음 독자적인 사무실을 갖추고 활동을 하게 되었다. 안병직도 계속 증언집 활동에 참가하여 "조사 지침대로 조사하도록 노력"(「회의록」, 1993년 3월 16일)이 이어졌다. 그러나 1993년 정대협은 안병직과 의견을 달리하는 역사학자 강만길(고려대 교수)을 중심으로 진상조사연구위원회를 설치하는데, 연구회도 여기에 참여하여 연구 활동을 하게 되었다.[17] 이 같은 일도 있고 해서 안병직은 차츰 연구회로부터 멀어졌다.

연구회는 제2집을 위한 청취 조사를 계속하는 한편으로, 중국 거주 조선인 '위안부'에 관한 조사에도 새로 착수했다. 이전부터 깊은 관심을 갖고 있던 윤정옥이 중심이 되어 현지 조사를 진행하여 그 내용이 『중국으로 끌려간 조선인 군위안부들』(1995)에 수록되었다.

제2집은 중국 증언집이 나오고 나서 2년이 지난 뒤인 1997년에 출판되었다. 여기에는 16명의 증언이 수록되어 있다. 제1집에 대한 비판을 염두에 두고 작업을 했다는 사실은 편집후기를 통해서도 확인된다.

> 아니나 다를까 이러한 정리형식이 여성 중심적이 아니고 할머니들을 대상으로 취급했다는 비판이 많았다. 또한 정리자가 누구인지도 잘 드러나지 않는다는 비판도 있었다. 순결과 정조가 강조되는 더구나 한국이라는 상황에서는 어쩌면 위안부로서 피해는 당시 생활을 하면서 얻은 것보다 돌아와서 남성기피증 등의 정신적인 측면과 불임 등의 신체적인 측면, 이로 인해 제대로 결혼생활을 하지 못한 점 등등 귀국 후 생활에서 더 두드러진다는 점을 고려하면 이러한 비판은 어느 정도 타당하다고 여겨졌다(증언집 2: 251-252).

제2집은 1집과의 일관성을 유지하기 위해 1인칭 문어체를 사용하고 시계열로 정리하는 방식을 유지했다. 그러나 생존자들의 증언을 "생생하게 복원하려는 데"(증언집 2: 252)에 주의를 기울였는데, 이를 위해 증언자가 사용한 단어를 그대로 사용하였고 귀국 후의 생활도 남기도록 했다. 조사자가 청취를 하면서 느낀 것을 인상기로서 증언의 뒤에 실었고, 조사자 자신의 간단한 소개문도 덧붙였다. 더불어 각 증언자들이 동원된 지역을 드러내는 지도와 각자의 동원 기간과 지명을 정리하여 증언집의 말미에 실었다. 이렇게 해서 이 증언집에는 전후에도 미군 '위안부'가 된 생존자의 이야기[18]나 근로정신대로서 동원되었지만 '위안부'로 내몰린 두 건의 케이스도 포함하게 되었다.

2. 생존자들과의 교류를 거듭하면서—증언집 3

트라우마에 착목하다

제2집을 출판한 뒤 연구회는 모임 명칭을 정신대연구소로 바꿨다. 한국의 유일한 '위안부' 문제 연구단체로서 연구원들은 자부심을 가지게 되었다. 이때부터 증언집 활동뿐만 아니라 일반을 대상으로 한 계몽서를 쓰거나 생존자와 접촉하는 기회가 많은 공무원들을 위한 교육연수도 실시했다. 또한 1998년부터는 연구소의 활동을 널리 알려 후원회원을 늘리기 위해, 『정신대연구소 소식』(이하 『소식』)을 정기적으로 발행하게 된다.

17 그 성과가 한국정신대문제대책협의회 진상조사연구소 편, 『일본군 '위안부' 문제의 진상』(1997)이다.

18 일본어 번역은 액티브 뮤지엄 편(2010)에 게재되어 있다.

증언집 활동은 위안부 문제를 둘러싼 한일 정부의 대응이나 운동의 영향을 고스란히 받았다. 제2집이 출판된 1997년은 일본정부가 고노河野 담화의 후속조치로서 설립한 '여성을 위한 아시아 평화국민기금'(이하 '국민기금')의 보상금 지급이 시작된 해였다. 위안부 문제 해결운동 쪽에서는 강력히 반발하였으나, 생존자들 중에서는 운동 쪽과 국민기금 사이에 끼어 고민하는 사람도 있었다. 정보도 착종하게 되어 이로 인해 운동단체에 대한 불만이나 오해가 생기기도 했다.

이러한 상황 속에서 평소 청취 작업을 통해 생존자와 접할 기회가 많았던 연구소 멤버들은 생존자들이 품고 있는 정신적 트라우마가 매우 깊다는 사실을 차츰 이해하게 되었다.[19] 그리고 이를 치료해야 할 필요성을 느낌과 더불어, 생존자들과 접촉하고 있는 자신들에게도 마음의 케어가 필요하다는 사실을 통감하게 되었다. 윤정옥도 "우리가 먼저 심리학자로부터 훈련을 받고 할머니들과 만나야 했는데, 할머니들의 정신 상태를 너무도 알지 못했다"고 말하고 있다(김수진, 2001: 134).

연구원들은 민간의 심리치료기관에 의뢰하여 연구원 자신의 심리적 치료를 시도했다. 또한 생존자들의 PTSD(외상후 스트레스 장애)에 대해서 알기 위해 정신적 후유증에 관한 연구자 티머시 하딩(Timothy Harding, 제네바 대학 교수)을 불러 세미나를 열기도 했다.[20]

마음의 유대와 공감을 바탕으로

제3집은 1999년에 완성되었다. 이 증언집에는 14명의 증언과 육군지원병으로 출정한 한국인 남성의 증언, 여기에 연구소의 주요 멤버들이 실시한 좌담회가 실려 있다. 제1집부터 사용한 조사지침도 자료로서 실었다. 증언의 분량도 이전보다 늘어나서 알찬 증언집이 되었다.

조사자에 의한 증언의 서술방식도 대폭 변했다. 우선 문체는 1인칭 문어체를 포기하고 대부분의 증언을 구어체로 정리했다. 그것은 "우리—조사자, 젊은 지식인 여성—이라는 필터를 거쳐서 나온 것보다는 할머니 그대로의 표현을 그대로 전달하는 게 오히려 진실을 그대로 드러내고 전달하는 게 아닐까, 하는 생각"(고혜정의 메일, 2017년 9월 8일)에서였다. 문체의 스타일은 기본적으로 조사자들의 판단에 일임했다.[21] 또한 생존자들의 이야기를 중시하여 방언이나 어미 등도 그대로 표기했다. "눈짓, 태도, 손짓을 통해 할머니의 심경이나 정서를 알아내고" 이를 증언집에 반영하려고 노력했다(증언집 3: 354). 증언의 뒤에 첨부한 정리자의 인상기도 제2집보다 더 길고 상세해졌다.

초기부터 이 활동에 참가해 온 연구원들은 다양한 생존자들과 얼굴을 맞대는 경우가 많았다. 만남이 축적되는 과정에서 "관계의 끈"이 싹터 "감정적인 교류"를 바탕으로 한 청취 작업이 이루어지게 되었다(같은 책: 350).

19 연구소의 이상화는 생존자들의 성적 피해에 따른 PTSD에 주목한 논문을 집필했다(이상화, 1997).

20 하딩 교수의 초청은 정대협과 협력하면서 UN 활동을 하고 있던 도쓰카 에쓰로戸塚悦朗를 매개로 이루어졌는데, 일본에서도 같은 세미나가 개최되었다. 일본 세미나에서는 자이니치在日 생존자인 송신도의 지원활동을 해온 양징자梁澄子가 송신도의 PTSD에 관한 발표를 했다.

21 한 사람의 정리자가 담당한 할머니 두 분의 증언만이 문어체로 기술되어 있다.

「우리는 왜 증언 채록을 해왔는가」라는 제목의 좌담회[22]에서 고혜정은 다음과 같이 말한다. "1집에서 언제부터 언제까지였느냐, 어디였느냐를 밝혀내려고 굉장히 애를 썼어요. 이 할머니들이 애초에 알지도 못하거나, 50년 지나면서 잊혀진 사실들을 밝히려고 노력하면서 오히려 잃게 된 부분이 상당히 많았어요." 그래서 이 책은 "할머니가 가지고 있는 여러 가지 경험이나 정보, 이런 것을 고스란히 드러내자 하는 의도"(같은 책: 350)에서 서술되었다고 한다. 또한 "한국사회의 성문화가 90년대 초기에 비해서 변하여, 성폭력 피해자를 비난하여 위축시키게 하는 것은 보이지 않게 되었지만"(같은 책: 352), '위안부' 피해자들의 경우는 "피해를 당하셨다는 인식보다는 부끄럽다는 것이 가장 강"해서 이러한 '부끄러운' 경험을 말해도 청자가 무시하지 않는다는 것을 알고 신뢰를 얻게 되었다고 말하고 있는 연구원도 있다(같은 책: 349).

이리하여 제3집은 이야기에 담긴 증언자의 의도에 주목함으로써 구술사적인 성격을 더욱 강화하게 된다. 나중에 제4집 작업에 참가한 김수진은 제1집부터 제3집까지의 증언집의 변화를 다음과 같이 설명한다.

> 세 권의 증언집은 그 재현 방식과 편집체제에서 조금씩 변화된 모습을 보여주었다. 이 과정은 역사쓰기에서 증언의 위상이나 증언에 대한 접근에서 인식론적 전환을 반영한 것이라기보다는 증언 채록을 시작할 때부터 있었던 동요를 나타낸 것이라고 할 수 있다. 즉 객관적 역사자료를 보충하는 자료로서의 위상과 다른 한

편으로는 증언을 역사쓰기의 고유한 원천으로 접근하는 것 사이의 동요이다(김수진, 2013: 45).

그리고 이 '동요'가 "증언 텍스트 내용의 다층성과 이질성, 그리고 풍부함을 가능하게" 하였다고 지적한다. 여기에서는 생존자의 분노의 방향이 한국 정부나 당시 조선인 협력자(소개업자, 이장, '위안소'의 조선인 군속 등)를 향해 있으며, "일본인과 조선인을 무조건적인 악과 선의 구도"에서 이야기하고 있지는 않다. 나아가 자신을 "순결한 피해자의 모습"으로 표현하는 경우도 없다. 즉 이른바 "민족주의가 묘사한다고 가정되는 전형적인 위안부의 모습"이 아니라 오히려 "체념과 한탄의 목소리도 가득하다"는 것이다(같은 책: 46).

제1집 때부터 견지해온 "진실을 진실 그대로 밝히"는 방침은 증언의 신빙성을 끝없이 의심하는 자세를 유지하면서도, 다른 한편으로 민족 담론이 만들어낸 정형적인 '위안부' 상에 얽매이지 않으려는 의식과도 이어졌다. 그리고 지속적인 작업이 생존자와의 사이에 마음의 유대와 신뢰를 낳고, 그것이 차츰 다양한 이야기를 가능하게 하였고, 청자 쪽도 이를 텍스트화하는 것이 가능해졌다고 할 수 있다.

22 좌담회 참가자는 고혜정, 서은경, 신영숙, 여순주, 조최혜란(주 8의 조혜란과 동일인물)의 다섯 명. 좌담회에서는 '위안부'를 어떻게 불러야 하는가 하는 용어의 문제에서 관심을 가지게 된 계기, 시점의 문제, 생존자를 만나고 느낀 점, 그리고 증언집 3의 특징 등이 진솔하게 이야기되었다.

3. 증언과 구술사 사이에서—증언집 4~6

여성국제전범법정을 계기로

20세기의 전시 성폭력 미처벌에 종지부를 찍기 위해 2000년 12월에 개최된 '일본군 성노예제를 재판하는 2000년 여성국제전범법정'(이하 '여성법정')은 한국의 증언집 활동에도 새로운 바람을 불어넣는 계기가 되었다. 제1집에서 제3집에 이르는 동안 청취조사 방법론을 더듬거리며 모색해온 연구원들의 활동과는 다른, 전혀 새로운 멤버들이 증언집 활동에 참가하여 의식적으로 구술사 기법을 받아들이려는 시도를 하게 된다.

제4집의 작업은 1999년 4월 여성법정 준비의 일환으로 시작되었다. 그 중심이 된 것이 양현아였다. 양현아는 미국에 유학 중일 때부터 '위안부' 문제에 관심을 가져 귀국하자마자 당시 갓 발족한 여성법정 한국위원회(진상규명위원회)에 참가했다. 이곳에서 아직 증언을 하지 않은 생존자들이 많이 있다는 것을 알고서 청취 작업을 하려고 마음을 먹었다.

양현아는 대학원생들에게 청취 작업에 참가하도록 요청하여 여기에 응한 대학원생과 신진 연구자 30여 명으로 증언 팀을 결성했다. 이 멤버들은 "포스트 식민주의 페미니즘과 서발턴 연구, 구술(생애)사적 방법론을 적극적으로 수용하면서 위안부 증언에 새로운 관점으로 접근하고자 했다." 그리고 이 문제를 "트라우마적 경험과 그 재현이라는 맥락에서 이해하는 데" 역점을 두고 증언 청취 활동을 시작했다(김수진, 2013: 49).

이러한 관점으로 증언집 활동을 실시할 수 있었던 것은, '위안부' 문제가 제기된 지 오래되어 자신들이 운동가로서의 부담을 지지 않아도 되었고, 이미 간행된 증언집이 있어 이를 둘러싼 연구 성과를 흡수할 수 있었으며, 새로운 문제의식을 기반으로 학습할 준비가 되어 있었다는 점 때문이다(같은 글: 49).

증언 팀은 우선 여성법정에 증언 자료를 제출하기 위한 청취조사를 실시하고 그 뒤 제4집을 간행하기 위한 편집 작업을 실시했다. 활동 초기의 청취 작업에는 연구소 멤버들도 참가했지만, 기본적으로는 양현아 팀과 연구소가 별도로 작업을 실시하여 제4집과 제5집으로 각각 출판하게 되었다.[23]

덧붙이자면, 여성법정의 개최가 결정된 시기는 정권교체(1998년 2월) 직후여서, 정대협을 필두로 하는 여성운동은 새로운 정권에 기대를 걸고 있었다. 김대중 정권은 발족 직후에 그때까지 여성 정책 담당 부서였던 정무장관 제2실을 대통령직속 여성특별위원회로 격상하여 적극적인 여성 정책을 추진했다. 또한 2001년 1월 1일에는 정부 부서의 하나로 여성부를 설치했다. 게다가 정대협과 깊은 관련을 가지고 있던 한명숙이 초대 여성부장관으로 취임했다.[24] 이러한 변화 가운데 제4집은 대통령 직속 여성특별위원회의 여성발전기금으로부터, 제5집은 여성부로부터 후원을 받을 수 있었다.

23 연구소의 강정숙은 2000년 법정의 한국 쪽 진상규명위원장으로서, 또한 여순주는 증언 팀의 공동팀장으로서 초기의 활동에 관여했다.

24 덧붙이자면, 제2대 장관에는 정대협의 공동대표를 지내기도 한 지은희가 취임했다.

'묻기'에서 '듣기'로

제4집의 「서론: 이 증언집을 어떻게 읽을 것인가」(증언집 4: 11-29)에는 증언 팀이 청취와 편집 작업의 과정에서 논의한 내용이 상세하게 서술되어 있다.

우선 생존자에 대한 청취의 범위는 "위안부 기간뿐만 아니라 전 인생을 포괄"한다. 그리고 "사건 자체가 아니라 증인이 거기에 관해 어떠한 의미를 부여하고 있는가"에 주목했다. 그것은 '위안부' 경험을 어떻게 인식하고 있느냐 하는 것과 관련된다. "위안부 경험이란 단지 군인을 상대하는 위안소 생활에 국한되는 것이 아니라 인간 삶의 총체적 차원을 위협하는 것이며, 또한 그 영향은 지속적이면서도 현재적이라는 사실, 그리고 가족관계나 결혼, 빈곤, 내면적 불안 등 사회, 경제, 문화적 차원들과 중첩되어 있다." 이 때문에 "증언자들의 기억과 구술 중에서 '위안부로서의 경험'이라는 통념에 걸맞은 것을 골라내어 재현하는 것은 문제가 많을 뿐 아니라 위험한 것이다. 위안부 경험이 과연 무엇을 의미하는가에 대한 답변은 무엇보다도 증언자 자신이 위안부 경험이라고 하는 사건과 자신의 삶을 연관지어 해석하고 재현하는 상像 안"에 있고, "그것을 포착할 수 있는 해석자의 시선에 달려있다"고 지적한다(같은 책: 16-17).

따라서 생존자들이 '위안부' 경험을 자신의 인생과 연관시켜 자신의 목소리를 통해 재현할 수 있도록, 면접의 주도권을 생존자 증인이 가지도록 했다. 이를 통해 조사는 '묻기'에서 '듣기'로 바뀐다(같은 책: 11). 그러나 그렇다고 해서 증언자의 말을 무조건 진실로 여기는 것은 아니다. 생존자의 말이 사실인 동시에 진실이라고 하는 '경험주의적 방법론'이나, 입증된 사실에 부합하는 말만을 타당한 증언으로서 채택하는 '실증주의적 방법론'과는 거리를 두고, "증언자의 자기 재현을 바라보는 거리를 인식하는 '내적 외부자'로서의 시선"을 가지려 했다(같은 책: 22).

이 같은 시점에서 작업을 진행하여 찾아낸 것은 "정형화된 위안부의 모습"이 아니라, "일본군에 대한 원한은 일본군 장교와의 사랑과 공존"하기도 하고 "애기집을 강탈당한 현생의 원한이 아들 낳고 살아보는 후생에의 바람으로 이어지기도 하며, 독립운동가의 딸로서의 자부심은 다른 위안부들의 삶을 '더러운' 과거"로 간주하려는 모습이었다(같은 책: 17).

조사자들은 증언자가 "단지 과거의 '위안부'에 머무르는 존재가 아니라 불굴의 생명력과 의지로 삶과 죽음의 경계를 뚫고 한국 사회의 불리한 조건을 뚫고 살아온, 그리고 살아가고 있는 존재들"이라는 점을 확인하고, 생존자들의 "다층적인 주체성을 드러내"는 것을 목표로 했다. 이를 위해서 각 증언자가 자기를 재현하는 방식 중에서 각각의 기억구조(기억 지도)가 있다는 것을 발견하고, 그것을 효과적으로 제시하는 방법을 모색했다(같은 책: 21).

또한 증언집은 "일반 독자가 증언자와 만나는 장"이라고 규정하여, 증언의 서술방법에도 공을 들였다. 본문은 증언자의 이야기를 인용하고 있다는 기호인 큰따옴표에서 시작한다. 행이 바뀔 때마다 시작의 큰따옴표(")가 붙는데, 끝나는 큰따옴표(")는 구술의 마지막에 한 번만 붙였다. 그것은 "증언자가 말하고 있음을, 지금 현재 독자에게 말하고 있음을 상기시키고, 독자로 하여금 그의 말에 귀를 기울여야 하는, (중략) 증언참여자가 되기를 촉구하"기 위한 것이다. 또한 인용으로 묶여 있는 증언자의 말은 본인의 말인 동시에, 편집위원이 증언자의 기억지도를 따라 증언자의 특징을 살리기 위해서 가위질을 해서 만들어진 구술적 텍스트로 규정된다. 증언자의 말을 그대로 가져온 것이 아니라, 편집위원이 증언자의 기억의 구조를 따라서 증언을 더듬고, 그것을 독자가 알기 쉽게 드러내기 위해서, 어떤 곳은 삭제하고, 어떤 곳은 연결하는 등의 편집을 했다(같은 책: 21-22).

일러두기를 세세하게 해 둔 것은, 증언자의 말하는 모습, 목소리의 상태, 침묵, 감정의 변화 등을 독자가 상상하기 위한 단서를 제공하기 위한 것이다. "증언집은 증언이라는 음악을 기록하고 상상하게 하는 악보"와 같은 것이다. 따라서 증언을 '듣는' 행위는 "말을 듣고 기억하는 것이자, 말하는 이를 느끼며, 그 울림에 공명하는 것"이다(같은 책: 28).

책의 구성에도 신경을 썼다. 각 증언의 첫 페이지에는 왼쪽에 증언자의 큰 사진이 있고(가명을 써서 사진이 없는 사람도 있다), 오른쪽에는 이름과 연대기가 게재되어 있다. 그 다음 페이지에도 증언자의 사진이 있다. 이는 독자가 "증언을 읽기 전에 마음속에서 한 개인을 상상해 보"도록 하기 위한 것이다(같은 책: 24). 그 다음에 증언 텍스트와 '우리가 보고, 듣고, 이해한 ○○○(증언자의 이름)'라는 제목의 참여기가 이어진다. 부록으로는 '면접 지침', '녹취록 원문의 예', '지도: 증언자들이 위안부로 있었던 곳'이 게재되어 있다.

제4집은 기존의 증언집에 사용되던 '강제로 끌려간 조선인 군위안부들'이라는 제목을 부제로 하고 '기억으로 다시 쓰는 역사'를 주제목으로 했다. 이 같은 시도는 나중에 "구술 채록 과정, 분석과 편집이라는 연구 과정에 대한 자기 성찰적 측면을 포함하여 여성 구술생애사 연구에 큰 진전을 보여주었다"(윤택림, 2010: 84-85)고 평가되었다. 어떤 의미에서 이는 증언집 활동 초기에 윤정옥이 지향하려 했던 것일지도 모르겠다. 다른 한편 "면담 횟수가 적고 텍스트가 짧아서 내용의 폭과 깊이에서 한계를 갖는"다는 지적도 있다(이용기, 2002: 374-376). 또한 "눈으로 읽되 목소리에 귀를 기울인다면, 귀를 기울이되 그녀의 얘기에 마음을 연다면, 텍스트의 글자들이 어느새 살아있는 목소리가 되어"(증언집 4: 24) 들리기 시작할지도 모르는데, '위안부' 제도의 진상 규명이라는 관점에서 보면 부족함이 있다는 사실도 부인하기 어렵다. 그러나 제4집은 생존자를 "다양하고 역동적인 주체로서" 재현하는 것을 통해 당시 "사회가 일본군 위안부 생존자에 대해 가지고 있던 고정된 피해자상으로부터 해방시키는 역할"을 담당했다는 의미에서 큰 진전이었다(증언집 4(개정판): 12).

내적인 경험을 찾는 대화

한편, 제5집은 연구소의 3명과 전라북도에 거점을 둔 기독살림여성회의 멤버가 협력하여 작업했다. 제4집과 마찬가지로 9명의 증언이 수록되어 있다. 이 증언집은 중심적 역할을 한 연구자들이 약 10년에 걸친 청취경험이나 노하우를 살려 제3집을 더욱 개선하는 방향에서 편집되었다.

제5집의 특징은 조사자의 질문을 구술 텍스트에 삽입했다는 것이다. "기존의 증언집에서는 연구자는 뒤에 숨고 할머니의 이야기만을 부각시켰다. 하지만 연구자와 피해자의 소통의 결과, 증언집이라는 결과물은 두 사람 혹은 그 이상의 사람들이 함께 만들어낸 소산이다", "피해자는 다양한 면을 가지고 있고, 어떤 한 사안에 대해서도 어떤 상대에게 이야기를 하느냐에 따라서 할머니의 이야기는 그 수위와 강조점이 달라진다", 그리고 "증언의 폭과 깊이는 전적으로 할머니를 만난 그 시점의 연구자의 역량에 달려 있는 것이다"라고 생각했기 때문이다(증언집 5: 16-17). 이러한 방침에 따라서 9명 중 6명의 구술은 조사자의 질문을 포함하여 서술했다.

그 외에는, 증언자의 말을 구어체 그대로 싣는 등 제3집을 따르고 있다. 책의 구성은 제4집의 방식을 도입하여 맨 앞에 증언자의 위안부 시대의 이동경로를 표시하는 지도와 연대기를 실었다(얼굴 사진이 있는 3명만은, 사진, 연대기, 지도의 순으로 했다). 그리고 증언과 정리자의 에필로그가 이어진다. 당시 소장이었던 고혜정이 쓴 서문에는 그동안의 증언집 활동의 경위와 제5집의 특징이 다음과 같이 기술되고 있다.

청취조사를 통해서 새롭게 알게 된 것 가운데에는 "자칫 일본 우익들에게 이용될 수 있는 여지가 있다"고 생각되는 것도 있었다. 그러나 이에 대해서는 "있는 그대로 드러내는 것"이 "어떠한 오해나 편견으로부터도 벗어날 수 있는 길"이라고 생각했다. 또한 특히 증언집 1에서는 "피해자 한 분마다의 이야기(내러티브) 속에 감추어져 있는 경험의 진실"을 아는 것이 어려웠다. 이것을 이해하고 해석할 수 있으려면, 그만큼의 시간이 필요했다. 그 뒤에는 "일본군 '위안부' 경험이라는 객관적인 정황을 넘어서서 인터뷰하는 할머니들 각자의 경험과 이야기 속으로 깊숙이 들어갈 수 있는 여유가 생겼다. 즉 할머니들의 내적인 경험에 주목하게 되었다.” 또한 ‘위안부’ 피해자들과는 시간을 가지고 여러 번 심층적인 인터뷰가 행해져야 한다는 것, 조사자는 이 문제에 대한 역사적 사회적 맥락과 기본적인 사실을 아는 것이 중요하다고 서술하고 있다[25](증언집 5: 11-15).

연구소를 뒷받침해 온 멤버들은 청취 작업에도 어느 정도 숙달이 되어 생존자가 있는 한 증언수집 활동을 계속하겠다는 생각이었다. 그러나 연구소는 중국 거주 조선인 ‘위안부’를 다룬 제2집[26] 출판(2003년)을 마지막으로 증언집 활동을 사실상 종료해야 했다. 기본적으로 연구원의 수가 적고 재정적으로도 어려웠다. 증언집 활동에 참가한 연구원은 제1집을 만들 때가 가장 많아서 15명, 제2집은 13명, 제3집은 10명, 제5집은 3명, 그리고 중국 거주자판 제2집은 6명으로 조금씩 감소했다. 여성법정 직후에는 정대협과의 합병도 검토했지만, 두 단체의 생각이 달라 합병안은 무산되었다. 또한 2004년 11월 국무총리 직속으로 일제강점하 강제동원피해 진상규명위원회가 설립되자 몇몇 연구자가 위원회에 들어갔기 때문에 연구소로서의 활동이 사실상 불가능하게 되었다.[27]

25 이 같은 내용을 쓴 배경에 당시의 매스컴이 단발로 피해자 인터뷰를 보도한다거나 학생이나 자원봉사자가 수요집회나 나눔의 집 등에서 짧게 인터뷰를 하고는 ‘직접 만나서 들은 것이다’라고 발표한다거나 하는 것이 반드시 피해 당사자의 심정을 정확히 전하는 것만은 아니라는 걱정이 있었다고 한다(고혜정의 메일, 2017년 7월 26일).

26 내용에 대해서는 고혜숙(2001)이 상세함.

27 『소식』은 2005년 1월호(통권 58호)를 마지막으로 끝났다. 그 뒤에는 여성가족부의 프로젝트로서 ‘위안부’ 증언 청취 테이프의 문자 기록과 그 검토 작업을 계속하여 2017년 말 현재에 이르고 있다.

증언에서 이야기로

제6집은 정대협 부설 '전쟁과 여성인권 센터' 활동의 일환으로서 진행되었다. 1990년대 중반부터 '전쟁과 여성 사료관'의 건설을 구상하고 있던 정대협은 1999년 이를 위한 한 걸음으로서 사무실 한 곳에 교육관을 설치했다. 여성법정 이듬해에는 이를 '전쟁과 여성인권 센터'로 더욱 확대하여(2001년 7월), '위안부' 문제뿐만 아니라 현재 일어나고 있는 전쟁 및 분쟁 상황의 여성인권 문제까지 포함하는 활동을 지향했다(한국정신대문제대책협의회 20년사편찬위원회 편 2014: 246).

제6집의 조사팀이 만들어진 것은 센터 설립 이듬해인 2002년 5월의 일이었다. 연구책임자로 전남대 인류학과 교수 김명혜를 초빙하고 정대협의 활동가, 스태프, 대학생, 대학원생 등 십수 명으로 멤버를 구성하였다. 이 조사는 여성부로부터 지원을 받아 실시되었는데, 반년 정도의 단기간에 연구보고서의 형태로 제출해야만 했다. 김명혜는 이러한 이유로, '위안부' 경험자들과의 사이에 충분한 신뢰를 형성할 여유가 없었는데, 그것이 큰 한계였다고 말하고 있다(증언집 6: 6). 제6집은 이 보고서에 수록된 16명 중에서 12명의 구술을 고른 후 약 1년에 걸쳐 수정하여 출판되었다.

제6집의 구성은 제5집과 마찬가지로, 마주보는 페이지의 왼쪽에 증언자의 큰 사진, 오른쪽에 연대기, 그리고 다음 페이지에는 증언자의 이동경로를 보여주는 지도를 실었다. 일러두기와 서술의 스타일은 거의 제4집을 따랐지만, 기호의 의미에 대해서는 하나씩 검토하고 재해석하고 있다. 조사자의 질문은 삽입하지 않았다. 그것은 "구술자 자신이 스스로의 경험을 재현하고 있음"을 드러내기 위해서였다(같은

책: 19). 그 대신에 이야기의 내용이 변하는 곳에는, 증언자가 강조한 말을 인용하여 키워드를 소제목으로 붙였다. 또한 이러한 조사연구의 방법론이나 '위안부' 인식 등을 전체적으로 논한 총평과 조사자에 의한 비교적 긴 참여기를 싣고 있다. 생존자들을 "다양하고 역동적인 주체로서" 재현하려 한 제4집의 문제의식도 계승했다.

제6집의 가장 큰 특징은 제1집에서 이어져 온 『강제로 끌려간 조선인 군위안부들』이라는 공통 제목을 삭제하고, 『역사를 만드는 이야기: 일본군 '위안부' 여성들의 경험과 기억』이라는 제목을 단 것이다.[28] 지금까지 나온 증언집의 제6집에 해당한다는 사실은 표지의 구석에 작은 글자로 '일본군 '위안부' 증언집 6'이라 기록했다. 공통 제목을 삭제한 것은 총론을 집필한 3명[29]의 생각이었다. 제4집이 이미 독자적인 제목을 붙이고 있었으므로 쉽사리 결정했다고 한다(박정애의 메일, 2017년 7월 4일).

기존의 제목을 삭제한 이유에 대해서는, 총론에서 다음과 같이 설명하고 있다. "우리 사회가 기억하고 있는 일본군 '위안부'의 역사는 '강제로 끌려간' 기억만"이었다. 그 때문에 "가난 때문에 성매매 업소에 팔려 갔다가 영문도 모른 채 전장의 위안소로 동원되었던 여성들의 고통"은 돌봐지지 않고, "항상 예외적인 경우로 취급되어 일본군 '위안부' 문제에서 배제되어 왔다. 이것은 일본군 '위안부' 개념이 지나치게 동원과정의 강제성에만 초점이 맞추어져 형성되었기 때문이

28 연구보고서의 타이틀은 『그 말을 어디다 다 할꼬: 일본군 '위안부' 증언자료집』이었다.

29 집필자는 김은경, 박정애, 최기자의 3명이다. 이들 중 박정애와 최기자는 제4집에도 참가했다.

다.” 그래서 이 책에서는 “‘위안소’에서의 성폭력 경험과 그 당사자의 기억을 중심으로 일본군 ‘위안부’ 개념[을] 재정립”하고 “민족 담론의 틀에서 배제되었던 개인의 경험들을 부각시키고자 한다.” 이를 통해서 “민족사가 전유해 왔던 ‘위안부’ 여성의 경험을 ‘여성들의 역사’로 되가져오”려고 하는 것이다(증언집 6:14-15).

또한 증언을 ‘이야기’로 표현한 이유에 대해서는, “‘위안부’ 여성들의 경험을 듣는 작업을 ‘증언’으로 국한시킬 경우 면접자가 듣고 싶은 이야기만 듣는 잘못을 범할 수 있는 것이다”라고 했다. 이야기의 층위로 끌어올린 것은 피해 당사자의 해석을 존중하기 위한 것이고 “개인의 경험과 다른 방식으로 구성되어 온 공식 담론을 아래로부터 허물기 위한 것이다”(같은 책: 13). 공식 담론(=정형화된 피해자상)을 비판하는 것은 ‘위안부’의 범주를 넓히는 것이다. 한국사회가 민족주의의 범주 안에서만 이 문제를 의미화한 결과, “일본의 망언에 대해 ‘위안부는 매춘부가 아니라 순결한 처녀들이었다’, ‘위안부의 동원과정에서 반드시 납치나 사기 등의 강제성이 있었다’”라고 대응하여 그 범주를 좁혀 버렸다. 그러나 일본군 ‘위안부’ 범주는 “생존자들의 경험으로부터 구성되어야 하는 것이지 일본의 주장에 대한 방어논리 속에서 만들어져서는 안 된다.” 그리고 “한국사회를 지배하는 민족주의의 가부장성과 성에 대한 이중적 태도를 성찰하지 않는 한 생존자들의 고통의 목소리는 제대로 들리지 않을 것이다”(같은 책: 24-25)라고 주장하고 있다.[30] 이리하여 증언집 가운데에는 종래라면 ‘위안부’의 범주에 들어가지 않았을 케이스, 즉 “‘강제로 끌려간 조선인 군위안부’라는 공식 담론을 해체하지 않으면 들리지 않을”(같은 책:349) 케이스도 포함되어 있다.

다만 이 같은 의욕적인 논의가 총론에 제시되는 한편에서 구술 텍스트나 참여기, '인터뷰-실패기' 등을 통해 제6집의 청취 작업이 이전보다 더욱 난항을 겪었다는 사실도 전해진다. 여기에는 생존자의 고령화, 자신의 과거를 주위에는 비밀로 하려는 당사자가 여전히 많다는 사실, '위안부' 문제를 둘러싼 상황의 변화 등 다양한 요인이 있었던 것으로 보인다. 그때까지의 증언집 활동 역시 청자와 화자, 그리고 외부적 상황의 변화가 '이야기'에 미묘한 영향을 끼쳤다는 점에서 예외일 수 없지만, 시간이 경과하는 가운데 작업은 더욱 곤란해졌던 것이다.

이와 관련하여 연구책임자인 김명혜는 작업의 과정에서 경험한 방법론적인 문제에 대해서 논문을 썼는데, 여기에서 한국사회의 지배담론의 영향을 받는 것은 구술의 주체인 '위안부' 경험자들뿐만 아니라, 청취를 행하는 연구자도 마찬가지였다고 지적한다(Kim, 2004: 13).

'위안부' 경험자는 "일본인들에 의해 폭력적으로 강제연행당한 조선의 순진한 여성들"이라는 가부장제적이고 민족주의적인 담론을 의식하면서 자신의 이야기를 검열하고 통제한다. 매스컴이나 운동단체들을 통해서 이야기되는 다른 '위안부'들의 경험(공적 기억)이 자신의 사적 경험의 기억에 영향을 끼치기도 하고, 구술에 영향을 끼치기도

30 제6집이 출판되기 조금 전(2004년 2월) '위안부'를 모티브로 한 여배우의 누드 사진집 사건이 일어났다. 이를 비판하는 과정에서 정형화된 위안부상을 포함한 여론이 다시 불붙었다. 자세한 내용은 졸저(야마시타, 2008: 247-250)를 참조할 것.

한다. 그리고 자신의 이야기보다는 이 사회가 듣고 싶어 하는 이야기, 정형화된 이야기를 하곤 한다. 그러나 이는 연구자에게도 해당된다. 연구자들도 기존의 연구나 TV 프로그램 등을 통해 어느 정도 사전지식을 가지고 있어서, 이러한 것이 청취 작업을 할 때 이야기를 유도하는 방법에서 증언내용의 해석에 이르기까지 영향을 끼친다. 예를 들어 "지금도 그리 생각난다, 그 사람… 한 오개월을 살았는갑다. 참 재미나게 살았어요"라는 구술을 만나면 민족주의적 담론에 익숙해져 있는 연구자들은 아연실색하게 된다. '위안부' 경험자들은 어렸을 때의 '끔찍스런 성 착취'의 경험으로 성 일반에 대해 부정적인 태도를 보일 것이라는 선입견이 있는 것이다. "연구자는 그 동안 일본군 '위안부' 문제가 주로 민족주의적 시각에서 다루어져 왔다는 것에 대한 문제의식은 가지고 있으면서도, 그 문제로 삼고 있는 담론 자체가 우리 연구자의 일본군 '위안부' 경험자를 대면하는 자세와 마음가짐에까지 깊이 관여하고 있음을 직면하게 되는 것이다"(같은 책: 13-17).

김명혜는 2003년 5월 연구소에서 개최된 토론회에서 일본군 '위안부'가 사회적으로 정형화됨으로써 그것이 구술에 영향을 끼치고 있다는 것과 연구팀의 청취활동도 정형화와 무관하지 않다는 것을 성찰하게 되었다고 말하고 있다. 그리고 지금부터의 청취 작업은 '위안부' 피해자들의 경험을 둘러싼 '진실게임'에서 탈피하여 현재의 할머니의 생활에 관심을 갖는 것이 중요하다고 했다(『소식』 51호 = 2003: 3-5).

이 지적은 인류학자인 김명혜가 연구보고서와 제6집의 청취 작업에 참여한 멤버들과의 활동을 통해서 느낀 것일 터이다. 아쉽게도 이 문제의식을 이어받은 청취 활동은 이루어지고 있지 않는 것 같다. '미완성의 이야기'라는 논문 제목은 지금도 유효하다.

맺음말

청취 작업이 시작하던 시점에 불거졌던 윤정옥과 안병직의 논쟁은 그 전도의 어려움을 예고한 것일지도 모른다. 필자는 그 두 사람의 논쟁이 양자택일이라는 형태로 귀착된 것이 아쉬웠다. 피해 당사자의 증언을 듣고 진상을 규명해가는 과정에서 두 사람의 시점이나 방법론은 모두 다 중요하다고 생각했기 때문이다. 그러나 두 의견 차이는 쉽게 절충될 수 없었기에 결별되는 것으로 끝났다.

이리하여 시작한 증언집 활동이지만, 청취 작업과 관련된 사람들과, 괴로운 기억을 이야기해준 피해 당사자들의 노력에 의해서, 적지 않은 수의 증언을 구술기록으로 남기는 것이 가능했다. 당사자들의 귀중한 이야기와 조사자들의 시행착오의 발자국이 담겨있는 증언집이 출판되고, 후세의 사람들에게 이어지게 된 것은 무엇보다도 성과였다.

조사자들은 피해자의 이야기 구석에 있는 생각이나 기억을 깊이 마음에 새기고, '위안부'로서의 경험에 대한 이해를 깊이 하려고 노력했다. 당초에는 진상규명을 위해서 사실에 대해 '질문'하는 형식이었지만, 페미니즘이나 구술사적 관점에 의한 비판이나 조언, 새로운 멤버들의 참여 등을 통해서, 당사자들의 이야기를 '듣는' 자세로 그 지평

이 넓어졌다. 이 같은 노력이 정형적인 '위안부'상을 넘어서려고 하는 시도로 이어졌다는 것이, 본고를 통해서 확인 가능했다고 생각한다.

한계나 과제도 나타났다. 증언집에 기록된 구술자가 약 3할은 본명이 아닌 가명을 사용하고 있었다. 그리고 그 배후에는, 주위에 알려지는 것을 두려워하여 신고조차 못했던 사람들, 살아서 돌아오지 못했던 많은 '위안부'들이 있다. 김명혜의 논문 제목처럼 '위안부' 경험자들의 증언에 대한 청취 작업은 '미완성'의 상태인 것이다.

또한 생존자가 100명을 넘었던 2000년대 중반에[31] 연구소의 증언집 활동이 이어지지 못했던 것, 제4집과 제6집의 시도가 또 다른 증언집 활동으로 발전하지 못한 것은 왜일까. 증언집 활동으로 본 운동사의 재검토도 필요할 것이다. 이를 통해서, 증언집 활동이 귀착한 다양한 '위안부'상이라는 인식이 사회적 인식을 획득하는 데 그다지 성공하지 못한 이유가 보일지도 모른다.

한국에서는 운동의 선두에 서 있는 생존자들에 대한 공감이 넓어지고는 있지만, 미디어나 예술작품을 통해서 전달되고 있는 '위안부' 담론은 여전히 정형적인 것이 많다. 이 같은 경향은 일본에서 '위안부' 문제 부정파의 논조가 대두하게 됨으로써 더욱 부채질되어 왔다. 그러나 제6집의 총론에서 박정애 들이 지적한 것처럼, 이 같은 내셔널리즘 담론에 포섭되지 않는 인식을 형성하는 것이 이 문제에 관심을 가진 페미니스트들의 과제가 아닐까.

그러나 이것이 용이하지 않다는 것은 김수진의 다음과 같은 문장에서 예견할 수 있다.

> 위안부 증언은 고통의 언어이고, 육체의 언어이며, 마음의 언어이다. 윤정옥은 다른 사람이 다 들었지만 사실은 듣지 않았던 이 언어들에 귀를 기울였고, 아무 일 없었던 듯이 덮고 가자는 사람들에게 말을 건넬 방법을 찾기 시작했다. 이 최초의 공감적 청중인 윤정옥이 소설로 쓰리라 마음에 품었던 이야기, 우리 역사의 가장 저층을 책임지고 버텨온 식민지 여성들의 이야기는 김학순의 증언으로, 증언집의 집합적 웅얼거림으로 풀어헤쳐졌다. (중략) 그리하여 식민주의의 무력함과 열등감을 민족주의로 보상하려 했던 거대한 역사 담론의 벽이 이 귀기울임과 말걸기로부터 허물어지기 시작했다. 하지만, 증언 연구에서 함축적으로 제시되었던 트라우마의 재현과 구술사의 인식론과 방법론 문제는 역사쓰기의 장에서 아직 본격적인 의제가 되지 않은 것 같다. 이것이 역사 인식론의 지평에서 공감적 듣기와 공감적 청중의 확장이 여전히 요청되는 이유일 것이다(김수진, 2013: 65-66).

한편 식민지 지배를 뒷받침한 일본어·일본문화권에서 살아가는 사람에게 있어서 한국의 '위안부' 증언을 이해하는 것, 그 목소리에 공감하면서 귀를 기울이는 것은 어떻게 가능할 것인가? 필자를 포함하여 지금까지 '위안부' 문제 해결운동에 관여하거나 할머니에 대해 심정적으로 마음을 기울여 왔던 모든 사람들이 자성적으로 끊임없이 물어야 할 과제일 것이다.

31 2005년 시점에서 정부 등록자 223명, 생존자 117명이다. 2018년 현재의 생존자는 31명이다.

제2장

'강제연행' 담론과 일본인 '위안부'의 불가시화

기노시타 나오코木下直子

머리말

일본군에게 성폭력 피해를 당한 여성은 아시아 전 지역에 존재하지만, 한반도 여성들의 피해는 한국인 '위안부' 피해자의 호소와 지원자들의 적극적인 활동에 의해 전 세계로 알려지게 되었다. 그러나 지원 운동이 빈약한 나라의 피해자는 일본 정부로부터 사죄의 말조차 듣지 못했다. 일본인 '위안부' 피해자의 경우도 마찬가지인데, 이는 이들이 가해국의 국민이라는 이유 때문이다. 일본인 '위안부'의 피해자성에 대해서는 우에노 지즈코의 문제 제기[1]를 거쳐, 2000년의 여성국

1 1995년에 개최된 베이징 여성회의 NGO 포럼의 워크숍에서 우에노가 한일의 페미니즘은 국경을 초월해야 한다고 발언하자 회의장에서 비판이 나왔다. 논의는 1997년에 '일본의 전쟁책임 자료센터'가 개최한 심포지엄 '내셔널리즘과 '종군위안부' 문제'에서도 이어졌는데, 많은 패널들이 민족성이나 국가에 대한 속성을 출발점으로 하여 '위안부' 문제를 논의한 것에 대해 우에노는 페미니즘이 국가와 일체화하는 것에 대한 경종을 울렸다(일본의 전쟁책임 자료센터 편, 1998). 민족적 입장을 강조하고 '위안부' 제도를 식민지 지배의 문제로서만 바라보면 일본인 '위안부' 피해를 문제화할 수 없게 된다고 우에노는 지적하고 있다(우에노, 1998: 194-199).

제전범법정 개최 당시 운동 단체 내부에서 공론화되었고, 최근 다시 그들의 피해를 직시하려는 논의가 일어나고 있다(야마시타, 2009; '전쟁과 여성에 대한 폭력' 리서치 액션 센터 편, 2015; 후지메, 2015; Norma, 2016; 기노시타, 2017).

일본인 '위안부'에 관한 논의가 뒤늦게 등장한 것은, '위안부' 문제가 어떠한 문제로서 사회 문제화되었나 하는 사정과 함께 고찰해야 하는 문제이다. 1990년대 초반 사회 문제화되면서 초기 단계부터 '위안부' 문제에 착수하여 사회운동에 관여하고 있던 일본인 운동 관계자를 대상으로 하여, 그 당시 일본인 '위안부'를 어떻게 생각하고 있었는지에 대해 필자가 인터뷰를 해 본 결과, 피해자 개인의 존재가 구체적으로 느껴지지 않았다고 하거나, 자신이 관계하던 운동단체에서는 의식하지 못하고 있었다고 설명하는 사람도 있었다(기노시타, 2017: 180-195). 이는 조선인 '위안부'의 피해가 너무도 심각했음에 비해 일본인 '위안부'의 피해는 가벼웠다는 것을 의미하지는 않는다. 이와 관련하여 이 글은 조선인 '위안부'의 피해가 클로즈업되고 일본인 '위안부'의 존재가 불가시화된 것은 어디까지나 담론 생산 활동의 소산이라는 점을 제시하고, 일본인 '위안부'의 피해가 충분히 이야기되지 못한 채 오늘에 이른 것에 어떠한 문제가 있는지를 논하는 것을 목적으로 한다. 이를 위해서 사회 문제화가 될 때 영향력을 가졌던 운동이나 조사연구 활동의 흐름에 주목하고, 이 활동이 '위안부' 제도를 어떻게 이해하였는지를 '강제연행'이라는 키워드를 통해 읽어보려 한다.

'위안부' 문제에 관한 자료로는, 일본 국내에서 자이니치在日* 여성 그룹이 '위안부' 문제를 주제로 편집한 주요 간행물, '위안부' 피해자를 원고로 한 재판을 지원했던 운동단체의 정기간행물, 국제회의의 기록집, '위안부' 문제에 적극적으로 관여해 온 일본사회당의 기관지를 이용한다. 대상 시기는 1990년부터 1993년으로 한정한다. 일본 정부의 두 차례에 걸친 공식 조사를 거쳐 고노 관방장관 담화가 발표된 1993년경까지를 초기 운동으로 보고 이 시기에 '위안부' 문제의 이미지가 확립되었다는 생각에서 이렇게 설정한 것이다.

1. '강제연행' 담론—일본의 가해를 고발하는 프레임

1990년대 이전부터 일본에서도 르포르타주 등을 통해서 '위안부' 제도에 대해서는 문제가 제기되어 왔다. 그러나 한국 여성의 항의를 계기로 새삼 많은 이들이 '위안부' 제도에 충격을 받게 되고 이것이 한꺼번에 정치·외교문제로 발전하게 된 것은 그것이 일찍이 일본에 식민지화되었던 나라로부터의 항의였기 때문이다. 이 문제가 진전되는 과정에서 '강제연행'이란 용어가 지닌 이미지가 끼친 영향을 주시하면서, 우선은 '조선인 강제연행'이 문제화되어 온 경위에 대해서 '위안부'에 대한 언급과 관련지어 확인해 보자.

* 식민지 출신의 재일조선인을 의미하는 용어로, '재일교포'라는 용어가 가진 내셔널리즘적 구심성을 대체하기 위해 여기에서는 일본어 발음을 살려 '자이니치'라 번역했다.

'조선인 강제연행'을 둘러싼 조사연구

'조선인 강제연행'은 전시하에서 노동력 확보를 위해 일본정부가 입안한 노무동원계획(1939-1941)과 국민동원계획(1942-1945) 등 조선인에 대한 동원이 실시되는 과정에서 폭력적인 동원이 있었다고 하는 문제를 파악하기 위해 사용되는 역사적 용어이다(도노무라, 2012). 전시하의 노동동원은 일본인을 동원하는 데서 시작되었지만, 조선인에 대한 동원은 "일본인 노동동원과 비교하면 강제성이라는 측면에서 아주 철저했다"(와타리, 2012: 66).

'조선인 강제연행'이라는 용어는 "1950년대부터 재일조선인사在日朝鮮人史를 시기적으로 구분할 때 사용되어 왔다"(홍상진, 2003: 10). 1957년에는 박재일이 "1939년부터 1945년 8월까지의 도래渡來(강제징용기)"라는 표현을 쓰고 있다(박재일, 1957: 30). 그리고 1960년을 전후하여 재일조선인의 조국귀환문제와 연관해서 제기되어(미즈우치, 1992: 79), 1964년에는 일본조선연구소가 '강제연행'(안도 외, 1964: 50-53)이라는 용어를 사용하고 있다. 본격적인 연구는 박경식에 의해 착수되었는데 그의 저서『조선인 강제연행의 기록』(1965)에 의해 강제연행이라는 용어가 보다 일반화된 것으로 생각된다. 비록 간단한 기술에 머물러 있지만 이 책에서는 조선인 '위안부'에 대해서도 언급하고 있다(같은 책: 67, 169). 한편 '중국인 강제연행'[2]에 대한 조사연구에도 중요한 자료와 업적이 쌓여 있지만, 본고에서는 '조선인 강제연행'이라는 말을 '위안부' 문제와의 관련 속에서만 논의한다.

구체적인 실태 조사에 대해 살펴보면, 1972년 재일본조선인총연합회와 일본변호사연합회의 변호사가 중심이 되고 연구자 및 문화인들도 관여한 일조日朝 합동의 조사단 '조선인 강제연행 진상조사단'이 결성되어 오키나와에서 있었던 조선인 강제연행·강제노동의 조사에 착수한 이래로, 홋카이도北海道(1973년), 규슈九州(1974년), 도호쿠東北(1975년) 등 각지에서 역사적 사실이 발굴되어 왔다(조선인강제연행진상조사단, 1990: 266).

특별히 주목할 것은 제1탄으로, 1972년 '제2차 대전 시기 오키나와 조선인강제연행학살 진상조사단'이 오키나와 '복귀'를 계기로 실시한 조사이다. 조사단 일행은 오키나와전이 시작되기 전에 강제연행되어 온 조선인에 대한 일본군의 학대나 학살에 대해 주변 섬까지 포함해서 조사하여 남성은 '군부軍夫*'나 노무자로서, 여성은 전시하에서 '위안부'로서 활용되었던 양상을 상세히 밝혔다.[3] 또한 패전 후 일본의 상황까지 포함하여 미군에 의한 조선인 학대도 밝히고, 이를 일본군과 미군 양쪽이 지닌 "제국주의 군대 공통의 본성"(제2차 대전 시기 오키나와 조선인강제연행학살 진상조사단, 1972: 13)이라는 보편적 문제로 파악했다.

이 보고서에 따르면 아카시마阿嘉島와 게루마지마慶留間島에 연행된 7명의 조선인 여성은 오전 중에는 군인들과 마찬가지로 노동에 종사하고, 오후에는 '위안부'로서 "수십 명, 수백 명의 일본군 장병의 수

2 식민지 조선에서 일본의 국내법령이 적용되는 것을 전제로 조선인이 강제동원되었던 것과는 달리, 중국인의 강제동원은 적성국임에도 불구하고 일본의 동원정책하에서 납치를 통해 이루어졌다(와타리, 2012: 63-64).

3 다만 보고의 대부분은 조선인 남성(군부)에 관련된 서술이 점하고 있다.

* 군대에 딸린 일꾼을 의미.

욕獸慾에 시달려", 병사하거나 총탄에 쓰러지거나 하여 비참한 최후를 맞이했다. 한 여성은 19세였고 나머지는 20세였다고 한다(같은 책: 29). 도카시키지마渡嘉敷島에서는 24세부터 30세의 조선인 여성이 20명 정도 있었는데, 미군이 상륙할 때 피난하거나 폭탄에 생명을 잃은 여성을 제외하면 7명이 전후에도 살아남았다고 하는 주민 증언이 있다(같은 책: 36). 미야코지마宮古島에서는 약 50명의 조선인 여성이 '위안부'를 강요당했다(같은 책: 48).

이 보고서에서는 이리오모테지마西表島를 다룬 항목에서만 유일하게 일본인 '위안부'[4]에 관한 기술이 나타난다. 현지의 어느 지구에 설치되었던 '위안소'는 "하나는 기노시타木下라는 일본인이 일본여성만 약 20명 데리고 와서 하던 곳이고 다른 하나는 타이완에서 데려온 조선인 여성들로 구성되어 있던 곳으로, 전자는 장교와 하사관용으로 후자는 병사용으로 사용되었는데, 그녀들은 나중에 우치바나리지마內離島로도 끌려갔다"(같은 책: 54).

'위안부'에 관해서는 이미 센다 가코千田夏光가 1960년대 후반부터 독자적으로 조사를 진행해서 주간지에 기사를 발표하였고(센다, 1970), 이어서 대표적 저작인 『종군위안부』(센다, 1973), 『속·종군위안부』(센다, 1974)도 간행되었다. 센다는 박경식의 『조선인 강제연행의 기록』(1965)을 참고문헌으로 들고 있지만, 강제연행을 주제로 한 조사에 몰두하지는 않았다. 비열하고 잔인한 강간 장면이나 조선인 '위안부'가 민족차별로 인해 가혹한 취급을 받는 상황을 묘사했을 뿐만 아니라, '위안부'가 병사와 서로 마음이 통하게 된 사례나 일본인 '위안부'의 고통스러운 사망 장면 등도 기록하고 있다.

조선인 강제연행이라는 용어는 동원과정에서의 강제성이라고 하는 실태를 드러내는 한편으로 피연행자의 비참한 상황을 이미지화함으로써 민족감정을 뒤흔드는 자극적인 말이다. 조선인강제연행진상조사단의 오키나와 조사 결과는 한국에서도 1985년 잡지 『신동아』에 게재된 한국인 저널리스트 조중태의 르포르타주 「일군日軍의 오끼나와 한국인 학살기」(조중태, 1985 = 2005)에서 부분적으로 소개되었다. 이 르포르타주가 작성된 배경에는 1970년 7월 8일 도쿄타워 전망대를 점거하고 미국인 선교사를 인질로 삼아 세간의 이목을 모았던 오키나와 출신자 도미무라 준이치富村順一와, 1968년 2월 20일 스마타쿄寸又峡 온천에서 인질을 붙잡고 농성하며 재일조선인·한국인에 대한 차별 문제를 제기한 김희로, 두 사람이 존재한다. 조선인 군부와 '위안부', 구메지마久米島에서 있었던 조선인 남성 일가의 학살 사건 등을 기록한 편지가 도미무라로부터 김희로에게 전해졌고, 이를 한국의 동포에게 알리면 좋겠다며 김희로가 덧붙여 쓴 편지가 1971년 조중태에게 전달됨으로써 원고가 집필되었다고 한다(조중태, 1985: 461). 이 르포르타주에서는 조선인강제연행진상조사단의 조사보고서에 씌어진 조선인 군부에 대한 학대 장면이나 도미무라의 저서 『류큐流球 위안부』(1977)에 수록된 조선인 '위안부' 관련 에피소드 등을 통해 오키나와에서 조선인이 일본군에게 학대받는 양상이 그려지고 있다.

조선인강제연행진상조사단의 조사는 오키나와에서 집필 활동을

4 이 조사가 일본 '본토' 출신으로 '위안부'가 되었던 여성과 오키나와 출신으로 '위안부'가 된 여성을 구별한 것인지는 알 수 없다.

하고 있던 노동운동가 후쿠치 히로아키福地曠昭의 문제의식을 드높여(후쿠치 편, 1992: 275-276), 조선인 '위안부'가 강제연행된 문제를 전달하는『아! 조선인의 오키나와전』(후쿠치, 1986),『오키나와전의 여자들』(후쿠치 편, 1992)이 간행되었다.

이처럼 일본의 가해를 고발한 사람들은 피억압 민족 혹은 조선인 동포가 학대당하고 학살되었다는 사실에 대한 분노와 괴로움을 드러내고 일본의 가해성을 상징하는 용어로서 '강제연행'이라는 말을 사용해왔다. 다만 조사 연구가 진척된 현재로서는 주의해야만 하는 점도 있다. 예를 들어 스스로 강제연행을 했다고 기록한 요시다 세이지吉田清治의 저작(요시다 세이지, 1977; 1983)은 세부적으로는 사실이 기록되어 있을 가능성이 있다 하더라도, 기본적으로는 이 같은 조사연구가 각지에서 행해지고 있다는 사실에 입각해서 자신이 강제연행의 장본인이라며 이름을 드러내면 세간의 반응이 어떠할지를 상정하면서 인위적으로 집필한 것이라고 생각된다. 한편 '조선인 강제연행'이라는 단어에 부수되는 이미지 역시 무자비한 상황만을 드러낸 것이었다는 측면이 있다. 규슈의 지쿠호築豊 탄광 주변에는 강제 연행되어 온 조선인 노동자의 유골이 방치되어 있다고 생각되어 왔다. 그러나 면밀한 조사를 통해 실제로는 기업이 사망한 조선인 노동자의 유골을 유족들에게 돌려주고 있었을 가능성이 높다고 보고되고 있다(하나부사, 2006). 따라서 '강제연행'은 폭력적인 연행 형태와 학대의 이미지를 과도하게 부각하기 위한 용어이기도 했다는 것을 염두에 둘 필요가 있을 것이다.

1990년대에 들어와서 '위안부' 문제가 일본 국회에서도 논의되기 시작하면서 조선인강제연행진상조사단도 조사를 재개하였고, UN의 여러 위원회에서도 일본정부의 대응을 비판하는 등의 활동을 전개했다. 한편 조사단은 '위안부' 연행을 특화한 내용의 서적을 발행하는데, 이 책에서는 '조선인 강제연행'에 대해 노동동원은 물론 "군인·군속·여자정신대·위안부로서의 전시동원 등을 모두 포괄하는 것이다"(조선인강제연행진상조사단, 1992: 7-8)라고 해설하고 있다. 박경식 역시 1993년에 "일본은 중국침략 및 태평양전쟁을 수행하기 위해서 국가권력을 동원하여 대량의 조선인을 일본 및 조선 내의 탄광, 광산, 군수공장, 군사시설 공사 등에, 또한 전장으로 군인·군속·'군위안부'로 강제 연행하여 많은 희생자를 낳았다"(박경식, 1993: 11)며 일본의 '강제연행 정책'에 대해서 기술한 바 있다.

조선인 강제연행을 논의하는 과정에서 일부 논자가 여성의 '위안부' 피해까지도 포함하여 논의함으로써 '위안부'로서 연행되었다는 사실이 조선인 전체의 민족수난의 경험으로 상징화되는 효과를 낳았다고 할 수 있지 않을까. 반면에 일본인 '위안부' 경험은 전시 일본인 여성의 피해의 상징이 되는 경우는 결코 없었다.

이처럼 '조선인 강제연행'에 '위안부' 연행을 포함하는 논의가 전개되는 한편에서, 1990년 무렵부터 한일 간의 정치·외교 문제로 비화한 '위안부' 문제는 윤정옥의 조사연구 활동을 배경으로 하여 많은 여성의 힘이 사회 문제화를 촉구하는 새로운 운동으로 나타났다. 이곳에 만들어진 '위안부' 문제의 담론 공간 도처에 '조선인 강제연행'의 조사연구를 통해 생산된 담론이 관여하고 있는 양상에 대해서는 다음 절에서 살펴본다.

2. '위안부' 문제의 담론 구성—1990년대 초기 운동의 특징을 통해

'정신대' 문제로부터의 파급

1980년대부터 '위안부' 제도를 조사해온 이화여대 교수(당시) 윤정옥은 1990년 1월 그 조사결과를 『한겨레신문』에 「'정신대' 원혼 서린 발자취 취재기」라는 제목으로 연재했다. 이 글이 한국사회에서 많은 사람들의 관심을 불러일으켜 이미 시작되었던 여성들의 운동을 더욱 본격화시킴으로써 일본정부에 공식 사죄와 피해자에 대한 보상 등을 요구하는 데까지 발전했다(야마시타, 1992; 2008: 41-44). 이리하여 정치·외교 문제가 된 '위안부' 문제를 둘러싸고 일본에서도 재일조선인·한국인과 일본인이 나서서 여성들을 중심으로 각지에서 강연회나 실태조사, 피해자의 재판지원 등에 착수하게 되었다.

'위안부' 문제가 크게 확대되는 하나의 계기로서, 1990년 6월 사회당의 모토오카 쇼지本岡昭次 참의원 의원이 국회에서 조선인 강제연행과 관련해서 '종군위안부' 문제를 제기했을 때, 시미즈 노리타케清水傳雄 노동성 직업안정국장이 '위안부'는 민간업자가 끌고 왔다고 답변함으로써 일본정부의 책임을 인정하지 않았던 장면이 거론된다. 이것이 불성실한 답변이라고 해서 한국 여성운동가들의 비판을 증폭시켰다. 모토오카 의원의 이 질의에서 출발하여 전개된 사태에서, '조선인 강제연행'에 대한 조사연구의 흐름을 이어받은 담론과 사회 문제화하기 시작하는 '위안부' 문제가 만나는 접점을 발견할 수 있다.

구체적으로 모토오카 의원은 "강제연행 중에는 종군위안부라는 형태로 연행된 사실도 있다"는데 과연 이 말이 맞는지를 추궁한다. 이에 대해 시미즈는 '위안부'의 징집은 국가총동원법에 근거한 총동원 업무와는 관계가 없다고 답변한다. 이 답변에 대한 항의로 한국의 여러 여성운동단체가 연서로 1990년 10월 가이후 도시키海部俊樹 수상에게 항의로 보낸 공개서간에서는 "'천황' 직속의 일본군의 요청으로 위안부용으로 '조선인여자정신대'의 동원이 명해져, 제주도나 시모노세키의 조선인 여성을 징용했다고 하는 전 노무보고회의 동원책임자의 증언"도 있다면서 요시다 세이지의 저서를 출전으로 제시하고, "종군위안부를 동원하는 업무가 징용의 대상업무에 포함되어 있었다는 것은 확실하다"고 비판하고 있다(윤정옥 외, 1992: 254).

이처럼 '위안부' 문제에 착수하기 시작한 한국의 초기 운동은, 조선인 남성을 대상으로 한 노동동원에 있어서의 강제연행과 동일한 수준의 법령하에서 '위안부' 징집이 실행되었다고 인식하고 있었다. 나중에 연구가 진전되자 '위안부' 동원은 실제로는 국가총동원법처럼 제국의회에서 공식적으로 입법화한 정책은 아니라는 사실이 밝혀졌다. 즉 업자가 여성을 '위안부'로 쓰기 위해 이송하는 것이 적발의 대상이 되지 않도록 육군성과 내무성이 조치를 취했고, 사태가 바깥으로 드러나는 것을 막으면서 여성을 계속 징집했다는 것이다. 그렇지만 한국 여성들의 반발은 '강제연행'이라는 말로 상징되는, 조선인 여성에 대한 일본군의 '위안부' 강요에 대한 책임을 일본정부가 인정하지 않았다는 데에 있었다. 공개서간에서는 여섯 가지 요구가 제시되었다. 첫 번째는 "일본정부는 조선인 여성들을 종군위안부로 강제연행한 사실을 인정할 것"이라는 요구이다. 실태조사나 보상 등의 요구도 이어진다(같은 책: 60).

노동자의 강제연행과 관련된 이동과 가혹한 사역이라고 하는 요소는 '위안부' 동원에도 해당하기 때문에, '강제연행'은 조선인 여성의 피해까지도 상징하는 용어로서, '위안부' 제도의 끔찍함에 몸서리치는 여성들의 손에서 새롭게 전유되었다라고 생각해야 할 것이다. 이리하여 조선인 여성 고유의 피해라는 의미가 더욱 강해진 '강제연행'이라는 말을 통해서, '위안부'들이 '위안소'가 어떠한 장소인지를 사전에 알고 있었는지, 구속 기간은 어떠했는지, 어떠한 후유증에 괴로워했는지 등의 개별적인 상황은 뒤로 물러나고, 강제로 '위안부'가 된 경험이 조선인 고유의 피해로 간주되는 담론 효과가 생겨났다.

그렇다면 한국 여성으로부터의 목소리에 가장 먼저 반응한 자이니치 여성을 중심으로 한 일본에서의 운동은 '위안부' 피해에 대해 어떻게 대처했는가.

'재일한국민주여성회'[5]가 발행한 책자 『은폐된 역사에 지금이야말로 빛을! '조선인 종군위안부'』의 권두언은, "일본의 식민지 지배와 침략전쟁에서 희생된 '조선인 종군위안부'는 그 수가 20만 명이라고도 하는데, 얼마 되지 않는 자료와 기록만으로도 일본 패전 후에도 살아서 고향으로 돌아갈 수 없는 그녀들의, 필설로 다할 수 없는 참상은 쉽사리 짐작할 수 있을 것이다"(재일한국민주여성회, 1991: 2)라고 이해하는 데서 시작된다. 그리고 이 책자의 발간을 "'조선인 종군위안부' 문제해결을 위한 초석"으로 삼고 싶다고 마무리하고 있는데, 흥미로운 것은 다음과 같이 일본인 '위안부'의 존재도 시야에 담겨 있다는 점이다.

> '종군위안부' 문제를, 일본인 '종군위안부'를 포함하여 여성에 대한 국가적 범죄행위였다고 생각할 때, 같은 여성으로서 우리는 '종군위안부'의 역사적 배경 및 진상을 밝히고 그 해결을 위해 노력함으로써 비로소 우리 자신의 '성性' 및 '생生'을 다시 획득하는 것이 아닐까(같은 책: 2).

'위안부' 문제가 실질적으로는 '조선인 종군위안부 문제'로 사회 문제화되는 상황에서도, 자이니치 여성운동 관계자들이 일본인 '위안부'도 피해자라고 인식했다는 것을 알 수 있다. 이 책자의 권말에는 참고도서로서 12권이 제시되는데, 그중 3권은 시로타 스즈코城田すず子의 『마리아의 찬가』(1971), 히로타 가즈코広田和子의 『증언기록 종군위안부·간호부』(1975), 센다 가코의 『종군위안부·게이코』(1981)로, 각각 일본인 '위안부'의 경험을 알기 위한 도서이다. 또한 이 모임에서는 1991년에 일본인 '위안부' 피해자인 시로타 스즈코(가명)가 살던 시설 '가니타 부인의 마을'을 방문한 멤버도 있다(김호자, 1992). 적극적으로 일본인 '위안부'의 피해를 말하고 있는 것은 아니지만, 창부차별의 담론을 거들지 않고 여성의 존엄이 짓밟히는 것에 문제제기를 해왔다고 할 수 있다.

간사이関西의 그룹 '조선인 종군위안부 문제를 생각하는 모임'[6]이

5 '재일한국민주여성회'는 "남녀평등을 민족운동 속에서 추구한"(서아귀, 2012: 74) 운동단체로, 설립 경위나 조직의 성격은 서아귀(같은 책, 74-77)가 상세하다.

6 '조선인 종군위안부 문제를 생각하는 모임'은 서아귀(2012: 62, 표1-1)에 따르면, '종군위안부' 문제의 진상 규명과 조기 해결을 향해 착수한 운동단체. 나중에 '미리네'로 개명.

발행한 『조선인 종군위안부 문제 자료집』 시리즈에서는 한국에서 행해진 강연이나 신문기사를 번역한 것이라든가 일본에서 있었던 강연의 기록, 신문·잡지 기록의 복사본 등이 수록되어 있다. 그룹의 이름에서 알 수 있듯, 조선인 '위안부'의 피해를 살피는 것을 중시하고 있기 때문에, 일본인 '위안부'의 피해자성에 대해 깊이 고려한 내용은 찾아볼 수 없다.

예를 들어 1권에서는 윤정옥이 한국에서 한 강연의 내용이 번역·수록되어 있는데, 여기에서는 센다 가코나 김일면의 논의를 참고하면서도, 일본인 '위안부'는 원래 "매춘이 직업"이고 "조선인 여성처럼 속아서 강제연행된 것은 아니었다", "이들은 선금을 받았고, 그 돈을 갚기만 하면 언제든지 종군위안부를 그만둘 수 있었다", "원칙적으로 장교를 대상으로 했다"라며 그 특징을 기술하고 있다(조선인 종군위안부 문제를 생각하는 모임, 1992: 6). 이는 조선인 '위안부'가 얼마나 가혹한 상황에 놓여 있었고 학대를 당했는지를 드러내기 위한 비교대상으로 제시한 것이다. 센다의 텍스트 속에서 조선인 '위안부'의 비참함을 묘사한 부분은 운동의 담론에 포함시키면서 그렇지 않은 내용은 빠뜨렸다고 할 수 있다.

다만, 이 강연 가운데에는 시로타 스즈코가 윤정옥에게 "쉼 없이 찾아오는 군인들이 너무 미워 목을 졸라 죽이고 싶다는 충동에 사로잡힌 것이 한두 번이 아니다"라고 증언한 것이나 "중국 동북부에 있던 어떤 일본인 위안부"가 "65명까지 세다가 까무러치고, 그 뒤에 몇 명이 지나갔는지를 알 수 없다"고 증언한 것 등도 소개되고 있다(같은 책: 8).

이처럼 운동의 초기 단계에서 자이니치 여성 운동단체의 발행물에도 일본인 '위안부' 피해자에 관한 정보는 어느 정도 포함되어 있었다. 여기에서 어떻게 한 걸음 더 멀리 나아가는 일은 일본인을 주체로 한 활동에 달려 있다고 할 수 있을 것이다.

일본인을 중심으로 진행된 활동

다음으로는 1990년 이후 일본인이 주체적으로 착수한 활동에 대해 살핀다. 이 시기의 주요한 운동단체나 정당관계자가 이상의 움직임을 이어가면서 '위안부' 문제에 대처해 온 자세에 대해, 일본인 '위안부'에 대한 언급의 유무에 주목하면서 분석하고자 한다.

'일본의 전후책임을 확실히 하는 모임'(이하 '확실히 하는 모임')은 한국의 '태평양전쟁희생자유족회'가 일본정부의 전후보상과 사죄를 요구하며 제기한 소송을 지원했다. 한국의 군인·군속에 이어 '위안부' 피해자도 소송에 참가하였기에, 전화로 정보를 수집하는 '위안부 110번'을 다른 단체와 더불어 실시하는 등 '위안부' 문제에도 적극적으로 관여했다.

모임의 정기간행물에는 '위안부' 피해에 대해서 "폭력적으로 연행되어 청춘을 모조리 파괴당한 그녀들은 지금까지 그 원통한 마음을 밖으로 드러낼 수 없었다"(일본의 전후책임을 확실히 하는 모임, 1991: 1)고 표현되어 있다. 재판이 시작되자 '위안부' 피해자의 구두변론 내용이 보고되었는데, 예외적으로 일본인 '위안부'에 대한 언급도 있었다. 니시오카 쓰토무西岡力의 논고(니시오카, 1992)에 대해 반론을 펼치는 글에서 모임의 한 멤버는 다음과 같이 기술하고 있다.

> 군대위안부가 된 여성은 한국·조선인만이 아니다. 일본인도 중국인도 인도네시아인도 있다. 지금까지 살아있어도 그 대부분은 고향에 돌아가지 못하고 이향異鄕에서 홀로 생활하고 있으리라 짐작된다. (중략) 일본 국내의 어느 구석에서 원통한 마음을 품고 살아가고 있는 그녀들에게 '보상'의 손길은 닿지 않았다(나카니시, 1992: 12).

집필자인 나카니시 아키오中西昭雄가 상상하는 것처럼, 고향으로 돌아갈 수 없었던 일본인 '위안부' 피해자는 적지 않았을 가능성이 있다. 센다 가코가 상세히 이야기를 들었던 '게이코'도 시로타 스즈코도 고향에 돌아갈 수 없었다. 전형적인 일본인 '위안부'상에서 벗어난 사례이지만, 패전 시에 해외에 내버려져 귀국할 수 없었던 사람들도 있었다. 니시카와 미유키西川幸는, '남방에 일자리가 있다'는 말에 속아 끌려간 싱가폴의 '위안소'에서 패전을 알지 못한 채 현지에 버려진 일본인 '위안부' 피해자를 우연히 여행지에서 만났다는 지인의 이야기를 소개하고 있다(니시카와 미유키, 2015). 그러나 이 같은 사례는 1990년대 초기 운동 가운데에서 충분히 공유되지 않았다.

앞에서 말한 모토오카 의원의 질문에서처럼 국회에서의 추궁 역시 오로지 조선인 '위안부'만을 피해자로 논의하고 있다. 시민사회의 전후보상 운동과 제휴하여 국회에서 '위안부' 문제와 강제연행 문제를 적극적으로 제기한 것은 일본사회당이었다. 사회당은 1963년에 제1차 방문단을 결성한 이래, 조선노동당과의 관계구축에 힘썼다. 1970년 제3차 '조선 방문' 때에는 조선노동당이 일본사회당을 '동지당'으로 대우하였는데 이를 통해 일본 국내에서는 조선총련과의 관계도 긴밀해졌다(하라, 2000: 265-266). 그 후 사회당은 1984년부터 한반도에 찾아온 해빙의 분위기를 수용하여 한일조약 체결 이후 인정하지 않았던 한국이라는 국가를, 그 민주주의 세력과 연대함과 동시에 국가로서 승인하는 정책으로 전환했다(같은 책: 269). 국회의원들이 방한하게 되면서 1991년 말부터 사회당은 본격적으로 전후보상 문제에 힘을 기울이기 시작했다. 이리하여 '강제연행문제특별위원회'가 결성되고 두 개의 위원회를 설치했다. 그중 하나가 '보상문제'이고 또 하나가 '종군위안부 문제'였다.

1991년분부터 1993년분까지 기관지 『월간사회당』을 확인해 보면, 사회당이 '위안부' 문제에 적극 몰두했다는 사실을 알 수 있다. 그러나 일본인 '위안부'에 관심을 가진 모습은 잡지 지면을 통해서 보이지 않는다.

사회당 참의원 의원이었던 다케무라 야스코竹村泰子는 조선인 노무동원에 있어서의 강제연행이나 징병제 등 전시 중에 발생한 문제와의 연속선상에서 '조선인 종군위안부' 문제를 파악하고, 다음과 같이 말한다.

> 유념해야 할 것은 조선인 종군위안부 문제이다. 조선 전토에서 강제적으로 소집된 젊은 여성들이 미얀마 전선, 중국 대륙, 남양군도 등으로 송출되어 일본 병사를 '위안'하는 육체 제공자로 사역되었던 것이다(다케무라, 1991: 87).

이 글이 집필된 1991년의 시점에서는 아직 '위안부' 제도나 각국 피해자의 전체상이 밝혀지지 않았기에, 다케무라가 구체적으로 제시하고 있는 것은, "위안부들은 가족에게 알려지는 것조차 염려하여 말하려 하지 않는다. 종전 당시 일본군에 의해 죽임을 당하거나 자살한 여성이 많다"는 윤정옥의 해설을 필두로, 요시다 세이지로 짐작되는 인물의 이야기, 군의관으로 '위안부' 검진을 담당했다고 기록한 아소 데쓰오麻生徹男의 것으로 생각되는 책, 같은 해에 실명으로 증언한 한국인 '위안부' 피해자 김학순의 상황 같은 것이다(같은 책: 87-88).

사회당의 도이 다카코土井たか子, 센고쿠 요시토仙谷由人, 그리고 '확실히 하는 모임'의 재판을 담당한 변호사 다카기 켄이치高木健一 세 사람이 모여 전후보상을 이야기하는 지상誌上 좌담회 「아시아에 친구를 가진 일본이 되기 위해서」에서는, 동서냉전 시대의 외교 방식을 반성하면서 아시아와의 관계를 재구축하기 위해서 전후보상이 필요하다는 생각이 논의된다(도이 · 센고쿠 · 다카기, 1992). 사회당의 섀도 캐비닛도 한일, 북일 정책에 있어서 "민족적 화해의 실현"을 위해서 '위안부'와 강제연행 피해자에 대한 보상이 필요하다는 사실을 중시하고 있었다(일본사회당 섀도 캐비닛, 1993: 64-65). 대외적인 자세의 그늘에 가려, 일본인 내부의 권력관계나 착취라는 문제는 쟁점이 되지 못한 채, 가해국 일본이라는 관념 속에 균질적인 국민상이 그려지고 있는 부분이다.

수시로 운동의 현장에 관계해 왔던 사회당의 참의원 의원 시미즈 스미코清水澄子는 '위안부' 문제에 골몰하는 운동 관계자들이 모인 국제회의 '아시아 연대회의'의 첫 번째 회의(1992년)[7]와 두 번째 회의

(1993년)[8]에 모두 참가하여, 일본에서의 운동이나 국회의 상황을 보고했다. 시미즈는 '위안부' 제도는 "인도人道에 대한 죄"에 해당하고(시미즈, 1992: 41; 1994: 48), "전쟁범죄"이며(시미즈, 1994: 48), 일본이 식민지 지배와 침략전쟁을 하는 가운데 여성을 성적 노예로서 다룬 정책이라고 논했다(같은 책: 53). 그리고 일본정부를 향해 강제연행 문제, 미지급 군사저금 문제, 홍콩 등의 군표軍票 문제 외에, 군인·군속과 그 유족, 재한 피폭자, 사할린 잔류 한국인 문제 등을 추궁하면서, "국가에 의한 부정不正이나 박해 아래에서 유린된 인권과 한민족의 존엄을 회복한다는 관점에서의 전후보상법의 제정", "피해를 당한 아시아 각국에 대한 사죄와 보상"에 힘써야 한다는 자세를 보이고 있다(시미즈, 1992: 44-45). 사회당이 전후보상을 통해서 이웃 나라와의 관계를 재구축하려고 힘쓰고 있던 시기에, 가해국의 피해자였던 일본인 '위안부'의 피해자성은, 각국과의 연대를 강화하는 국제회의의 장에서 논점이 되지 못한 채 점점 후경화되었다.

아시아연대회의에서는 제1회에서도 제2회에서도 일본인 '위안부'의 피해자성을 파헤치는 보고가 이루어지지 않았다. 다만 윤정옥의 경우, 시로타 스즈코가 "30명을 상대로 하니 상대방의 목을 졸라 죽이고 싶어졌다"고 말한 것과 오사카에 살던 여성이 "30명을 상대한 후에는 일어나 걷는 것조차 힘들었다"라고 말한 것, 그 외에도 오카야마현

7 회의의 정식 명칭은 '종군위안부 문제 아시아연대회의'이다. 한국 서울에서 8월에 개최되었다.

8 회의의 정식 명칭은 '강제 '종군위안부' 문제 아시아연대회의'이다. 일본의 국립부인교육회관(지금의 국립여성교육회관[NWEC])에서 10월에 개최되었다.

이나 가고시마현에서 '위안부' 피해자를 만났다는 것, 일본인 '위안부' 피해자로 간주되는 여성과의 접촉 등을 보고하고 있다(윤정옥 외, 1992: 12-13). 이 같은 정보가 공유되었지만, 일본인 '위안부' 피해자의 목소리를 들으려고 하는 본격적인 운동은 시작되지 않았다. 보충하자면 오키나와전 시기의 '위안소'에 대한 실태조사가 여성들에 의해서 오키나와에서 착수되어, 조선인 여성뿐만 아니라 오키나와 여성도 '위안부'로 동원되었다는 사실이 밝혀졌다(다카사토, 1992). 다만 '본토'와 다른 역사적 배경을 가졌고 지상전을 경험한 오키나와에서 '위안부' 노릇을 해야 했던 쓰지辻 유곽의 여성들을 '본토' 출신의 일본인 '위안부' 피해자와 같은 층위에서 논의할 수는 없다. 이 글에서는 오키나와에서의 실태조사는 일본인 '위안부'에 대한 조사와 구별해 두려 한다.

지금까지 확인한 것처럼, 극히 일부의 운동 자료에는 일본인 '위안부'에 대한 관심이 드러나 있지만, 한국의 운동에 호응하기 위해 조선인 여성의 피해 해명과 재판 지원에 힘을 기울이는 과정에서도 일본인 '위안부'의 고통에 귀를 기울이려는 시도는 표면화하지 않았다.

맺음말

지금까지 '위안부' 관련 초기 운동의 담론을 개관해 보았다. 한국의 운동가나 피해자들의 목소리에 공명한 일본의 운동 관계자들은 일본의 과거와 진지하게 대면하여 정부를 움직이려고 하는 모습을 보였다는 것을 알게 되었다. 다른 한편 '위안부' 제도의 전체상에 대한 신중한 검토가 곤란해질 정도로 '위안부' 문제의 담론 공간에서는 조선인 여성의 피해가 전경화했다고 할 수 있다. 초기 운동의 간행물 가운데에는 일본인 '위안부'를 포함, 각국의 '위안부' 피해자의 고통을 상상하는 논조도 보이고, 자이니치 여성이 시로타 스즈코가 살고 있던 시설을 방문할 정도로, 다양한 피해자의 존재에 관심을 두려는 움직임도 있었다. 그러나 운동 관계자가 일본정부를 향해 두 차례에 걸친 공식 조사를 촉구하는 가운데 '강제연행'이라는 말은 조선인 여성의 피해를 상징하는 언어가 됨으로써 민족의 수난을 표상하는 비극적 메타포를 유포시키게 되었다. 그리고 압도적 다수의 '위안부'가 조선인이었다는 주장이 제대로 된 검증 없이 전형적인 '위안부' 문제 상像의 확립으로 이어졌다.

역사적 경위로 보건대, 일본군 '위안부' 제도가 전개되는 과정에서는 일본인 여성이 먼저 '위안부'가 되어 동원되었다. 공창제도라는 문화적 배경하에서 여성을 성적인 자원으로서 보고 이들의 신체를 제국의 확장을 위해서 이용하려는 발상에 제동이 걸리지 않은 채, 타민족과 외국의 여성들을 끌어들이는 길로 나아간 것이다. 물론 민족 차별, 인종 차별에 의해 가혹한 폭력을 당한 사실을 놓쳐서는 안 되겠지만,

조선인 여성의 피해가 클로즈업되고 피해의 상징처럼 된 상황을 통해 '위안부' 문제의 역사 상像이 민족이라는 경계로 나뉘는 담론적 배치를 보여준다는 것을 알게 된다.

여성국제전범법정에서 일본인 '위안부'가 '전력前歷'에 구애되지 않고 그 피해자성을 인정받았다는 것은 획기적이었다. 그러나 김윤옥에 따르면, 한국정신대문제대책협의회가 주장해온 민족차별의 문제가 법정에서 "젠더 문제, 즉 여성에 대한 폭력이라는 프레임에 갇혀 버리고 말았다"는 이유로 한국에서는 비판받았다고 한다(김윤옥, 2001: 121). 조선인 여성이 식민지 지배로 말미암아 다수 동원되고 민족차별로 인해 열악한 환경에 놓였던 사실은 매우 심각한 실태이다. 그렇지만 일본인 '위안부' 또한 일본 국민이라는 바로 그 이유 때문에 전시체제하에서 동원되었다. 그 때문에 이들의 고통에 귀 기울이는 것은 일본의 페미니스트의 과제가 되며, 또한 이것이 식민지 지배 문제의 경시로 이어지는 것이 아니라, 성폭력의 제도가 식민지 지배하의 여성에게 어떻게 파급되었는지를 보여주는 작업이라는 것을 확인할 필요가 있을 것이다. 즉 일본인 '위안부'가 불가시화된 사실은, 당사자의 존엄의 회복을 지연시키는 것일 뿐만 아니라, '위안부'라는 성폭력 제도가 성립하게 된, 공창제로부터의 전개라는 근원적인 부분이 추궁되지 않고 지금에 이르렀다는 것을 뜻하는 것이기도 하다. 신체를 둘러싼 정치에 개입하지 않는 운동은 창부차별을 극복할 수 없으며, 희생을 낳은 구조를 해소할 수 없다. 이러한 상황은 일본사회에서 일본인 인지의 여부와 관계없이 '위안부' 피해자의 피해가 경시되어 온 문제와 연동되어 있는 것이 아닐까.

일본인 '위안부' 피해자인 시로타 스즈코나 '기쿠마루'라고 불린 여성(히로타, 1975)이 남긴 글을 읽어가며 공창제도에 내던져진 여성들의 역사를 읽어내는 작업은 아직 진행 중이다. 이러한 과제에 착수하는 것은 한국을 필두로 한 각국의 '위안부' 피해자 경험의 다양성을 새롭게 드러내고, 가부장적 젠더 규범에 뒷받침된 정형적인 이야기로부터의 탈각을 촉구하는 것일 터이다.

제3장

일본군 '위안부' 제도와 성폭력

: 강제성과 합법성을 둘러싼 갈등

오카다 다이헤이岡田泰平

머리말

1991년 김학순이 일본군 '위안부'(이하 '위안부'라고도 기재)로서 실명으로 증언을 한 이후 아시아태평양전쟁 연구에서 일본군에 의한 전시 성폭력은 주요한 연구 과제의 하나가 되었다. 일본군 '위안부'에 대한 연구는 증언을 한 당사자들에 의해 촉발되었던 사정도 있고 해서 당사자들을 중심으로 한 사회운동과 밀착해서 전개되어 왔다. 그러나 현재에 이르기까지 일본 정부는 '위안부'의 피해를 전적으로 인정하고 사죄하며, 그 사죄를 뒷받침한다는 의미로서 개인 보상을 지불하는 일을 하지 않고 있다. 여기에 더해 '위안부' 피해를 부정하는 견해가 일본의 우파 정치가들로부터 지속적으로 제출되고 있기도 해서 '위안부'를 둘러싼 인식과 정책은 일본의 외교 문제—특히 한국과의 외교 문제—로 발전했다.

이 같은 상황 속에서 '위안부' 연구는 우파 정치가들의 언설이나 이들을 지지하는 보수층의 인식에 맞선다는 성격을 지니고 있다.

이 같은 노력도 있어서 현시점에서는 1993년에 고노 요헤이河野洋平 관방장관(당시)의 담화가 역사적 사태로서의 '위안부' 제도를 둘러싸고 일본 정부가 인정한 사항으로서 여겨지고 있다(URL①). 그 내용을 본고의 목적을 염두에 두고 조목별로 정리해 본다.

1. '위안부' 제도는 일본군 관여하에서 설치 운영된 제도이다.
2. '위안소'에서는 위안부의 행동에 대한 강제가 일어나고 있었다.
3. 모집은 다양한 지역에서 행해졌는데, 일본 이외에서는 조선반도에서 많이 행해졌다.
4. 모집 과정에서는 전반적으로 강제성이 강했다. 즉 징집이라고도 말할 수 있다. 다만 동시에 모집-징집의 과정은 감언이설에서 관헌의 관여까지 다양했다.

고노 담화에서는 군의 관여가 있었던 것으로 간주되고, 모집 및 이송 과정에서의 강제성과 '위안소'에서의 강제성이 병치되어 있다.

'위안부' 제도의 해결을 목적으로 하는 사회운동은, 군의 관여뿐만 아니라 강제성을 이유로 '위안부' 제도를 성노예제로 간주할 것을 주장해 왔다. 더 나아가서는 이 고노 담화를 발전시켜, 이처럼 강제성을 지니고 설치된 '위안소' 제도가 위법했다고 강조하는 주장으로 발전했다.

필자가 전시 성폭력에 관련하여 고찰해 온 것은 '위안부' 제도 그 자체가 아니라, 필리핀의 세부·막탄섬의 코르도바라는 마을에서 일어난 집단 성폭력 사건(이하 '코르도바 사건'[1])이다(오카다, 2014). 그 당시에 분석의 대상으로 이용한 것이 이른바 B, C급 전범 재판 자료이다. 이 자료를 독해하면서 처참한 폭력이 왜 일어났던 것일까를 생각하다가 이 사건이 '위안부' 제도와 복잡하게 관련되어 있다는 것을 밝혔다. 본고에서는 이 사건에 몰두해 온 지역연구의 관점에서 '위안부' 제도를 논의하려 한다.

이 같은 문제 관심에서 본고에서 고찰해 보려는 것은 세 가지이다. 첫째, 일본군 '위안부' 연구에서 강제성이 어느 정도로 입증되었는가. 둘째, 일본군 '위안부' 연구 속에서 이 제도의 합법성, 혹은 그 반대로 위법성이 얼마나 논의되어 왔는가. 이 첫 번째와 두 번째에 대해서는 앞서의 사회운동에 관여해 온 요시미 요시아키의 연구를 주요한 고찰의 대상으로 한다. 그리고 셋째 '위안부' 제도와 코르도바 사건 각각에 대해 성폭력으로서의 기록이 남겨지고 그것이 역사가 되는 조건은 무엇인가에 대해 고찰해 보려 한다.

1 코르도바 사건의 파일은 대체로 'RG331'이라는 청구기호 아래 미국국립공문서관에 소장되어 있는데, 파일 번호는 P-13(마닐라 파일의 일련번호 제129호)이다. 본고 집필에 있어서 국립국회도서관 헌장자료실의 마이크로피시(microfiche)를 사용하였는데, 참조번호에 대해서는 오카다(2014)를 참조하기 바란다.

1. '위안부' 강제성의 입증과정

역사학이라고 하는 학지學知*에서 '위안부'가 광범위하게 논의되어 왔는가 하면 그렇지도 않다. 일본을 대표하는 역사학회에 의한 2014년 편저의 '서문'에는 그 당시까지 '위안부'가 충분히 연구되어 오지 않았다고 기술되어 있다(오사 · 오카도, 2014). 이 같은 상황에서 '위안부' 문제에 선구적으로 달려든 것이 요시미 요시아키와 하야시 히로후미林博史 같은 연구자들이었다고 할 수 있다. 요시미에 따르면 역사학 연구자로서 앞장서서 이 문제에 관심을 가졌던 연구자로 히로타 마사키와 야스마루 요시오安丸良夫가 있었다고 한다. 1991년의 저작에서 히로타가 '위안부'로 보내진 여성의 고통을 그려 내지 못한 역사학의 한계를 지적했다고 한다면, 야스마루의 견해는 더욱 굴절된 것이었다. 야스마루에게 있어 '위안부' 문제는 그 자신을 쩔쩔매게 한 문제였다. 그것은 "도저히 '책임'을 지거나 '보상'을 할 수 없는 종류의 문제"라서 "절대로 변상할 수 없는 문제로서의 전쟁책임이나 '보상'에 대해서 계속 언급을 하는 것과 같은, 생각하기에 따라서는 더없이 무책임한 일을 역사가는 어떻게 주장할 수 있는 것일까"라고 하는 물음이다. 이에 대해 요시미는 자신도 이 문제에 대해 고심했다고 고백한 뒤, "현실적으로 피해자, 생존자들이 자신의 이름을 걸고 증언을 하고 있고, 이때 이에 대해 어떠한 형태로든 응답을 하지 않을 수 없다는 현실이 존재한다고 생각하게 되는 거죠"라고 대답하고 있다(오누마 · 기시, 2007: 88).

즉 '위안부' 문제에 대해서는 그 누구도 책임을 질 수 없으므로, '위안부'를 역사로서 서술할 것인가 하는 질문에 대해 그 당사자들이 증언에 나선 이상 역사가는 서술을 해야만 한다는 것이 요시미의 응답이다. 그 후로 이 응답은 제9장 나리타의 논문이 보여 주듯 다수의 역사 연구자들에 의해 공유되어 왔다고 할 수 있다. 나리타에 따르면 2010년대 중반의 역사학에서 '위안부' 문제는 젠더사뿐만 아니라 아주 광범위한 현대역사학의 과제로서 인식되고 있다. 야스마루가 말한 "더없이 무책임한 일"은 역전이 되어 '위안부'에 대해 생각하는 것은 이제 역사학 연구자의 '책임'이 되었다. 현재 '위안부'는 제국주의 연구, 전쟁 연구, 식민지 연구 등의 분야에서 적어도 한번은 생각해야만 하는 주제인 것이다.

이 같은 역사학의 전환에 큰 역할을 해 온 것은 요시미의 일련의 연구이다. 일반 독자에게 '위안부' 문제를 널리 전한 저서 『종군위안부』는 서장과 종장을 제외하면 6개의 장으로 구성되어 있다(요시미, 1995). 제1장과 제2장이 '위안부' 제도의 시작과 전개, 제3장이 일본, 조선반도, 타이완, 중국, 동남아시아로부터의 '위안부' 징집 과정, 제4장이 '위안소'에서의 생활, 제5장이 주로 국제법과의 관계, 제6장이 전후사戰後史로 구성되어 있다. 위안부의 강제성에 대해서는 "우선 첫 번째로 군대가 여성을 계속 구속한 상태에서 군인들이 이에 대한 의식 없이 윤간을 저지르는, 여성에 대한 폭력의 조직화이자 여성에 대한 중대한 인권침해였다"라고 명백히 정리한 뒤, 폐업의 자유나 통신·면

* 일본어에서 '배움을 통한 지식'이라는 뜻으로 흔히 사용되는 용어로서, 여기에서는 '앎'이라는 보편적 행위와 제도로서의 '학문'을 결부시킨 포괄적인 개념으로 사용된다.

접의 자유가 없었던 것을 논증하고 있다(같은 책: 231). 즉 위안소라는 현장에서는 명확히 강제성이 있었다고 주장하고 있다. 이에 대한 입증은 제4장에서 주로 이루어지는데, 여기에서는 진중 일기, 당시 군인들의 회상기, '위안소'의 이용 규정을 통해서 '위안소'의 실태를 조감하고, 이를 바탕으로 '위안부'나 군인의 증언을 통해 성교섭을 할 때의 '위안부'에 대한 폭력, 빚에서 비롯된 노동 강요, 하룻밤에 수십 차례의 성교섭을 해야만 했던 것, 감시 체제, '위안부'의 성병 질환과 같은 극히 폭력적인 실태 및 여기에서 벗어날 수 없는 상황 등을 통해 강제성이 논의되고 있다.

한편 모집-징집 과정에 있어서는 제3장에서 지역별로 검토하고 있다. 일본에서는 당시의 국제조약이나 내무성 경보국장 통첩에 의해 21세 이상으로 매춘을 생업으로 하고 있는 여성 중에서 '위안부'를 모집해야 했으나, '위안부'였던 여성의 증언이나 외무 관료의 회상록을 통해서 이 같은 연령 제한이 지켜지지 않았던 사례를 소개하고 있다. 조선반도 및 타이완에서는 속아서 온 경우나 인신매매를 논하고 있다. 폭력적인 연행의 사례가 하나 있는데, 이 경우 행위자는 군인, 경찰관, 민간인 중 어느 쪽인지는 명확하지 않다(같은 책: 97-98). 중국 및 동남아시아에 대해서는 현지 매춘부를 대상으로 한 모집, 군에 의한 폭력적 연행, 마을의 유력자를 매개로 한 징집의 사례들이 주로 당시 군인들의 증언을 통해 논의되고 있다. 한편 조선반도나 타이완으로부터 많은 '위안부'가 전쟁터와 점령지로 이송되었는데, 그 속에 미성년자가 많았던 주된 이유에 대해서는 여성의 이동에 대한 국제 조약을 체결할 때 일본 정부가 식민지를 제외하고 있었던 것을 제시하고 있다(같은 책: 163-169).

모집-징집 과정에서의 강제성이 이후 '위안부' 문제의 해결을 요구하는 이들과 우파 논객들 사이에서 큰 논쟁의 대상이 되지만, 이 글에서는 논쟁 그 자체를 다루기보다는 요시미가 강제성을 어떻게 이해하고 있었던가를 추적해 보려 한다. 필자가 아는 한에서는 '위안부' 문제에 관한 학술논문 중에서 가장 먼저 강제성을 제기한 것이 1992년에 간행된 요시미 요시아키 편의 『종군위안부자료집』에 수록된 논문 「종군위안부와 일본국가」이다. 강제성 문제를 일본이 체결한 국제조약과 연관시키며 요시미는 다음과 같이 말한다. "강제연행이라고 하면 흔히 인간사냥의 경우만을 상정하는 일본인이 많지만 이는 협의의 강제연행으로, 사기 등을 포함한 광의의 강제연행 문제도 심각히 고려해야 함이 마땅하다"(요시미, 1992: 35). 요시미의 의도와는 달리, 협의와 광의라고 하는 이 알기 쉬운 개념은 특히 조선반도에서의 모집-징집 과정을 이해하는 프레임이 되었다. 조선반도에서 군이 폭력적인 연행을 행했다는 것이 명백하게 입증되지 않는 상황 속에 2007년의 국회 답변 과정에서 아베 신조 수상은 협의의 강제성이 있었음을 부정함으로써 군이 관여한 강제성이 있었다는 사실을 인정하려 하지 않았다(참의원 예산위원회 회의록 제3호, 2017년 3월 5일 8-10 = URL②). 즉 우파 정치가의 이 같은 언설은 협의와 광의의 강제성을 곡해함으로써 감언이설이나 사기는 강제에 해당하지 않고 폭력적 연행만을 강제적인 것이라고 강변하기에 이른 것이다.

이 같은 곡해에 대해 요시미는 두 가지의 방법으로 대응하고 있다. 첫 번째로, '협의의 강제연행'이 중국, 인도네시아, 필리핀 등에서 일어났다는 점을 논증하는 것이다(요시미 2010: 21; 2012; 2014b; 2014c; 2015b). 즉 조선반도에서는 없었을지 몰라도 전쟁터와 점령지에서는 폭력적인 연행이 빈발하고 있었다는 점이다. 두 번째로는 '위안소'에서의 생활을 포함하여 '위안부' 제도 전체가 강제적이었다는 것을 주장하는 것이다. 즉 "위안소로 끌려오는 단계의 강제와 위안소에 들어간 이후의 강제를 구별하여 생각할" 이유가 없다고 주장한다(요시미, 2007). '위안부'에게는 거주, 외출, 폐업, 고객 거부 등의 측면에서 자유가 없었으므로 이 제도 전체가 성노예제였다는 것이다(요시미, 2007; 2013). 2009년 역사학 연구자들의 학술지 『역사학연구』에서 요시미는 '위안부' 연구의 도달점을 정리하고 있다. 여기에서는 조선반도에서의 모집-징집 과정에 대해서는 "식민지 지배하에서 자립조차 곤란한 상황에 처해 있던 하층의 민중들에게 있어 이를 거부할 수 있는 자유가 있었다고 생각하는 것은 무리일 것이다"라고 서술하고 있다(요시미, 2009). 즉 요시미의 견해에 따르면, 식민지에서 업자들에게 속아 이들을 따라간 결과로서 성폭력을 당한 경우와 전쟁터와 점령지의 일상생활 속에서 일본군이 찾아와 구속, 연행되어 성폭력을 당한 경우 사이에 구별이 없다는 것이다.

이같이 이해한다는 점에서 요시미의 '위안부' 제도론은 오노자와 아카네小野澤あかね의 공창제도론에 근접해 있다. 오노자와에 따르면 전전戰前 일본에서는 "많은 경우 부모가 받은 거액의 전차금前借金에 근거한 여성의 인신매매"가 국가적으로 공인되었고, 이는 식민지에서도 광범위하게 행해졌다(오노자와, 2010: 306-308). 이처럼 거액의 전차금에 근거한 인신매매는 전시기戰時期에도 이어져 '위안부' 제도로 재

편되어 나갔다(같은 책, 309-310). 요시미가 사쿠라우치 후미키櫻內文城 전 중의원 의원을 제소한 재판에서, 오노자와는 전문가로서 의견서를 제출한 바 있다(요시미재판변호단 외, 2005; 요시미, 2016a). 오노자와에 따르면 공창의 경우 '위안부'와 달리 일단은 폐업의 자유가 허용되었다. 그러나 전차금을 반환할 수 없는 상황 속에서는 업자의 방해나 법 인식의 불충분함 등의 이유로 창기 등이 폐업을 할 수 없는 실태가 존재했다. 이 같은 자유의 결여야말로 문제인데, '위안부'와 마찬가지로 창기 등도 "인신매매를 당한 이들로 역시 성노예라고 부르기에 적절한 처지의 사람들"이라는 것이다(오노자와, 2015). 이 같은 생각 속에 오노자와와 마찬가지로 요시미 역시 법사회학자인 가와시마 타케요시川島武宜를 인용하며 '위안부'를 인신매매의 피해자로 간주함으로써 현대까지 이어지는 노예제의 유형 중 하나로 파악하고 있다(오노자와, 2015; 요시미, 2015b).

이 같은 관점에서는 모집-징집 과정에 대한 검토가 강제성에 대한 논증도 부정도 될 수 없게 된다. 오노자와는 "'위안부'가 되기 이전에 이를테면 '자유의지'로 매춘을 하고 있었다 할지라도 그 여성이 피해자가 아니라는 이유는 될 수 없다"고 서술하면서 피해자성과 모집-징집 과정을 분리하고 있다(오노자와, 2015). 또한 요시미는 2015년 12월의 한일 위안부 합의를 비판한다. 이 합의에 비판적인 아시아연대회의(일본군 '위안부' 문제 아시아연대회의)의 2014년 제언에 동의하면서 이들의 요구사항을 충족하지 못하는 합의는 거부해야 한다고 주장하고 있다(요시미, 20106c). 이 제언의 전문을 읽어봐도 여기에는 조선반도에서 일어난 모집-징집 과정의 강제성을 명확히 논한 항목은 없다(하야시 히로후미, 2015: 350-351).

여기에 이르면, '위안부' 제도의 강제성은 어떻게 해서 '위안부'가 되었는가와 무관해진다. 오히려 모집-징집의 과정에서부터 '위안소'의 상황에 이르기까지 '위안부'는 다양한 자유가 박탈된 상태에서 가혹한 폭력의 대상이 되었다는 것으로 수렴되는 것이다. 이 같은 점에서 '위안부' 제도를 성노예제로서 이해하는 것은 보다 정교해졌다고 할 것이다.

2. '위안부' 제도의 위법성을 둘러싸고

고노 담화에 대해 요시미가 시정을 요구한 것 중의 하나로 '위안부' 제도를 만든 주체로서의 군을 보다 명확히 인정할 것을 들 수 있다(요시미, 2014b). 이는 『종군위안부』에서 밝힌 바 군이 업자를 매개로 일본, 타이완, 조선 현지의 경찰과의 협력 관계 속에서 '위안부'를 모집-징집했다는 사실이 공문서를 통해 명확해졌기 때문이다(요시미, 1995: 35, 105). 요시미는 또한 인신매매를 통하지 않고서는 존립하기 어려웠던 '위안부' 제도는 그 당시의 국제법에 위배된다고 주장한다(같은 책, 5장). 앞에서 소개한 1992년의 논문에서는 식민지로부터의 도항에 대한 위법성 판단을 유보하고 있었지만(요시미, 1992), 1995년 이후는 국제법 학자 아베 고기阿部浩己의 지적을 수용하여 식민지에서의 도항 및 이동도 예외 없이 국제법 위반이었다고 서술하고 있다(요시미,

1995: 168-169). 나아가 도쓰카 에쓰로戸塚悦朗의 연구에 따르면 '위안부'를 목적으로 행한 인신매매에 대해서는 1939년에 업자에 대한 형사 소송이 제기되어 유죄가 확정되어 있었다(요시미, 2009; 2010: 14-16). 당시의 형법을 통해서도 인신매매가 입증되면 그 행위가 위법이라는 인식이 있었을 터였다.

그 당시의 법 제도에 의거해서도 '위안부' 제도가 성노예제이고 위법이라는 인식은 1994년의 국제법률가위원회(ICJ) 보고, 1996년의 ILO 보고, 1996년과 1998년 두 차례에 걸친 유엔 특별 보고자 보고에서 인정되었다(국제법률가위원회, 1995; URL③; 맥두걸, 1998/2000). 각각의 보고에서는 일본정부에 대한 권고가 덧붙여져 있는데, 철학자 다카하시 데쓰야高橋哲哉는 이 같은 권고—특히 책임자 처벌에 대한 권고—에 응할 책임을 '법적 책임'이라 부르고, 일본 국민에게는 일본정부가 '법적 책임'을 져야 하는가에 대한 판단을 내리는 '정치적 책임'이 있다고 주장했다(다카하시 데쓰야, 2001: 77-81). 또한 일본 정부에 대해 '법적 책임'의 이행을 요구하는 사회운동은 아시아여성기금(여성을 위한 아시아평화국민기금)이 '도의적 책임'만을 수행하고 있다고 평가하고, 그 정책을 극히 불충분하고 독선적인 것으로 자리매김했다(김부자, 2013). 아시아여성기금은 고노 담화의 귀결이라고 할 터인데, 요시미는 '위안부' 제도를 성노예제로 인식하지 않는 점과 '법적 책임'의 결락을 고노 담화의 또 다른 문제점으로 인식하고 있다(요시미, 2016b).

요시미의 연구와 이에 기반한 이론 구축은 일본 정부로 하여금 고노 담화를 계속 유지하도록 하는 한편 이 문제가 미해결이라는 점을 지속적으로 강조해 왔다. 요시미는 우파 논객이나 일부의 반동적인 여론으로부터의 반론에 맞서며 상술한 것처럼 '위안부' 문제를 역사학의 중심적인 과제로 끌어올렸다. 또한 요시미의 연구는 다양한 감정적 반응을 이끌어내면서도 일본 국민으로 하여금 이 문제에 대해 어떻게든 대면하도록 하였다. 이와 같은 요시미의 공적은 아무리 상찬해도 지나치지 않다. 그 배경에는 '위안부'를 제도—특히 국제법과 명령 계통에서 비롯되는 법적 제도—로 인식하고 그 정합성을 추궁해온 요시미의 연구 자세가 놓여 있다.

요시미의 '위안부' 제도 위법론은 이 제도가 애초에 위법했다고 보는 견해이다. 다만 이는 요시미 자신과 1990년대의 법학자의 견해로서, 그 당시에 '위안부' 제도를 운영하고 있던 군 관계자나 관료가 그 위법성을 어느 정도로 인식하고 있었던가 하는 것은 해명해야 할 과제로서 남아 있다. '위안부'의 인권 구제를 요구하는 논거로서, 당초의 위법성을 논의하는 것으로서의 의의는 인정되지만, 그것만으로는 그 당시에 '위안부' 제도가 유지되고 있었다는 사실을 설명할 수 없다. 왜냐하면 이와 같은 논리 구성은, 위법이었음에도 불구하고 '위안부' 제도가 유지되고 있었다는 것을 전제하므로, 이 제도가 당시에 어떠한 법 인식에 따라 운용되고 있었던가를 묻는 시각을 가리기 때문이다.

이 의문에 대답을 준 것이 '위안부' 제도를 논한 나가이 가즈永井和의 2000년 연구이다(나가이, 2000). 본고에서는 2015년의 개정판을 사용하고 있는데, 이 연구의 결론 부분에서 나가이는 "위안부의 모집과 도항이 합법화된 것"에 대해 기술하고 있다. 나가이가 논거로 든 자료는 앞에서 언급한 내무성 경보국장 통첩 및 유괴를 금지한 육군성 부관 통첩을 작성함에 있어 참고한 1938년 지방경찰의 보고이다. 10점의 보고 중 유괴 용의는 1건뿐이었다. 여기에 따르면 와카야마和歌山현 다나베田邊 경찰서는 3명의 수상한 남성이 매춘부 모집 활동을 하고 있어 부녀 유괴 용의로 임의 동행을 요구했다. 3명 중에서 주범에 해당하는 자가 말하기를, 군의 의뢰를 받아 여성 70명을 상하이로 보냈는데 그때 오사카 구조九条 경찰서와 나가사키현 경찰 외사과에서 편의를 봐 주었다는 것이다. 다나베 경찰서가 두 경찰 조직에 연락을 취한 결과 당사자의 진술이 뒷받침되었을 뿐만 아니라, 내무성의 비공식적인 지도가 경찰에 내려왔다는 사실이 규조 경찰서를 통해 밝혀졌다(나가이, 2015).

이처럼 경찰 자료 및 유관 자료를 세밀히 독해한 후 나가이는 그 당시 일본에서의 모집-징집, 도항에 있어서 합법성의 기준은 모집-징집 시점에서의 강제성 유무가 아니라 오히려 군과 업자의 관련성에 있다고 밝히고 있다. 업자가 군으로부터 요청을 받고 군과 영사관이 연계하여 주선과 도항의 대상이 되는 지역의 경찰 조직과 사전교섭이 가능할 경우 위법성은 낮았다. 이 경우 지방경찰은 21세 이상의 매춘종사자로서 성병 비감염자일 것, 신분증명서는 본인이 발급, 신청할 것 등과 같은 몇 가지의 조건을 업자에게 부과함으로써 주선을 인정했다. 즉 이와 같은 방법으로 지방경찰은 업자가 합법적으로 매춘을 목적으로 부녀자를 도항할 수 있도록 인정했던 것이다. 다만 '군의 위신'이 걸린 문제이므로 육군성 통첩에서는 업자에 의한 선전 등은 금지했다. 이 같은 고찰을 통해서 육군성 부관 통첩은 일반에게는 가급적 공적으로 드러내지 않고서 군이 '위안소'라는 매춘 시설을 운영하고 있다는 것을 지방경찰에게 알리기 위한 목적으로 보낸 것이라는 사실을 알 수 있다(같은 책).

즉 요시미가 '위안소' 이용 규정이나 관료의 회상록, 진중일기나 증언 등을 통해 1990년대의 시점에서 '위안부' 제도의 위법성을 논하고 있다면, 나가이는 경찰 자료를 이용하여 그 당시의 인식에 바탕을 두고 '위안소' 제도의 합법성을 드러내고 있는 셈이다. 그 당시의 인식을 그 시대의 문맥에서 독해하려는 나가이의 방법은 필자의 전공인 지역 연구와도 통하는 것이다.

3. 지역 연구로의 전환

위안부 제도의 합법성/위법성이라는 문제는 이하에서 보듯 일본군 헌병의 폭력, 성폭력 행위가 전후에 재판에 부쳐진 코르도바 사건을 추급하는 과정에서 아주 중요한 문제가 되고 있다. 우선 필자의 2014년 논문과 2015년 말 세부의 지역연구자들이 정리하여 일반 독자를 대상으로 간행한 『세부의 전쟁』, 여기에다 방위청이 편찬한 『전사戰史총서』에 근거해서 일본 점령기의 세부라는 장소와 코르도바 사건에 대해 개요를 제시해 본다(오카다, 2014; Mojares et al., 2015; 방위청방위연수소전사실 편, 1966). 1942년 5월 필리핀 중부의 세부로 일본군이 진군했다. 1942년부터 1944년 중반까지 세부시에서 큰 전투는 없었다. 그러나 그 뒤 1944년 중반부터 1945년 3월까지는 항일 게릴라의 활동이 활발해진다. 1944년 6월에는 비자야 헌병대가 설립되고 그 본부가 세부시에 설치되었다. 그 뒤 비자야 헌병대 및 그 휘하에 있던 세부 분대는 게릴라 '토벌'을 반복하게 된다. 코르도바 사건도 게릴라 '토벌'의 일환으로 행해졌다.

코르도바 사건은 세부시 근교의 막탄섬 코르도바 마을에서 1944년 8월 19일 밤부터 이튿날인 20일 새벽에 걸쳐 발생했다. 재판 자료를 통해서 다음과 같은 상황을 읽어낼 수 있다. 세부 분대의 순찰 부대가 코르도바 마을에서 촌장, 촌장의 부인 및 주민 약 20명을 코르도바 마을 중심지의 초등학교 교실에 감금하고 고문을 가했다. 고문을 자행하는 과정에서 성폭력이 행해졌다. 이튿날 아침에는 귀로 도중에 고문당한 3명의 남성을 코르도바 외곽으로 데려가 그곳에서 일본도로 참수했다. 폭력을 유형화하면 이하와 같다. 참고로 『세부 전사』에서의 코르도바 사건의 기술 역시 대체로 이와 일치하지만, 성폭력 4에 대해서는 전혀 언급이 없다.

폭력 1	고문, 폭행, 학대
폭력 2	살해
성폭력 1	옷을 벗긴 채로 교실a에 나체로 감금
성폭력 2	교실a에서 여성들의 음모를 불태움
성폭력 3	교실a에서 당시 12세였던 비라노소(여성)의 질 속에 손가락을 삽입
성폭력 4A	교실b에서 알로(35세 여성)를 발가벗긴 후 음모를 불태움. 그 뒤 교실c에서 처음에는 질 속에 손가락을 삽입하고 다음에는 곤봉을 삽입
B	그 뒤 알로는 강간당함
C	그 외에 당시 약 14세였던 프톳토(여성)도 교실a 바깥에서 강간당함

이 사건은 전쟁이 끝난 후 관계자가 B, C급 전범으로 기소되고, 1946년 6월 17일에 재판이 시작되어 2주 후인 7월 1일에 판결이 내려졌다. 8명의 피고 전원이 유죄 판결을 받았고, 그 뒤 재심 절차를 거쳐 최종적으로는 2명이 무죄, 4명이 유기징역, 순찰 대장인 요시다吉田 상사와 살인 및 강간을 저지른 이시자카石坂라는 이름의 하사가 사형 판결을 받았다.[2] 요시다와 이시자카는 1947년 6월 9일에 처형되었다.

상술한 폭력 유형 중에서 유죄를 선고받은 6명에게 과형科刑의 근거가 된 것은, 소인訴因과 판결 내용에 의하면 다음과 같이 정리할 수 있다.

유기징역형 4명	폭력1의 정범 혹은 종범(방조자), 폭력2 및 성폭력 4B의 종범
요시다	폭력1 및 폭력2의 정범, 성폭력 4B의 종범
이시자카	폭력1 및 폭력2 및 성폭력4B의 정범

소인 2는 "강간 및 고문(torture)을 한" 것에 대해서이다. 즉 강간이 범죄로서 명시되어 있다. 하지만 다른 성폭력은 보다 일반적인 폭력의 일부로서 구별되어 있다. 소인 3은 "폭행, 고문 및 학대한(brutally beat, torture and mistreat)" 것에 대한 것으로 교실a에 있던 복수의 여성의 이름이 기재되어 있다. 이 소인에는 '성폭력'이라는 항목은 없고, 실제 성폭력은 이 3항목 중 일부를 구성하는 것으로 간주되므로 성폭력1, 성폭력2, 성폭력3은 폭력1의 일부를 구성하고 있다. 또한 유죄 판결을 받은 6명 모두가 소인 3에서도 유죄로 인정되고 있으므로 이들 전

원이 성폭력의 정범 혹은 종범이었다. 성폭력 4C는 과형 근거로서 제시되지 않았다.

공판 모두冒頭의 죄상 인부罪狀認否에서는 피고 전원이 소인을 모두 부인하고 있다. 검찰 측은 피해자와 대일협력자를 불러 증언하게 했다. 피고 측은 요시다와 이시자카 이외의 피고 6명 중 5명에게는 변호 증언이 이루어졌고, 이들 5명의 피고 역시 본인 증언을 하고 있다. 5명의 피고는 사람을 오인했다고 주장하면서, 본래 직무와 질병 등의 이유를 들어 8월 19일에 코르도바 마을에 가지 않았다고 호소했다. 요시다와 이시자카에게는 증인에 의한 변호도 본인이 증언하는 기회도 주어지지 않았다.

증언을 한 피고 5명의 주장에 따르면 이들은 사건 현장이 된 초등학교에는 가지 않았으므로, 폭력1, 2나 성폭력 1~4가 일어났다는 사실을 부정할 수는 없다. 또한 이 사건에서는 성폭력4가 특히 중요함에도 불구하고, 알로에 대한 강간에 관해서는 다른 인물의 증언이 없고 알로 자신의 증언 이외에는 입증할 수 있는 재료가 제시되어 있지 않다. 프톳토 본인은 증언을 하고 있지 않다. 또한 물증이 있는 것은 사체가 발견된 폭력2뿐이다. 결심結審 후 요시다와 이시자카에게는 서면으로 변호할 수 있는 기회가 주어졌다. 그러나 그 서면에 대해서는 질의도 없이 판결이 내려졌다.

코르도바 사건에서는 재판이 이루어졌기 때문에 필자는 조사 기록

2 본고에서는 관계자의 본명이 후술하는 자료를 포함하여 관련자료에 이미 게재되어 있는 사정도 있고 해서, 본명을 기재하기로 한다. 다만 성만 적기로 한다.

뿐만 아니라 재판 자료도 분석하게 되었는데, 이를 통해서 새로운 문제에 직면하게 되었다. 이 문제는 두 가지에 대한 부정에서 비롯된다. 첫째, 강간범으로 간주된 이시자카가 일관해서 강간 의혹을 부정하고 있다는 점이다. 이 문제의 핵심은 이시자카 자신의 증언이 없음에도, 살인과 강간이라는 가장 심각한 범죄를 저질렀다고 하는 피의자 이시자카에 대해서 심문이 이루어지지 않았다는 것이다. 심문의 과정에서 이시자카가 죄를 인정하는 일도 본인의 주장이 뒤집히는 일도 없었다. 둘째, 강간의 피해자로 여겨진 알로 자신에 의해서 강간이 부정되었다는 점이다. 오카다(2014)를 발표한 후인 2016년에 코르도바 촌장으로서 변호사 자격을 가진 아델리노 시토이에 의해 씌어진 『코르도바의 역사』라는 책이 비매품으로 간행되었다(Sitoy, 2014: 71-72).[3] 이 책에 따르면 1993년 3월 알로는 선서의 진술을 수정했다. 그녀는 성폭력4A의 내용에 있는 것처럼 음모가 불에 태워지는 등의 폭력을 겪었다. 그 뒤 일본 병사가 쫓아왔지만 "다행히 도망칠 수 있었다"는 것이다. 다만 그녀의 신체에 상흔이 남아 있는 상태여서 이 진술을 할 때까지 그녀는 일본 병사에 의한 학대로 계속 고통을 겪었다고 기록되어 있다. 알로는 그 뒤 사망하게 되지만, 시토이는 사망일을 기재하지 않았다. 문서상으로는 알로의 선서 공술서를 시토이가 입수한 것인지, 아니면 시토이가 알로의 선서 공술서를 작성한 것인지 알 수 없다. 필자는 2015년 2월과 2016년 3월, 5월, 2017년 9월에 코르도바 마을을 방문하여 시토이와 인터뷰를 하려 했으나 지금까지 만날 수 없었다.

4. 불확실성과 사실 인정

과거에 대한 해명이라고 하는 관점에서 볼 때 이들 재판자료는 코르도바 마을에서 어떤 일이 일어난 것인가 하는 시점에서 읽어야 할 것이다. 그러나 이 같은 독법에는 세 가지의 불확실성이 존재한다. 성폭력4B의 알로에 대한 강간의 경우, 피의자도 피해자 여성도 강간이 있었다는 사실을 부정하고 있어서 현시점에서는 이시자카가 알로를 강간한 것이라고 단언하는 것은 불가능하다. 또한 알로가 나중에 왜 재판 증언을 뒤집는 진술을 했는지도 알 수 없다. 다만 한 가지 말할 수 있는 것은 증언이 권력행사의 일환이 될 수 있다는 점이다. 재판이라고 하는 장에서는 재판하는 쪽과 재판받는 쪽 사이에 명확한 권력 불균형이 존재한다. 쌍방은 사실의 구명이라고 하는 공동 작업이 아니라 우선은 유죄 여부를 다툰 뒤 피고가 유죄일 경우 형의 경중을 둘러싼 다툼에 참가한다. 즉 알로 사건에서 엿볼 수 있듯 재판에서 증언이란 말을 통해 사실을 표현하는 것이라기보다는 사실을 주장하는 담론을 생산해냄으로써 의도된 결과를 도출하려 하는 권력적 행위이다.

그렇다면 이 같은 개별 사건을 해명함에 있어 재판자료 이외에 어

3 필자는 2015년 2월 처음으로 코르도바 마을을 방문했다. 그때 관공서 도서관에서 『코르도바의 역사』의 타이프라이팅 원고를 빌려 봤다. 일부분 복사를 부탁했으나 근일 중에 간행된다는 이유로 거절당했다. 그 뒤 2016년 5월에 방문했을 때는 이 책이 마을 교원들에게 배포되어 있는 것 같았고 관공서에 있던 교원이 빌려줘서 복사를 했다. 이 5월에 선거가 치러져 시토이의 딸이 촌장, 시토이 자신은 부촌장으로 입후보했다. 선거대책으로 이 책을 교원에게 배포한 듯했다. 한편 이 책은 간행년도가 2014년으로 되어 있는데, 초판이 이미 간행되었을지도 모르지만, 이 책이 존재하고 있다는 것을 오카다(2014)를 쓰는 시점에서는 알지 못했다.

떠한 자료가 있는 것일까. 본고에서는 세부의 지역사 연구자에 의해 정리되어 일반 독자를 대상으로 편찬된 책(Mojares et al., 2015)과 코르도바 사건으로부터 거의 50년이 지난 후의 인터뷰 기록(Sitoy, 2014)을 발굴했다. 전자에서는 성폭력4의 기술이 없고 후자에서는 성폭력4의 핵심부분인 B의 강간이 부정되고 있었다. 즉 보다 많고 다양한 정보가 존재한다면 사실 해명의 정밀도가 높아질 것이라는 입증의 공준公準과는 반대로 여기에서는 오히려 새로운 정보에 의해 사실이 무엇인지가 더 불명확해져 버렸다.

게다가 전체와 부분의 사이에 생겨나는 인식론상의 모순이 있다. 집단적 성폭력 사건이 발생할 경우 이것은 각각의 성폭력의 집합이 될 것이다. 그러나 집단적 성폭력이 있었다고 하는 편이 개별의 성폭력 사례가 있었다고 하는 편보다 명백해지기 쉽다. 즉 개별의 성폭력 사건의 입증이 없어도 집단적 성폭력 사례가 입증되는 것이다. 코르도바 사건은 바로 이 사례를 드러내고 있다. 검찰 측 증인이었던 피해자나 대일협력자 수십 명이 모두 거짓말을 하는 것이 아니라면, 피고도 성폭력이 일어났다는 사실을 부정할 수 없으므로 전체로서 성폭력이 발생했다고 인식하기에 이른다. 그러나 이러한 인식에 도달하는 경우에도 결국 누가 어떻게 성폭력을 자행한 것인지에 대해서는 확증을 얻기가 어렵다.

결국 이 미시적인 사건사에서는 증언이 반드시 사실의 탐구를 지향하는 것은 아니라는 점, 추가 정보에 의해 당초의 정보가 뒤집어지는 경우도 있다는 점, 사건의 전체상이 명확해지더라도 개별 사건은 입증이 불가능하다는 점, 이 세 가지의 불확실성이 존재한다. 역사 연구자에게는 세 가지의 불확실성을 넘어설 수 있는 방법이 없다. 증언이 사실을 반영하고 있지 않을 가능성도, 사건의 내실을 부정하는 새로운 정보가 나올 가능성도 있다. 게다가 자료나 증언을 통해 세밀한 부분까지 입증하는 것이 불가능해질 경우도 있다. 재판자료가 사실을 드러낸다고 하는 입장에 설 경우에도 코르도바 사건에 대해서는 요시다의 지휘하에서 다양하고 처참한 성폭력이 행해졌다고 하는 전체상 이외의 세부적인 사건들을 사실이라고 주장하기는 어렵다. 즉 역사 연구자는 불확실성을 시인함으로써 이러저러한 판단을 유보할 수밖에 없다. 하지만 이 같은 사건사에 등장하는 인물 중에서 판단의 보류가 허용되지 않은 두 부류의 사람이 있다.

첫 번째는 재판관이다. 역사 연구자처럼 불확실성을 방패로 판단을 유보할 수는 없으므로 재판관은 판결이라는 형태로 객관적인 판단을 내려야만 한다. 만일 그렇다면 이 경우에는 불확실성에도 불구하고 사실에 대한 확고한 인정 기준이 존재하는 것이 된다. 두 번째는 사형수이다. 그들은 특별사면을 받아내기 위해 사형 판결에 이르게 된 행위에 대해 반증을 해야만 한다. 재판관보다도 상위의 권위자를 설득하기 위해서 판결에서 제시된 사실을 뒤집는 새로운 사실을 제시할 것이 요구된다. 그렇다면 코르도바 사건의 경우 그들은 어떻게 사실을 입증하려 했던가. 이 점을 재심 서류와 이시자카의 진정서를 통해서 고찰해 보려 한다.

우선은 공판과정에서 인정된 사실과 그 인정 기준을 정리해 보자.

폭력 1 (고문 등)	본인 증언을 포함 검찰 측의 복수의 증언 내용을 통해 사실로 인정
폭력 2 (살인)	물증 및 검찰 측이 제시한 복수의 증언 내용을 통해 사실로 인정
성폭력 1 (나체로 만든 것)	폭력 1에 준함
성폭력 2 (음모를 불태운 것)	폭력 1에 준함
성폭력 3 (손가락을 질에 넣은 것)	폭력 1에 준함
성폭력 4 A	알로에 대한 강간 이외의 성폭력: 본인의 증언에 기반하여 사실로서 인정. 다만 고문으로서 분류
B	알로에 대한 강간: 본인의 증언에 기반하여 사실로서 인정
C	프톳토에 대한 강간: 사실로 인정되지 않음

환언하면 인정 기준에는 물증, 검찰 측의 복수의 증언, 본인의 증언이 있다. 신빙성이라는 측면에서 보면 물증이 가장 높고, 본인의 증언이 가장 낮다는 점은 말할 필요도 없을 터이다.

재심 서류에는 재판관이 사실 인정기준으로 삼은 것에 대해 문제가 제기되어 이 부분이 명시되고 있다(LS 38182-38183). 여기에서 심사관은 첫째 주요한 피의자인 요시다와 이시자카에 대한 피고 측의 변호 증언이 없었다는 점을 지적한다. "본인 자신을 제외하고 그 누구도 자신[요시다]의 무죄를 주장하지 않았다" "이시자카 역시 깊은 수렁에 빠져 돌아 나올 수 없었다"[4]고 말한 뒤 공판을 통해서 두 사람이 유죄라는 사실은 충분히 증명되었다는 판단을 내린다.

두 번째로 누가 어떠한 행위를 했는지를 세부적으로 따지는 것이 불가능하지만, 그 세부와 관련되는 불확실성에 대한 고찰이 이루어지고 있다. 전범 재판의 목적은 피의자가 범죄의 행위자인지 아닌지를 판정하는 것이다. 그러나 피의자가 행위자라는 것에 의심이 생겼음에도 방조한 사실(종범)만으로 유죄가 되었다고 지적하고 있다. 여기에서 방조자를 행위자로서 유죄로 처리하는 모순이 존재한다. 행간을 읽어보면 재심사의 담당관은 이 모순을 깨닫고 있다. 이는 행위에 대한 "관여의 정도"는 "사실을 인정함에 있어 고려될 사항이라기보다는 형의 경중에 반영되어야만 할 것"이라고 기술하고 있기 때문이다. 즉 성폭력 행위에 직접 관여한 사실이 거의 없다고 할지라도 유죄가 되는 것은 어쩔 수 없지만, 그 죄는 중한 것이 아니라는 기준이 제시되고 있다.

그리고 세 번째로 요시다와 이시자카의 결심이 끝난 뒤 제출된 변명서는 증거로서 채택되지 않았는데 이는 두 가지 이유로 인해 타당하다는 것이다. 즉 결심 후에 이러한 서류를 제출하는 것은 미국식 사법제도에는 어울리지 않다는 점, 또한 증거로서 인정할 경우에도 변명서의 내용은 "그다지 중요성을 지니지 않은 것"이라는 점이다.

이 재심에서는, 누가 어떤 행위를 했는지 밝히는 것은 불가능하지만, 검찰 측의 복수의 증언을 통해 순찰 부대가 명백한 성폭력을 가했다는 재판관의 인정 기준이 대체로 시인되었다. 이 상황 속에서 순찰대의 책임자인 요시다에 대해서는 피고 측의 변호 증언이 없었다는 점을 근거로 그를 사형에 처한 판결은 지지를 받고 있다. 즉 요시다에

4 이시자카에 대한 비유적인 표현은 세익스피어의 희곡에서 맥베스의 대사 "난 지금 피 속으로 너무 깊이 들어가 더 아니 나아가도 돌아감은 건넘만큼 힘겨울 것이오."(3막 135-역자)를 원용한 것이라고 생각된다(URL④).

대해서는 검찰 측의 복수의 증언이 전체적으로 성폭력이 가해졌다는 근거가 되어 있고, 피고 측의 변호 증언의 결여가 그 상황에서 요시다가 성폭력에 깊이 관여했다는 것을 드러내는 추가적인 근거가 되고 있다. 한편 이시자카에 대해서는 전체적으로 성폭력이 발생한 가운데, 판결에서는 강간 행위자로 인정되었음에도 불구하고 재심 서류는 그 인정의 기준을 명확하게 제시하고 있지는 않다. 알로 본인의 증언 이외에 이시자카를 강간범으로 볼 근거가 없다는 사실에 대한 고찰은 이루어지지 않고 있다. 다만 꼼꼼히 읽어보면 재심 서류는 이시자카의 변명서의 내용은 '중요'하지 않으므로 판결은 타당했다고 완곡하게 시사하고 있을 따름이다.

여기에서 문제가 되는 것은 요시다나 이시자카가 재심 서류가 보여주는 사실 인정 기준에 대해 어떠한 근거를 들어 다른 사실을 인정하도록 하였는가 하는 점이다. 변명서의 주장에는 분명 '중요성'이 결여되어 있다. 요시다는 코르도바에 갔지만 오두막과 트럭에서 자고 있어서 사건을 모른다고 했고, 이시자카는 강간에 관해서는 소학교에 가지 않았다고 주장하고 살인에 관해서는 일본도의 혈흔을 닦았을 뿐이라고 했다. 그다지 설득력 없는 주장이지만, 여기에서는 그 이상은 언급하지 않겠다. 오히려 흥미로운 것은 이시자카의 헌병으로서의 자기 인식과 성폭력에 대한 태도이다.

전제로서 1944년 중반에는 세부시를 중심으로 매우 번성하고 있던 '위안소'가 있었다(미즈모토水本, 1970). 이시자카는 1946년 10월경에 쓴 것으로 짐작되는 미군 남태평양사령관을 수신인으로 한 진정서에서 이 '위안소'에 대해 언급하고 있다(LS 40505). 다만 일본어 원문을 발견할 수 없어 아래 인용은 영어로부터 중역했다.

그것[살인협의] 이외에 필리핀 여성 한 명이 내가 그날 밤 그녀를 강간했다고 증언하고 있지만, 저는 어떠한 무분별한 짓도 하지 않았습니다. 오히려 그와 같은 무분별한 자를 충고하는 입장에 있었습니다. 게다가 세부시에는 일본군 위안소(a Japanese Armed Forces Brothel)가 있습니다. 나와 마찬가지 입장에 있던 고이데小出 상등병이 그 같은 사실을 잘 이해하고 있습니다.

억울하게도 저에게 강간과 고문의 죄를 묻고 있는데, 절대로 그 누구에게도 강간을 하지 않았습니다. 오히려 저희의 입장은 그와 같은 행위에 대해서 규율을 유지하는 것입니다. 세부시에는 정부가 운영하는 양호한 위안소(a nice government brothel)가 있습니다. 지금 다시 한번 말씀드리지만, 제가 누군가를 강간했다는 사실을 저는 절대로 부정한다는 것입니다.

헌병인 이시자카는 자신이 위안소를 관리하는 처지였다는 사실을 시사하면서 이를 강간을 하지 않은 이유로서 들고 있다. 이시자카는 여기에서 인용한 것 이외에도 복수의 탄원서에서 이 점을 강조하고 있다.

이시자카의 호소는 다가오는 사형을 목전에 둔 절실한 것이었다. 혈흔을 닦았을 뿐 살인을 저지르지 않았다는 주장만으로는 부족하다고 여겼던지 자신이 강간범이 아니라는 것을 필사적으로 입증하려 하고 있다. 이때 근거로서 사용하고 있는 것이 일본군이 내세운 합법성이다. 그러나 그 주장은 지금의 우리들에게는 너무도 진부한 것이다. 즉 자신에게 성욕이 있고 그 성욕을 채울 수 있는 합법적인 '위안소'가 있기에 위법적인 강간을 저지를 필요가 없으므로 자신은 강간범이 아니라는 것이다.

당연하게도 이 주장은 불합리한 것이기도 하다. 다만 이시자카의 불합리함은 '위안부' 제도의 합법성을 반영한 것이다. 필리핀의 일본병사에게 있어서도 강간은 위법한 것이었다. 법을 준수해야 하는 헌병이 위법행위에 손을 내밀어서는 안 된다는 것을 이시자카는 당연히 이해하고 있었을 것이다. 이와는 반대로 '위안소'에서는 '위안부'에 대해 합법적으로 강간을 하는 것이 허용되었다. 이 때문에 어차피 강간을 하는 것이라면 합법성을 택하겠다는 너무도 뻔한 이유를 이시자카는 주장의 근거로서 사용하고 있는 것이다.

맺음말

지금까지의 고찰은 위안부 제도=성노예제라고 하는 요시미의 인식에 대해 의문을 제기하는 것도, 그 의미 내용을 보다 풍부하게 하기 위한 것도 아니다. 오히려 요시미의 인식과의 유사성을 발견할 수 있을 것이다. 각각의 '위안부'가 일본군의 어느 부대에서 성교섭을 강요당했는지를 증명하는 것은 어렵다. 게다가 제4장 히라이平井의 논문의 관심사도 될 테지만, 어떤 계급의 어느 일본군 병사가 '위안소'를 이용했던가를 해명하는 일은 더더욱 곤란할 것이다. 본고의 경우처럼 아주 구체적인 성폭력 사례에 있어서도 피해자는 어느 정도 찾을 수 있지만, 가해자가 누구였던가 하는 점은 불확실한 상태로 남아 있게 된다. 역사 연구자에게도 재판관에게도 이른바 전체상은 그런대로 보이겠지만, 그 세부를 보려 할 경우 흐릿해져 보이지 않게 되어 버린다. 하물며 흐릿해져 보이지 않는 세부를 문제 삼아 전체를 부정하는 오류를 범해서는 안 되는 역사 연구의 입장에서는 그럼에도 불구하고 세부를 보려는 노력을 지속해야 할 것이다.

이 같은 인식을 바탕으로 지역 연구의 관점을 취할 경우 '위안부' 제도=성노예제의 전도가 궁금해진다. 왜냐하면 요시미의 연구에서 성노예제라는 용어는 국제법 등에 근거한 법적 개념인 동시에 '위안부' 제도의 강제성을 드러내는 포괄적인 규정이었는데, 이 개념을 사용하는 것이 세부적인 사실의 탐구로 이어지는 것만은 아니기 때문이다. 필리핀이라는 연구 대상에 얽매일 경우 '위안부' 제도가 다른 성폭력 행위와 어떻게 연결되는지가 궁금해진다. 왜냐하면 필리핀에 있어서 일본군에 의해 성폭력으로 희생된 사람은 '위안소'에 있던 여성들만이 아니기 때문이다.

이 같은 사실로부터 당시에는 '위안소'가 합법이었다는 인식이 요청된다. 합법이 아니라면 그토록 많은 '위안소'는 설치되지 않았다. 본고의 고찰을 부연하자면, 합법의 '위안소'가 많이 만들어졌기 때문에 '위안부' 제도는 필리핀 각지에서 여러 형태의 성폭력과 다양한 회로로 연결되었다고 생각되기 때문이다. 환언하면 '위안부' 제도는 처참한 성폭력을 야기했으므로 위법인 것이 아니라, 합법이라는 이유로 다양한 형태의 처참한 성폭력과 병존했던 것이다. 금후 보다 상세한 연구를 필요로 하겠지만, 일본군 병사가 현지 주민에게 저지르는 성폭력을 억제하려는 목적으로 설치된 '위안소'는 오히려 '위안소' 바깥의 성폭력을 야기하는 상승효과를 지닌 것이 아닐까 하는 의문이 생겨난다.

다만 '위안소'를 합법으로 보는 것은 오히려 재판 자료로부터 '위안부' 제도를 멀어지게 하였다고도 할 수 있다. 앞서 제시한 나가이의 분석에서는 '위안부' 제도를 합법적으로 운용하려고 했던 바로 그 이유로 인해 그 합법성을 꾸며대려 한 자료가 경찰에 남았다. 이와는 반대로 전쟁 재판을 포함한 형사재판에서는 피해자의 위법행위를 둘러싸고 검찰 측과 피고 측 쌍방의 입증이 이루어지므로 위법행위에 대한 기술이 축적되어 있다. 따라서 당초에 합법으로 간주된 '위안소'에 대한 기록은 재판자료에는 기록되지 않았다. 즉 재판자료를 통해 보면 '위안소' 바깥에서의 성폭력은 피의자의 부인否認 및 피해자에 의한 부정으로 인해 '실증'하는 것이 곤란해지고, 일본군 '위안부' 제도는 그 합법성을 이유로 해서 불가시화되어 버린다. 이 같은 애로를 타개하기 위해서는 전쟁 종료 직후의 B, C급 전범 재판에서 요시미가 노력을 기울여 온 것처럼, 일본군 '위안부' 제도를 위법한 것으로 간주하고 개별적인 사례를 재판에 부쳐 관계자로 하여금 증언을 하도록 함으로써 자료를 축적하는 것이 필요할 터이지만, 70년이 경과한 지금에 와서는 이 같은 기회는 이미 잃어버리고 말았다.

URL① 위안부 관계 조사결과 발표에 관한 고노 내각관방장관 담화
http://www.mofa.go.jp/mofaj/area/taisen/kono.html
(2017.9.1. 열람)

URL② 국회회의록 검색 시스템
http://kokkai.ndl.go.jp/cgi-bin/KENSAKU/swk_srch.cgi?SESSION=3143&MODE=1
(2017.12.24. 열람)(링크가 열리지 않음-역자)

URL③ 라디카 크마라스와미 '여성에 대한 폭력—전시에 있어 군의 성노예제도 문제에 관하여, 조선민주주의인민공화국, 대한민국 및 일본에의 방문조사에 근거한 보고서'
http://www.awf.or.jp/pdf/0031.pdf
(2017.12.24. 열람)

URL④ 셰익스피어를 읽다
http://james.3zoku.com/shakespeare/macbeth/macbeth3.4.html
(2017.9.1. 열람)

제4장

병사와 남성성

: '위안소'에 간 병사 / 가지 않은 병사

히라이 가즈코平井和子

머리말

레기나 뮐호이저는 "최근 20년간 독일군에 의한 소련에서의 섬멸 전쟁과 여기에 부수된 유태인에 대한 대량 살육만큼 그 세부에 이르기까지 철저하게 연구된 전쟁은 없다"고 한 바 있다. 여기에 더해 1990년대 이후 연구의 중심은 "일반 병사들의 동기나 그들이 살아가던 의미세계, 행동가능성으로 이행했다"고 말하고 있다(Mühlhäuser, 2010 = 2015: 5). 그러나 이와는 달리 독소전쟁하의 성폭력 피해자의 실명 증언이나 피해자에 대한 지원 운동은 없다고도 했다. 이와는 대조적으로 아시아에서는 1991년 일본군 성폭력 피해자의 실명 증언을 큰 계기로 하여 일본군 '위안부' 시스템에 대한 상세한 연구가 축적되어 왔다. 그러나 발화를 할 수 있게 된 식민지 및 점령지의 피해 여성들의 존엄 회복운동을 지지하는 연구가 심화되는 것과는 반대로, '가해자'로 간주되는 일본군 병사의 "동기나 그들이 살아가던 의미세계,

행동가능성"에 관한 연구는 진전되지 않았다. '위안소' 시스템을 가능하게 한 병사들의 섹슈얼리티 문제를 묻지 않는 '위안부' 문제 연구는 가해국의 책임을 물을 수는 있어도 "전쟁에 성폭력은 수반되기 마련"이라고 하는 레이프 신화를 무너뜨릴 수 없다.

병사의 섹슈얼리티에 초점을 둔 획기적인 노작으로는 '아카마쓰 일등병'과의 대화를 담은 히코사카 다이彦坂諦의 『어느 무능병사의 궤적』 시리즈(1984-1995)(히코사카, 1984; 1995)와 『남성신화』(히코사카, 1991)가 있다. 역사가의 연구가 적은 가운데, 가사하라 도쿠시笠原十九司는 일본군 병사의 성범죄의 심리를 탐구하여 병사들이 강간이 허용된 지구(항일 근거지)와 처벌되는 지역(일본군 점령지구)을 구별하여 '이성적'으로 강간을 억제할 수 있었다는 점, '위안소'에서의 성행위가 병사의 성욕을 더욱 자극하여 '위안소'의 설치로 인해 오히려 더 많은 강간이 일어났다는 점을 들어 강간과 '위안소'를 연속성을 지닌 것으로 파악했다(가사하라, 1999). 다나카 도시유키田中利幸는 「국가와 전시 성폭력과 남성성—'위안부 제도'를 단서로」라는 제목의 글에서 '위안소'의 본질은 남성의 '지배욕 강간'이라고 지적했다(다나카, 2008).[1] 그러나 이는 병사들의 구체적인 체험에 기초한 논고는 아니다. 요시미 요시아키는 '일본의 전쟁책임 자료센터'가 수집한 전직 일본 병사의 회상록 리스트를 회지인 『전쟁책임연구』에 몇 차례에 걸쳐 보고하면서 제71호 「전시 성폭력에 관한 일본군 장병의 의식」이라는 제목의 글에서 '위안소'에 간 병사 6명과 "그만 두거나 가지 않은" 병사 13명을 소개했는데(요시미, 2011), 자료 소개라는 형식을 취하고 있어 분석은 행하지 않았다. 후루하시 아야古橋綾는 병사들의 체험기를 바탕으로 '위안소' 제도를 병사의 섹슈얼리티라는 관점에서 분석했다(후루하시, 2013). 본고 역시 이러한 시점을 공유하고 있다. 그러나 후루하시는 먼저 "섹슈얼리티는 남성 지배에 의한 통제의 메카니즘"이라고 하는 이론적 틀을 설정하고 그 틀에 맞춰 병사들의 체험담을 분석하고 있어, 다양하고도 복잡한 병사와 '위안부'의 관계성을 제대로 파악하고 있지 못하고 있다는 느낌을 준다.

필자는 1995년 시즈오카静岡현의 전직 병사들의 수기와 인터뷰를 통해 병사들의 인식을 밝힌 논문「일본군 '위안부'와 향토의 병사들」(히라이 카즈코, 1995)을 집필한 바 있다. 본고에서는 더 풍부한 데이터를 바탕으로 왜 많은 장병들이 '위안소' 앞에 줄을 섰는지, 가지 않은 병사는 어떠한 이유가 있었는지를 개별 병사의 체험에 기초하여 검토하려 한다. 군대와 전쟁이 만들어낸 '남성성'에 주목하여 일본군 병사의 체험기를 통해 '병사와 성'이라고 하는 보편적인 과제에 대해 탐구할 것이다.

1 다나카는 자신의 남성성과 대면하면서 전장에서의 성폭력을 질문한 드문 연구자이지만, "죽음의 가능성과 늘 직면하면서 고향이나 가족으로부터 멀리 떨어져 있어야만 하는 전쟁에서는 병사=남성이 성적 욕망의 만족을 강하게 요구하는 것은 매우 자연스런 현상이다"(다나카 도시유키, 2008: 102)라고 하여 그 의도와 관계없이 레이프 신화에 기초한 위안부 필요론에 근접해질 위험성도 있다.

1. 분석 대상과 방법

분석의 대상은 '일본의 전쟁책임 자료센터'(이하 '자료센터')가 두 차례에 걸쳐(1993~1994, 2009~2010) 수집한 국립국회도서관 소장의 '위안부' 관련 전직 일본군 수기 및 회상록의 막대한 데이터이다. 여기에 필자가 수집한 병사 회상록 및 직접 면담한 병사 3명(소네 가즈오曾根一夫 · 아키모토 미노루秋元実 · 히사다 지로久田二郎)의 체험기도 대상으로 하였다. 자료 센터의 데이터는 1950년대부터 2007년까지 약 1250권에 이르는데, 본고에서는 '위안부 문제의 사회화' 이전의 것(1992년 이전)을 대상으로 하여 그중에서 병사 자신이 체험한 '위안소'를 기록한 117점을 가려냈다(본서 말미의 '참고문헌'에서는 서지정보의 끝에 자료센터의 정리번호를 기록한다. 번호가 없는 것은 필자가 수집한 자료이다).

자료센터가 작성한 「군위안소 · 군위안부 관계 리스트」(『전쟁책임연구』 5, 9, 64, 66, 73호)에 따르면 병사 회상록의 발행년도는 '위안부 문제의 사회화' 이전의 것이 563점,[2] 그 이후의 것이 708점이다. 단순히 비교하면 전후 약 50년 동안 '위안부' 관련 기술이 있는 것은 약 560점인 것에 비해 1992년부터 2007년까지의 15년 동안에는 700점 이상으로 증가했다. 이것은 국회도서관에 수집된 것만을 대상으로 한 것이므로 실제로는 막대한 분량이 될 것이라 본다. 이는 당사자가 실명 증언을 한 것을 받아들여 전직 병사들이 다시 '위안소' 체험을 의식하고 자신에게 질문을 던지기 시작했다는 것을 의미한다. 2000년 12월에 개최된 여성국제전범법정에서 자신의 강간 체험을 증언한 가네코 야쓰지金子安次는 "성범죄에 관해 말하는 일은 살인보다도 정신적으로 괴롭다"며 "최후의 순간까지도 반성하는 마음과 묻어버리려는 마음이 반반이었다"라고 말하고 있다(熊谷, 2005: 181). 이처럼 병사들은 전장과 성의 문제에 관해서는 "입을 다물고 있"는 것으로 잘 알려져 있다. 그러나 '위안부 문제의 사회화' 이후 입 밖에 내지는 않았지만 그들은 수기나 회상록을 대량으로 써서 남겼다.

여기에서 이번 분석 대상에서는 제외한 '위안부 문제의 사회화' 이후(1992년 이후)에 보이는 병사들의 인식의 전형적인 사례를 들어보자. 당사자의 실명증언 이후에도 이들의 섹슈얼리티 인식은 기본적으로 변화하지 않았다는 것을 알 수 있다.

필자인 고노 마사토河野正人는 중국 산둥성山東省의 지닝齊寧과 산현單縣, 남지南支(허난華南)의 시궁西貢에서의 '위안소' 체험에 대해 말하면서 "그 위안소와 위안부는 일본군대 기구 가운데 유일한 오점이자 치부였다고들 이야기한다"고 진술하고 있다. 그 이유로서 "최후의 막다른 곳까지 이와 같은 위안부를 남겨 두었다고 하는 사실이 폭로되었"기 때문이라고 했다. '위안부'들에 대해서는 "병사들에 대한 헌신적인 행위가 얼마나 우리 일본군 장병의 마음에 평온함을 주었고, 또한 다음날의 전력에 얼마나 공헌했던 것인가"라고 말한다. "중대가 토벌을 마치고 대열이 성문을 통과하여 위안소 앞에 다다르면 위안부들이 총출동하여 손을 흔들며 웃는 얼굴로 우리들을 맞이해 주었다"며, "병사들은 각자 단골 위안부들의 웃는 얼굴에 눈을 맞추며 한숨 놓았다는

2 김학순의 실명 증언은 1991년에 일어난 일이지만, 출판까지 걸리는 시간을 고려하여 1992년 이전과 이후로 나누어 계산했다.

안도감을 느끼고 드디어 우리가 집으로 돌아온 것인가 하는 포근한 느낌에 젖어드는 것이 가능했다"고 술회하고 있다.

그는 '행위'를 마치고 방에서 나온 병사에게 후방에서 "사수 교대!"라는 소리가 날아들어 한바탕 웃음이 일어났다고도 쓰고 있다(고노 마사토, 1993: 102-107). '위안부'가 살벌한 전장에서 병사들을 달래주었다고 하는 전형적인 '위안부' 공헌설인 셈인데, 그것이 폭로된 것이 '오점'이라는 인식이다. 많은 병사들이 교대로 이용하는 모습을 '사수 교대'라고 표현하는 등 그 폭력성에 대한 자각이 없다. "반복해서 강간을 당했다"는 피해 당사자의 패러다임 전환이 전직 병사들에게는 전해지지 않은 것이다.

2. '위안소'를 만든 쪽의 계산=병사의 통제

우선 '위안소'를 만든 쪽과 이를 이용한 병사들 쪽으로 나누어 각각의 회상록을 살펴보자. 군이 '위안소'를 만든 이유에 대해 요시미 요시아키는 ① 강간 사건 방지, ② 장병에게 '위안' 제공, ③ 성병 예방, ④ 군의 기밀 유지 및 스파이 방지라고 하는 네 가지를 들고 있다. ①은 1937년 상하이 공방전과 뒤따르는 난징 사건에서 강간을 포함한 전쟁범죄가 다수 발생한 것에 대한 대책으로서, ②는 대의명분이 없는 무모한 장기전에서 장병들의 불만을 딴 데로 돌리고 전장에 묶어두기 위해서는 성적 '위안'이 필요하다고 군 상층부가 생각했기 때문이라고 한다(요시미, 1995: 9-11). 군부의 이 같은 발상의 근저에는 강간=성욕 기원설이 있다.

"병사들의 얼굴에 평화가 되살아났다"

마닐라 부근에서 발생한 주민에 대한 강간사건이 발단이 되어 대대 본부의 대위로부터 각 중대에 '위안소'를 만들라는 명을 받은 시모쓰 이사무下津勇(육군 중위)는 "그야말로 기생집 기둥서방이나 된 듯한 꼬락서니"라고 탄식하면서 통역을 데리고 각 주둔지의 촌장들과 협의를 거쳐 '지원자'를 모집했다. "생활에 곤란을 겪고 있으며 이 방면에 경험이 있는 부녀자가 순식간에 우르르 응모하러 온 데에는 깜짝 놀랐"으나, 면담과 신원 조사를 마친 뒤 "젊고도 건강한 미인을 50여명 채용했다." "병사들의 얼굴에도 평화가 되살아났고 불상사는 다시 일어나지 않았다"고 한다. 그는 1938년 중지中支(화중華中) 출정 이래, 중국 전선에서 본 일본인 '위안부'에 대해서는 "장병과 마찬가지로 야마토 나데시코大和撫子*들을 국가를 위해 순국하는 낭자군"으로 간주하고 "국가는 그들의 공적을 보상할 방법을 강구해야 할 것"이라고 했다(시모즈, 1978: 132-140, 287-292).

경리부 간부후보생 집합교육—"성욕을 만족시켜 주다"

싸우는 병사들의 식량이나 피복 비품 등 신변 용품들을 준비하는

* 일본 여성을 높여 부르는 말로 일본 국가대표 여자 팀의 닉네임으로도 사용된다. 여성적인 부드러움과 청초함 같은 것을 강조하는 가부장적인 여성관을 담고 있어서 이 책에서는 비판의 대상이 되기도 한다.

것이 경리부가 하는 일이다. 그중 하나로 "성욕을 만족시켜 준다"는 역할도 들어 있다. 이마이 신베에今井新兵衛(육군 회계 대위)에 따르면 피복 비품을 취급하는 경리부가 배포하는 색(sack, 콘돔)을 육군은 몸에 지니는 물품으로 간주하고, "외출용으로 필요한 고무제 방독복"이라 칭하며 경리실이 야전 창고에서 식량, 식품과 함께 수령하여 의무실에 보관했다(이마이, 1970). 1943년에 관동군독립자동차제64대대의 병참병으로 현역 소집된 뒤 경리부 후보생이 되어 신징新京 부근에 주둔하던 제3109부대에 분견된 니시카와 히로시西川浩는 회계 중위로부터 "금욕 생활을 강요받게 되면 병사들은 신경이 곤두서 사소한 일에 싸움이 생기거나 난폭해져 다스리기 힘들어진다. 특히 금단의 나무 열매를 먹어본 유부남이 많을 경우 특히 이 같은 부분을 더 중시하지 않으면 안 된다. 병사는 이 기분을 알아주지 못하는 간부를 따르지 않는다"(특별한 표시가 없는 경우 강조는 인용자에 의함)라는 교시를 받았다. "동정이었던" 그 자신도 "국군 간부가 되려는 자가 모름지기 알아두어야 할 일"이라는 이유로 전우들과 '위안소'로 이끌려 가서 베니어 합판 한 장으로 된 방의 문틈으로 동료들이 지켜보는 가운데 "21년간의 총각 딱지를 떼고서는" 교관에게 "간밤에 어엿한 사내가 되었습니다"라고 보고했다(니시카와, 1985:50-51).

병사 쪽에서도 부하를 '위안소'가 있는 주둔지에 출장 보낸 상관에 대해 "중대장은 병사의 성욕 처리에 이해가 깊"어 "나도 그 은혜를 입은 적이 있다"고 한다(구와지마, 1978: 144). 또한 후방의 '위안부'를 전선의 부대로 보내는 일을 '배급하다'라고 표현하고 있다.

병사들만이 아니라 회계 장교도 '위안소'를 이용했다. 버마(미얀마)

의 퉁구에서 니파 야자수 지붕에 암페라 거적으로 칸을 나눈 '위안소'를 만든 회계장교 가미조 아키라上條彰는 대대장 이상의 장교는 별도의 '위안소'를 이용하는 경우가 많았는데 이는 일반 사병과 "같은 위안소에서는 기분이 내키지 않기 때문"이라고 했다. 장교들끼리 같은 '꾸냥姑娘'을 상대했다는 사실을 알게 될 경우 "자네와는 의형제 사이라네"라며 웃었다고 한다.

청년장교의 '위안소' 관

도쿄 대학 법학부를 졸업하고 1938년 응소하여 1941년 여름 남지南支에서 28세로 전사한 육군대위 에바타 미노루江畑稔가 남긴 일기에는 "위안소라는 것은 야전부대를 위해 설치된 유곽을 뜻한다"며, 하사관이 8시까지 이용하고 그 뒤 장교가 이용하므로 "장교는 결국 찌꺼기를 붙잡은 셈인가"(강조는 원문)라고 씌어져 있다. '위안부'들의 구성은 "내대조지内台朝支*"인데, "하루 평균 일곱 명의 손님을 받는다고 치면 당연히 공동변소가 될 수밖에 없다"면서 "먼저 손님이 있던 곳에 가면 왠지 모를 냄새, 침대의 온기, 여자에 대한 혐오 때문에 얼굴을 돌리게 된다. 이 같은 상황에도 가는 녀석들의 마음을 모르겠다. 도무지 제정신으로 하는 짓은 아닐 것이다. (중략) 내일이 없는 목숨이라 해서 찰나적인 기분으로 가는 것인가 보다", "후루사와古沢 중사와 미나미南 중사는 토벌을 나가기 전날 위안소에 가고 싶어 하는 눈치였다. (중략) 가고 싶어 하던 동료 중 1명이 죽고 1명이 부상을 입게 되다

* 내지(일본), 타이완, 조선, 중국을 의미.

니. 그날 데리고 가서 하도록 해 줄 걸 그랬다. 배려가 부족했다는 걸 알았지만 사후 약방문일 뿐. 자기 부하를 잘 몰랐던 걸 부끄럽게 여길 뿐"(에바타, 1978: 176-177)이라며 '위안소'라는 존재를 냉담하게 조망하면서, 즐거운 마음으로 그곳에 모여드는 하급 병사를 냉소하는 한편으로 상관으로서 병사의 위안소 이용을 허락하지 않았던 것에 대해 자책감을 느끼고 있다. 그 근저에는 '위안부'에 대한 심한 차별감도 있다.

도호쿠東北 대학 법학부 출신 학도병으로 중국 전선을 거쳐 뉴기니에서 전사한 육군 소장 하나오카 슌스케花岡俊輔는 남겨진 수기를 통해 다멍친大孟秦의 성내를 순회하고 온 '위안부'를 본 뒤 "어떤 기분일지는 몰라도 불쌍한 여자들이었다"라고 하고서는 "어쨌거나 얼토당토 않은 일이 일어나기 십상인 전쟁 속에서는 이 역시 하나의 의의를 지닌 조직으로서 그늘에 숨어 표면으로는 영원히 드러나지 않는 큰 존재, 아름답고 헌신적인 행위라고도 할 것이다"라고 쓰고 있다(하나오카, 1978: 235). '위안부'의 존재를 "의의를 지닌 조직" "아름다운 헌신"으로 자리매김하고 "영원히 [겉으로] 드러나지 않"으리라 생각한 청년 장교는 사후 50년이 지난 뒤 당사자들로부터 이에 대한 전쟁책임이 추궁될 것이라고는 꿈에도 생각하지 않았을 것이다.

병사의 성병 예방을 위해 '위안부'의 성병 검사를 했던 군의관들도 대부분 '위안소' 필요론을 주장하고 있다. 한커우漢口, 구이린桂林 등의 각 부대를 돌아본 이마니시 요시노리今西義則는 "경시할 수 없는 전력의 요소"라는 의미를 부여했다(이마니시, 1973: 126).

3. 병사들에게 있어서 '위안소'—왜 '위안소'에 갔던가

그렇다면 일반 병사들은 '위안소'를 어떻게 바라보고 있었던 것일까. 병사들의 회상록 중에서 '위안소'를 의미하는 단어로 가장 많이 사용되고 있는 것은 '삐야'[3]인데, 이 말은 병사들 사이에서 널리 통하는 은어였다. 또한 '낭자군', '육군유곽', '빵빵집'이라고 하는 말도 사용되었다. 남부 프랑스령 인도차이나 나트랑(냐짱)의 '위안소'에서 "대낮에 당당하게 줄을 서서 순번을 기다리는 사람들의 코앞으로, 일을 끝내고 반소매 차림에 허리띠도 제대로 매지 않은 채 차례로 나오는 모습"을 "컨베이어 시스템처럼 진행되는 의식"으로 여긴 난바라 유키오南原幸夫(소위)는 '위안소'의 본질을 한마디로 "공적인 생리 조절 장치"(난바라, 1983: 202)라고 표현하고 있다. 병사들 사이에서는 '공동변소'라는 표현도 사용되고 있었다. 군 상층부가 병사의 성범죄 방지를 목적으로 '위안소'를 설치하였듯, 회상록을 읽어나가는 가운데 병사 스스로도 성욕의 '배출구'가 필요하다고 하는 레이프 신화를 강고하게 지니고 있었다는 사실을 통감하게 된다. 다음은 그 대표적인 사례이다.

성의 배출구는 필요—"끝난 뒤 낯빛이 다르다"

헌병으로서 '위안소' 순회를 하고 있던 다케가와 스스무竹河進는 "병

3 '삐'라는 말의 어원에 대해서는 여러 설이 있지만 확정된 것은 아니다. 병사의 회상록에서는 "중국어로 여성의 성기를 지칭하는 속어" "조선어의 여성 성기"에서 유래한다고 기록한 이가 있다. 매춘을 뜻하는 영어 'prostitution'의 머리글자에서 가져온 것이라고 쓴 이도 있지만, 이는 전후에 갖다 붙인 것일 터이다.

사의 성은 지나쳐도 문제가 되고 부족해도 문제가 되는, 작전의 바로미터"라고 간주하고 '위안소'를 이용하는 병사들의 모습에 대해 "일을 보기 전과 일을 끝낸 뒤 병사의 낯빛이 전혀 다르다"고 관찰하고 있다(다케가와, 1959: 101-113). 랑군에 가는 도중에 만난 '위안부'들이 감언이설에 속아 연행되어 왔다는 것을 언급하면서도 하마무라 기사부로濱村幾三郎는 "한창 젊은 나이인 데다 내일에 대한 보증도 없는 신세이므로 만일 욕망의 배출구가 끊어지게 된다면 어떤 일을 저지르게 될지" "그것을 피하기 위해서라도 위안부라는 존재는 필요하다고 생각한다"고 쓰고 있다(하마무라 1987: 103-104). 한편 '위안소'로 쇄도하는 병사들은 다음에서 보듯 그녀들의 '노동'의 가혹함 같은 것에 대해 생각조차 하지 못한다. "기다리고 기다리던 외출이다. 상륙한 이래로 쌓여있는 봉급 5개월분을 받아 (중략) 자, 가자, 삐야 입구는 모두 장사진(중략). 첫날에 그녀들이 담당해야 할 손님은 많을 경우 60명이 넘는다고 한다. 상대는 모두 고무를 둘렀다. 밀릴 틈이 없다. 며칠 사이에 그들은 차례차례 나가떨어져 버리고 만다(아오키, 1979: 191).

'목숨의 세탁' '에너지의 발산' '전쟁의 윤활유'

잉산應山의 성내에서 '위안부'들의 검진을 담당한 군의관 이나가키稻垣照相는 '위안소'가 "대만원의 성황"을 이루게 된 것은 토벌을 하러 출동하기 전과 전투에서 귀환했을 때라면서, '위안소'를 "내일의 목숨조차 예측할 수 없는 전장에서는 목숨의 세탁", "젊음의 에너지를 발산시키는 장"이라고 했다(아나가키, 1969: 47).

말레이 작전에 참가한 나오이 마사다케直井正武는 "전쟁과 성욕은

끊을래야 끊을 수 없는 관계"라 하여 "전장에서 '요긴할 때 쓸모 있게' 일하기 위해서는 늘 건강한 육체조건과 맹렬한 정신"이 필요하다고 보고, "성욕의 처리는 육체와 정신의 조화제로서 전쟁의 윤활유"라고 했다. 또한 '위안소'는 "전쟁이라고 하는 테두리에서만 필요악"이라고 하면서 최종적으로 "아내들이여 용서하시라"라는 말로 결론을 내린다(나오이, 1973: 111).

'남자들끼리의 유대'를 확인

'위안소 행'은 동료들끼리 함께 가는 경우가 많아서 이는 성욕이라기보다는 "남자들끼리의 모임"이라는 측면이 강하다. 동만주 국경의 주둔지에서 스와 야사키치諏訪弥佐吉는 외출했다 돌아오는 길에 "여자들이 있는 곳에 들르자는 말을 꺼낸 이토伊藤의 제안을 받고, 함께 하지 않을 수 없어서" 갔다(스와, 1980: 189). 오자와 가즈히코小沢一彦도 "아직 여자를 모른다는 동기생 하라다原田 소위를 막무가내로 끌고 가서, 모리야스森安 소위, 요시다吉田 소위와 함께 '쓰타야つた屋'로 출격했다(오자와 가즈히코, 1979: 75).

병사들은 같은 '위안부'와 관계를 가짐으로써 남성들의 유대를 확인했다. 병사들은 잡담을 하다 같은 '위안부'의 단골이란 사실을 알게 되면 "뜻밖에 형제가 두셋이나 나타난 셈"이라며 폭소를 터뜨렸다(고노 타카시, 1973: 273). 외출하는 날 병사들은 목표로 한 '위안부'에게 "일등으로 가는 경주"를 하고 "선봉에 선" 사람은 밤에 병영에서 "너와 나는 형제지만 오늘은 내가 형이야"라는 말을 꺼내 "웃다 쓰러지는 경우가 항상 있었다"고 쓰고 있다(소산 쥬니카이, 1978: 275).

함께 '위안소'를 이용할 때에는 남자들끼리 농지거리 같은 말씨도 섞이곤 한다. 외출하는 날 부대장의 훈시에 "고무 제품을 뒤집어 두 번 사용해서는 안 된다"라는 주의가 있어서 모두가 박장대소를 했다는 에피소드를 많은 병사가 남기고 있다(사토 타다시佐藤貞, 2004: 129).

"군기의 끈을 풀리게 하다"

'위안소' 가는 일을 '성욕'과는 다른 의미로 받아들이는 경우도 있다. 라바울의 코코보에 파견된 오카모토 노부오岡本信男(일등병)는 외출하는 날을 "자유의 몸이 되는 날"로 받아들여 "여성을 만날 수 있다고 생각하면, 내 몸에서 군기의 끈이 풀려 버리는 듯한" 느낌이었다고 한다. 그러나 당시를 되돌아보며 다음과 같은 이야기도 덧붙인다. "지금 회상해 보니, 자유를 속박당한 병사였던 내가 외출이라는 자유를 얻어서 우리보다도 훨씬 자유롭지 않고 굴욕의 연속에 처해 있던 여성들에게, 욕망을 풀기 위해서 접촉한다는 것은, 얼마나 아이러니한 대조인가"(오카모토, 1962: 110).

"위안소에 가는 것은 강제"

극히 예외적이지만 상관이나 고참병이 병사를 '위안소'로 보내는 것을 '강제'라고 느낀 병사도 있다는 것에 주목하려 한다. "고참병이 인솔하는 외출에서 자유를 부여받지 못했던 우리는 더럽혀진 여자들에게 강제로 동정을 빼앗겨야 했습니다"라고 쓴 구로다黒田一一(경보 주임)는 "우리들이 군대에서 배운 것은 사람을 죽이는 기술을 익히고, 술을 마시고, 여자를 사는 일이었습니다"라고 결론을 짓고 있다(구로다, 1956: 68).

병사들의 회상록을 읽다 보면, 병사에게 있어서 '삐야'의 범주가 매우 넓다는 사실을 통감한다. 그 앞에 줄을 서는 최전선의 '위안소'도, "군인 아저씨 놀고 가요"라고 유혹하는 후방 도시의 '위안소'도 이들에게는 모두 '삐야'인 것이다. 후술할 히사다 지로가 중지中支의 도회에서 본 광경—'위안부'들이 일본 병사의 모자를 빼앗고서는 '위안소'에 들어가게 만드는 것—은 다른 여러 병사들에게도 공통적이었다. 호리에 도쿠조堀江督三는 한커우 시가의 '위안소' 앞을 지나갈 때 "삐야가 군모를 낚아채 가는 바람에 어쩔 수 없이 등루登楼했다"(호리에, 1970: 26). '위안부' 문제가 부각되었을 때 "그녀들은 단지 매춘부"라며 많은 군인들이 부정적인 태도를 갖게 된 배경에는 이 같은 체험이 놓여 있다고 생각된다. '위안부' 문제를 논할 경우 연구자나 지원자는 군 직영이나 군 지정의 '위안소'를 상정하고 있다. 그러나 병사들이 '사창굴'로 불리는 민간의 매춘시설까지도 염두에 둔다는 것을 감안하면 '위안소'를 강간 센터에서 매춘 '비즈니스'까지의 그러데이션 속에서 생각할 필요가 있지 않을까 한다.

4. 병사는 '위안부'를 어떻게 바라보고 있었나

"전장의 유일한 윤기", "전장의 꽃", "오아시스"

해군 군속으로 벵골만의 니코바르섬에 징용된 가토 사부로河東三郎는 "내지에서 위안부 4명이 왔다"는 뉴스에 열광한 병사 중 하나로, 외출(해군에서는 '상륙'이라고 함)한 날의 모습을 다음과 같이 쓰고 있다. 3명을 제외한 조원 전체가 '상륙'을 희망했는데, 광장에 집합한 병사들에게 중대장으로부터 위안권과 철투구(콘돔)와 소독액이 배포된 뒤 트럭 한 대에 50명씩 나눠 타고 '위안소'로 향했다. 세 칸짜리 오두막 앞에 30~40명이 줄을 섰다. '4호'에 줄을 서 있었던 그는 뒤에 있던 사람들로부터 재촉을 받고, '위안부'로부터 "뒤에 밀려 있어요, 서둘러 주세요, 아저씨"라는 말을 듣자마자 "원기가 사라져 뜻을 이루지 못했다." 경영자는 일본인 노부부였다. 나중에 '위안부'들과 대화하는 과정에 이들이 "전장에서는 무시험으로 간호부가 될 수 있다"는 말에 속아 종군하게 되었다는 이야기를 듣고서는 '특수간호부'라는 명칭의 기만성을 깨닫게 되었다. 그러나 "목숨 걸고 싸우고 있는 병사나 군속에게 위안부는 없어서는 안 될 역할을 했다"면서 "장교든 하사관이든 병사든 전장 생활에서 가장 원하는 것이 무엇이냐는 물음에 솔직히 답한다면 누구든 '우선은 여자다'라고 할 것이다"라고 썼다(가토 사부로, 1989: 114).

그 외에도 "위안부야말로 전장의 꽃", "전장의 오아시스"라는 식의 정서적 미화가 많이 보인다. 작가인 이토 게이치伊藤桂一는 라멍拉孟, 텅웨騰越까지 용병단竜兵団에 연행된 '위안부'에 대해 "병사들과 같은 운명을 감수"하고 있기도 하거니와, 얼마나 "전장 위안부—라는 존재가 대단한 것이었던가. 이들이 얼마나 사막에서 오아시스를 보는 듯이 눈과 마음과 신체에 스며드는 것인가 하는 것은 길고도 황량한 전장에 몸을 맡겨 두고 있는 사람일수록 잘 알 것이다"라고 서술하고 있다(이토 케이치, 1971: 1-2). 이와 같은 남성 측의 독선적인 '위안부'에 대한 일체감은 나중에 언급할 아키모토 미노루秋元実의 증언에서도 볼 수 있고, 많은 하급병사에게 공통적으로 나타난다.

조선인 '위안부'를 바라보는 시선—'내지' 여성의 대체

'붕우회朋友会'라는 이름의 전우회 사무국장인 요시카와 히데오吉川秀雄는 안후이성安徽省 꾸이츠貴池현에 주둔하던 시절에 관한 수기(요시카와, 1980)를 읽고 연락을 취한 필자에게 긴 편지로 답장을 했다. 그는 츠저우池州의 '봉래관蓬莱館'에서 방마다 1번 마사코政子, 2번 도미코富子, 5번 모모코桃子, 15번 미요코美代子, 17번 우메코梅子, 21번 호시코星子라는 이름이 붙어 있는 조선인 '위안부'들이 있는 곳에 다녔다. 그 당시의 심리에 대해 "깃털 같은 병사들을 순간이나마 위로해 주는 그녀들을 야마토 나데시코를 대신할 수 있는 존재라고도 생각했다"고 쓰고 있다(1995년 2월 7일자 편지). 마쓰모토 요시오松本良男(독립비행 제103중대 비행대장)는 뉴기니의 뉴브리튼섬의 장교클럽에서 만난 일본인 '위안부'에게 빈번히 다녔던 이유를 "전쟁에서 너덜너덜해진 신경을 가라앉히는 휴식의 장이라는 생각으로 갔다"면서 그러므로 "나에게 있어서 유키코는 엄마이고, 여동생이고, 연인이고, 친구였다"고 쓰고 있다(마쓰모토, 1989: 176).

한편 난징 공략전을 향하는 양저우揚州 주둔지에서 군이 관리, 운영하는 '위안소'의 '중국 아가씨支那姑娘' '내지인' '조선인' 중에서 조선인 '위안부'가 병사들에게 제일 '헌신적'이었다고 회상하는 하야시 다메유키林為之(통신병)는, 이는 일본 군인에 대한 호의 때문이라기보다는 "위안부라는 처지에서 일본 내지의 여성에게 지고 싶지 않으려는 민족적인 체면이 있었기 때문"이라며 "이들의 마음속에는 본능적이고 무의식적으로 일본에 대한 증오와 저항이 있었던 것"이라고 보고 있다. 동시에 "조선 여성들이 위안부로서 기계적으로는 매우 양질이었다고 병사들은 알고 있었다"고 태연히 쓰고 있다(하야시 다메유키, 1971: 118).

'일본인' 위안부를 보는 시선

일본인 '위안부'는 주로 장교용이어서 불특정 다수를 상대해야 하는 타민족의 '위안부'보다 상대적으로 '우대'받고 있었다. 이들은 하급병사에게는 높은 언덕 위의 꽃 같은 존재였기 때문에, 미얀마의 통구, 메이묘, 만달레이, 양군의 '위안소'에 다녔던 아키모토 미노루秋元実(야전 중포병, 초년병)는 일본인 '위안부'는 "돈 없는 병사들을 경시했다"고 느꼈다(아키모토, 1988: 7). 한편 가난 때문에 몸을 파는 미얀마인 '위안부'에게는 사회의 밑바닥에 있는 사람들만의 "무의식적인 연대감"이 있었다고 한다. 또한 조선인 '위안부'들은 "절대 입술을 허락하지 않았는데, 이는 의식적인 저항이었을지도 모른다"고 했다(1995년 1월 14일, 2012년 2월 12일 인터뷰).

많은 병사들이 아키모토와 같은 심정을 공유한 듯하다. 라바울에서 해군 비행사를 했던 이치카와 야스토市川靖人는 "하이힐에 드레스를 입고 양산을 쓴 두 사람의 여성"이 눈앞으로 지나가자, "저이들은 장교용 빵스케인가! 나는 당신네 하사관들과 같이 자는 부류의 여자가 아니라오, 라고 말하려는 듯한 얼굴을 하고서는, 정나미 떨어지는 여자들이다"라고 쓰고 있다(이치카와, 1989: 46). 장교용 '위안소'로서 호화스럽기로 유명했던 곳은, 메이묘의 청명장清明荘과 양군의 취향원翠香園이었다. 임팔 작전에서 패주하여 숨이 끊어질 듯한 모습으로 미얀마 중부에 당도한 군사령부로 청명장의 일본인 경영자가 '위안부' 50명을 데리고 몰려왔다. 작전 지휘를 하던 무타구치 렌야牟田口廉也 중장의 휘하에 있었던 제33사단('궁弓') 보병장교 가미야 시게오神谷重雄에게 청명장을 관리하는 일이 할당되었는데, 센다 가코千田夏光와의 인터뷰에서 그는 다음과 같이 말하고 있다.

"어느 날 고급 참모가 말을 타고 관리부로 달려와서 '내 방에 커튼을 만들라'고 했다. 천을 들고 치수를 재러 가 보니 '얼굴이 하얀 도깨비'가 나타나 '더 좋은 천은 없어?'란다. 고급 군인들에 둘러싸여 있는 '위안부'로부터 당번병 취급을 받게 된 가미야는 '위안부라고 흔히 생각하는 것과는 전혀 다른 종류의 여자를 그곳에서 보았다'"(센다, 1978: 65-78).

북 보르네오 해군사령부의 군의관이었던 다나카 야스요시田中保善는 그곳에 도착한 다음날 상륙을 환영하는 국방부인회 어깨띠를 매고 병원으로 온 '위안부'들로부터 위문을 받았다. 규슈의 오무라大村, 나가사키長崎, 아마쿠사天草 등에서 "원정을 온 야마토 나데시코였는데 용감한 낭자군들이었다"라며, 장삿속 밝게도 하사관들에게 "위안소가 있는 곳을 적어놓은 명찰을 두고 갔다"고 적고 있다(다나카 야스요시, 1978: 86-87).

괌에서 '옥쇄'전을 체험한 요시다 시게노리吉田重紀(군의관)는 병사들과 패주하던 오키나와 출신 '위안부'가 총격으로 부상을 입자 미군에게 투항하여 치료를 받을 수 있도록 편지를 가지고 가라고 했는데, 그녀는 "저도 일본 여자랍니다. 포로가 될 수밖에 없다면 지금 여기에서 죽여 주세요. 저는 야스쿠니 신사로 가고 싶습니다"라고 대답했다. 병사들도 "위안부라고 해서 특별한 시선으로 보지는 않았고," "비록 여자지만 잠행 그룹의 동지이고 함께 정글에서 살아남은 동료"로 생각하고 있었다. 약으로 죽을 수 있다면 죽여 달라는 호소를 받아들여 요시다는 그녀에게 모르핀을 주사하고 경동맥을 졸라 잠들게 했다(요시다 시게노리, 1981:246).

일본인 '위안부'는 장교들이 독점하는 경우가 많았기 때문에 하급 병사들과는 거리가 있었지만, 전선 부근에 배치될 경우에는 병사들과 더불어 정글 속을 패주해야 했고, '일본인'이란 정체성으로 인해 죽음을 선택하기도 했다. 대도시의 '위안소'에서는 계산속이 밝은 업자들이 '위안부'에게 국방부인회의 어깨띠를 두르게 하여 내지 여성을 흉내내도록 했다. 지역이나 전선, 시기에 따라 일본인 '위안부'들의 체험은 달랐지만, "전사하게 되면 야스쿠니 신사에 들어갈 수 있으리라"는 내셔널리즘을 지지하고 있었던 것으로 짐작된다.[4]

병사와 '위안부'의 '스짱' 관계

한 명의 병사나 '위안부'가 강간에서 매춘부, 로맨스까지 경험하는 경우가 있는데, 우에노 지즈코는 리즈 켈리의 개념을 사용하여 이를 '성폭력 연속체'라고 명명했다(서장 우에노의 논문). 병사와 '위안부' 사이에는 때때로 '스짱好ちゃん 관계'라고 불리는 강한 정서적 관계가 맺어지는 현상이 나타났다.

소네 가즈오(1915-2000. 시즈오카현 출생. 상하이전, 난징 공략전, 쉬저우徐州 작전, 선양 공략전, 이창宜昌 작전 등에 참가)는 자신이 중국에서 저지른 전쟁범죄와 강간에 대해 긴 망설임 끝에 말을 꺼낸 몇 안 되는 병사 중 한 명이다. 필자는 그가 쓴 『속 사기續私記 난징 학살—전쟁사에 담겨지지 않은 전쟁 이야기』(소네, 1984)를 읽고, 강간 당시의 심리묘사(성욕에 의한 것이 아니라 남자들 사이의 연대를 위한 의식이라는 의미)에서 시사를 얻어 직접 만나 이야기를 들었었다(1985년 9월 26일). 1980년대는 난징 학살을 둘러싸고 일본을 양분한 논쟁이 일어나던 시대였는데, 그는 한 사람의 병사로서 체험한 것을 말하기 위해 자민당원을 그만두고 집필을 개시했다. 초기의 저작부터 '종군위안부'라는 항목을 설정하여 "장병의 성욕을 처리하기 위해 사용되었으며, 정조를 유린

4 일본인 '위안부'의 내셔널리즘과 관련하여 토라쿠섬의 해군 '위안부'였던 야마우치 게이코山内馨子는 "죽으면 야스쿠니에 모셔진다"고 믿었고(히로타, 2009), 스즈모토 아야鈴本文도 "전사하면 군속으로서 야스쿠니에 들어간다"고 들었다(「고백! 전쟁위안부가 살아온 인종의 28년」, 『아사히 예능』, 1973. 8. 12.). 미즈노 이쿠水野イク는 팔라우 행을 반대하는 부모에게 "나라를 위해 일하다 죽어서 돌아올 것"이라 설득했다(미야시타 다다코, 2010). 이처럼 야스쿠니 신사나 "나라를 위해"라는 내셔널리즘이 일본인 '위안부'로 응모하는 동기 중 하나가 되어 있었다.

당했다"고 그 의미를 부여했던(같은 책: 111) 소네가 자신의 체험을 근거로 해서 '위안부'에 대한 생각을 되짚기 시작한 것은 '위안부 문제의 사회화' 이후의 일이다. 1990년대가 되어 소네는 최전선의 경비지역에서 있었던 자신과 조선인 '위안부' 사이의 스짱 체험을 다음과 같이 쓰고 있다.

'위안부'들은 '위안부'로서의 가혹한 노동에 대한 분노와 슬픔을 모조리 발산함으로써 위로를 받을 수 있는 상대가 필요했는데, 그것이 특정한 남자('스짱')이다. 그러므로 스짱은 성적 파트너 이상의 존재로서, 병사들이 출격할 때에는 주둔지에서 성문까지 대열을 따라 걷고, 성 밖으로 나가버리면 성벽 높은 곳에 올라가서 보이지 않을 때까지 환송하며, 병사들이 돌아오면 무사한 모습인지 찾아내려고 흡사 반 미친 사람과 같은 모습으로 찾아 헤맨다. 귀대한 직후에 방문하면 "위안부 쪽이 달아올라 적극적으로 덤벼들었다. 살아서 돌아왔다는 사실을 자신의 육체를 통해 확인하려는 듯했다"고 한다. 그녀들은 스짱에게는 '유흥대금'을 받지 않았을 뿐만 아니라 콘돔을 쓰지 않게 했는데, "콘돔을 사용하는 것은 장사할 때"라고 답했다고 한다. '위안부'에게 있어 스짱은 전장에서 살아가기 위해 필요한 존재였고 "스짱 노릇을 한 사람은 위안부를 위안하기 위한 사내였다"라는 평가가 주어진다. '위안부'에게 가해지는 스트레스를 스짱에게 쏟아내고 "잠깐만이라도 보통의 여자이고 싶다"며, "이를 만끽하는 순간을 살아가는 보람으로 여기려 했던 것이다"라고 쓰고 있다. 이 같은 '위안부'의 심정을 알게 된 후 소네는 경비지역에서 철수하게 되어 이별하게 된 것을 섭섭해 하는 한편, "무거운 짐을 덜게 되어 한시름 놓은 것 같은 기분이었다"고 토로하고 있다(소네, 1993: 126-132).

양동 작전의 전진기지였던 더안德安 부근에 집결한 부대의 한가운데에 "나의 스짱, 가버렸어요"라며 비통한 소리를 지르며 정신착란을 보이는 조선인 '위안부'들이 나타나는 바람에 병사들이 배낭을 짊어진 채로 얼어붙어 버린 듯한 장면이 연출되었다는 회상록도 있다(보104이야기간행위원회, 1969: 425).

병사와 스짱 관계로 맺어지는 것은 조선인 '위안부'에게 특징적인 것으로, 중국인이나 다른 현지 여성에게는 발견되지 않는다. 조선인 '위안부'와 일본 병사의 연애는—박유하가 말하는 '동지적 관계'(박유하, 2014: 83)로 볼 것인지는 별개로 두고—살아남기 위한 버팀목으로서 특별한 남성이 필요했던 식민지 출신 '위안부'들의 필사적인 에이전시가 드러난 것으로 생각된다.

5. '위안소'에 가지 않았던 병사

초년병의 성

초년병의 '위안소' 이용이 고참병에 의해 억제되고 있었다는 사실은 많은 회상록에 씌어 있다. 이는 가사하라가 지적하듯 '위안소'가 군대의 계급 제도를 유지하는 장치였다는 점(가사하라, 1999), 후루하시가 지적하듯 병사의 억압상태 때문에 '위안소'가 필요하다는 '핑계'의 근거가 될 수 없다는 점(후루하시, 2013: 68)을 보여주고 있다. 또한 초년병은 "공습이나 맹훈련 때문에 성욕에는 무관심했"고 "그런 욕망을 가질 틈도 전혀 없었다"(청청增城 전우회 편, 1987: 21)고 하는 상황에 놓여 있었다. 만주국 공무원으로서 현지에서 응소한 스스무 슈사부로進収三郎는 초년병 1기 검분検分(초년병이 훈련을 마친 뒤 군인으로서 기초교육이 완료되었는지 고급 장교가 현장에서 검분検分하는 일)이 끝날 때까지는, 과로와 내무반의 스트레스로 인해 "성욕 같은 것을 전혀 느끼지 못했다"고 한다. 그가 '위안소'를 방문한 것은 "군인으로서 죽음이 근접했다는 것을 예감하고", "남자로 태어난 이상 여자를 알고 죽고 싶다"는 생각에서 비롯되었다(스스무, 1989: 73-75). 이처럼 초년병의 체험기를 통해서도 성욕기원설에 의한 '위안소' 필요론은 부정된다.

'몸을 삼가다', '아내의 존재', '휴머니즘'

'위안소'에 발을 들이지 않았던 병사들의 경우는 성도덕 규범이 제동장치가 된 경우가 많다. 회계 담당이었던 이마이 신베에(하사)는 미얀마의 라시오에서 '위안소'에 가지 않았던 이유를, "나 같은 부류의 사람은 내일의 목숨을 알 수 없기 때문에 오히려 더욱 몸을 삼간다고 말할 수도 있다고 생각한다"라며, '위안소'에 다니는 장교들에 대해서 "내지에 남겨두고 온 아내가 홀로 몸을 굳건히 하며 기다리고 있는 상황에서, 비록 전장이라지만 남편이 이 같은 곳에 출입해도 좋은 것일까"라고 쓰고 있다. 또한 '위안소'에 대해 "참으로 불결한 느낌이 들고" "이런 곳에 오는 녀석들의 마음을 모르겠다"고 했다(이마이, 1968: 221). 위안소에 가지 않았던 병사들은 "이렇게 지저분한 장소"라는 표현을 많이 쓴다.

마찬가지로 '휴머니즘' 때문에 '위안소'에 가지 않았다는 나가오 가즈오長尾和郎(하사)는 둥닝東寧에서 "다다미 3첩 크기의 마룻바닥에 얇은 이불을 깔아놓고 그 위에 몸을 뉘고 있는 여성의 모습을 봤을 때 내 마음속에는 작은 휴머니즘이 타올랐다. 하루에 몇 명의 병사와 '영업'을 하는 것인가. 밖에 줄을 서 있는 병사들을 한 놈씩 후려치고 싶은 의분을 느끼면서 그 자리에서 물러났다" "전쟁에 달려든 인간이라는 동물의 배설 처리에 대해서는 마음 깊은 곳에서 환멸감이 들었다"고 쓰고 있다(나가오, 1968: 71).

'아무리 해도 익숙해지지 않다' '군인을 깔보다' '천박하다'

퉁산通山현에서 경비를 하고 있던 초년병 구로다 하루오黒田春夫(제4보병사단 제234연대)는 "용무가 끝난 뒤 곧바로 퇴실할 것"이라는 '위안소' 규정에 대해 "군인을 몹시 깔보고" 있다고 느끼고, "나는 어쩌면 여자를 좋아하는 부류일지 모른다. 그렇지만 아무리 해도 이런 분위기에는 익숙해질 수 없었다. 이 일이 무언가 죄악이라고 해석할 수밖에 없어, 오로지 결벽증만으로 일관하는 젊음이었을까"라고 말한다(구로다 하루오, 1989: 116-117).

기타치시마北千島 열도*의 슘슈섬에서 "좋은 곳에 데려다 주겠다"는 하사에게 이끌려, 굴을 파고 지붕만 얹어놓은 '위안소'에 간 초년병(포병 '아직 동정')은 "도무지 볼썽사나운 꼬락서니를 참을 수 없어 곧바

* 북쿠릴 열도.

로 그 방에서 나왔다." "그곳의 여자들이 어쩐지 불쌍하게 느껴졌다. 사실 이 삐야는 5월 중순의 폭격에서 직격탄을 맞아 위안부가 대부분 전사했다"(구리아게 편, 1987: 330)고 한다.

마찬가지로 "어쩐지 볼썽사납다"고 느껴 '위안소'에 가지 않았던 사누키 아키오讃岐章男는, 웨양현岳陽縣 신카이탕新開塘의 경비로 일할 때, 아무것도 모르고서 줄 서 있는 병사들을 따라가 본 결과 선두에서 각반을 찬 채로 바지를 내리고 있는 병사와, 그보다 선두에서 일어나는 일을 보고 "기겁했다." 순번을 기다리는 사람이 "'빨리 하라'며 하고 있는 사람의 엉덩이를 군홧발로 걷어차고 있는" 듯해서 "나는 그 같은 짓은 결코 할 수 없다"라고 썼다. 상사가 잃어버린 모자를 찾으러 '위안소'에 가야 했을 때도 '위안부'가 "바지를 꽉 잡는 바람에 이끌려 갔지만 뿌리치고 되돌아왔다"는 그가 4년 동안 전장에서 외출한 것은 단지 4회에 불과하고 사용한 돈은 겨우 18엔이었다고 한다. 그는 "귀국할 수 있었다는 사실만으로 만족하고 감사하고 있다"는 말로 끝을 맺는다(사누키, 1986: 94-96). 제대 당시 그의 최종계급은 병장이었다.

병사와 '위안부' 사이의 의식 차이를 느꼈던 병사

헌병의 임무 중에 '위안소'를 순회하는 일도 있었다. 팔렘방(수마트라섬)에는 3층 건물 두 개를 사용한 '위안소'가 있었는데, 약 80명의 조선인 여성이 20명 안팎으로 그룹을 이루었고 리더 격의 '위안부'가 관리했다. 헌병과 행동을 함께 했던 쓰치카네 도미노스케土金富之助(중사)는 리더 여성을 방문했다가 커피와 케이크를 대접받으며 종군간호부, 여자정신대, 근로봉사대라는 등등의 이름으로 끌려오게 된 위안부들의 신세에 대한 이야기를 들었다. "그런데 그녀들은 의외로 밝고, 농담도 하면서 하루하루 지내고 있었기에", 장병들은 "돈을 벌러 온 것으로만 이해하는 사람이 많을 것이라고 생각한다"며, 병사와 '위안부' 사이의 간극을 깨달았다. '위안부'들과 이런저런 이야기를 나누었던 까닭에 "쓰치카네 중사도 드디어 동정을 잃었다"며 놀림을 당했지만 그는 한 번도 '위안소'를 이용하지 않았다. '위안소'를 언급하며 "당시 일부 여성이 얼마나 경시되고 있었는지를 이야기하는" 것으로서, "위정자의 책임은 참으로 중대하다고 말하지 않을 수 없다"고 지적하고 있다. 위안소 문제를 여성에 대한 차별문제로서 이해하고, 군에 책임을 묻는 이 같은 시점을 가진 존재는 드물다(쓰치카네, 1977:44-50).

패전 후 전범으로 푸순 감옥에서 지냈던 에자키 히카루江先光는 점령지에서 병사와 '위안부'의 권력관계를 자각하고 다음과 같이 썼다.

"식당 여자든 위안부든 이 같은 여자들에게 자신의 의지 같은 게 있을 리가 없다. 일본군 뜻대로 봉사하고, 그래야만 살아갈 수 있다. (중략) 당시 나는 그렇게 생각하고 있었고 (중략) 그리고 지금도 여전히 '돈을 지불했으므로 나쁜 짓을 했다고는 할 수 없어'라며 정당화하고 있는 것은 아닐까. 술과 여자, 그것만으로 맺어진 것이었던가. 남자는 배후에 있는 강대한 총검을 의식하지 않았던가. 여자는 남자의 배후에 있는 총검을 무서워한 것은 아니었을까"(에자키, 1982: 307).

3절에서 언급한 오카모토 노부오도 '위안소'에 가는 것을 "군기의 끈을 풀러 간다"고 느끼면서도 "자유가 주어진" 병사들이 "더욱 부자유"한 '위안부'를 상대로 욕망을 달성하는 것에 대해 "아이러니한 대조"라고 말하고 있는데, 1962년의 단계에서 그 비대칭성을 자각하고 있는 셈이다. 이 세 가지 사례는 극히 드물지만, '위안부 문제의 사회화' 이전에 병사들 중에서 군의 책임과 여성차별을 비판적으로 보는 감성이 분명히 존재했다는 것을 알게 한다.

6. 병사와 남성성

'남자가 되다'

"남자가 된다"는 섹슈얼리티 인식은 병사들의 성행위를 규정했다. 타이완 남해상을 항행하는 중 사령부의 고급부관으로부터 "다음 상륙 예정지는 지금까지 겪었던 것 이상의 치열한 전투가 될 것이다. 생환은 기대하기 힘들다. 대기 중에 생명을 세탁할 수 있도록 수배는 해 놓았"으므로, "아직 여자 맛을 모르는" 자가 있으면 "그때에 남자가 되어 두도록"이라는 말을 들은 이토 가즈오伊藤一男는 상륙항인 동항東港에 급히 개설된 '위안소'에 가서, 상대인 타이완 '위안부'로부터 "빨리 빨리"라는 말을 들으면서 "남자가 되었다"고 일기에 적었다(이토 가즈오, 1973: 291-293). 미얀마의 라시오에서 '위안소'에 갔던 병사는 "삐야에서 정말 오랜만에 남자가 된다"라고 쓰고 있다(누마즈 · 전후의 전우회 편, 1986: 67).

'위안부' 쪽에서도 이를 알고 있었는데, 광둥성 남쪽의 '위안소'에서 "조선삐는 이봐, 거기 병사들, 1엔 20전으로 남자가 되어 돌아가라구"라며 멍석이 드리워진 출입문에서 병사들을 불러들이고 있었다(미야시타 히로시, 1989: 1227).

'만주'의 리춘理春에서 '조선삐'라 불리던 '위안부'들은 길가에 나와서 "군인 아저씨, 남자가 되세요"라는 말로 호객을 했다고 쓴 시마모토 시게조島本重三는 "사람을 죽이는 일을 주입받아 인간성을 잃어버린 병사들에 의해 그녀들의 인간성도 짓밟히고 빼앗겼다"고 이해하고, 조선인 '위안부'의 눈에서는 "굶주린 병사의 희생물이 되어 버린 원한이 보였다"고 느껴져서 "나는 위안소에 가는 것을 관두었다"고 한다(시마모토, 1977: 32-34).

'위안소로 총공격을 하다'

육군 콘돔에 '돌격 1번', 해군의 경우 '철투구'라는 이름이 붙여진 데서 알 수 있듯, '위안소' 이용은 병사의 공격성과 연관되어 이해되었다. 1944년 해군 예비생으로 남방군에 보내진 가와바타 이와오川端巖夫는 인도네시아 순다 열도의 와인가프에서 중대장의 인솔로 '위안소'에 갔을 때 "위안소를 모르는 자는 해군 사관으로서 담력이 부족한 사람이다"라는 말을 듣고 '위안소'를 향해 "총공격을 했다"고 표현하고 있다(가와바타, 1990: 63).

'초년병의 성' 항목에서도 언급했듯, 가혹한 전장에서는 성욕도 없어진다는 것에 대해 시라토리 다카사에白鳥隆壽는 "하루 종일 생명의 위협이 있으면, 성욕이라는 게 완전히 사라진다는 것은 사실이다"라고 밝혔는데, 미얀마의 최전선에서 살아남아 1946년 내지로 귀환하는 배 속에서 전우들과 나눈 다음과 같은 이야기가 화제가 되었다고 한다. "불알을 달고 무사히 귀환하는 것은 참으로 고맙지만, 아무래도 기계가 잘 작동하지 않아 난처해졌다. 병든 것도 아닌데 희한한 일인걸"이라며 누군가 말을 꺼내자 모두들 "나도 그래"라며 물건을 보여주는 사람도 있었다. 그 역시 "완전히 쪼그라들어 번데기처럼 되어 버려서, (중략) 이걸로는 곤란하다고 생각하던" 차에 일본에 상륙해서 기소로木曽路에 도착했을 즈음 "잊히지도 않는 야부하라藪原라는 역"에서 "자신의 기계가 발기해 있다는 것을 알아차렸다." "몸의 안전이 확보되고 나서야 성욕도 생겨난다는 사실을 절실히 느끼게 되었다. 아직까지도 이부하라 역에서의 일이 또렷하게 머릿속에 남아 있다(시라토리, 1962: 41-42).

이성과의 성행위를 경험하는 것을 "남자가 되"는 일로 인식하고, 집단으로 '위안소'에 가는 것을 '총공격'으로 표현하며, 패전으로 완전히 위축된 자신의 '기계'가 회복하는 것을 평생의 기억으로 담아두고 있는 남자들의 남근 집착을 통해서, 전투와 '남자다움'이 밀접히 연결되어 있다는 사실을 알 수 있다.

'남자다움'에서 벗어나다 — 히사다 지로와 군대

'위안소'에 가지 않았던 병사의 사례로서 히코사카 다이가 인터뷰한 아카마쓰 일등병은, 군복을 입은 상태에서는 성욕이 없어진다(아카마쓰, 1991: 17)고 했다. 마찬가지로 중국의 야전에서 4년 동안 한번도 '위안소'에 가지 않았던 히사다 지로(1920—2015)도 군대에 대한 위화감이 근저에 있었다고 생각된다. 히사다는 『아사이 신문』 투고란 「테마 담화실 전쟁」에 투고한 것(「종군위안부의 비석은 수치인가」, 1976년 8월 14일)이 계기가 되어 전국에서 180명이 넘는 찬동자를 얻게 되자

1987년 전후의 전우회 '아침바람의 모임'을 발족한다. 회지 『아침바람朝風』 속표지에 실린 회원 모집 호소문의 맨 뒤에는 "전쟁을 찬미하거나 긍정하는 사람은 삼가 주시기를"이라는 표현이 한 줄 들어가 있다.

오미近江*에서 태어나 소학생 때 도쿄로 이주한 히사다는 1940년에 20세의 징병검사를 도쿄에서는 받지 않고 일부러 본적지인 시가현에서 받았다. 시골 청년이 도시보다 체격이 좋을 거라고 생각해서, 합격의 순위가 낮아질 것이라 계산했기 때문이다. "당시의 군국주의에 익숙해질 수 없었고" "정해진 규격에 고정되는 것이 도무지 성격에 맞지 않았다"던 그는 제2 을종병 판정을 받아 현역 징집을 면제받고는 "얼씨구나 하는 즐거운 기분이었다"고 한다. 군수 산업에서 일하면 소집을 피할 수 있다는 뜬소문이 돌아 누마즈沼津의 시바우라芝浦 공작기계에 취직했으나 1942년 여름에 소집영장이 왔다. 송별회에서 회사의 상사가 그를 여관으로 데려가 게이샤와 단둘이 있도록 해 주었지만, 몸이 떨려서 그곳에서 기숙사로 도망쳐 돌아왔다.

교토의 중부 제41부대의 보충병으로 응소해서 그해 말에 양쯔강 기슭에 있는 안칭安慶에 공병으로 부임한다. 첫 번째 외출일에 연병장에 도열한 상태에서 중대 준위로부터 "위안소 규정을 지키면서 남자의 숙원을 달성하고 오라"는 이야기를 전해 들었다. 그러나 히사다는 '위안소'에는 한 번도 가지 않았다. "전장에서도 내지의 규범을 지키고 싶었다"고 한다. "전우회 등에서 동정—싫어하는 단어랍니다—으로

* 지금의 시가滋賀현.

돌아왔다는 따위의 이야기를 했지만 아무도 믿지 않았다"며 쓴웃음을 짓는 그는 "외출일에는 식당에서 라이스카레나 새알을 먹는 게 더 좋았다"고 한다(1994년 9월 24일 인터뷰).

히사다의 마음속에는 징병검사라고 하는 남성성의 랭킹에 대한 위화감, 군대라는 '전제적 시설'[5]에 포섭되는 것에 대한 저항감이 존재했기에 '위안소'에 발을 들이지 않았다고 생각된다. 2001년 시즈오카 대학의 초청 강연자로 초빙되었을 때 전장에서의 자신을 돌아보다가, 최후에 "나는 겁쟁이 병사였답니다"라며 방긋 웃던 모습을 잊을 수 없다. '위안소'에 가는 것/가지 않는 것을 분류하는 것은 징병제나 군대가 요구하는 '남자다움'에서 벗어나는 것이 가능한가/불가능한가의 차이는 아닐까.[6]

맺음말

본고를 준비함에 있어 많은 분량의 병사의 회상록을 읽는 가운데, "남자가 된다"는 말이 병사를 군대나 전쟁과 얼마나 결부시키고 있는지를 통감했다. 징병검사가 청년의 성 체험에 있어 큰 고비가 된다는 사실은 요시다 유타카吉田裕가 지적한 바 있지만(요시다 유타카, 2002: 63-64), 응소할 때에도 연상의 남성(상사나 부친)에 의해서 유곽에 끌려가고, 전투를 앞두고도 상관에게 "이런 때 남자가 되어 두도록" "남자의 숙원을 달성하고 오라"며 콘돔을 건네받는다.

뮐호이저가 말했듯 "근대적 군대의 지도자들은 휘하 병사들의 성적 욕구를 전투행위의 방향으로 유도하려"(Mühlhäuser, 2010 = 2015: 4) 했고, 사토 후미카가 말했듯 "신병은 훈련을 통해 신체적·정신적으로 거칠어지고 공격적이게 되어, 성적 활동성을 두고 경쟁하는 남성성을 향해 내몰리게 되었다"(사토 후미카, 2013: 245). 일본군의 경우에도 병사는 상관에 의해 '위안소'에 줄을 서도록 유도되었고, 성행위를 "남자가 된다", "총공격을 한다"고 표현하면서 함께 '위안소'에 가서 동일한 여성과 관계를 가지게 된 것을 '전사 형제'로 인식했다. 이처럼 호모소셜[7]한 동조 압력하에서 그 집단에서 벗어나는 사람은 겁쟁이 혹은 '얼뜨기'라며 '모욕'을 당하고 상관에게 따귀를 맞는 재재를 받았다. 군 상층부에게 있어 '위안소'는 병사를 전장에 붙들어 매도록 함으로써 전투부대 결속력의 중요한 요소로 활용되었다. 병사 쪽에서도 성욕은

5 전제적 시설(total institution)이란 어빙 고프먼이 『사사일람』(Goffmann, 1961 = 1984)에서 "다수의 유사한 경우에 있는 개개인이 함께 상당한 기간에 걸쳐 포괄적 사회로부터 차단되어 폐쇄적이면서 형식적으로 관리되는 일상생활을 보내는 거주지나 직장을 의미하는 장소"라 정의했다.

6 징병자가 요구하는 남성성에 대해 당사자로서 위화감을 가지고 연구를 계속해 온 이는 가노마사나오鹿野政直이다. 가야마는 이 책의 집필 동기에 대한 인터뷰에서 "자신이 모범적인 일본남자에서 탈선하고 있다" "서툴렀다" 유소년기의 자신은 "이러한 주형에 집어넣어지는 것에 대해 공포감"이 있었다고 말하고 있다(사토·이토 편, 2017: 436-437). 또한 인터뷰에서는 "징병제도가 사라진 전후에도 오랫동안 그 공포감이 꿈에도 나타났다"고 말했다(2014년 12월 7일). 징병제도가 근대를 통해 남성성에 어떠한 영향을 주었던가 하는 남성사 연구가 필요하다.

7 호모소셜homosocial이란, 세지윅(Sedgwick, 1985 = 2001)에 따르면 여성을 매개로 함으로써 성립되는 남성이성애 당사자들의 연대를 이르는 것으로, 그 근저에는 여성을 성적 객체화하는 여성멸시와 여성혐오(misogyny)가 있다.

억제할 수 없는 것이라는 남성 신화를 의문의 여지가 없는 것으로 받아들이고 이를 자신의 욕망이라고 믿게 되어, '위안소' 이용을 상관의 '온정'이라고까지 생각하게 되었다. '위안소'를 이용한 뒤 병사의 "낯빛이 완전히 다르다"거나 "얼굴에 평화가 되살아났다"고 한 장교나 헌병의 기록은 '위안소'가 병사를 손쉽게 컨트롤할 수 있도록 하는 절대적인 효과를 가진 장치였다는 것을 보여준다.[8]

한편, 극소수이기는 하지만 '위안소' 이용규정에서 병사의 성이 물건처럼 관리되고 있다는 것을 간파하고 "군인을 깔보고 있다"고 느낀 병사도 있었다는 사실을 놓쳐서 안 된다. 고참병에게 끌려가서 강제로 '당한' 초년병이 "위안소에 가는 것은 강제"라고 생각한 경우도 있다. 여기에서는 군에 의한 성적 컨트롤의 대상으로서 사물화하는 것에 대한 위화감이 있다. 군대라는 구조적 폭력 아래에서 군이 요구하는 '남자다움'으로부터 벗어나려 했던 병사들도 존재했다. 이들을 병사들의 에이전시로서 규정하는 것을 앞으로의 과제로 두고자 한다.

본고를 집필함에 있어, '일본의 전쟁책임 자료센터'가 수집한 자료를 제공받았다. 감사의 마음을 여기에 기록한다. 방대한 데이터를 읽어내는 작업은 자료 수집에 관여한 이들의 진지한 모습과 노력을 생각하게 하였고, 이 자료군을 접한 사람들이 병사 본인의 섹슈얼리티에는 주목하지 않았다는 것을 깨닫는 작업이기도 했다. '위안소'에서의 성폭력에 주목하는 사람들의 노력 덕분에 '위안부' 문제는 여성에 대한 인권침해의 문제로 가시화하고 있다. 이러한 인권침해를 근저에서 지탱하고 있었던 것, 전쟁·징병제도가 만든 '남자다움'에 대해 젠더적 시점에서 엄밀하게 묻는 일이야말로 '위안부' 문제를 되풀이하지 않도록 하기 위해 필요한 연구라고 생각한다.

8 위안소'가 병사들에게 주는 효과에 관해 그 '효과'가 크면 이를 자신의 존재의의라고 느낀 이는 일본인 '위안부'들이었다. 후쿠오카福岡 편성보병 제120연대에 속한 '위안부'였던 '게이코慶子'는 "병사들이 이제야 안정을 되찾는군"이라는 장교 두 사람의 이야기를 듣고 이를 자신에 대한 "칭찬의 말"로 받아들이고 "가슴이 뜨거워져"서 "도움이 된다"고 생각하니 "눈물이 나올 듯" 했다고 센다에게 이야기한 바 있다(센다, 1985: 179-180). '위안소'라는 성폭력 시스템 속에서도 피해자가 인생에서 처음으로 자신의 존재의의를 확인할 수 있었다는 것을 어떻게 생각하면 좋을까. 여기에는 여성이 받아온 깊은 성차별과 계급 차별과 더불어 일본인 '위안부'가 품고 있는 내셔널리즘("병사들에게 도움이 되고 있다"라는)과 젠더 속박(남성에 대한 봉사)의 강력함도 읽어낼 수 있다. 동시에 구조적 폭력 아래에서도 일본인 '위안부'(및 일부의 식민지 '위안부')에게는 자신들에 대해 프라이드가 느껴지는 일면도 있었다는 사실을 놓쳐서는 안 된다.

제2부

이야기할 수 없는 기억

제5장

섹스라고 하는 접촉지대

: 일본 점령의 경험에서

챠조노 도시미茶園敏美

머리말

패전 후 일본에서 점령군과 성적인 관계를 맺은 여성들은, 세간에서는 '빵빵'(이하 본고에서는 따옴표를 쓰지 않고 사용함)이라는 말로 스티그마(낙인)화되어 모멸적인 시선의 대상이 된 후 오늘에 이르고 있다. 빵빵에 대한 스티그마는 중층화되어 있다. 중층화의 하나는 어떠한 성적 접촉이라도 '매춘'의 일종으로 간주되는 '창부차별'이고, 다른 하나는 '전승자에게 빌붙은 여자'라는, 특히 점령지 남성들로부터의 모멸적인 시선이다. 물론 여기에는 '자신들의 것이었을 터인' 일본 여성을 점령자에게 '빼앗겨 버렸다'라는 생각도 포함된다. 또한 교육평론가 간자키 기요시神崎清가 점령군과 교제하는 점령지 여성에 대해 "우리에게 있어서는 소중한 일본의 딸들이다"라고 말하는 것에서 상징되듯 '보호세 갈취'의 '낭패'도 포함된다. '보호세 갈취'란 이 책 11장 사토의 논문에서 말하는 "여성이 자신을 지킨다고 칭하는 남성에 의해 보호를 약속받는 상황"(강조는 원문)을 말한다. '보호세 갈취자'가 '보호해야만 하는 여성'의 보호에 실패하면 낭패를 겪고 불만을 느끼기 때문에 보호 대상자의 행동을 제약하려고 한다(본서 11장 사토의 논문 참조). 간자키가 일련의 저작에서 점령군과의 결혼을 거부하는 일본 여성을 높이 평가하는 것과 달리 점령군과의 교제에 적극적인 일본여성에 대해서는 지식인의 입장에서 철저히 비판하고 있는 것은(챠조노, 2014), '보호세 갈취자' 중 한 사람인 간자키가 '소중한 일본의 딸'의 '보호'에 실패했기 때문일 것이다.

이 같은 스티그마를 가져온 사회적 배경으로 두 가지를 들 수 있다. 첫째는 점령군 위안시설의 개설이라는 문제가 깊이 관련되어 있다. 이 시설은 점령군 장병을 성적 서비스로 '위안'하기 위한 국가사업으로 일본 각지에 설치된 시설이다. 두 번째는 점령군과 점령지 여성 사이의 강간/매매춘/연애/결혼은 성폭력 연속체라는 것을 당사자도 그 주변의 사람들도 알아차리지 못한다는 것과 관련된다. "성폭력을 강간에서 매매춘, 연애, 결혼까지의 연속선상에 배치하는 것은 사실 그 사이에 연속성이 있고, 경계를 짓는 것이 어렵기 때문"(이 책 서장 우에노의 논문)이다.

이 글에서는 점령지 여성의 점령군과의 강간/매매춘/연애/결혼이라는 경험은 성폭력 연속체 위에 존재한다는 것을 의식하면서, 회색지대라는 개념을 사용하여 점령군과 성접촉하는 점령지 여성의 만남의 공간에서 어떠한 일이 일어나고 있었던가를 주목한다. 이렇게 함으로써 점령지 여성의 개별적이고 구체적인 생존전략이 나타날 것이다. 구체적으로는 패전 후 곧바로 점령군 위안시설을 설치하여 '성의 방파제'로 삼으려 한 일본 정부의 대응이 어떠한 것이었는지를, 시설 개설로부터 폐쇄까지 고찰한다. 이를 바탕으로 점령이라고 하는 압도적으로 비대칭적인 상황 아래 한정된 선택지 속에서 점령기를 살아 견뎌야 했던, 빵빵과 도매금으로 취급된 여성들의 생존전략을 극히 일부만 남아 있는 귀중한 청취조사 자료를 이용하여 철저히 귀납법 분석[1]을 통해 밝히려 한다.

사회학자 하시모토 아키코橋本明子는 일본의 패전 후의 기억을 국제 비교의 시점을 통해 또렷하게 해명한 바 있다(Hashimoto, 2015). 하시모토의 이 수법은 유사사례 비교라 불리는 것으로 이 글에서도 유효하다. 점령기 일본에서 점령군과 성적 접촉을 가진 여성들이 현재, 자신의 경험을 공적으로 이야기하지 않는 상황인 이상, 전시나 점령기의 유럽 여성과 점령군과의 성적 접촉을 비교함으로써 보이기 시작하는 것이 있으리라고 생각하기 때문이다. 그것은 "비교에 의해 비로소 특정 사례가 지닌 독특함과 다른 것과의 공통점이 명확해지"(본서 '머리말')는 것을 의미한다. 따라서 이 글에서는 제2차 세계대전 시기 유럽에서 나타난 독일군과 독일의 점령지 여성과의 성적 접촉의 다양성을 염두에 두면서, 점령기 일본에서 점령군 병사와 성접촉을 하는 여성들의 에이전시에 주목한다.

역사학자 니시카와 유코西川祐子는 자신의 점령기 경험을 토대로

1 귀납법 분석이란 질적 정보처리의 하나로 '데이터로 하여금 말하게 하는' 분석방법을 이른다. 이 분석은 분석자의 예상에 반하는 데이터라 할지라도 모두 분석하는 수법을 취하기 때문에 분석자가 자의적으로 데이터를 취사선택하기란 매우 어렵다(우에노 감수, 2017).

"독자와 함께 점령기 교토의 마을을 걷는 안내역"(니시카와 유코, 2017: 374)에 철저하면서 점령이란 무엇인가를 제대로 고찰한 노작을 출판했다. 교토에 대한 이 책의 고찰은 많은 부분 니시자와의 저작에 빚지고 있다.

1. 점령군 위안시설 설치와 '방파제'로 선별된 여성들

1945년 8월 18일에 내무성이 발표한 '점령군이 진주할 때 시간에 맞추어 진주군 장병용 위안시설의 설치를 서두를 것'이라는 긴급지령을 실행하기 위해 바로 며칠 뒤 일본 각지에서 점령군 위안시설이 개설되었다. 이 위안시설의 개설은 모순으로 가득찬 것이었다.

지역에 따라 점령군 위안시설의 설치 상황이나 명칭은 달랐지만(하야카와, 2007; 히라이 가즈코, 2014), 공통된 것은 '성의 방파제'로서 '프로나 세미프로의 여성'(이와사岩佐, 1966: 41)을 가장 먼저 점령군에게 제공하기로 결정되었다는 사실이다. 이 시점에서 이미 국가를 위해 희생해야 할 여성과 그렇지 않은 여성이라는 선별이 이루어졌다. 그러나 전쟁으로 인하여 '프로나 세미프로의 여성'은 고향으로 돌아가거나 행방불명이 되어 접객부의 수가 너무도 부족했기 때문에, 당초에 지켜야 할 것으로 여겨진 '일반 부녀자' 가운데에서 '일반 공모'를 통해 '방파제'가 되어 줄 여성을 조달하기로 했다(히라이 가즈코, 2014; 챠조노, 2014).

'성의 방파제'라는 명목하에 국가의 사업으로서 개설되는 점령군 위안시설이라는 발상은, 일본군의 성적 '위안소'를 상기하게 하고, 만주 인양자들에 대한 소련군의 강간에 대처하는 '방파제'와도 통하는 발상이다. 이 세 가지에 공통되는 것은 모두 '일반 부녀자'가 아닌 여성들이 가장 먼저 '성의 방파제'로서 제공되었다는 것이다. 만주에서는 '성적 서비스에 종사하고 있던 여성'(후루쿠보, 1999: 5)이라고 해서 이른바 '특수직업 부인'(야마모토, 2013: 31)이 '일반 부녀자'와 구별되고 있었다.[2]

'위안부' 문제는 '국가에 의한 범죄'일 뿐만 아니라 '남성에 의한 성범죄'(우에노, 1998)이기도 한데, 점령군 위안시설 개설에 있어서도 여성을 '제공한' 것은 조직이나 당국 쪽의 남성들이었으므로 국가에 의한 범죄인 동시에 남성들에 의한 성범죄라는 시점에서 벗어날 수 없다.

니시카와는 일찍이 일본의 군대에 밀착하여 중국 대륙에서 군대를 대상으로 환락시설을 개점하고 있던 카바레 경영자가 전후 당국의 요청에 의해 점령군 위안시설을 개설하였다는 사실을 밝히고, "식민지 진출, 전쟁, 패전과 피점령, 그리고 전후는 사람에게 있어서도, 사물에 있어서도, 구조에 있어서도 단절 없이 연속되고 있었다"(니시카와, 2017: 245)고 지적한다. 이처럼 점령지 여성의 '성의 방파제'는 전시기로부터의 연속성이라는 시점에서 살펴볼 필요가 있다.

2 개척단의 방위나 식량 확보의 대가로 개척단의 미혼여성을 소련군 장교에게 '제공'한 사례는 이 책 6장 이노마타의 논문을 참조할 것.

2. 점령정책의 결과로서의 빵빵의 출현—방파제에서 범죄자로

빵빵의 등장은 자연발생적인 것이 아니라, 점령정책의 결과라는 배경을 두고 있다. 점령군 위안시설은 손님인 병사에게 성병이 만연하게 되었다는 이유로 차츰 폐쇄되었지만,[3] 시설이 폐쇄되자 "위안부는 실업을 하게 되고, 이에 따라 가창街娼이 되어 갔다. 이른바 빵빵걸의 출현이다"(효교현경찰사편찬위원회 편, 1975: 515)라는 것인데, 실업한 접객부가 가창이 된 것이다.

점령군 위안시설이 전중戰中의 군수산업 시설과 마찬가지로 국가사업의 일환이었다는 관점에서 살펴보면, 군수산업 등에 징용되어 있던 여성들 가운데 전후 점령군 위안시설에서 접객부로서 일하던 여성은 결과적으로 전중과 전후 연속적으로 국가에 '봉사'해 온 것이 된다. 그럼에도 불구하고 점령군 위안시설의 폐쇄 이후 그녀들을 기다리고 있던 것은 세간에서는 '빵빵 사냥'이라 불렸던 들개사냥과 같은 '캐치'였다. '캐치'라 함은 점령군에게 성병을 퍼뜨릴 우려가 있는 여성들이 성병에 걸렸는지 아닌지를 밝히기 위해 미군 헌병과 일본의 경찰이 실시한 강제적 성병 검진을 위한 검거를 뜻하는 것으로, 미스캐치(오인검거)가 다수 발생했다.[4]

미스캐치를 당한 여성들의 호소가 매스컴의 주목을 끌고, 국회에서 거론되기까지 한 것은 그녀들이 '모델 피해자'(우에노, 1988)였기 때문이다. '캐치'의 경우 '모델 피해자'라 함은 '빵빵이 아닌데도 캐치를 당했다'고 호소하는 것이 가능한 피해자를 지칭한다. 여기에서 빵빵이 아니라는 주장에는 '창부차별'에 덧붙여 '점령군에게 빌붙지 않았다'고 하는 이중의 의미가 담겨 있다. 뒤집어 말하자면, 빵빵이 아니라는 호소는 사회에 존재하는 '창부차별'과 '전승자 쪽에 달라붙은 여성에 대한 경멸'을 회피하려는 주장으로서 사회에 수용되었다. 이와 달리 '모델 피해자'에서 벗어난 여성의 호소는 사회에 수용되기 힘들어진다. 결과적으로 '모델 피해자'가 빵빵이 아니라고 강조하면 할수록 빵빵이라는 존재는 스티그마의 중층화에 의해 강화되어 가고, 스티그마를 짊어지게 된 쪽은 점점 자신을 공적으로 드러내기 힘들어지게 된다.

3. 본고의 분석개념과 분석방법에 대하여

접촉지대와 한정된 생존전략

성폭력 연속체라는 개념에 입각하여 본고는 중요한 두 개의 개념을 이용한다. 그중 하나가 '접촉지대(contact zone)'라는 개념이다. 접촉지대란 메리 L. 프랫이 정의한 개념으로 "통상 억압상태, 압도적인 비대칭, 그리고 어쩔 수 없는 충돌과 관련되어 있는 제국과의 만남의 공간으로서, 지리적으로 역사적으로 떨어져 있는 사람들이 서로 접촉하여 계속되는 관계를 확립하는 공간을 뜻한다"(Pratt, 2008: 8). 지배/피

3 폐쇄의 시기는 각 지방자치단체에 따라 달랐다(히라이 가즈코, 2014).

4 72세의 여성도 캐치를 당하고 있었다(챠조노, 2014).

지배라는 압도적인 권력의 비대칭성이 있는 관계 아래 지배자와 피지배자가 만나는 공간인 접촉지대는 지배에서 피지배로의 일방향적인 시점이 아닌, 지배자와 피지배자의 상호작용의 효과를 강조한다(같은 책: 8).

본고는 이 개념을 응용하여 점령지에서 승자 쪽의 점령군과 패자 쪽의 점령지 여성이 만나 서로 교류를 하는 공간을 접촉지대라 부른다. 접촉지대라는 개념을 통해 점령군과 점령지 여성의 관계를 살펴보면, 점령이라는 압도적인 폭력에 노출되어 있으면서도 그녀들이 스스로의 에이전시를 발휘하여 점령군 병사와 교섭하면서 상황을 컨트롤하고 있다는 것을 알게 된다. 나중에 상세하게 설명하겠지만, 접촉지대라는 개념은 점령지 여성에게 가해진 강간에 대한 그녀들의 저항에도 유력한 시사점을 제공해 주는 개념이다.

'한정된 생존전략'이라는 개념은 접촉지대와 밀접히 관련되어 있는 또 하나의 중요한 개념이다. 우에노 지즈코는 일본군 '위안부'들이 살아 견디기 위한 생존전략 가운데 당사자들이 '사랑'이나 '연애'라 부르는 '자발적인 관계'가 있다는 사실을 아무도 부정할 수 없으며, 그 '자발성'을 인정한다고 해서 이들이 놓인 억압적 상황을 조금이라도 부정하게 되는 것은 아니라고 말한다(우에노, 2017: 252).

일본군 '위안부'들의 이러한 '자발적인 관계'는 점령군과 친밀한 관계에 있었던 점령지 여성들에게도 해당된다는 점은 아무리 강조해도 지나치지 않을 것이다. 점령/피점령이라는 압도적으로 비대칭적인 관계 속에서 피점령자인 점령지 여성이 자신의 에이전시를 발휘하여 점령자인 점령군 병사와 상호교섭을 하는 공간이 접촉지대이며, 이 공간에서 점령지 여성이 점령군 병사와 맺는 '자발적인 관계'는 점령기를 살아 견디기 위한 그녀들의 한정된 생존전략이다. 그럼에도 불구하고 이 책 11장 사토의 논문에서 "말하는 주체가 누구인지가 문제되지 않는, 그것이 피해자의 이야기이건 가해자의 이야기이건 간에, 어떤 이야기에 정통성을 부여하고 여기에서 벗어나는 이야기에는 귀도 기울이지 않으려는 것은 그 공동체에 있어서 전쟁의 마스터 내러티브의 규정력인 것이다"라고 지적하고 있는 것처럼, 일본을 점령한 적국의 점령군과 '합의의 관계'에 있다고 사회가 판단하면, 그녀들의 한정된 생존전략은 보이지 않게 된다. 그 결과 그녀들이 성폭력을 당하고 있더라도 '자기 책임'으로 간주된다. 점령이 종결된 지 70년 가까이 경과했지만, 아직 그녀들이 정당한 평가를 받고 있다고 말하기는 어려운 상황이다.

『가창』을 관철한 귀납법 분석으로 재고

점령군과 점령지 여성과의 성접촉을 생각함에 있어 이 글에서 교토를 다루는 것은 두 가지 의미가 있다. 우선 실제로 점령군과 성적 접촉을 가진 점령지 여성의 귀중한 구술 청취 자료가 교토라고 하는 장소에 존재한다는 점이다. 다음으로 교토라는 지역 그 자체가 계급별로 점령군이 배치되어 있었던 까닭에,[5] 점령군과 교제한 일본 여성의 출신 계층과 점령군의 계급이 연동되고 있다는 사실이 그녀들의

5 I Corps Engr., Repro., Plant 1259D, 1949, City Map of Kyoto:Kyoto Prefecture, Honshu, Japan, 2nd ed., 교토부립종합자료관 소장에 의함.

청취 자료를 귀납법으로 분석해 가는 가운데 부각되었기 때문이다.[6] 즉 교토라는 점령지는 점령군에 의해서 주민들에게는 “계층별 위안, 휴양, 관광, 문화 교제의 장”(니시카와 유코, 2013: 11)이었는데, 이는 점령군과 교제한 일본여성에게 있어서도 마찬가지였다.

『가창—실태와 그 수기』(다케나카·스미야 편, 1949, 이하에서는 『가창』이라 함)는 GHQ(연합국군최고사령관총사령부)에 의한 언론 통제가 이루어지는 가운데, GHQ 군정부 후생과장 에밀리 퍼트넘의 조언 아래 교토사회연구소가 교토 지구에서 점령군과 성적인 관계를 가진 2백여 명 여성의 조사보고서를 출판한 것이다. 그녀들은 교토 지구에서 캐치를 통해 헤이안平安 병원, 중앙보호소, 자초원紫草苑[7]에 수용된 여성들이다.[8] 조사 시기는 1948년 12월부터 1949년 4월까지이며, 조사는 동 연구소 조사원의 면접을 통해 이루어졌고, 통계자료도 포함한다. 이 자료가 귀중하다고 하는 것은 2백여 명의 여성 중 86명이 자신의 경험을 조사원에게 말하고 있기 때문이다. 그중에서 점령군과의 성적 접촉을 가진 여성은 63명이다. 그녀들은 16세에서 36세에 걸쳐 있는데, 평균연령은 21세이다. 또한 중퇴, 졸업을 포함 여학교 이상의 학력을 가진 여성이 과반수이다.

문부성 조사국에 따르면 여자의 중등교육 진학률은 1935년 16.5%, 1940년 22%(URL①)였으므로, 점령기 이전의 여학교는 경제적 여유가 있는 가정의 여자들만 진학할 수 있었다(야요이 미술관·우치다 편, 2005). 이를 통해서 출신 계층이 비교적 높은 여성이 점령군과 친밀한 관계를 맺었다는 사실을 알 수 있다. 이는 ‘미국의 동맹국이자 독일의 피정복국’이었던 프랑스의 상황과도 일치한다. 메리 L. 로버츠에 의하면 프랑스에는 당시 '보니슈'라 불리던 여성들이 있었다. '보니슈'란 '시녀'의 멸칭이다. 그녀들은 해방군으로 프랑스에 들어온 미군의 연인이나 '피앙세'로서 교제하는 길을 선택했다. '양가良家'의 자녀인 경우도 많았다고 로버츠는 지적한다(Roberts, 2013 = 2015: 169). 보니슈는 "경멸의 대상이 되는 동시에 두려움의 대상이 되는"(같은 책: 171) 존재였을 뿐만 아니라, 점령기 일본에서 빵빵이라 불리던 여성들과 유사한 존재였다(챠조노, 2014).

해방 후의 프랑스에서는 본보기로 삭발을 당한 여성들이 있었다. 해방군이 오기 전 프랑스에서 프랑스를 점령하고 있던 독일군과 친밀한 관계에 있던 여성들이다. 후지모리 아키코에 의하면 독일 점령에서 해방된 프랑스에서는 해방군인 미군과 교제하거나, 결혼하여 도미한 여성들이 있는 반면에, "독일군 병사와 관계가 있었던 여성들에 대한 폭력과 박해, 그리고 이와 같은 관계로부터 생겨난 아이에 대한 차별 대우가 좀체 그치지 않았다"(후지모리, 2016: 68). 프랑스에서는 해방군 병사와의 교제는 주민들에게 수용되었지만(같은 책), 보니슈라는 멸칭으로 불리고 있던 프랑스 여성의 존재에 착목하게 되면 해방군 병사와 교제하는 여성에 대해서도 주민들은 모멸적 시선을 던지고 있

6 점령군의 계급을 포함한 고찰은 졸저 『또 하나의 점령—섹스라는 접촉지대로부터』(챠조노, 2018)을 참조할 것.

7 헤이안 병원은 성병 전문병원, 중앙보호소는 가창의 일시 수용소, 자초원은 가창을 수용하여 갱생시키기 위한 사회사업 시설이다.

8 조사는 "전후에 있어서 특수한 변동에 의해 가창이 된 이들에 대한 조사"로서 재래의 창기, 고용부(고용된 하녀), 특정한 거소에서 매음 행위를 하며 생계를 유지하는 이들은 제외했다(다케나카 · 스미야 편, 1949: 119).

었던 것이 된다.

즉 독일 점령에서 프랑스가 해방되었을 때 점령기에 독일군과 교제하고 있던 프랑스 여성은 '패자의 여자'로서, 프랑스를 해방한 해방군 병사와 교제하고 있던 프랑스 여성은 '승자의 여자'로서 각각 스티그마를 짊어지게 된 것이다.

레기나 뮐호이저는 합의하에 관계를 맺는 여성과 남성은 서로 동기가 다르고, 저마다 다양했다는 사실을 사료를 통해 확인하고 있는데(Mühlhäuser, 2010 = 2015), 이 글에서는 점령군에 의한 이야기나 기억은 다루지 않기로 한다. 오히려 철저한 귀납법 분석을 이용하여 『가창』에 수록되어 있는 여성들이 개별적이고 구체적으로 말한 사례에 주목하는 쪽으로 특화하려 한다. 그 이유는 빵빵이라 도매금으로 취급되어 오랫동안 세상으로부터 '묵살'당해 온 여성들의 이야기에 주목함으로써 접촉지대에서 살아 견디려 했던 그녀들의 생존전략이 드러날 것이기 때문이다.

이 글에 등장하는 여성은 이전의 저작(챠조노, 2014)에서 인용한 여성도 등장하기 때문에, 전자에 맞추어 모두 꽃의 이름, 혹은 꽃을 본뜬 이름이나 계절명 등의 가명을 사용했다.[9] 나이는 원자료에서는 세는 나이였지만, 이 글에서는 조사한 날짜를 기준으로 하여 만 나이로 한다.

그러면 다음 절에서 점령군과 점령지 여성 사이의 강간/매매춘/연애/결혼에 있어서 개별적이고 구체적인 사례와 성폭력 연속체인 강간/매매춘/연애/결혼의 사례를 거론하면서, 접촉지대에서 그녀들의 에이전시와 생존전략에 대해 살펴보자.

4. 강간/매매춘/연애/결혼에 있어서의 생존전략

강간—'모델 피해자'가 아닌 여성들의 생존전략

점령군과 점령지 여성 간의 만남이 강간이라고 하는 문답무용問答無用의 폭력일 경우 접촉지대라는 개념으로 보면 어떻게 될 것인지 생각해 보자.

63명의 여성들 가운데 점령군으로부터 당했다고 조사원에게 말하고 있는 이는 7명뿐이다. 이 7명은 '모델 피해자'(우에노, 1998)이다. 강간의 '모델 피해자'라 함은 피해자가 성적으로 순진무구하며 게다가 격렬히 저항을 했음에도 끝내 저항에 실패했다고 말할 수 있는 피해자를 말한다. 다른 폭력과는 달리 성폭력의 경우 피해를 당했다고 말하거나, 말하지 못하거나, 말할 수 없었거나 하는 등의 사태가 일어나는 것은 '모델 피해자'의 이야기가 아닐 경우 세상에서 쉽게 받아들여지지 않는다는 상황이 존재하기 때문이다. 특히 복수의 점령군과 교제하고 있는 여성이 강간 피해를 당하는 경우에는 피해자의 '자기책임'으로 귀속되어 버린다. 설령 '모델 피해자'일 경우에도 "강간당한 뒤 자포자기 심정으로 빵스케パン助(빵빵)를 시작했습니다"(미나, 19세), "이곳저곳에서 ○○(GHQ의 검열 때문에 복자 처리된 것으로 점령군을 지칭함. 이하 본고에서 ○○는 점령군을 의미함)을 낚아서 돈을 벌었습니다"(사쿠라코, 21세)라는 말에서 알 수 있듯, 강간이 원인이 되어 빵빵이 된 여

9 그녀들의 가명에 대해서는 이를 '성적 존재'로 보려는 의도는 없으며, 필자가 후각 장애를 가졌던 시기의 기억과 깊이 관련되어 있다. 상세한 내용은 챠조노(2014)의 '감사의 말'을 참조할 것.

성들도 있었다.[10]

그렇다면 '모델 피해자'가 아닌 여성이 점령군에 의한 강간 피해를 당했을 경우 에이전시를 발휘하게 된다면, 어떠한 행동을 보일 것인가.

'모델 피해자'가 아닌 여성들은 자신을 덮친 점령군에게 돈을 지불하도록 하는 전략을 취하고 있었다. 점령군으로부터 강간을 당한 것을 조사원에게 말하고 있는 앤(19세), 후유코(19세), 나나(20세) 세 사람의 이야기가 공교롭게도 이러한 사실을 말하고 있다.

앤은 오사카의 카바레에서 댄서(점령기의 댄서란 댄스홀이나 카바레에서 자신을 지명한 병사와 둘이서 춤을 추는 직업을 의미)를 하고 있던 시기에 알게 된 점령군 병사에게 속아 여관으로 끌려가 "정조를 잃었다." "그때는 그러한 일로 돈 따위를 받는다는 것을 알지도 못했고, 물론 돈을 받지도 않았다"고 말하고 있다.

후유코는 친구와 둘이서 오사카 우메다梅田 역 부근을 걷고 있을 때 점령군의 차로 납치되어 호텔에서 강간을 당했다. 그 뒤 두 사람은 다시 차에 태워져 우메다 역까지 태워 보내졌다. 후유코는 울면서 친구의 집으로 갔다. 친구는 그때는 아무 말도 하지 않았지만, 나중에 그 친구 역시 후유코와 마찬가지 일을 당했다는 사실을 후유코는 알게 되었다. 후유코는 "아무것도 모르던 나는 ○○에게 돈 같은 것을 말할 줄도 몰랐고 그런 말을 하려고도 하지 않았다"고 말하고 있다.

앤과 후유코의 이야기에서 공통되는 것은 점령군에게 당한 여성은 덮친 점령군에게 돈을 요구하고 있다는 사실이다. 앤과 후유코는 점령군으로부터 강간을 당한 게 처음이라 강간을 당하면 돈을 받는다는 것을 몰랐다고 말하고 있는 것을 통해서, 돈을 요구하는 여성 가운데에는 점령군에게 몇 차례나 강간을 당한 여성도 존재했다는 것을 알 수 있다.

다음으로 언급하게 되는 나나의 이야기를 통해서는 점령지 여성을 덮친 뒤에 그 여성에게 돈을 지불하는 것이 점령군에게 있어서 암묵적인 이해사항이 되어 있다는 사실이 드러난다. 이 암묵적인 이해는 피해자로부터 경찰 등에 통보되지 않도록 하기 위한 대책일지도 모른다. 이렇게 말할 수 있는 것은, 미리 가로등의 전구를 빼놓고 용의주도하게 계획한 뒤 강간을 범한 점령군 병사 두 명을 피해 여성(연령 불명)이 경찰에 고소했다는 사례가 GHQ의 CID(범죄조사국) 주보週報[11]에 보고되고 있기 때문이다.

나나는 밤 7시경 친구들이 있는 곳으로 놀러가는 도중 점령군에 의해 돌연 가까운 학교의 교실로 끌려가 "체리(처녀막의 속어)가 찢어졌다." 그 뒤 병사가 주소와 이름을 물어 알려주자 그 역시 나나에게 자신의 이름을 알려주었다. 나중에 어느 날 나나가 전차에서 내리자 그녀를 덮쳤던 병사가 나나를 발견하고 쫓아오기에 나나는 도망을 쳤다. 나중에 나나는 그 점령군 병사가 나나를 쫓아온 것은 나나에게 돈을 주기 위함이었다는 것을 알게 된다.

이처럼 앤, 후유코, 나나의 이야기를 통해서 알 수 있는 것은 강간

10 사쿠라코의 경우 강간당했다는 사실을 아버지에게 털어놓았지만, 결벽증 있는 아버지가 거부하게 됨으로써 집을 나오기에 이르렀다.

11 Weekly Summary of Events. 그 주에 일어난 사건이 보고되고 있다. 본 사건은 RG331/SCAP/BOX9894(c)에 수록되어 있다.

을 당한 점령지 여성은 강간한 점령군에게 돈을 지불할 것을 요구하고 점령군 역시 그 요구에 응하는 경우도 있었다는 사실이다. 이 관계에서는 강간하는 점령군과 강간당하는 점령지 여성 사이에 금전이나 거래가 암묵적으로 이해사항이 되어 있다. 여기에서 주의하고 싶은 것은 "도움을 요청하며 울부짖었는데, 사람이 지나가면서 보고 있었지만 그 누구도 도와주지 않았습니다"라는 나나의 이야기가 보여주고 있는 것처럼, 점령군이 점령지에서 행하는 강간은 압도적인 권력의 비대칭 속에서 이루어진다는 사실이다. 이 같은 상황에서 점령군은 강간한 상대에게 돈을 건네줌으로써 강간을 매춘으로 슬쩍 바꿔치려 하지만, 돈을 받은 여성에게 있어서는 강간당한 사실이 상쇄될 수 없는 것이다. 결국 강간 피해자가 '학습'을 통해 사후적인 금전수수로 이행한다고 하더라도, 그것이 "돈을 지불하고 행해진 강간"이라는 사실에는 변함이 없다. 강간 피해자는 강간한 상대에게 돈을 요구함으로써 점령군의 문답무용의 폭력, 그리고 '모델 피해자'의 이야기밖에 수용하지 않는 사회에 대한 이의 신청을 하고 있다고 해석할 수 있을지도 모른다. 이것이야말로 점령군과 점령지 여성 사이의 공간인 접촉지대에 있어 '모델 피해자'가 아닌 여성들의 생존전략이다.

매춘—유곽 작부에서 점령군의 '온리'가 된 스즈

점령군 병사에게 몸을 파는 점령지 여성과 매춘하는 점령군의 관계를 접촉지대라는 관점에서 독해할 때, 그녀들은 매춘 상대로부터 일방적으로 신체를 착취당함으로써 무화되는 존재가 아니라 한정된 상황 속에서 자신의 에이전시를 최대한 활용하여 그 상황을 넘어서려

한다는 것을 알게 된다. 이 글에서는 그 전형적인 사례로서 매춘 상대로 하여금 낙적落籍을 하게 함으로써 유곽의 창부에서 '온리'가 된 스즈의 케이스를 살펴본다. 스즈(23세)는 아버지가 병으로 일을 할 수 없게 된 경제적 사정과 계모와의 관계가 나빴던 상황이 겹쳐, 소학교를 졸업하고 바로 유곽으로 팔려 갔다. 스즈는 고향인 고베에서는 연령제한에 걸려 있었기 때문에 가고시마의 유곽에서 일했다. 그렇지만 가고시마의 유곽은 손님도 수입도 적어서 2년 뒤에 오사카의 신마치新町 유곽으로 빚을 지닌 채로 옮겨간다. 신마치 유곽에서 스즈는 전재戰災를 겪게 되어 오사카의 도비타飛田 유곽에서 종전이 될 때까지 일했다. 1945년 가을에 스즈가 일하는 유곽에 점령군이 찾아왔다. 스즈는 유곽을 그만두고 그 점령군 병사의 온리가 되어 그가 본국으로 귀국할 때까지 2년 동안 함께 살았다.

여기에서 주목하려는 것은 스즈가 유곽을 그만둘 수 있었던 것이 그녀가 점령군으로 하여금 낙적을 하도록 만들 수 있는 능력의 소유자였기 때문이라는 점이다. 스즈는 이미 가고시마의 유곽에서 스스로 액션을 취한 바 있다. 가고시마의 유곽에서 돈을 많이 벌 수 없다는 것을 알게 되자 "자기가 소개인에게 부탁해서" 오사카의 신마치 유곽으로 옮겨갔던 것이다. 유곽이라고 하는, 빚이 눈사람처럼 불어나는 시스템에 몸을 맡기고 있으면서도 스즈가 점령군의 온리가 될 수 있었던 것은 스즈 자신이 이 같은 제한된 상황 속에서 가급적 노동 조건이 좋은 곳에서 일하겠다고 생각하여 이를 실행으로 옮기는 행동력이 있었기 때문이다.

스즈의 생존전략은 압도적인 경제적 자본을 소유하고 있는 점령군의 연애 감정에 불을 당기게 함으로써, 유곽에서 탈출하는 것이 가능해졌을 뿐만 아니라 전승국의 병사라는 구하기 어려운 스폰서를 얻은 것이었다.

연애—온리가 되기 위한 사전준비를 게을리하지 않은 아키

뮐호이저는 점령지에서 고향과는 애써 구별되는 '동일한 세계'를 만들어 내는 점령군이 있다는 것을 밝히고 있다. 예를 들어 기혼자로 본국 독일에서는 두 아이의 부친인 독일인 조리사는 점령지인 리투아니아에도 처를 두고 있었는데, 그에게 있어서 본국과 점령지 사이의 두 개의 생활은 상호 접점을 가지지 않는다는 사실을 유태인 생존자 셸리 라긴(Sheli Lagin)의 이야기를 통해서 보여주었다(Mühlhäuser, 2010 = 2015: 151).

점령지 일본에서도 본국과는 구별되는 유사 결혼생활을 영위한 점령군들이 존재한다.

점령지 여성과 동거하며 유사 결혼생활을 영위하고 있던 것이 〈도표 1〉의 A이다. B~D는 점령군이 교제 상태의 집에 오는 케이스이다. B의 경우 교제상대도 무언가 일을 하고 있었고, C는 무직으로서 점령군으로부터 매달 받는 돈으로 생활을 하고 있었다. D는 점령군이 귀국할 때 그 친구를 소개받은 케이스이다.

〈도표 1〉 점령군과 연애하는 적극성을 보이는 점령지 여성의 특징

	이름	나이	학력	돈	인맥	미	전 직업	현주소
A	카논	20	현립고녀 졸업		○		고베시 E국 사무원	左京区
	란	27	여상 졸업		○	○	N모직 사무원, 댄서	左京区
	카린	25	여학교 중퇴	○	○	○	클럽 근무	上京区
	유키코	19	소학교 졸업				전시중 N전지 사원→양재	東九条
	쓰바키	19	소학교 졸업, 게이샤 자격			○	무직	左京区
B	카에데	21	불명	○	○	○	大映 배우→PX 근무(현)	左京区
	린	34	여학교 중퇴			○	댄서, 끽다점원 겸무(현)	左京区
	모쿠렌	20	실업여학교 교사 자격		○	○	댄서(현)	京都府
C	아키	17	소학교 졸업				오비 끈 묶는 일로 내근	伏見区
	나쓰코	20	여상 졸업			○	카바레	四条
	나노하나	21	소학교 4년				영화관	左京区
D	아키코	22	불명			○	댄서(현)	東山区
	유즈	20	학원 졸업	○		○	엘리베이터 걸	左京区

이 도표에서 전직이 여배우나 댄서 등 외모와 관련된 일을 하고 있는 경우 '미美'에 동그라미를 쳤다. 점령지 여성의 전직은 댄서가 많다는 사실에 주목하면, 점령군이 점령지 여성과 결혼을 생각하지 않을 경우 외모를 중시하여 상대를 고르는 경향이 있다고 할 것이다. 유사결혼생활은 점령지 한정이자 기한 한정의 '결혼'이므로 점령군은 점령지 여성의 학력(문화적 자원), 집안의 돈(경제적 자원)이나 인맥(사회적 자원)에는 관심을 두지 않는다는 것을 알 수 있다. 점령지 한정의 교제라고 잘라두기 때문에 점령지 여성 집안의 돈이나 인맥은 병사에게는 족쇄가 된다.

점령군에게 있어 안성맞춤인 이 같은 점령지 한정의 연애를 접촉지대에서 독해할 경우, 에이전시를 발휘하여 전략적으로 점령군의 온리가 되는 여성의 모습이 드러난다.

"캐치 당하지 않으면 천국"이라며 온리 생활에 만족하고 있는 아키(17세)의 학력은 심상소학교 졸업으로, 어머니와 다섯 언니 가운데 한 명과 아키 셋이서 살고 있다. 아버지는 15년 전에 어머니와 별거하여 다른 현에서 '첩'과 함께 살고 있다. 이미 독립한 오빠가 한 명 있다. 아키는 1948년 2월에 시청에서 근무하던 남성과 결혼했지만 남편의 낭비가 원인이 되어 교토의 친정으로 돌아와 오비帯의 끈을 묶는 일로 내근을 하며 생계를 유지했다. 그래도 생활이 어려웠기 때문에 친구의 소개로 점령군과 처음으로 성적 관계를 가진 뒤 "300엔과 초콜릿, 맥주, 통조림"을 받았다. 그 뒤 아키는 "자포자기의 기분으로 ○○과 교제하려는 마음이 생겨 영어를 연습하고 방을 하나 빌렸습니다"라며 사전준비를 한 뒤 친구의 소개로 점령군을 만나 온리가 되었다.

생활을 위해 점령군 병사로부터 안정적으로 금품을 받기 위해서는 한 사람의 점령군과 교제하는 온리가 되는 편이 좋다는 사실을, 아키는 돈을 위해 처음으로 점령군과 성적 관계를 가진 뒤에 알게 된 셈이다. 하지만 온리라는 지위는 매달 안정된 생활이 보장되기 때문에 점령군과의 접촉을 가지고 싶어하는 점령지 여성에게는 군침을 흘리는 대상이 된다. 그 때문에 경쟁률도 높다.

이와 같은 상황에서 학력, 돈, 인맥이 없는 아키의 생존전략은 영어를 배우고 방을 빌리는 등 용의주도하게 준비하는 것이었다. 그 결과로 아키는 요령있게 점령군의 온리라는 자리를 얻을 수 있었다.

결혼—장을 컨트롤하는 우메코

〈도표 2〉는 점령군 병사로부터 프로포즈를 받은 11명의 여성의 특징을 정리한 것이다. 그녀들의 학력과 돈, 그리고 인맥은 연동되어 있다. 전원이 부모나 친척, 학교 관계자 등과 커넥션을 가지고 있다. A는 점령군의 부모나 점령지 여성의 부모에게 결혼 승낙을 받은 케이스이고, B는 양가의 부모로부터 승낙을 받은 상태는 아니지만 점령군이 점령지 여성에게 결혼을 약속한 케이스이다.

이상을 토대로 〈도표 2〉를 점령지 여성의 에이전시를 통해 다시 바라볼 경우 그녀들에게 공통되는 것은 출신계층이 높다[12]는 것과 더불어 점령군으로부터 결혼 약속을 이끌어내는 능력이 있는 여성이라는 점이다.

12 이 자료는 니시카와가 청취 조사를 해 나가는 가운데 밝혀낸 것이다. "영어사용공간에서 일하던 사람들은 고학력"(니시카와 유코, 2017: 239)이라는 조사 결과와 일치한다.

〈도표 2〉 점령군으로부터 결혼 약속을 이끌어낸 점령지 여성의 특징

	이름	나이	학력	돈	인맥	미	종교*	전 직업	현주소
A	아키	19	여학교 중퇴	○	○			적십자	左京区
	우메코	21	여전 중퇴		○		○	미군 타이피스트	左京区
	사쿠라코	21	소학교졸업→간호부양성소 졸		○	○		기지 웨이트레스	伏見区
	하루카	21	불명	○	○			하우스메이드	左京区
	쓰쿠시	18	여전 졸업→다카라즈카 퇴학	○	○	○	○	미군 타이피스트	東山区
	나쓰메	19	불명	○	○	○		전통예능 여배우	左京区
B	이치고	21	여전 중퇴	○	○		○	하우스키퍼	左京区
	다마코	19	여학교 중퇴		○	○		댄서	東山区
	하마나	17	여학교 중퇴	○	○			무직	東舞鶴
	후지	불명	여학교 졸업	○	○			양재점 경영(현)	左京区
	유리	20	여학교 졸업	○	○			양재점 경영(현)	伏見区

* 가톨릭이나 크리스트교를 신앙으로 하고 있거나 출신학교가 가톨릭 계열인 경우

점령군으로부터 결혼과 동생의 학비에 대한 약속을 이끌어낸 사례로서 도쿄의 미군기지에서 타이피스트로 일하고 있던 우메코(21세)의 이야기를 살펴보자. 우메코는 미군기지에서 일하고 있을 때, 청취 조사 당시에 교제하고 있던 점령군과 친해졌다. 그 점령군이 전근으로 교토로 이동하게 되자 우메코도 따라왔다. 우메코는 신제 고등학교에 통학하고 있는 동생의 학비를 위해 생명보험회사에서 타이피스트로 일을 시작했다.

그런데 우메코가 MP에게 캐치되었다는 사실이 회사에 알려져 회사에서 잘리게 되었다. 그 뒤 우메코의 '남자친구'는 우메코의 동생에게 학비를 원조했다. 당초 우메코와 병사의 교제에 반대했던 동생은 학비를 내주는 우메코의 남자친구에게 감사하면서 학교에 다니게 되었다. 우메코와 결혼하겠다는 의사를 표한 그는 매달 2만 엔을 우메코에게 건네주고, 옷이나 과자 따위를 가지고 와서 주곤 했다. 일용품 등은 본국에 있는 그의 본가에서 보내주는 것을 받는 등 두 사람은 가족들이 공인한 관계였다. 우메코가 가톨릭 신자라는 사실 역시 본가에서 그녀를 승인하게 된 중요한 요인의 하나가 되었다고 할 수 있을 것이다.

압도적인 비대칭의 관계 속에서 피점령자인 우메코와 점령자인 그와의 접촉지대에서 우메코는 그와의 결혼을 조건으로 그는 물론 본국에 있는 그의 가족으로부터도 금품을 받아내는 등의 생존전략을 구사하고 있는 것이다.

이와 같은 생활을 우메코는 "동생의 일만 생각합니다. 학교를 졸업하고 어엿한 어른이 되었을 때 나는 죽어도 좋다고 생각해요"라고 조사원에게 말하고 있는데, 이 이야기를 우메코가 조사원에 대해 수용가능한 동기의 어휘라고 생각하는 것도 가능할 것이다. 동기의 어휘에 대해서는 이 책 서장의 우에노의 논문에서 "왜 그와 같은 행위를 했느냐는 질문에 대답할 때 '이야기'의 선택 범위는 결코 자유롭지 않고 유한하다. 그 속에서 개인은 사회적으로 수용가능하고 또한 자신에게 유리한 동기의 어휘를 채용한다. 그리고 이렇게 채용된 '동기'는 원인이 아니라 사후적으로 구축된 것이다"라고 설명하고 있다.

조사원의 부기付記에는 "자칭 가톨릭 신자로서 지금의 생활을 하느님께서 용서해 주실 것이라고 [그녀는] 이야기하고 있다. 지능의 정도가 높고 감정도 세련되어 있으며 이지적인 느낌을 준다. 그러나 엄청난 번민의 각인은 사라지지 않는다. 고뇌하는 인텔리 여성이라는 느낌이 강하다"라고 하여 우메코가 가톨릭 신자라는 것에 약간의 의문을 품고 있기는 하지만, 점령군과 교제하는 여성을 갱생시키는 입장에 서 있는 조사원에게 우메코의 이러한 이야기는 수용가능한 것이었다. 우메코의 본심이 다른 곳에 있다고 하더라도, 조사원에게는 동생의 학비를 염출하기 위해 어쩔 수 없이 점령군과 교제하고 있다는 인상을 주고 있는 것이나, 본국에 있는 점령군의 가족에게도 공인된 사이라는 것을 조사원에게 강조하는 것을 통해서, 조사원으로 하여금 빵빵이라고는 하지만 불가피한 이유를 가지고 있다고 생각하도록 하는 것이다.

캐치를 당한 것이 원인이 되어 결국 일반 기업에서 일을 할 수 없게 된 우메코의 입장에서는 동생이 학교를 졸업할 때까지 점령군 병사인 남자친구로부터의 자금 원조는 큰 것이다. 따라서 점령군인 남자친구나 그 가족에 대해서도 조사원과는 또 다른 담론 전략을 구사하면서 장을 컨트롤하고 있는 것이 우메코의 생존전략이다.

5. 성폭력 연속체로서의 강간/매매춘/연애/결혼

점령군과 점령지 여성 사이의 강간/매매춘/연애/결혼은 성폭력 연속체인 경우도 많다. 피학대 여성의 피난소에서 일하던 리즈 켈리는 피학대 여성들의 인터뷰를 하는 가운데, 여성의 이성 간 성행위 경험은 합의인가 강간인가에 있는 것이 아니라, 압력에 의한 선택에서 힘에 의한 강제까지의 연속체상에 존재한다는 것을 밝혔다(Kelly, 1987 = 2001: 96-97). 그 결과 "여성 스스로도, 법률도, 그리고 남성은 더더구나 강간이라고 정의하지 않는 합의 없는 성행위를 많은 여성들이 경험하고 있다는 사실"(같은 책: 13)을 발견했다. 역사학자 아티나 그로스만은 1945년 베를린 함락 이후의 독일에서 점령군인 소련병과 교제한 독일 여성에 대해 "때로는 강간과 매춘, 그리고 합의에 바탕을 둔(보통은 수단으로서였지만, 그렇다고 하더라도) 성교를 나누는 선과 그 폭의 섬세함에 자기 자신조차도 어리둥절해 할 정도였다"(Grossmann, 1995 = 1999: 148)고 지적한 바 있는데, 이 '어리둥절함'이야말로 그녀들이 성폭력 연속체에 있다는 것을 의미하는 것이다. 이성 간의 성행위 경험을 합의 혹은 강간이라는 양자택일의 문제로 간주하는 것이야말로, 점령군과 성접촉을 하는 점령지 여성들의 개별적이고 구체적인 경험이 보이지 않게 한다. 점령군과의 관계는 강간으로 정의되지 않으면 '합의의 관계'로 해석되어 버리므로, 압도적인 비대칭의 관계 속에서 살아 견디기 위해 에이전시를 발휘한 한정된 생존전략도 '합의의 관계'로 회수되어 버리기 때문이다.

그런데 접촉지대에서 일어나고 있는 점령지 여성과 점령군 사이의 강간/매매춘/연애/결혼이라고 하는 경험을 성폭력 연속체 선상에 있다고 의식하는 것만으로도 그녀들의 생존전략이 보이기 시작한다. 다만 켈리가 강조하고 있는 것처럼, 성폭력 연속체라는 개념을 "다양한 사건이나 경험을 연결하는 하나의 직선으로 간주해서는 안 된다"(Kelly, 1987 = 2001: 87). 이러한 사실을 바탕으로 다음에서 구체적으로 살펴보자.

강간/매매춘/연애의 성폭력 연속체 — 앤의 경우

근무하던 카바레에서 알게 된 점령군에게 속아 강간당한 앤(4절의 '강간' 부분)의 뒷이야기인데, 그녀는 교토로 와서 자신을 강간한 점령군의 온리가 되었다. 그는 교토의 O(오카자키岡崎로 추측됨)에 있는 미군 시설에서 초병을 하고 있는 점령군 병사였다. 앤이 온리가 되어 "경제적으로 곤란할 때" 이 점령군으로부터 돈을 받으며 관계를 이어나가고 있는 것에서나, "교섭을 계속하고 있다"고 말하고 있는 것을 통해서, 앤을 강간한 병사는 앤의 돈줄이 되었다는 것을 알 수 있다.

"카바레에서 귀가하는 길에 호텔로 데려다준다고 해서 따라갔더니, 알고 보니 어느 여관인데 그곳에서 강제로 정조를 빼앗겼다"고 하는 앤의 이야기에 주목해 보자. 통상 강간을 범한 상대가 압도적인 권력을 가지고 있는 점령군일 경우, 돈을 받지도 못하고 그대로 울며 겨자 먹기로 단념하는 점령지 여성이 많다는 해석이 성립한다고 할 수 있다. 그러나 앤과 그녀를 강간한 점령군의 관계를 접촉지대라는 개념으로 독해할 경우 앤은 자신을 강간한 점령군에게 돈을 요구했을 뿐만 아니라, 그 점령군과의 한발 더 나아간 교섭을 통해 온리가 되어 그로부터 돈을 계속 받아내는 생존전략을 취하고 있음을 알 수 있다. 게다가 앤이 이 점령군의 온리가 되어 교제하고 있는 관계를 성폭력 연속체로 해석하면 앤과 점령군 사이의 강간/매매춘/연애의 관계는 '합의의 관계'라고 딱 잘라 말할 수는 없다. 교제하고 있는 점령군으로부터 앤이 강간당했다는 사실을 없었던 일로 할 수는 없기 때문이다.

매매춘/연애/결혼의 성폭력 연속체 — 다마코의 경우

여학교를 중퇴한 다마코(19세)는 나가노현 출신으로, 여학교 시대의 배구부 친구가 요코하마에서 카바레 댄서가 되어 있던 연유로 다마코도 요코하마에 와서 댄서가 되었다. 이 가게에서 다마코는 점령군 T와 알게 되어 교제를 하게 되었는데, T가 오사카로 전근을 하게 되었다. 다마코가 병에 걸려 앓아눕자 T는 오사카에서 옷과 장신구, 그리고 4천 엔을 다마코에게 보냈다. T로부터 수십 통의 편지도 받았다는 사실을 통해서 T는 다마코에게 홀딱 반해버렸다는 것을 알 수 있다. 그 뒤 다마코가 T의 프로포즈를 거절한 것이 원인이 되어 T는 자포자기 심정으로 만취해 날뛰다가 2개월 동안 '빵'에 갇히게 되었다. 출소한 뒤 T는 변함없이 주 2회 다마코의 하숙에 찾아와 교제를 계속하고 있다는 것이 다마코의 이야기이다.

다마코는 T와 "결혼하는 것은 곤란하기도 하고, 나중에 어떻게 될지가 걱정이다. 무언가 수공예를 배워 일하면서 자활하고 싶다고 생각하고 있다"고 조사원에게 말하면서도, T와의 교제를 계속하고 있다. 다마코는 T가 출소한 뒤 비교적 돈벌이가 되던 요코하마의 가게를 그만두고 교토로 찾아왔다. 교토에서 다마코는 "생활은 보증되지만, T가 만나러 오는 날 외에는 심심해서, 주인집 아주머니를 도와주거나, 함께 물건을 사러 간다거나, 어린아이의 상대가 되어 놀거나 하는" 생활을 보내고 있다. 다마코의 아버지는 종전하던 해에 사망했고, 오빠도 전사했다. 가족 구성은 언니가 셋(한 명은 결혼), 동생 하나에 어머니이다. 본가에 돈을 보낸다거나 하는 정황도 없다. 게다가 "혼자 길을 걸으면 빵빵이라 불릴 것 같아서 외출할 때는 늘 주인집 아주머니와 함께 나가는 것으로 하고 있다"고 말하는 것에 주목해서 보면, 다마코 자신은 빵빵으로 보이지 않도록 신경 쓰고 있다는 사실을 알 수 있다. 한편 주 2회 T가 만나러 와 주는 생활을 "질질 끌고 있는 생활"이라고 말하고 있는 점에서는 돈을 위해 T와의 교제를 계속하고 있다고 할 수 있다.

이 같은 다마코를 조사원은 마음에 들어 했던 것 같다. 조사원이 쓴 부기에는 다마코에 대해 "성격은 누긋해 보인다. 닳아빠진 사람은 아니다. 갱생에 대한 희망으로 열심이다. 건강"이라 썼다.

다마코가 조사원으로 하여금 호의를 가지도록 하는 이야기를 적극적으로 제공하고 있다는 것을 알 수 있다. 즉 다마코는 조사원에게 수용가능한 동기의 어휘를 구사하고 있는 것이다. 아마 다마코는 T에 대해서도 그의 마음에 들 수 있도록 담론 전략을 사용하고 있을 터이다. 바로 그 때문에 결혼을 거부하고 있음에도 불구하고 T로 하여금 생활이 보장될 정도의 금품을 계속적으로 바치도록 하는 것이 가능한 것이다.

다마코와 T의 교제 이야기는 매매춘/연애/결혼의 연속체를 오가고 있기 때문에 그 생존전략을 언뜻 봐서는 알 수가 없다. 그러나 적극적으로 다양한 담론 전략을 사용한 행위가 다마코의 생존전략일 터이다.

맺음말

이 글에서는 점령군과 성적 접촉을 갖기로 선택한 여성에 초점을 두고 그녀들의 에이전시에 주목했다. 통상적으로 지배/피지배라는 억압적인 권력의 비대칭성이 있는 관계가 현저하게 나타나는 점령지에서, 승자 쪽의 점령군과 패자 쪽의 점령지 여성이 만나 서로 교섭하는 공간을 접촉지대라 하고 그 접촉지대에서 점령군과 점령지 여성의 관계를 살펴보면, 점령지 여성이 상황을 컨트롤하고 있는 측면이 있다는 사실에 본고는 주목했다. 권력을 갖지 못한 쪽에 있는 점령지 여성은 압도적인 권력을 가진 점령군에게 오로지 무력하기만 한 피해자는 아니다. 점령군과 성적 접촉을 하는 여성들은 어떤 때는 점령군의 힘을 이용하고, 어떤 때는 점령군에게 예상외의 행동으로 나섬으로써 점령기를 살아 견뎠던 것이다.

일본식 이름을 강요당한 조선인 '위안부' 문옥주는 일본군과의 '사랑'에 대한 추억을 이야기하고 있다(문옥주, 1996). 또한 프랑스에서도 '보슈(독일 놈)의 아이'(가시마 시게루鹿島茂가 쓴 크루거Kruger의 『보슈의 아이』의 추천문)라는 스티그마를 짊어지고서 60년 이상의 세월을 살아온 독불 혼혈의 당사자가 스스로 이야기를 시작하는 것을 통해 '경험의 재정의'(우에노 지즈코)가 이루어지기 시작하고 있다.[13]

그와는 반대로 일본은 아직까지 점령기에 점령군과 친밀한 관계에 있었다는 사실을 봉인하고 살아가야만 하는 상황에 있다. 점령군과 친밀한 관계에 있었던 일본인 여성들은 압도적인 권력의 비대칭 아래에서 피해자인 동시에 에이전시를 발휘하여 상황을 컨트롤하는 경우가 있었음에도 불구하고, 에이전시를 발휘하고 있다는 것으로 인해 오히려 창부차별이나 전승자에게 빌붙은 여자라는 모욕과 적의의 대상이 되어 중층적으로 스티그마화되었다. 이 글에서 다룬 그녀들의 평균 나이가 21세였다는 사실을 새삼스레 상기하면, 점령 종결로부터 70년 가까이 경과한 지금도 그녀들은 정당한 평가를 받지 못하고 점점 사라져가고 있다. 이러한 사실에 우리들은 눈을 돌릴 필요가 있다. 다시 말해 '경험의 재정의'를 하기에는 갈 길이 먼 상황이 이어지고 있는 것이다.

개별적인 사례에서 드러난, 접촉지대를 살아 견딘 여성들의 에이전시로부터 우리는 약자의 생존전략을 찾아내고, 그들의 목소리를 역사에 복권시킬 수 있었으면 한다. 이는 스티그마화되어 침묵 속에 방치되어도 좋은 것이 아니다.

사회학자 어빙 고프먼(Erving Goffman)은 "어떤 부류의 사람에게 스티그마가 되는 속성이 다른 부류의 사람에게는 정당성을 보증하는 것이 되기도 한다"(Goffman, 1963 = 2001: 6)고 말하고 있다. 이 글의 관점에서 말하면, 점령군과의 연애가 결혼으로 이어지지 않았던 여성들은 세상으로부터 빵빵이라 불리며 스티그마화된다. 그녀들이 점령군과의 연애를 공적으로 말하려고 하면 할수록 그녀들에게 부여된 스티그마는 더욱 강화되어 버리기 때문에, 쉽사리 이야기하는 것은 불가능하다. 한편 점령군의 아내가 되어 바다를 건너간 여성들—이른바 전쟁 신부—은 GHQ로부터 정식으로 결혼을 승인받은 여성들이기 때문에 스티그마화되지 않는다. 그녀들은 점령군과의 연애에서 결혼에 이르기까지를 공적으로 말할 수 있고, 실제로 말하고 있다(다쿠시, 2000; 하야시 · 다무라 · 다카쓰, 2002; 하야시 가오리, 2005). 다만 점령군의 아내로서 도미한 여성들이 어떠한 경험을 겪었는가에 대해서는 아리요시 사와코有吉佐和子의 『비색非色』(1967) 등의 작품을 통해 상상할 수 있을 터이다.

우선은 빵빵이라 불린 여성들에게 다양한 생존전략이 있었다는 사실과, 동일한 상황하에서는 자신도 그렇게 했을지 모른다는 생각으로

13 그 배경으로는 〈침묵 속에 지나가 버리다〉라는 다큐멘터리 프로그램이 2002년에 프랑스 방송국 FR3에서 처음으로 방영(이듬해 재방영)되어 반향을 불러일으켰다는 사실이 있다. 2005년에는 '전국전쟁아유호회(ANEG)'가 설립되었다(Kruger, 2006 = 2007). '보슈의 아이'였던 조지안느 크루거(Josiane Kruger)는 ANEG의 홍보 담당이다. 또한 '보슈의 아이'로서 자서전을 엮은 슈잔느 라르드로(Suzanne Lardreau)는 〈침묵 속에 지나가 버리다〉에 대해 "이 다큐멘터리 프로그램은 단순한 보도의 역할 그 이상의 의미를 가지고 있다. 즉 '삭발당한 여자의 아이들'은 이제 결함이 있는 아이들이 아니다. 역사가 낳았다고 하는 특수성을 공유하는 사람이다"라며 스스로 '경험의 재정의'를 행하고 있다(Lardreau, 2009 = 2010).

생존자들에 대한 경의를 마음에 담을 것. 그렇게 함으로써 그녀들이 스스로 '경험의 재정의'를 하는 것이 가능할 것이며, 세상을 떠난 여성들을 포함하는 그녀들의 명예회복으로도 이어질 것이다.[14]

URL① 문부성조사국 편,『일본의 성장과 교육—교육의 전개와 경제의 발달』, 제국지방행정학회, 1962.
https://www.mext.go.jp/b_menu/hakusho/html/hpad196201/hpad196201_2_012.html
(2017년 6월 15일 열람)

14 졸저『또 하나의 점령—섹스라는 접촉지대로부터』(챠조노, 2018)는 점령기 당시 실제로 점령군과 성적 관계에 있던 여성들로부터 도움을 받았다고 하는 당사자들로부터의 새로운 구술자료, 그리고 점령군의 계급에 대해서도 고찰의 시야를 넓히고 있으므로 함께 참고하기를 바란다.

제6장

이야기를 꺼내기 시작한 성폭력 피해자

: 만주 인양자의 희생자 담론을 독해하다

이노마타 유스케猪股祐介

머리말

2013년 11월 9일 만몽개척평화기념관의 '이야기부部 강연'(이하 '강연')에서, 기후현 가모군 구로카와 마을岐阜県加茂郡黒川村(지금의 시라카와초白川町)에서 송출된 구로카와 개척단의 A(여성, 패전 당시 21세)는 자신이 소련병에게 강간당한 체험을 이야기했다.[1] 소련 침공 후의 만주국에서는 일본인 여성이 소련병에 의해 강간을 당했다. 이에 관한 이야기는 워낙 많아 '가려진 기억'은 결코 아니었다. 그러나 그 대부분은

1 만몽개척평화기념관은 나가노현 시모이나군 아치마을長野県下伊那郡阿智村에 있는 일본 유일의 만주 개척단 기념시설. 2013년 4월에 개관. 상설전시, 기획전시, 이야기부 강연을 주된 사업으로 하고 있다. '이야기 부 강연'은 만주 이민 체험자를 강연자로 하는 약 두 시간의 강연으로, 2017년 3월부터 12월에는 매달 두 번째 및 네 번째 토요일에 개최되었다. 기념관에 상세에 대해서는 웹사이트를 참조할 것(URL①). 한편 구로카와분촌유족회는 기념관과 긴밀히 제휴하여 기념관 개관 이래 줄곧 정기적으로 이야기부 강연의 강사를 파견하고 있다. A의 강연도 그 일환으로 실시되었다.

'소련병에 의한 강간을 보고 들었다'라는 전문傳聞의 형태를 취한다. 이런 상황에서 누구든 참가할 수 있는 강연이라는 공적 공간에서 성폭력 피해자가 이야기를 꺼냈다는 사실은 그 의의가 크다.

A가 그 성폭력에서 받았던 심신의 상처와 아픔은 피해로부터 긴 세월이 흘러도 계속되었다. '강연'에서는 피해 체험의 플래시백이 지금도 이어진다는 사실이 이야기되었다. 돌연 침습하는 전쟁과 성폭력의 기억은 그녀의 에이전시[2]를 빼앗아 왔다. 그것을 말하는 하나의 에피소드에서 본고를 시작하고 싶다.

1983년, 구로카와 분촌分村 유족회(구로카와 개척단의 후신)의 26명이 구마모토현 가모토초鹿本町(현재의 야마가시山鹿市)를 찾아가 옛 구타미 마을来民村에서 송출된 구타미 개척단의 위령비를 참배했다. 구로카와 개척단과 구타미 개척단은 만주에서 입식지가 서로 30킬로미터밖에 떨어지지 않은 인접 개척단이었다. 그러나 일본 패전 후의 말로는 매우 달랐다. 구로카와 개척단은 패전 후 입식지에 머무르다 이듬해인 1946년에 661명 중 456명이 인양했다. 이와 달리 구타미 개척단은 현지 주민의 '습격'을 받아서 1명을 제외한 275명이 집단 자결했다. 인양할 수 있었던 사람은 이 1명과 소집 중이어서 개척단에 없었던 40명을 합친 41명에 지나지 않았다(다카하시 유키하루, 1995: 36).

위령 여행에 참가한 A는 전 구타미 개척단의 단원으로부터 한 권의 수기를 건네받았다. 집으로 돌아온 뒤 그것을 몇 번이고 읽는 도중에, "머릿속을 몇 번이나 두드리는 것 같은 생각"이 그녀를 엄습했다. "왜일까." 그 답을 찾아 좀 더 읽어나가는 중 그녀는 다음 구절에 눈길이 사로잡혔다. "규슈인으로서 만주에서 욕을 당하지 않고, 일본 국민을 위해 순사殉死해 주고, 야마토 나데시코로서 깨끗하게 전사해 준 것을 자랑으로 생각한다." 여기에서 A가 생각한 것은 "구타미 개척단은 희생당하지 않고 죽은 것을 자랑으로 생각하지만, 구로카와 개척단은 살기 위해서 희생당하고 더럽혀져서 돌아왔다. 과연 어느 쪽이 정당한 것인가"라는 의문이었다. A는 자문을 반복하는 동안에 "머릿속이 하얘졌다"고 한다.

여기서 말하는 '희생'이란, 일본이 패전한 뒤 구로카와 개척단의 간부가 A를 비롯 10대 후반을 중심으로 한 미혼 여성 15명으로 하여금 소련군 장교와 성교하도록 강제한 것을 말한다. 그것은 '접대'라고 불리었다. 개척단 간부는 미혼 여성이 강하게 저항하자 개척단의 생사가 달린 것이라며 밀어붙였다. 이때 출정 병사의 부인을 지키는 것도 미혼 여성의 '일'로 간주됐다. 소련군은 '접대'를 받는 대신에 폭도화한 현지 주민을 진정시키고 개척단에게 식량을 제공했다.

일본 패전 후 현지 주민에 의한 '습격'을 앞두고, 미혼 여성은 개척단 간부에 의해 집단 자결하든지 소련병을 '접대'하든지 양자택일을 하라는 압박을 받았다. 그리고 전 구타미 개척단 단원의 수기를 통해 다시금 그 양자택일을 강요당했다. "희생당하지 않고 죽은 것"과 "더럽혀져 돌아온 것" 중에서 어떤 것이 "옳은 것일까"라는 물음이 "머릿속을 몇 번이고 두드렸다."

A가 '강연'에서 자신의 피해 체험을 이야기하기까지는 이로부터 30

2 에이전시란 "완전히 자유로운 '부하 없는 주체'도 아니고 완전히 수동적인 객체도 아닌, 제약된 조건하에서도 행위되는 능동성"이라는 이 책 서장 우에노의 논문의 정의를 따름.

년의 세월이 필요했다. 개척단의 공동성으로 인해, 희생자 담론 즉 '피해자는 개척단을 위해 희생하는 길을 주체적으로 선택했다'는 담론에 기초하여, 모델 피해자 이외의 이야기가 미리 배제되도록 하는 검열이 작동하고 있었기 때문이다.[3]

이처럼 희생자 담론에 적합한 주체를 생산하는 구조를 교란하는 에이전시의 구축은 ① '위안부'에 의한 전시 성폭력의 사회 문제화, ② 유족회 간부의 세대교체, ③ 강연에 있어서 청중의 존재 이 셋이 겹치게 됨으로써 만들어진 '새로운 공동성' 속에서 비로소 가능해졌다.

이하에서는 피해자가 소련병 '접대'라는 성폭력을 당한 후 그 체험을 공공공간에서 이야기하기까지 피해자의 에이전시가 어떻게 억압되어 왔는지, 또한 피해자의 에이전시는 이 억압을 어떻게 되받아쳐 왔는지를 살펴보려 한다.

1. 집단 자결

현지 주민에 의한 '습격'

일본의 패전 후 현지 주민에 의한 '습격'이 시작됐다. 구로카와 개척단은 129호 661명이 열 곳의 집단부락에 나뉘어 거주했다. '습격'은 집단부락별로 있었다. 현지 주민이 대거 부락에 침입하여 일본인의 소유물을 송두리째 빼앗아 갔다. 그것은 "쓰나미가 밀어닥친" 듯하여, '습격' 후에는 "젓가락 하나 남아있지 않았다"(DVD『증언—A』, 2015년 1

월 20일).[4] 단원들은 집단부락을 나갈 수밖에 없었고, 8월 말에는 본부와 이전 본부가 있던 집단부락 두 곳에 집결했다. 본부는 토담으로 둘러싸여 있었지만, 집결한 뒤 일주일이 지나자 현지 주민에 의해 이중 삼중으로 포위되었다. 이때 '이웃 마을' 구타미 개척단의 집단 자결 소식이 들려왔다. 구로카와 개척단도 집단 자결을 할 수밖에 없을 것인가. 비장한 각오가 단원들의 마음속에 자리 잡게 되었다.

단원들에게 있어 '습격'은 현지 주민에게 있어서는 '탈환'이자 '보복'이었다.

구로카와 개척단의 입식지는 만주국의 수도 신징(지금의 창춘長春)과 하얼빈을 연결하는 경빈선京浜線의 거의 중간에 위치하는 도라이쇼陶賴昭역(지금의 지린吉林성 푸위扶余시)의 서쪽 일대였다. 이곳은 송화강과 철로에 둘러싸인, 수전 360정보, 밭 450정보, 미간지未墾地 500정보 정

3 버틀러는 "검열은 모욕적인 표현의 발언을 시간적으로 뒤따르는 것 같다"(Butler, 1997 = 2004: 200)는 지금까지의 견해에서는 검열의 현재顯在적 기능밖에 파악할 수 없게 한다고 보고, 그 잠재潛在적 기능에 눈을 돌려야만 한다면서, 다음과 같은 새로운 견해를 제출한다. "검열은 텍스트에 선행하며(나는 '표현' 및 기타 문화적 표현물들을 텍스트에 포함시킨다), 어떤 점에서 텍스트의 생산에 책임이 있다"(같은 책: 200). 이처럼 버틀러는 검열을 "권력의 생산형태"라 하고, "검열이 명백하거나 혹은 암묵적인 규범에 따라 주체를 생산하고 있다는 것, 또 주체의 생산이 발화의 규칙과 깊이 관련되어 있다는 것"을 문제시한다(같은 책, 200). A를 비롯한 이들 구로카와 개척단의 성폭력 피해자에게 있어서 '명백하고도 암묵적인 규범'이란 '피해자는 개척단의 희생이 되는 것을 주체적으로 선택했다'라는 희생자 담론만을 허용하는 규범이다. 이 규범에 따라 피해자는 '희생자'로서 주체화되어 왔다. A는 '집단 자결' 혹은 '소련병 접대'라는 양자택일을 강요받아 후자를 선택하게 한 규범에 따르는 한에서 '접대'에 관한 발화를 허락받아 왔던 것이다.

4 DVD 『증언—A』는 만몽개척평화기념관이 작성한 만주 이민 체험자 인터뷰 기록. DVD 『증언』 시리즈는 전 2권으로, 기념관 세미나룸 TV에서 상시 재생되고 있다(2017년 10월 현재).

도의 광대한 땅이었다. 1941년 선발대 23세대 131명과 그 가족 86명을 합쳐 본대 제1진 217명이 입식했다. 1942, 1943년에 본대 제2진과 제3진이 입식하여 총계 129호 661명의 입식이 완료되었다(기후현개척자흥회, 1977: 335).

단원에게 준비된 토지와 가옥은 만주척식공사가 현지의 중국인·조선인으로부터 부당하게 싼값으로 강제 매수한 뒤 이들을 퇴거한 것이었다. 단원들은 입식한 뒤 밭은 쿨리(苦力, 현지의 고용농) 두세 명을 고용하여 경작했고, 수전 약 70정보는 조선인에게 소작을 줬다. 관동군에게 쌀을 강제로 공출하기도 했다. 1944년 완전 동원根こそぎ動員*이후 응소에 의해 성인 남성이 거의 없어지자, 쿨리의 징용·강제노동이 일어났다.[5] '개척'이라고 했지만 실질적으로는 현지 주민의 노동력을 이용하여 기경지를 경작하여 그 수확을 관동군에게 공출하는 식민지 경영이었다.

집단자결의 리얼리티

전전 구로카와 개척단에서는 단원과 현지 주민들 사이에서 다툼은 없었다고 한다(DVD 『증언—A』). 이는 단원들이 적극적으로 중국어 습득을 도모하는 등 '민족융화'에 힘썼기 때문이라고 한다.[6] 그러나 앞에서 말했듯 개척단이 식민지 경영을 의미하는 한 민족 대립과 민족 차별은 피할 수 없다. 예를 들어 식량배급의 경우, 공출을 면한 쌀은 단원들에게 배급되고, 현지 주민에게는 밤이나 수수가 배급되었다. 만주국의 건국이념인 '오족협화' 역시 명목에 그쳐 있었다. 실제로는 관동군을 정점으로 하는 제국일본에 의한 군사지배를 두려워한 현지 주민이 일본인 이민에 대한 분노를 억누르고 있는 것에 지나지 않았다. 만주국 시기에 억압되고 축적된 분노는 일본의 패전에 의해 해방되자 '탈환'과 '보복'이라는 분류奔流가 되어 개척단을 삼켜버렸다.

이처럼 개척단에 의한 토지 수탈이나 착취가 현지 주민을 '습격'으로 내몰고 있다는 사실을 개척단 간부는 이해했고 일부의 단원들도 알아차렸다. 그 때문에 현지 주민이 본부의 토벽을 넘어서 침입하면 단원들이 엄청난 폭력과 약탈에 노출되리라는 것을 상상하기란 어렵

5 『답장 없는 편지』(구로카와분촌유족회가 1995년에 간행한 수기집)에는 C(남성, 패전 당시 37세)의 만주 체험기가 일부 발췌 수록되어 있다(구로카와분촌유족회, 1995: 71-78). 쿨리의 징용에 대해서는 그 중 1절(3. 노훈[노훈労訓이란 만주 쿨리의 소집])에서 다음과 같이 씌어 있다. "만인[중국인]에게도 노훈이 격심해져 '내지 징용' [쇼와] 19년의 7, 8월경 도라이쇼에도 노훈이 왔다. 그때 단원들에게는 집에서 사용하고 있는 쿨리를 동행하여 마을 공소에 집합하라는 통달이 있었다. 일본인을 신뢰하고 있는 쿨리들은 동행했지만 대부분의 쿨리는 동행하지 않고 도망쳐버렸다. 그 당시 노훈이 적어서 그중에서 두 사람의 쿨리를 노훈으로 취한 마을 공소의 사람들은 홀연 이 둘을 목총으로 에워싸고 부촌장인 고마쓰小松가 두 사람에게 훈시했다. 이 같은 경우 만어[중국어]가 가능해도 일본의 위신을 드러내려고 모두 일본어이다. 가로되 '너희들이 나라를 위해 노훈 가는 것은 참으로 영광이다. 게다가 남겨진 가족에게는 개척단으로부터 식량이 주어진다'"(같은 책: 77). 이러한 '쿨리의 징용'은 '오족협화'가 명목에 지나지 않았다는 것을 여실히 보여준다. 그리고 이는 패전 후 '습격'의 요인 중 하나가 되었다.

6 구타미 개척단의 살아남은 한 사람인 다카기 다케오高木武男(응소 후, 제주도에서 패전을 맞이했다)는 구타미 개척단과 구로카와 개척단, 인접한 두 개척단이 운명을 나눈 이유의 하나를 다음과 같이 말하고 있다. "구로카와 개척단은 단에 세워진 국민학교에서 일본과 마찬가지로 공부함과 동시에 중국어도 공부하고 있었다. 구타미 개척단은 역으로 중국인에게 일본어를 가르치려 했다"(다카하시 유키하루, 1995: 169). 이는 『아, 도라이쇼』(구로카와분촌유족회가 1991년에 간행한 수기집)에 수록된 수기 「소학교의 일」에 있는 기술("왕정치王政治라는 이름의 만인 생도 겸 심부름꾼 소년이 있었다", "중국어 선생은 한漢이라는 이름을 가진, 일본어를 아는 만인이 일주일에 한 번 가르치러 와 주었다", "한 선생의 뒤 중국어 교과서가 만들어지고 나서는 거리에서 증曾이라는 선생이 아닌가 하는데, 잘 기억이 나지 않지만, 만인 학교의 일본어 교사가 아닌가 하는데")과 일치한다(구로카와분촌유족회, 1981: 111-112).

* 태평양전쟁 말기 본토에 접근해 오는 연합군에 대항하여 일본군이 병력을 보충하기 위해 젊은 남성을 통째로 동원하게 된 것을 의미

지 않다.

이는 구타미 개척단의 유일한 생존자인 미야모토 사다하루宮本貞喜가 전하는 전성기와 겹친다. '폭도화'한 2000여 명의 현지 주민들이 밤낮을 가리지 않고 본부를 습격했다. 관동군은 철퇴했으며 응원이 올 전망은 없었다. 완전 동원으로 성인 남성이 없던 개척단이 몇 자루 총이나 일본도를 쥐고 응전해도 버틸 수 있는 것은 며칠뿐이었다. 구타미 개척단은 실제로 이 같은 경위를 지나왔다. 결국 단장은 "살아서 귀국하는 것은 불가능"하다고 판단하여 집단자결을 명령하였고 이는 실행에 옮겨졌다. 생존자 미야모토가 말하는 '구타미 개척단의 전성기'는 무게감을 가졌다(다카하시 유키하루, 1995: 15-35).

여기에 도라이쇼역에 진주한 소련병에 의한 약탈·강간과 식량 부족이 겹쳤다. 단 간부를 필두로 단원들은 집단자결로 기울어져 있었다.[7] 이 같은 상황에서 집단자결에 강하게 반대하는 단원도 있었다. B(여성, 패전 당시 17세)의 아버지는 "죽는다고 뭐가 되나. 살아야 해. 돌아갈 수 있도록. 힘내자구"라며 단 간부에게 반론을 펼쳤다고 한다(B의 인터뷰, 1999년 10월).

2. 소련군과의 '거래'

소련군과의 교섭

집단 자결을 회피하게 된 데는 패전 후 도라이쇼에 흘러들어 온 일본인이 큰 역할을 했다. 도라이쇼는 열차가 식량과 연료를 보급하는 요충지였기 때문에 일본으로 향한 도피행을 거듭하는 일본인이 체류했다. 그 속에 러시아어 통역이 있었다. 그는 소련군에 도움을 구할 것을 제안하고, 15-16세의 남성 단원 중 2명을 말에 태워 역으로 향하게 했다. 마침내 소련병이 자동소총을 들고 나타나 위협사격을 했다. 그러자 본부를 겹겹이 둘러싸고 있던 현지 주민은 거미새끼가 흩어지듯 도망갔다. 이를 보고 단 간부는 통역을 데리고 소련군 장교를 찾아가서 소련병에 의한 지속적인 치안 유지와 식량 배급을 요청했다. 이에 대해 장교는 그 보답으로 개척단에게 여성을 요구했다.[8]

단 간부는 그 요구를 수용하여, 10대 후반의 미혼 여성을 중심으로 15명에게 '접대'를 강요했다. 그녀들은 '집단 자결하는 편이 낫다'며 격렬히 반대했지만, 단 간부는 '군인의 가족을 지키는 것'은 '나라를 지키는 것'과 연결되는 '과업'이라며 반대를 억눌렀다.

여성 단원의 선별

단 간부는 미혼 여성에게 '접대'를 명령하면서 출정 병사의 아내를 제외했다. 미혼 여성보다 출정 병사의 아내를 지켜야 한다고 생각한

7 집단자결의 갈림길에 놓여 있었다는 것은 『아, 도라이쇼』에 수록된 수기의 다음과 같은 기술을 통해 엿볼 수 있다. "가까운 우쟈찬五家站의 개척단(구타미 개척단)이 전멸했다는 이야기를 듣고 우리도 도저히 살아남기 어렵다고 각오한 뒤, 자기 아이는 자기 손으로 처리하자며 면도칼 두 개를 갈아 놓고 밤낮으로 기다렸다. 또한 전원이 죽음을 결심하고 기계장으로 밀고 들어가 휘발유에 불이 붙기를 이제나저제나 하며 기다린 적도 있다"(구로카와분촌유족회, 1981:53).

8 NHK 교육방송(ETV) 특집 〈고백ー만몽개척단의 여자들〉(2017년 8월 5일 방송)에서 F는 '접대'가 소련군의 제안이었다고 증언하고 있다.

것은 왜인가. 여기에는 세 가지 이유가 있다.

첫째, 출정 병사의 총후를 지키는 것이 '나라를 위하'는 것이라 간주되었다. 개척단과 동시에 제국일본을 지키는 것을 목표로 했던 것이다. 둘째, '소집되어 부재하는 동료=남성에 대한 배려'가 있었다. 출정 병사가 귀환했을 때 그 아내를 지키지 못하게 되면 그들에게 면목이 없다. 이 같은 사고방식은 눈앞의 여성 단원보다도 부재하는 남성 단원과의 연대='호모소셜한 연대'[9]를 우선시한 결과이다. 셋째, 가부장제 아래에서 가장으로부터 '접대'를 강요당하면 미혼 여성은 이를 거부할 수 없었다.

미혼 여성과 출정 병사의 아내 사이에는 큰 분절선이 있었다. 게다가 미혼 여성 가운데에서도 출신 집안의 계층에 따라 취급이 달랐다. 예를 들어 부단장의 딸도 '접대'에 내보내졌지만, 그 횟수는 적었다(히라이 미호, 2016: 66). 출신지가 구로카와 마을이 아니었고, 도만渡滿 후에 양친이 이혼한 데다, 숙부와 개척단의 사이도 나빴던 여성 단원은 항상 '외지 사람' 취급을 받았다. 피해 여성 중에서도 연장자였던 A는 단 간부가 당초에 '16세 이상'에게 '접대'를 요청한 것에 대해서 '18세 이상'으로 할 것을 강하게 주장하여 '17세'의 여동생은 '접대'를 피하게 했다(같은 책: 65). 이처럼 같은 미혼 여성 중에서도 그 피해는 차이가 있었다.

재산으로 취급된 여성

소련군은 개척단에게 여성을 대가로 한 '거래'를 강요했다. 이는 소련군과 개척단 양쪽 모두에게 여성을 재산으로 간주하는 공통된 인식이 있었다는 것을 의미한다.

소련군은 일본인 여성을 시계나 화폐 같은 전리품으로 여기고 있었다. 소련병에 의한 강간은 약탈과 병행해서 일어났는데 소련군 장교는 이를 묵인한 듯하다. '거래' 후에 구로카와 개척단에서는 그 이전에 빈번히 일어나던 말단 병사에 의한 강간이 멎었다. 이는 장교에 의한 '강간 금지'가 말단까지 고루 미치게 하는 규율이 존재했다는 것을 시사한다.

개척단에 대해서 말하자면, 소련병으로부터 여성을 요구받은 면이 크다. 여성 단원은 개척단에 남겨진 가장 유력한 재산으로 지목되었다. 또한 패전 이전부터 여성 단원은 남성 단원의 보완적 역할을 할 것으로 기대되는 종속적인 지위에 있었다. 이는 여성 단원을 '공출한다'는 단 간부의 선택지에 리얼리티를 가지게 했다.

만주 개척단에 있어서의 여성

여성 단원은 기혼의 '개척 부인'과 미혼의 '대륙의 신부大陸花嫁', 그리고 '그 외의 가족성원'으로 크게 나눌 수 있다. 이하에서는 '개척 부인'과 '대륙의 신부'가 저마다 주어진 성역할을 통해 남성 단원에 종속

9 남성 간의 호모소셜한 연대란, 남자들 사이의 섹슈얼한 의미를 갖지 않은 사회적 관계로서 호모피아(동성애혐오)나 미소지니(여성혐오)를 수반한다. 세지윅은 『남자들 사이의 연대—영문학과 호모소셜한 욕망』에서 지라르, 프로이트, 레비스트로스 등의 이론에 의거하여 '성욕의 삼각형', 즉 한 여성을 '둘러싼' 두 남성의 '라이벌 의식'에 나타나는 연대를 "젠더 · 언어 · 계급 · 권력의 비대칭성이라는 역사적인 우연을 반영하는 도식"이라 분석하고 있다(Sedgwick 1985 = 2001: 40). 구로카와 개척단에서도 제국일본의 '젠더 · 계급 · 권력의 비대칭성'으로 인해 출정 병사의 처를 두고 출정 병사와 단 간부와의 연대를 지키기 위해 미혼여성이 '접대'로 내몰렸다.

되는 지위에 있었다는 사실을 살펴본다.

개척 부인에게는 영농보조, 출산·육아, 가족의 위안이라는 성역할이 기대되었다. 구체적으로 영농보조에서는 자가 노동력에 의한 20정보의 경작, 출산·육아에서는 일본인 세력의 부식, 가족의 위안에서는 '둔간병屯墾病'(향수병의 일종)의 예방이 목표가 됐다. 이를 한 손에 떠맡은 이로서 '개척의 어머니'가 칭양되었다(이케가와, 2011: 77-128). 개척 부인은 영농보조와 가사만으로 과중한 노동에 혹사되는데, 이는 개척단의 유아사망률이 높은 데서도 드러난다(같은 책: 152-160; 이마이 료이치, 2005: 11-22).

다른 한편, 자가 노동력을 단념하고 현지 중국인·조선인 고용농이나 소작에 의존하는 개척단도 적지 않았다. 이러한 개척단에서 개척 부인은 영농에는 별로 관계하지 않고 출산·육아나 가족의 위안 등 가사에 종사하며 세대주를 보조했다.

'대륙의 신부'에게는 남성 단원에 대한 종속이 더욱 선명했다. '대륙의 신부'는 주로 만몽개척단청소년의용군[10]의 배우자 문제를 해결하는 것을 목적으로 했다. "만주 개척지에서의 여성의 역할"로서 "민족 자원의 확보를 위한 개척민의 정착성을 증강할 것"과 더불어 "야마토 민족의 순결을 보존할 것"이 기대되었다(척무성, 1942). '민족 자원'의 양과 질을 확보하기 위해 '대륙의 신부'의 성이 동원되었던 것이다. 남성 단원과 결혼한 뒤에는 '개척 부인'으로서의 성역할이 기대되었다.

이처럼 개척단에서 여성은 만주 이민 사업이 품고 있는 많은 문제, 즉 '현지 주민 노동력에 의존', '둔간병 등에 의한 개척단 이탈', '입식 호수의 침체'를 해소하기 위한 수단으로서, 남성 단원을 보완하는 역할을 강요받았다.

‘야마토 나데시코’라는 주박

구로카와 개척단은 소련군이 철수하는 11월까지의 2개월여 동안, 단 본부나 소련군 주둔지에 ‘접대소’를 열어 미혼 여성으로 하여금 소련병의 성적 상대를 하게 했다. 단 본부에 의무실을 만들어 위생병의 지도 아래 소련병과의 성교 후에 자궁을 세정했다. 그럼에도 피해 여성은 성병에 걸렸다. 엎친 데 덮친 격으로 발진티푸스가 만연해 7명이 목숨을 잃었다(히라이 미호, 2016: 65-66).

갈라진 것은 몸만이 아니었다. 총을 가진 채 성교에 나서는 소련병에게서 죽음의 공포를 느꼈고, 그 일거수일투족이 머릿속에 새겨졌다. 예를 들면 벨트를 풀 때 들리는 금속음. 인양 후에도 비슷한 소리가 들릴 때마다 “심장의 고동이 빨라졌다”고 한다(같은 책: 67).

또한 피해 여성은 전전의 ‘야마토 나데시코’로 대표되는 성규범에 반하는 자신을 질책했다. 이 같은 자책감은 A의 이야기에 있는 것처럼 그 뒤의 인생을 지배했다. ‘야마토 나데시코가 아니게 되었다’=‘더럽혀졌다’는 스티그마는 그녀들을 고독으로 몰고 갔으며 침묵을 강요했다.

10 만몽개척청소년의용군(이하에서는 ‘청소년의용군’)이란 16세에서 19세의 청소년 남자를 300인 중대로 편성하여 3년간 훈련시킨 후 개척단으로서 만주 농촌에 입식시키는 제도이다. 1938-45년에 86,530명이 송출되어 만주 이민 전체의 3할 이상을 점했다(시라토리, 2008: 1-5). 1937년 중일전쟁 발발 이후 군수 호황과 대량의 병력동원에 의해 일본 농촌이 노동력 부족에 빠짐으로써, 만주 이민의 인원 확보가 곤란해지는 가운데 청소년의용군이 주요한 송출 형태가 되었다.

'야마토 나데시코로서 순결을 지키는 것'은 전시 중 청소년 교육에 있어서 철저히 중시되었다. 피해 여성 중 한 사람인 B는 '대륙의 신부' 양성학교인 료조여숙凌霜女塾에 1944년부터 1년간 적을 두었다. 가와하라 소노신川原壯之進 교장은 패전을 목전에 둔 1945년 6월에 구로카와 개척단으로 돌아가는 B에게 이렇게 타일렀다고 한다. "만약 이 전쟁에서 패배한다고 해도 이민족 속에서 일본 여성으로서의 각오를 갖기를." 여기서 말하는 '각오'라는 것은 '자결'할 각오였다(미조구치, 1985: 163).

집단 자결인가 소련군과의 '거래'인가 하는 양자택일은 '순결을 지키고 죽는 것'과 '더럽혀진 채 살아남는 것'의 양자택일과 겹쳐짐으로써 압도적인 리얼리티를 가졌다. 피해 여성은 살아남은 것을 '더럽힘'으로 간주하도록 배웠기에 이에 대한 죄책감에 줄곧 시달려 왔다.

집단자결이나 소련군과의 '거래' 이외의 가능성

단 간부나 피해자는 집단 자결과 소련군과의 '거래' 사이의 양자택일을 현실로서 받아들였다. 그러나 과연 그 두 가지의 선택지밖에 없었던 것인가. 다른 가능성을 생각해 볼 수는 없었던 것인가.

집단 자결에 관해서는 구타미 개척단의 유일한 생존자 미야모토의 증언이 결정적이었다. 각 집단부락을 덮친 쓰나미와 같은 '습격'. 본부로의 집결, 폭도화한 현지 주민에 의한 포위, 구로카와 개척단이 패전 후에 걸어온 길은 구타미 개척단과 겹치는 것이었다. 이 앞에는 집단 자결밖에 없다고 믿기에 충분한 상황이 놓여 있었다.

다른 한편, '습격'은 개척단의 재산을 모조리 빼앗은 시점에서 끝나는 경우가 많았고, 단원의 목숨을 빼앗는 상황으로 확대되는 경우는 드물었다.[11] 패전 전부터 단원이 현지 주민과 험악한 관계였던 경우나, '습격'에 대해 반격을 한 경우에 죽임을 당하는 경우가 있었다. 구로카와 개척단에 대해 말하면, 패전 전에 현지 주민과의 사이에 큰 문제는 없었고 '습격'에 대해서도 저항하지 않았기 때문에, '습격'이 개척단 본부에 이르렀다 할지라도 죽은 사람은 적었을 것이라고 생각한다.

소련군과의 '거래'에 관해서는 경병선의 요충지였던 도라이쇼역에 인접해 있었던 영향이 컸다. 패전 후 도라이쇼에는 다양한 일본인 피난민이 체류했다. 그중에 러시아어 통역이 있었기에 소련군과의 '거래'가 가능하게 되었다. 또한 요충지였기 때문에 소련군의 주둔지가 설치되었다. 그렇지 않았다면 장교와 교섭하는 일도, 소련병이 개척단을 보호하기 위해 파견되는 일도 없었을 것이다.

그렇다면 러시아어 통역이 없고 소련군의 주둔지가 설치되지 않았더라면 어떻게 되었을 것인가. 많은 다른 개척단과 마찬가지로 '습격'으로 무일푼이 되어, 입식지에 머무르는 것을 단념하고 대도시를 향한 도피행에 나서야 했을 것이다. 구로카와 개척단은 입식지가 철도 연선이었기 때문에, 도피행의 과정에서 많은 사자死者를 내는 일도 없었을 것으로 생각된다.

11 예를 들어 구마모토현 전역에서 송출되어 용강성龍江省(지금의 헤이룽장성黑龍江省) 감남현甘南縣 동양진東陽鎭에 입식한 동양 개척단은 반복되는 '습격'이 있었지만 개척단이 무일푼·무일물이 된 것이 현지 주민에게 알려진 뒤에는 멎었다고 한다(아라라기, 1994: 175).

이처럼 '습격'을 받더라도 소련군과의 '거래' 없이 집단 자결을 회피할 가능성도 있었다.[12] 그러나 구로카와 개척단은 집단 자결이라는 명목하에 건장한 단원에 의해 모든 단원이 학살될 것인가, 아니면 소련군의 조직화된 폭력의 도움으로, '습격'이나 소련병의 통제 없는 약탈·강간으로부터 벗어날 것인가 하는 선택지밖에 남아 있지 않다고 생각하였던 것이다.

3. 전시 성폭력은 어떻게 이야기되기 시작했나

인양 후의 피해 여성

소련병에 대한 '접대'는 단 간부와 피해 여성 및 그 가족, 그리고 '접대' 관련 담당자(소련병의 안내역, 세정역, 목욕탕에 불 넣는 역할 등) 등 '관여자'의 사이에서 봉인되어 왔다. 이는 피해 여성을 지키기 위한 것이었다. 그러나 그것은 동시에 단 간부의 책임을 불문에 붙이는 것이기도 했다.

인양 후 피해 여성에게 원조의 손이 닿은 경우는 없었다. 고향에서는 여성 단원이 "소련병에게 강간"을 당했다는 소문이 돌아 차별을 받았다. 피해 여성 중에는 '접대'의 과거를 수용한 남성과 만나 결혼한 사람도 있었다. 그러나 그것은 요행이었다. 이들도 "더럽혀진 자신을 받아들여준 것"에 마음의 빚을 느끼며 결혼 생활을 보내야만 했다(DVD『증언—A』).

지역 사회뿐만 아니라 개척단에서도 유사한 입장에 놓였다. 유족회에서 '접대'가 화제가 되는 일은 없었다. '관여자'를 제외한 대부분의 단원은 '접대'의 존재를 알고 있었지만, 그 덕분에 인양될 수 있었다고 인식하지는 못했다. 그 때문에 피해 여성에게 감사하는 마음이 없었다. 오히려 '접대'를 명령한 단 간부에게 중상을 당하는 경우까지 있었다(히라이 미호, 2016: 67). 요컨대 피해 여성은 개척단의 공동성으로부터 배제되었던 것이다. 이는 옛 입식지 방문이나 개척단지開拓團誌가 간행되는 1981년까지 이어졌다.

인양자라는 레테르—1950~60년대

인양 후 곧 구로카와 개척단의 후신으로 구로카와분촌유족회가 조직되었다. 1947년부터 위령제를 매년 개최한 것에서 보듯 유족회의 주목적은 인양 희생자의 위령이었다. 1961년 위령의 지주가 되는 초혼비를 건립함으로써 유족회의 위령은 한 획을 그었다. 이듬해부터 위령제는 격년으로 진행되어 현재에 이르고 있다.

유족회의 목적 중 다른 하나는 '인양자라는 레테르'를 불식하는 것이었다. 유족회는 인양 후 '인양 갱생회'를 조직했으나 1950년대 후반에 해산했다. 해산의 경위에 대해서는 다음과 같이 기술되어 있다. "'인양 갱생회'의 간판을 떼어내 팔아서 이항에 잠든 동지의 초혼비를

12 야마모토 메유는 NHK 교육방송 특집 〈고백—만몽개척단의 여자들〉을 분석하여 집단 자결이 회피 가능할 수도 있었다는 데에서 "'접대'의 전제가 된 '여성들의 희생인가 전멸인가' 하는 질문 자체가 통째로 허구였을 가능성도 나오고 있다"(야마모토, 2017)고 지적하고 있다.

건립하고, 인양자로부터 탈피하자는 의견이 다수를 점했다”(기후현척우협회, 2004: 175). 초혼비에는 인양자로부터 탈각하려는 강한 의지가 포함되어 있었다. 제막식에서는 “언제까지나 인양자, 인양자라며 앓는 소리만 하고 있어서는 안 된다”며, 시라카와초 사무실에서 유족회에 교부되던 보조금의 반환이 결정되었다. 보조금 반환은 도라이쇼와의 국제교류가 시작되는 1991년까지 이어졌다(같은 책: 177). 여기에서는 일본사회에서 인양자에 대한 차별이 뿌리가 깊어 ‘인양자 취급’이 스티그마가 되어 있었다는 사실을 엿볼 수 있다.

이처럼 유족회에 있어서 만주 체험은 우선은 ‘위령’이었고, 다음으로는 ‘지우고 싶은 과거’였다. 대부분의 단원은 고향의 재산을 모두 처분하고 만주로 건너갔다. 인양 후의 재출발은 매우 곤란해서 하루하루의 생활에 쫓겼다. ‘접대’ 피해 여성에게는 여기에 또 다른 차별과 자책이 더해졌다. 그렇기 때문에 구로카와 개척단의 과거를 기록으로 남기려는 움직임은 『아, 도라이쇼』의 출판을 목적으로 한 청취조사가 시작되는 1970년대까지 일어나지 않았다.

개척단지와 방중 기념지의 출판 — 1981년

구로카와 개척단의 집합적 기억은 1981년이 되어서 본격적으로 형성된다. 그해 개척단지 『아, 도라이쇼』(구로카와분촌유족회, 1981) 및 도라이쇼 방문 기념지 『도라이쇼를 방문하고』(후지이, 1981)가 출판되었다. 여기에서 완곡하게나마 ‘접대’가 있었다는 사실이 처음으로 피해자나 ‘관여자’에 의해 기술되었다. 봉인되어 왔던 인양 체험은 구로카와 개척단 역사의 일부가 되고, 처녀의 비 건립으로 결실을 맺었다.

『기후현만주개척사』

개척단에 대한 기록으로는 1977년 간행된 『기후현만주개척사』가 있다. 1972년 일중 국교 정상화를 계기로 현 단위의 『개척사』가 출판된 것이다. 기후현은 아주 이른 단계에 출판한 셈이다. 구로카와 개척단에 관한 부분은 도만渡滿에서 초혼비 건립까지를 단원들이 각 항목을 분담해 집필하는 형태를 취하고 있다. 그 속에서 '접대'에 관한 기술은 전혀 없다. 소련병에 의한 강간에 대해서 "부녀자를 소련병의 독아毒牙로부터 보호하려는 아버지[=단장]의 현명한 노력"(기후현개척자홍회, 1977: 341)이라 썼을 뿐이다. 『기후현만주개척사』는 다른 개척단도 읽을 것이기 때문에, 단의 수치라 하여 '접대'에 대해서는 기술을 피한 것으로 생각된다.

『아, 도라이쇼』

이에 비해 『아, 도라이쇼』의 독자는 구로카와분촌유족회의 회원에 한정되어 있었다. 또한 『기후현만주개척사』에는 단 간부를 중심으로 한 6명이 기고한 것에 비해, 『아, 도라이쇼』에는 35명이 기고했다. 이 정도로 광범위한 단원의 만주 체험이 수록되었기 때문에, 인양에 관해서 극명한 기록이 남겨져 있다. 그러나 그 속에서 '접대'를 언급하고 있는 이는 남성 단원 3명뿐이다. 피해 여성도 인양 체험에 대해 쓰고 있지만, '접대'에 관해서는 전혀 언급이 없다.

좀 긴 글이지만, '접대'에 관한 남성 단원 3명의 언급을 이하에 인용한다.

역에 상주하는 사령부의 소련병에게는 돼지고기 요리 같은 것으로 접대했는데, 처녀들도 협력해 줘서 대단히 감사할 따름이다. 우리의 지금이 있는 것도 그녀들 덕택이다(C [남성, 패전 당시 37세]) (구로카와분촌유족회, 1981: 57).

변함없이 소련병의 진입이 있었고, 단의 일부 여성이 희생되어야 했다. 나는 항상 그녀들과 이야기하면서 마음을 위로하고 격려했다. 여동생 같은 그녀는 평소의 피로로 병들어 열병을 앓다 헛소리만 했다. "일본에 빨리 돌아가고 싶어." 그렇게 말하면서 고향을 꿈꾸다 숨이 끊어졌다. 단원의 안전을 지켜준 숨은 희생자가 있었다는 것을 우리는 결코 잊어서는 안 된다. 이것만은 구로카와 개척단에 거주하고 있던 사람이라면 누구든 기억하고 있으리라 생각한다. 특히 이 점은 중시해야만 한다(D [남성, 패전 당시 17세]) (같은 책: 81-82).

그렇다면 이 사람들[=소련병·팔로군]에 대해, 교섭에 임해주었던 단 간부 분들만으로 안전을 얻었던 것일까. 십여 명의 젊디젊은 여성은 한 점의 사리사욕도 없이, 오직 동포의 안전을 바라는 적성赤誠의 정신挺身*이 있었기 때문이 아닐까. 그것은 터부일지 모른다. 그러나 나는 감히 말하고 싶다. 송화강 도하에 대해서도 이 숨은 힘을 잊어서는 안 된다[13](E [남성, 패전 당시 18세]) (같은 책: 94).

이들 3명의 기술에서 드러나는 공통점으로 다음 세 가지를 들 수 있다. 첫째, '접대'의 실태에 대해서 일절 언급하지 않는다는 점이다. '접대'(C), '희생'(D), '정신'(E)이라고 할 뿐이다. 둘째, '접대'에 있어 '피해 여성에 의한 주체적 선택'이 있었던 듯이 기술하고 있는 점이다. 이는 '협력'(C)이나 '정신'(E)에서 현저히 드러난다. 셋째, '피해 여성의 희생'을 구로카와 개척단이 '무사'히 인양할 수 있었던 요인으로 규정하고, 이를 현창하고 있다는 점이다. D와 E는 '잊어서는 안 된다'며 '개척단의 역사'로서 기억해야 한다고 호소한다. 나아가 E는 수기를 다음과 같은 제언으로 마무리 짓고 있다. "널리 정재淨財를 모아 공양탑, 혹은 지장보살을 세워 오래도록 그 명복을 비는 것이 지금 남은 이가 그나마 할 일이 아닐까"(같은 책: 94).

위에서 두 번째로 언급한, 피해 여성의 주체성을 과장하는 담론에는 두 가지 기능이 있다. 하나는 단 간부에 의한 강제를 숨기고 그 책임을 불문에 붙이는 기능이다. 또 하나는 피해 여성이 개척단을 위해 희생했다고 함으로써 그녀들의 '헌신'을 현창하는 기능이다. 이는 '접

13 '송화강 도하'란 구로카와 개척단이 1946년 8월 13일부터 도라이쇼를 나와 신징으로 향하는 도상에서 덕혜德惠역과 도라이쇼역 사이의 철교가 파괴되어 있었기 때문에, 현지 주민이 내어주는 배를 타고 송화강을 건넜던 것을 가리킨다. 이때 현지 주민이 배를 내어주는 대신에 여성을 요구했기 때문에 단 간부는 미혼 여성 몇 명에게 이들과의 성교를 강요했다. 소련병에 대한 '접대'와는 달리, 이0 사실은 거의 이야기되지 않았다. 그러나 구로카와분촌유족회가 2017년 6월 23일에 도라이쇼를 방문했을 때 이동하는 버스 속에서 전 유족회장인 F로부터 "송화강 도하에서 일어난 참혹한 사건"이라고 하는 설명이 있었다.

* 원문은 '적성赤星'이나 문맥상 '진실에서 우러나오는 정성'을 의미하는 '적성赤誠'을 잘못 쓴 것으로 보인다. 한편, '정신대挺身隊' 등에서 사용되는 '정신'은 '스스로 앞장서서 몸바쳐 일하다'는 의미이다.

대'에 대한 속죄의식에 기반한 것이다.

두 가지는 모두 '접대'의 강제성을 부인하고 피해 여성을 희생자로서 표상함으로써, 말로는 할 수 없는 그녀들의 '고통'이나 '원한'을 봉인한다. 다만 후자의 현창은 유족회가 '접대'를 기억하고 속죄에 애쓰는 일로 이어졌다.

『도라이쇼를 방문하고』

구로카와분촌유족회는 1981년 6월 23일부터 7월 2일까지 북경, 하얼빈, 창춘을 순회하며 도라이쇼를 방문하는 시라카와초 우호방중단에 참가했다. 방중단은 합계 26명으로 단장인 정장町長과 수행원을 제외하면 모두 유족회 회원이었다. 방중의 목적은 인양 희생자의 위령이었다.

이 방중을 기념하여 『도라이쇼를 방문하고』가 같은 해 10월 10일에 간행되었다. '접대'에 대해서는 피해 여성이었던 A가 약 1,000자에 걸쳐 쓰고 있다(후지이, 1981: 49-50). 그것이 이 책에서 유일한 '접대'에 관한 기술이다. '접대'에 이른 경위, 미혼 여성이 '접대'를 받아들인 방식, 죽은 피해 여성에 대한 추도가, 시와 함께 기술되어 있다. 다만 '접대'의 실태에 대해서는 일절 언급하고 있지 않다.

수기는 하얼빈의 밤에 대한 기억에서 출발한다. 남성 단원들이 관극을 위해 외출하고 여성 단원들만 호텔에 남았다. 이튿날의 도라이쇼 방문을 앞두고 자연스럽게 당시의 기억에 대한 이야기가 나왔다. 모두가 '괴로웠던 일'이나 '슬펐던 일'을 말하는 도중에 눈물이 한없이 흘렀다. A는 그때의 심정을 다음과 같이 쓰고 있다. "기억하지 않으려고, 잊으려고 마음먹고 있었는데, 여전히 선명히 내 마음속으로 복받쳐 오는 것은 도대체 무엇인가? 그때의 분함, 슬픔, 비참, 잊으려 하면 할수록 복받쳐 오는 눈물이 나를 괴롭힌다"(같은 책: 49).

'접대'에 관한 기억은 '선명'한 것인 동시에 '도대체 무엇인가?'에서 보듯 말로 표현하기 어려운 것이다. 이러한 석연치 않음은 '분함' 등의 감정이 되어 A를 괴롭힌다. '잊으려는' 의사에 반해서 트라우마적인 기억은 반복된다.

'처녀의 희생'을 생각해낸 것은 부단장으로 알려져 있다. 소련병으로부터 출정 병사의 아내를 지키기 위해 미혼 여성을 희생할 수밖에 없다. 부단장과 미혼 여성들 사이에 이야기가 매일같이 이어졌다. 부단장은 "우자짠五課站(五家站의 오기)처럼 이대로 자결할 수는 없어", "단의 목숨을 구한다고 생각하고, '예'라고 대답해주면 좋겠다"며 설득했다. 그러나 미혼 여성에게 "그것은 죽으라는 말을 듣는 것보다 슬프고 괴로운 일"(같은 책: 50)이었다. 끝내 받아들이게 된 것은 "윗분의 명령을 거스르고서는 단 속에서 생활하는 것조차 불가능하다는 분위기였던 시기에 앓는 소리를 낼 수 있는 입장이 아니었"(같은 책:50)기 때문이었다.

미혼 여성은 '집단 자결'과 '접대'라는 양자택일에 저항했다. "죽으라는 말을 듣는 것보다 슬프고 괴로운 일"에는 단 간부의 '변절', 즉 미혼 여성만이 희생을 강요받는 것에 대한 '원한'이 드러나 있다. 그러나 그녀들의 저항은 "단 속에서 생활하는 것조차 불가능하다는 분위기"라고 하는 개척단의 공동성에 의해서 억눌렸다. 그것은 패전 직후에만 한정된 것이 아니다. '접대'를 개척단의 희생으로 표상하는 것에서,

『아, 도라이쇼』에서, 그리고 아직도 그 억압은 계속되고 있다.

A의 수기는 '접대'에서 죽은 피해 여성들에 대한 애도로 마무리된다. "원통한 마음을 품은 채 죽어 가던 그 처녀와 이 처녀는 종이 한 장 차이였을지도 모른다." 이렇게 생각하면 슬픔이 멈추지 않았다.

"종이 한 장 차이" 역시 개척단을 위한 희생이라는 표상에 의해서 감쪽같이 사라지게 된다. "그 처녀"와 "이 처녀"의 "개별적인 죽음"을 개척단을 위한 "한 묶음의 죽음"으로 "용해하기" 때문이다(도미야마, 2006: 156). A는 죽어가던 한 사람 한 사람과 살아남은 자신을 대조함으로써 각각의 죽음을 기억해 낸다.

이처럼 '원한'과 '개별적인 죽음'에 대한 기억은 개척단의 공동성에 저항하면서 이야기하는 에이전시를 낳았다. 이는 방중단이 결성되어 '도라이쇼에 되돌아가는 일'이 임박한 가운데, 여성 단원만이 모인다는 조건이 겹침으로써 가능했다.

처녀의 비

『아, 도라이쇼』와 방중은 '접대'에서 죽은 여성을 개척단의 희생으로 현창하는 기운을 유족회에 가져왔다. 처녀의 비는 방중단원과 유족회원의 기부에 의해서 1981년에 세워졌다. 비는 지장보살로서, '처녀의 비'라는 비명을 제외하면 비문은 일체 없다. 제막식은 이듬해 3월에 유족회원 120명이 참석한 자리에서 거행되었다(기후현척우협회, 2004: 180).

제막식에 대한 기사는 시라카와초의 소식지 『시라카와』에 게재되었다. 당시 유족회장 대행으로 근무하던 F(남성, 패전 당시 8세)가 기고

한 것이다. 기사는 지역사회를 향해서 처녀의 비 설립 경위를 다음과 같이 설명한다.

“그[=소련 현병에 의한 치안유지] 뒤에는 당시 젊디젊은 처녀들의 고귀하고도 참혹한 청춘의 희생”이 있었다. 그녀들은 “소련병의 희생양”이 되어 죽어갔다. “그것은 도라이쇼에서 있었던 개척단 최대의 참혹하고 굴욕적인 사건으로, 우리 개척단원이 이 일에 대해서는 굳게 입을 닫아 왔는데, 그로부터 36년, 무사히 인양한 단원은 어떻게든 그 처녀들에게 속죄해야 한다는 생각으로 여기 ‘처녀의 비’ 건립에 이르게 되었다”(같은 책:180).

기사에서는 개척단원이 ‘접대’에 대해 ‘침묵’하는 것에서 ‘속죄’하는 것으로 바뀌게 되었다고 한다. 그러나 그것은 극히 제한적인 것이다. ‘접대’의 실태에 대해서는 침묵으로 일관했다. 시라카와초 소식지에도 ‘당시 젊디젊은 처녀들의 (중략) 희생’이나 ‘소련병의 희생양’이라고 할 뿐이다. 유족회원이라도 ‘관여자’가 아니면 구체적인 것은 알지 못한다. 유족회원이 아닌 사람에게는 처녀의 비가 지장보살로밖에 보이지 않을 것이다. 이처럼 처녀의 비는 ‘관여자’가 아닌 사람에게 ‘접대’의 실상을 전해주는 기능은 가지지 않는다. 단지 ‘관여자’의 속죄를 위한 것이었다.

이러한 사실은 처녀의 비가 피해 여성의 양해 없이 건립된 것에도 드러난다. ‘접대’에서 죽은 이를 ‘소련병의 희생양’이라 떠받들면서도 살아남은 이는 돌보지 않았다. ‘접대’는 최대의 ‘굴욕적인 사건’이자 밖으로 드러내서는 안 되는 터부로 계속되었다. 피해 여성 중에서는 처녀의 비를 보고 싶지 않은 사람도 있다고 한다(URL②).

'위안부'라는 유비—1999년의 인터뷰

필자는 1999년 B를 인터뷰했다. 그녀는 인양 후 기후현의 구조시 다카스초 히루가노郡上市高鷲町蛭ヶ野의 전후 개척에 참가하여 입식했다. 필자는 히루가노에서 구조 마을 개척단의 전 단원에게 인터뷰를 하는 과정에서 B를 만났다. 태어나서 지금까지의 라이프 스토리를 듣는 과정에서 패전 후의 '습격'에 대해 물었다. 그녀는 묻지도 않았는데 '습격'에서 '접대'에 이르기까지를 말했다.

현지 주민의 '습격'을 해결하기 위해 도라이쇼역의 소련군에게 부탁하러 갔더니 '그 대신에 여자를 내놓으라'는 요구를 받았다. 그 상황에서 단장이 생각하기를 '남편이 군대에 간 부인은 어쩔 수 없지만, 처녀들 열네다섯 명 정도는 어떻게든 부탁할 테니 우리 개척단을 위해 달라'고 하여 '접대'가 시작되었다. 12월까지 소련병의 '접대'를 위해 내보내지는 일이 수시로 있었다. 이렇게 '접대'의 경위를 말한 뒤 '접대'에 대한 심경을 다음과 같이 말하고 있다.

> 지금도 '이제는 그 시절을 생각하면 정말로 화가 난다'고 말하면서도, '그 덕택에 모두가 살아서 올 수 있었다면 어쩔 수 없잖아'라고 모두들 말하지만, 분통한 생각도 들지요. (중략) 정말 말해서는 안 되지만, 다들 알고 있기 때문에, 말해야만 합니다. 역사 속에서 지금과 같이 한민족漢民族이 위안부라든가 그렇게 이야기되지만, 우리들 그룹 역시 결국은 같은 식으로 그렇게 된 것입니다(B와의 인터뷰, 1999년 10월).

'화가 난다'라는 피해자의 감정은 '그 덕택에 모두가 살아서 올 수 있었다'에서 보듯, '접대'를 개척단의 희생으로 규정함으로써 억압된다. '정말 말해서는 안 되지만'이라는 의식은 유족회가 '접대'를 터부화해 온 것과 겹치지만, B는 여기에서 한 걸음 더 나아가 '알고 있기 때문에, 말해야만 합니다'라며 증언을 향해 다가선다. 그것을 뒷받침하는 것이 '위안부'이다. '위안부'는 공적인 공간에서 이야기되는 것과 달리, 왜 '접대'는 침묵을 강요당하는 것인가. B는 증언하는 이유를 다음과 같이 말했다.

> 그러므로 (중략) 한민족의 사람들이 지금 이야기하는 것도 뭣하지만, 그렇지 않은 같은 일본인은 얼마나 대륙에서, 아니면 다른 외지에서도 그렇겠지만, 눈물을 삼켰을지 모르겠습니다. 하지만, 목숨을 버리고 돌아올 수는 없지요. '일본에 돌아가고 싶다'는 한결같은 생각으로 모두가 이런저런 걸 참아낸 것이지요(위와 같음).

중국인 '위안부'뿐만 아니라, '같은 일본인'이 전쟁에서 성폭력을 당했다. 이처럼 '위안부'를 끄집어냄으로써 개척단이라는 공동성에서 벗어나 '접대'를 이야기할 수 있게 된 것이다.[14] '위안부'는 조선 · 중국 등 식민지와 점령지의 여성들인 반면 일본인은 식민지의 여성이라고 하는 비대칭성이 무시되고 있다는 문제가 있다. 그렇지만 '위안부'를 통해서 B는 자신의 피해 체험을 드러내는 어휘를 얻었던 것이다.

14 자세한 것은 야마모토(2015b)를 참조할 것.

다만 '위안부'가 증언하는 것에 대해 늘 지지가 뒤따른다고만은 할 수 없다. '위안부'가 부정적인 평가를 받을 때 '접대' 또한 부정적인 평가를 받게 된다. 위안부가 실명으로 증언을 하면 아들과 손자에게 민폐가 된다는 이야기를 손자로부터 듣고서 B가 '접대'에 대해 말해서는 안 된다고 생각하게 되었다는 에피소드가 남아있다(히라이 미호, 2016: 66).

B가 나에게 '접대'의 이야기를 할 수 있었던 것은 그녀가 구로카와로부터 멀리 떨어져 살고 있었다는 이유도 컸다. 2005년 구로카와 개척단의 전 단원 G(여성, 패전 당시 14세)에게 '접대'에 관해 물었을 때, 다음과 같은 대답이 돌아왔다.

> 나도 개척단에, 여기에 저기 없으면 말하겠지만, 역시 F(당시의 유족회장)씨 같은 사람들이 저거를 생각하면, 좀 말해선 안 되는 건가 생각하는데, 그거를 상상해 주면(G의 인터뷰, 2005년 10월)

전후 60년이 지났어도 고향인 옛 구로카와 마을에서는 유족회 간부에 대한 어려움 때문에 '접대'의 이야기가 억압되고 있었다. 이것이 바뀐 것은 유족회 활동의 중심이 전후세대로 옮기고 나서부터였다.

전후세대로의 계승—2010년대 이후

2012년 구로카와분촌유족회장은 F에서, 단 간부의 아들이자 인양 후에 태어난 H(남성, 1952년생)로 바뀌었다. H는 만몽개척평화기념관

(이하 '기념관')과 연계해서 여러 가지 이벤트를 만드는 데 힘써 왔다.

그중 하나가 본고의 머리말에서 언급한 기념관 '강연'이다. H는 유족회원에게 이야기부를 의뢰하고, 강연 당일은 이야기부 및 유족회원 유지를 소형버스에 태워 기념관까지 데려가는 등 '강연'에 적극적으로 협력해왔다. 이야기부에서 활동한 유족회원은 2013년 7월 B를 시작으로 2017년 10월 현재까지 5명이다. 그중 '접대'에 대해서 이야기한 사람은 피해자 B 및 A, 그리고 '접대소'에서 목욕탕에 불을 지피는 일을 담당한 I(여성, 패전 당시 7세), 세 명이다. A가 타계하고 B가 90대가 되었으므로 이제는 I와 같은 어린 '관여자'가 '접대'를 이야기하는 담당이 될 것이다.

'강연'을 통해 구로카와 개척단에서 있었던 '접대'의 기억은 개척단의 공동성을 넘어서 전해질 수 있게 되었다. 『여성자신』(하라이 미호, 2016년 10월 4일 발행)이나 『도쿄신문』(2017년 7월 2일자)과 같은 매스컴 보도로 이어진 것이다. 또한 B가 피해 체험을 계속 이야기한 것은 NHK 교육방송(ETV) 특집 〈고백—만몽개척단의 여자들〉(2017년 8월 5일 방송)의 방송으로 이어졌다.

맺음말

구로카와 개척단에서 있었던 '접대'를 둘러싼 1981년의 집합적 기억 생성은, A가 '강연'에서 스스로 피해 체험을 이야기하기 시작한 시점에서 되돌아볼 때, 피해자의 에이전시에 있어서 양의적인 것이었다는 사실을 알 수 있다. 한편으로, '관여자'의 속죄를 우선시하는 현창은 피해자를 '소련병의 희생양'으로 떠받드는 희생자 담론을 구축하여 그녀들의 에이전시를 박탈했다. 다른 한편으로, A는 '강연'에서 그 희생자 담론의 반복을 통해서 그것을 교란하는 에이전시를 구축했다.

『아, 도라이쇼』에서 '피해자를 계속 기억하는 책무'를 외친 남성 단원이나 '처녀의 비' 건립에 분주했던 F를 '관여자의 자기변호'라고 단죄할 수도 있다. 그러나 그들의 속죄의식과 이에 기초한 실천이 없었다면, 도라이쇼 방문에서 A가 '분함'이나 '개별적인 죽음'을 거점으로 구축한 에이전시는 우연의 산물로 끝났을 것이라고 생각된다. '강연'에서 '새로운 공동성'이 생겨남으로써 비로소 이를 이어 나갈 가능성이 열린 것이다.

이 같은 가능성은 구로카와 개척단의 집합적 기억에 머무를 것인가. '위안부'에 의한 '전시 성폭력의 사회 문제화'나 '집합적 기억의 관리인의 세대교체'는 국민국가에서, 또한 국민국가를 초월한 동아시아에서 진행 중이다.

이제 우리에게는 피해자의 증언에 반복되는 '정형화된 이야기(모델스토리)'에서 거기에 담긴 '살아남으려는 의지'를 읽어내는 '청자'가 될 수 있을지 어떨지 하는 문제가 남는다. 우리는 전후 70년 이상이 지나 비로소 찾아온 '새로운 공동성'을 구축하는 호기를 놓쳐서는 안 된다.

URL① 만몽개척평화기념관 https://www.manmoukinenkan.com/ (2017년 10월 13일 열람)

URL②「그 지옥을 잊을 수 없어…만주에서 '성접대'를 명받은 여자들의 탄식—개척단 '을녀의 비'는 호소한다(후편)」, 『현대비즈니스』 2017년 8월 24일자 https://gendai.ismedia.jp/articles/-/52609 (2017년 10월 15일 열람).

도 바다로 뛰어들었다. 무언중 순식간에 일어난 일이었다.

이때부터 배 안에는 큰 소동이 났다. 성인 여자들의 속삭이는 소리가 히로코의 귀에 들려 왔다.

"그 사람, 로스케[1]의 아이가 뱃속에 있었던 듯해요."

이야기의 주인공 히로코는 나중에 문화인류학자가 되는 하라 히로코原ひろ子이다.[2] 1990년대에 여성의 성과 생식에 관한 기본적인 권리 확립을 위해 단체 '여성과 건강 네트워크'를 결성했다. 도모토 아키코堂本暁子(당시 참의원 의원)들과 더불어 1994년 카이로에서 있었던 UN의 국제인구개발회의를 향해서 많은 여성 활동가, 정치가, 연구자들과 행동을 함께 했다. 필자도 그중 한 사람으로, 하라 히로코로부터 인양 당시의 이야기를 들은 것은 마침 카이로 회의를 향해 한창 준비를 하고 있던 때였다.

카이로 회의의 '행동 계획'

1994년 카이로 회의에서는 종교적, 역사적, 문화적, 정치적, 경제적인 그 모든 대립축이 교차하는 가운데 논쟁이 펼쳐졌다. 그러나 여하튼 국제인구개발회의 '행동 계획'을 채택하고 끝날 수 있었다. 새로운 기본 개념은 제7장 '재생산 권리(reproductive right)와 재생산 건강(reproductive health)'이었다. 제7장 2항에서는 말한다.

> 재생산 건강(reproductive health)은, 사람들이 안전하고도 만족스러운 성생활을 영위하는 것이 가능하며, 생식능력을 가지고 아이를 낳을지 말지, 언제 낳을지, 몇을 낳을지를 결정하는 자유를 가지

는 것을 의미한다.

이어서 제7장 3항은 다음과 같다.

이들 권리는 모든 커플과 개인이 자신의 아이의 수, 출산 간격 및 출산할 때를 책임지고 자유롭게 결정할 수 있고, 이를 위한 정보와 수단을 얻는 것이 가능하다는 기본적 권리 및 최고 수준의 성에 관한 건강 및 재생산 건강을 얻는 권리를 인정함으로써 성립한다.

하라가 앞서의 인양 체험을 한 1946년에서 거의 반세기가 지난 뒤인 1994년에, 카이로에서 국제인구개발회의는 위의 눈부신 '행동계획'을 채택한 것이다.

행동계획은 격론 끝 타협의 산물이었다. 준비회의에 '여성과 건강 네트워크' 부대표(당시)인 하라 히로코가 참가하였고, 본회의에는 당시 대표였던 필자를 포함한 세 사람이 국제회의에 민간인으로서는 처음으로 정부대표단에 포함되었다. 미국은 민주당 클린턴 정권하였고, WHO(국제보건기구)가 제안하는 정책은 UN주의를 취하던 일본정부

1 러시아인에 대한 멸칭. 역사적인 용어로서 당시 그대로 인용했다.

2 하라 히로코는 1934년에 태어난 문화인류학자. 하라의 아버지 스에 모쿠지로須江杢二郎는 당시 경성제국대학 의학부 조교수로서 인양 지원추진자인 이즈미 세이치의 협력자였다. 인양 고아 등의 진료를 담당했던 하카타의 쇼후쿠聖福 병원 부원장이기도 했다.

"한밤중으로 여겨질 무렵, 회중전등 든 손에 개를 데리고 무장 소련병이 통역과 함께 큰 소리로 떠들며 들어왔습니다. '여자를 내라!'는 요구입니다. 기분 나쁜 정적을 깨며 삽시간에 일어나는 아비규환의 소리. 울부짖으며 세 명의 여자가 끌려 나갔습니다."

"드디어 우리들이 있는 곳까지 왔습니다. 아직 여학생인 딸에게 덮어씌운 모포는 총검 앞에서 확 하고 벗겨졌고, 기관총의 총구가 내 가슴으로 향했습니다. 나는 딸을 업고, 장남과 차남을 양팔에 끌어안고 (중략) 큰소리로 울었습니다."

"그 와중에도 주변에서는 자기 목숨을 구하겠다고 엄마가 딸을, 남편이 아내를 떼밀어냅니다."

오노 노부코小野信子, 당시 36세(창가학회부인평화위원회 편, 1981)

②-(1) 알루미늄 군수공장(미쓰이三井 경금속, 평안북도 용천군)에서 근무하던 남편과 세 명의 유아를 안고 패전. 수일 후에 소련병이 진주하여 약 1,000명의 일본인은 낡은 건물로 집단이주.

"밤이 되면 (중략) 소련병이 공포를 쏘며 위협하며 여자를 요구하러 옵니다."

"어느 날 공장 간부인 일본인 남성이 '우리 남자들은 납죽 엎드려 기라면, 네 발로 기어가겠습니다. 그러나 남성의 힘으로는 어떻게 할 수도 없습니다. 천 명의 일본인이 무사히 고국의 땅을 밟기를 바라며 부인들에게 부탁하는 것 외에는 살아남을 방도가 없어졌습니다. 부디 잘 알아듣고 소련병의 요구에 응하도록 각오를 해주기를 바랍니다. 최악의 경우를 생각해서 4단계로 나누겠습니다.'"

> "남자, 여자 할 것 없이 소리 없는 통곡이 이어졌습니다. 이때의 심정은 설명할 수 없습니다."
>
> 이노우에 히데코井上秀子, 당시 30세 (같은 책)

여기에서 여성은 '4단계'로 나누어진다고 했는데, 이 수기의 작자는 "자기처럼 유유아乳幼兒가 있는 모친"은 네 번째라는 이야기를 듣고서 "저로서는 다행이었지만, 그렇게 말하기에는 염치가 없다는 느낌"이라고 말하고 있다.

단계를 나눠 선별한다는 이야기는 다른 증언에서도 나온다.

> "이런 경우에 어떤 사람이 뽑히는가 하면, 대개 우선 최초로는 술장사를 하던 사람, 그 다음에 미망인 (중략) 그리고 남편이 출정해 있어 부인만 인양하는 사람. (중략) 부부가 함께 있는 경우에는 없었던 것 같습니다. 개척단의 아가씨들도……, 인질로 뽑혀 강제로 끌려가는 것이지요. 그리고 아침에 돌아오면 이젠 모두가 같은 일본인 단원들이 차가운 눈초리로 이러쿵저러쿵 말하는 것 같습니다. 이렇게 해서 계속 괴로운 마음으로 내지까지 인양해 오게 됩니다."
>
> 나카바루中原 요양소에서 상담원으로 일하던
> 후쿠도 후사福土房의 증언(가미쓰보, 1979: 234-235)

② -(2) 2017년에 이르러 기후현 구로카와 개척단의 인양 당시의 '성접대'가 당사자의 증언과 함께 매스컴에 보도되었다. 『도쿄신

군의 성적 대상으로 하기 위한 여성을 모집했다.[5] 중국의 난징南京을 비롯하여 주요 전장에서의 일본군에 의한 성폭력의 실태를 잘 알고 있었기 때문이었을 것이다. 흔히 패전의 쇼크로 일본 남성이 허탈해 하는 상황이었다고 하지만 그렇지는 않다. 점령 대응책, 인양 대응책은 신속하게 추진되었다. 특히 성폭력에 의해 성병에 감염되거나 외국인의 아이를 임신한 여성에 대한 대응은 재빨랐다.

그것이 얼마나 빨랐던가. 이 문제에 정통한 야마모토 메유(2015a)에 의하면 공식적인 제도적 대응은 이하와 같았다.

> 8월 23일 후생성 건민국 전시원호과를 '보호과'로 개칭, 인양자의 보호 구제를 담당하게 함. 9월경 GHQ/SCAP(연합국군최고사령총사령부)가 일본정부에 대해 검역 강화를 지시. 10월 27일, 건민국을 사회국으로 개편. 11월 22일, 사회국 내에 인양원호과를 설치. 후생성의 기구로는 처음으로 '인양'이 등장.
>
> 여기까지 패전으로부터 3개월여. 인양 대책은 이러한 일본 정부의 주요한 전후대책의 하나로서 간주되었다. 인양항은 전국에서 25곳이 지정되었고 그중에서 만주·조선·중국으로부터의 인양자가 집중된 곳은 하카타博多(후쿠오카현), 사세보佐世保(나가사키현長崎県), 센자키仙崎(야마구치현山口県) 등이었다.

이상이 '인양'에 관한 1945년 8월 이후의 담당 행정조직의 움직임이라고 한다면, 목표를 여성의 성피해로 한정한 대응은 더욱 민첩했다. 8월 15일부터 겨우 보름도 채 안 되어 서일본西日本의 주요 인양항에 소재하는 국립대학의 의학부장이 후생성에 소집되었다.

규슈 제국대학은 당시 의학부장이 부재하여 기하라 유키오木原行男 조교수(이하 직명은 당시의 것)가 상경, 다음과 같은 밀명을 받았다.

"인양 여성에 대해서는 노소를 불문하고, 성병 및 임신의 검진, 성병자는 격리 치료, 임신도 격리, 극비리에 중절할 것." 성병 방지와 "이민족의 피에 오염된 아이의 출산뿐만 아니라 가정의 붕괴를 생각하면 (중략) 이를 엄격하게 체크하여 해변에서 막을 필요가 있다"(아마가쓰, 1998)는 것이 이유였다.[6]

같은 규슈대 계열의 이시하마 아쓰미石濱淳美에 따르면, "기하라 조교수로부터 난처한 일을 인수받았다." "교토, 니가타新潟 등의 대학 교수는 '비합법적인 낙태죄를 저지를 수는 없다'며 확실히 거절하고 돌아갔다고 했다"(이시하마, 2004). 주지하는 바와 같이 당시 인공적인 임신중절은 형법상 낙태죄(최고형 7년)에 저촉되는, 국가에서 금하는 행위로서, 그것이 허락되는 경우는 모체에 생명의 위기가 있을 경우에 한정해서였다. 특히 전시하의 내셔널리즘의 고양과 '낳자, 늘리자'라는 정책 속에서 낙태죄가 밝혀지게 되면 사회적으로 엄하게 탄핵되

5 '신일본여성에 고함!'이라는 신문광고는 이보다 일찍 패전 후 6일째인 8월 21일에 게재되었는데, "주둔군 위안의 대사업에 참가하는 신일본여성의 솔선 협력"이 미군 측의 '명령' 이전에 공고된 것이다.

6 규슈 제국대학 의학부 조수로서 '불법 임신' 중절에 관여했던 조수(당시) 이시하마 아쓰미는 자신의 저서『오타 덴레이太田典礼와 피임 링의 행방』(2004)의 앞부분에서 '불법 임신' 중절의 체험을 기술하고 있다. 의학부 책임자가 후생성의 호출에 불려간 것은 1946년 늦더위 무렵이다. 1946년 여름에는 경성제국대학 계의 후쓰카이치 보양소도 이미 활동하고 있었으므로 후생성으로부터의 호출은 1945년 8월 말이 정확할 것이다.

이치泉靖一[10]는 인양 여성의 낙태를 허가하는 특례법을 만들도록 일찍부터 정부에 운동을 했지만 실현되지 않았다. 1946년 4월 23일 개설한지 얼마 되지 않은 후쓰카이치 보양소를 다카마쓰미야高松宮* 부부가 방문하여, 하시즈메橋爪 소장, 하타秦 의사들의 노고에 대해 '수고 많습니다, 잘 부탁해요'라며 치하했다고 한다.[11] 정공법인 특별법 제정을 목표로 한 이즈미 세이치는 '위정자나 할 일이다'라고 말했다고 전해진다. 다카마쓰미야의 후쓰카이치 보양소 방문은 시데하라 내각 시기로서, 후생 장관은 아시다 히토시였다. 다카마쓰미야는 당시 은사재단동포원호회 총재, 일본적십자사 총재. 황제皇弟의 후쓰카이치 보양소 방문을 당시 내각이 몰랐을 리 없다. 그 이전인 1945년 8월 말의 '밀명'의 책임자가 누구인가. 어둠 속에서 있는가, 대답하지 않으면 안 된다.

패전으로부터 시데하라 내각의 각의에서의 논의가 엇갈리게 될 때까지 반년 가까이인가. 그때까지 '밀명'을 받은 규슈대 그룹은 어떤 준비 혹은 중절을 시행하고 있었던가, 하지 않았던가.

패전하던 해 8월 하순에 인양항 주변의 대학 산부인과 의국에 '밀명'이 내려졌다고 하면, 자료에 따르면 '밀명'에 대해 교토 대학, 니가타 대학은 '낙태죄를 저지를 수는 없다'며 단호하게 거절하고 돌아갔다고 한다. 그렇다면 마이즈루舞鶴항, 니가타항에는 '불법 임신'의 여성은 전혀 없었던 것인가. 아니면 임신한 아이를 낳을 수밖에 없었던 것인가. 최근에 와서야 지금까지 이야기되지 않았던, 야마구치현 센자키항에서의 '불법 임신'한 '특수부인'에 대한 대응이 보도되었다. '밀명'은 의학부장을 후생성에 긴급 소집하여 통달하는 것만이 아니라,

인양항 각지의 의료시설, 의료교육시설에 개별적으로 또한 긴박하게 전달되었던 것이 아닐까.

이러한 행정, 의료기관에 관한 것 이외에, 피해 여성들은 어디로 사라져, 현실의 자신의 처지를 어떻게 살아갔던가? 임신과 낙태의 비밀을 지키는 것은 상담원 등 문제의 대응을 담당했던 여성 시민과 피해 여성 사이의 약속이었다. 그러나 이 사실을 시대의 어둠 속에 묻어서는 안 된다. 후술하겠지만, 성병에 걸렸거나 불법 임신한 여성에 대한 의료의 장이었던 후쿠오카현 내의 후쓰카이치 보양소 터에는 두 개의 비가 서 있다. 하나는 1981년에 세워진 미즈고 공양의 상. 그리고 다른 하나는 지역 독지가가 1979년에 세운 '인仁'의 비. 낙태죄에 처해질 위험이 있다는 것을 알면서도 인도적 견지에서 시술한 의사, 관계자를 현창하는 비이다. 두 비석의 차이를 주장할 생각은 없지만, 이 문

10 이즈미 세이치(1915-70). 안데스의 유적 발굴로 유명한 문화인류학자이지만, 패전 직후의 인양자 후원 특히 어린이와 성폭행 피해 여성에 대한 지원활동은 놀라울 정도이다. 당시 경성제대 문학부 조교수였던 이즈미는 의학부의 교수들과 제휴하여 북조선·만주에서 남하하는 피난민을 지원하는 일을 맡았다. 일본의 하카타항 등에 검역소를 설치하도록 하였고, 또한 인양원호국과 교섭하여 전시 중에 부상병의 요양소로 사용되었던 시설을 후쓰카이치 보양소로 만들어 성피해 여성의 성병 치료, 중절 수술에 힘썼다. 의료 스태프는 대부분 경성제대 등의 의사·간호사로서 위로부터의 명령이 아니라 당사자들이 적극적·자립적으로 활동하고 있었지만, 그렇다고 할지라도 공적인 승인과 예산 뒷받침이 없었다면 불가능했을 것이다. 이는 개설된 직후 후쓰카이치 보양소로 다카마쓰미야가 방문한 것으로도 부각된다. 이즈미의 사적에 대해서는『계간민족학』의「특집 이즈미 세이치가 걸어온 길」(국립민속학박물관우회 편, 2015)을 참조.

11 초법규적 조치에 황족을 등장시켜 무언의 권위부여를 행하는 것은, 예를 들면 사가佐賀의 난에서 에도 신페이江藤新平를 당시 형법에 없는 혹형酷刑에 처할 때 임시법정에 히가시후시미노미야東伏見宮를 불러 권위를 부여한 사례가 있다.

* 다카마쓰미야 노비토高松宮宣仁 친왕親王. 쇼와昭和 천황 히로히토裕仁의 남동생이다.

의 국립 후쿠오카 요양소, 사가현 나카바루초佐賀県中原町의 국립 사가 요양소 등 '규슈대 계열'의 서술은 적다. 후쓰카이치 보양소의 증언이나 기록이 일찍 나온 것은 의사 등 스태프의 활동이 '밀명'에 의한 것이 아니라, 본거지인 경성(현재의 서울)에서 패전을 맞이하여 북에서 유입하는 대량의 일본인 난민 구제 활동을 시행하던 그 연장선에 '불법 임신' 대응이 있었기 때문이다. 전문가 네트워크의 기반이 된 경성제대, 여기에서 일하던 전문가 집단의 자치능력, 특히 문학부 조교수 이즈미 세이치의 행동력과 절충력, 이러한 것들이 서로 잘 맞아 정부 이상의 행정 능력을 발휘함으로써, 의료, 고아 구제, 여성에 대한 성병·'불법 임신' 중절 수술이 행해졌다.

경성제대 그룹의 경우, 소련군의 침공으로 경성에 남하하는 일본인 구제를 위해 '일관된 진료와 위생 관리의 조직을 만드는 데' 착수했다. 그 연장선상에 하카타 수용의 '쇼후쿠 병원', 고아 구제의 '쇼후쿠료', 불법 임신·성병 대책의 후쓰카이치 보양소가 조직되어 중단 없이 일관된 구조 시스템이 구축되었다.

1946년 3월 25일 '불법 임신' 대책 등을 담당하는 후쓰카이치 보양소가 개설된다. 경성제대 그룹은 두세 차례에 걸쳐 병원의 설립을 인양원호국에 요청하여 실현시켰다. 장소로는 후쿠오카현으로부터 후쓰카이치의 옛 애국부인회 보양소를 빌려 썼다.

12 2016년 12월 4일 조치 대학에서 개최된 전후 인양 70주년 기념 심포지엄 '전후인양과 성폭력을 말하다—〈마음 깊은 곳의 슬픔〉(2015)·〈미즈고의 노래〉(1977) 상영회'

재외동포원호회 구료부救療部는 기자재와 인원을 수배하여, 의사 2명, 간호사 · 조산사 10명, 사무 기타 포함 총 19명이 후쓰카이치 보양소에서 일했다. 개설로부터 1946년 12월까지 하카타항에서 보내진 환자 총수는 380명이다. 그 내역은 '불법 임신' 213명, 정상 임신 87명, 성병 35명, 그 외 45명이라 보고되고 있다(인양항 · 하카타를 생각하는 모임 편, 1998: 13). 카르테에는 이니셜을 쓴 정도라 본명은 불명이다. 따라서 그동안 중절이 얼마나 이루어졌는지 정확하게는 알 수 없다.

인양선 안에서의 주지 · 선별

여기에서는 그 뒤 하카타항과 사세보항에서 인양 여성에 대해 어떠한 정보 제공이 이루어졌는지를 참고문헌(인양항 · 하카타를 생각하는 모임 편, 1998; 가미쓰보, 1979; 이시하마, 2004)을 따라 개략적으로 서술하려 한다.

15세에서 50세까지의 모든 여성이 폭행 · 성병에 대한 문진을 받게 하고, 의심스러운 경우 의료기관에 보내 입원치료, 중절수술을 시행했다. 해당 연령의 여성은 이 검사를 받지 않으면 인양증명서를 교부받을 수 없다는 규칙이었다.

임신한 여성이 선상에서 투신자살하는 예는 그 뒤에도 끊이지 않아, 인양원호국은 여성들에게 정보를 알리는 데 철저를 기했다. 인양선 안에는 '불행한 부인들께 긴급 주의!!'라 적힌 전단이 붙어 있었다. '재단법인 재외동포원호회 구료부 파견선의派遣船醫'의 이름으로 된 전단은 이하와 같이 맺고 있다. "본회가 이런 불행한 분들을 위해 선의船醫를 승선토록 하여 상륙 후 주변 사람이나 고향에 알려지지 않게 하카타 부근의 후쓰카이치의 무사시武蔵 온천에 설비한 진료소에 수용하여 건전한 신체로서 고향에 송환할 수 있도록 하고 있으므로, 두려워하거나 걱정하지 말고 곧바로 선의가 있는 곳까지 제출해 주십시오."

1946년 4월 25일, 하카타항 검역소에 부인 상담소가 설치된 후에는 전단은 중지되고 모든 상담소에서 검진을 받은 뒤 질환에 따라 보양소 혹은 국립병원으로 분리되어 보내졌다(인양항 · 하카타를 생각하는 모임 편, 1998). 『서일본 신문』(1946년 7월 17일)은 후생성 하카타 인양원 호국 보양소와 재외동포구호회 구료부의 공동 명의로 '외지 인양의 부인들에게 알림'이라는 박스 광고기사를 내어, 이즈미 세이치가 쓴 것으로 알려진 문장이 게재되었다. 일부를 인용하면 "그 우아한 긍지를 버리고, 마침내 불길한 병에 걸리거나 혹은 몸에 이상을 느껴 입에 담기도 싫은 그림자를 드리우고 고향으로 돌아가, 부모형제에게도 밝히지 못하고, 하물며 남편에게는 거리낌이 너무 많아, 지금은 체면이고 무어고 돌볼 겨를 없이 암담한 근심과 번민의 나날들을 보내고 있는 부인들도 적지 않으리라 사료됩니다"(적당히 구두점을 사용함). 그리고 비용 등의 걱정 없이 후쓰카이치 보양소에 연락, 내원하라고 호소하고 있다.

이 신문 광고는 하카타항에서는 사실을 밝히지 못하고 귀향한 여성을 향해 발신된 것이다. 이 광고를 읽고 후쓰카이치 보양소를 방문한 사람도 많았는데, "부두에서 직접 보내진 숫자와 일단 고향에 돌아가 이곳을 알고 방문한 숫자는 대략 반반 정도로, 북으로는 도쿄, 남으로는 가고시마에 이르고 있다"고 기록(인양항 · 하카타를 생각하는 모임 편, 1998)되어 있다.

3. 피해 여성과 지원자들

중절은 어떻게 이루어졌나—수술실의 여성들

인양항의 검역에서 '불법 임신'으로 진단된 여성들에게 어떤 일이 일어났던가. 자료와 문헌에 공통되는 경과를 적어 본다.

여자들은 단발에 더러운 의복을 걸치고, 남녀의 구별도 없이 앙상한 모습으로 트럭으로 몇 명씩 옮겨진 사례가 많았다. 시종일관 말이 없고 어두웠다.

친정 엄마에게 간병을 의뢰했다. 가족 앞에서 발포가 있고 엄마와 딸이 모두 범해져 딸이 임신한 사례도 있었다. 가족끼리라도 자매에게는 일종의 벽이 생겨버려, 엄마와 같은 헌신적인 모습의 간병까지 기대하기는 힘들었다.

카르테를 상세히 만들면 당사자의 마음의 상처를 깊게 할 뿐이다. 가명을 양해한 뒤 최종 월경의 시기 정도밖에 묻지 않았다.

마취약이 없어서 수술은 마취 없이 이루어졌다. 당시 낙태죄의 존재를 생각하면, 의사 자신도 중절 수술은 미경험자가 많았다고 생각된다. 규슈대의 이시하마 조수는 "여성들은 울부짖는 소리는 물론 신음 소리조차 제대로 내지 않고 조용히 참아냈다"고 했다. '한숨'과 '분하다'며 중얼거리는 말을 들었다는 의사의 기억이 있다(이시하마, 2004). 수술 실패로 인한 사망 사례도 있었다.

임신 5개월 이상의 사례가 많았는데, 이 경우의 처치는 인공적인 조산 분만과 같았다. 임신 개월 수에 대해서는 후쓰카이치 보양소의 의무주임이었던 하시즈메 스스무橋爪将의 기록('하시즈메 리포트')이 남아 있어 『미즈고의 노래』(가미쓰보, 1979)에 전문이 수록되어 있다. 개소(1946년 3월 25일)로부터 집필하여 6월 5일까지 2개월 좀 넘는 보고이다. 환자의 총수는 74명, 그중 '불법 임신' 47명, 성병 11명, 그 외 부인과 질환 3명, 내과 질환 5명. 임신 5개월이 15명, 8개월이 8명, 7개월이 6명, 6개월 및 10개월이 각 5명, 2개월과 9개월이 각 2명으로 수술은 30건이 진행되었다.

산 채로 태어난 태아의 처리는 간호사에게 맡겨졌다. 가냘픈 소리를 내는 사례도 있었으나 규슈대 계열의 기록에는 '미리 정해진 방법'으로 처리되었다고 되어 있다. 태아의 머리가 나왔을 때 뇌에 구멍을 내어 임부와 간호사의 고통을 줄이는 방법을 취한 의사도 있다(가미쓰보, 1979).

태아의 유체는 시술한 병원의 정원에 묻혔다. 후쓰카이치 보양소에서는 벚나무 아래 묻혔고, 나중에 미즈고 지장이 건립되었다. 규슈대 그룹이 다닌 병원에서도 '정원 구석'에 묻었는데, 들개가 파헤쳐 큰 소동이 난 일도 있었다. 구루메久留米 의대의 요청으로 십여 개가 포르말린 처리되었다는 기록도 있지만 나중에 비밀리에 처리된 듯하다.

규슈대 계열, 경성제대 계열 양쪽의 의사·간호부가 공통으로 기술하는 감상은 몇 주일간의 요양 후, 퇴원하는 여성들은 입원 때와는 몰라볼 정도로 달라진 밝은 모습으로 돌아와, 혹은 손을 흔들거나 혹은 간호사에게 빌린 입술연지를 바르고 퇴원했다고 한다. 과거의 혐오스런 사실이 사라지는 것은 아니겠지만, 당사자의 기분은 우선은 실로 큰 안도감을 느꼈으리라 생각한다. 아, 다행이다, 라고 나는 생각한다. "아 다행이다. 살아갈 수 있는 길이 열렸다"라고.

정확한 기록이 없으므로 '불법 임신'의 총 수는 명확하지 않다. 후쓰카이치 보양소의 의사였던 하타 데이조秦禎三의 증언에 따르면, 불법 임신은 폐소(1947년 가을경)까지 4-500명, 성병 환자수도 비슷한 정도였다고 한다. 규슈대 그룹의 사가(나카바루) 요양소에서는 사세보항 경유로 성병·중절을 포함한 환자수 386명, 후쿠오카(고가) 요양소에서는 하카타항으로부터 성병·임신을 포함 594명이 보내졌다(인양항·하카타를 생각하는 모임 편, 1998: 26-27). 여기에 열거한 숫자만으로도 '불법 임신'은 대략 1,000명을 넘을 것이다. 후쓰카이치 보양소의 상술한 자료에 따르면, '불법 임신' 40명에 대해, 중절수술은 30명이라 기록되어 있다. 그 이유를 '하시즈메 리포트'는 "임신 5개월 이상인 것이 과반수를 점하는 관계로 수술에 필요한 시간이 길어 1명에 2일 내지 3일을 요하고, 다수의 환자를 동시에 시술하는 것이 곤란하므로, 의사 2명으로 하도록 해도 10명 내외"라 기술하고 있다.

국가의 밀명이 내린 규슈대의 국립 후쿠오카 요양소와 국립 사가 요양소, 그리고 자주적인 움직임을 보인 경성제대를 중심으로 한 후쓰카이치 보양소. 당시 두 그룹은 서로의 존재와 행동을 몰랐다고 한다.

이 같은 가운데, 부인지우사의 하네비토 모토코羽仁もと子가 호소하여 1946년 2월경부터 지역의 '부인지우 모임' 회원(대부분이 주부)이 부인 상담원 등의 촉탁으로 성피해를 당한 여성들을 간병하는 역할을 한 것, 하카타에서는 인양 고아료寮의 보모로서 헌신한 것을 첨가해 두고 싶다.

당사자의 증언에서

이상에서 살핀 사실과 관련된 의료관계자 중 필자가 직접 이야기를 들을 수 있었던 것은 후쓰카이치 보양소의 간호부 무라이시 마사코村石正子와 전직 규슈대 산부인과 조교인 의사 이시하마 아쓰미 두 사람뿐이다. 무라이시로부터는 2010년에 하카타에서 개최된 '지금 전후 인양을 묻다—제국 붕괴와 전후 동아시아 사회' 심포지엄(조치上知대학 '제국 붕괴 후의 인구이동과 사회통합' 연구회와 '인양항 · 하카타를 생각하는 모임' 공동주최)에서 이야기를 들을 수 있었다. 무라이시는 경성의 일본적십자사의 간호사로 인양 후 후쓰카이치 보양소에서 3개월간 근무했다. 심포지엄의 패널 중 한 사람이었는데, 강연 후 단독 인터뷰를 할 기회를 얻었다. "가장 잊을 수 없는 것은, 17세의 여자사범학교 학생이 분하다, 분하다고 말하면서 숨을 거둔 것"이라고 전한다.

이시하마 아쓰미는, 필자가 이 문제에 관한 자료를 모으고 있다는 것을 안 센다이仙台에 사는 산부인과 의사 나가이케 히로코長池博子[13]의 소개로 센다이의 자택을 방문할 수 있었다. 2008년 2월 17일, 나가이케와 나, 각자의 조수 모두 네 명이 방문하였고, 아들(이시하마 히로미石濱洋美 독쿄獨協의대 부교수)이 입회했다.

"지금이 정리해서 이야기를 할 수 있는 마지막 기회가 아닌가"라는 나가이케의 말을 듣고, 누워있는 채로 나눈 이야기였는데, 이시

13 나가이케 히로코(1923-2011). 산부인과 의사. 도쿄여자의전 졸업. 센다이 시에서 사춘기 외래 등을 개업하고, 젊은 여성을 지원. 1987년 요시오카 야요이吉岡彌生 상, 2000년 와카쓰기 도시카즈若月俊一 상 수상. 1994년 '여성의 건강 네트워크' 멤버.

하마는 입을 한 번 열고 “어제는 아바시리網走에 있었다…… 그 전에는 요코스카横須賀에 있었다…… 그 전에는……”이라며 몇 개의 지명을 말했다. “아버지는 지금도 형무소에 들어가는 악몽에 시달리는 듯해요.” “트라우마네요.” 그러고 보면 요코스카도, 아바시리도 형무소의 소재지이다. “내가 한 일은 여기에 모두 쓰여 있다”며 건네받은 것은 서명이 들어간 문고판의 자서自書『오타 덴레이와 피임 링의 행방』(2004)으로, 이 글에서 이미 몇 번이나 인용한 것이다. 이 책의 앞부분이 바로 규슈대 그룹의 일원으로 이시하마가 관계한 중절의 기록이다. 두 시간 정도의 대화 가운데 “기억났어요. 확실하지 않은 보증은 있었어도”라는 말이 있었다. 상경한 조교수로부터 ‘밀명’을 건네받았을 때 알게 되었을 것이다. 그러나 법을 위반하고 있어 떳떳하지 못하다는 의식이 늘 따라다녔을 것이다.

이시하마가 누차 이야기한 것은 그녀들이 마취 없는 수술 중에 비명은커녕 소리조차도 거의 내지 않았다는 것이다. 그리고 몇 주간의 회복을 기다려 퇴원해서 나갈 때 여성들이 그야말로 다른 사람 같았다는 것. ‘여자들은 유쾌한 모습으로’ 라는 칭찬을 몇 번이나 반복했다. ‘유쾌한’이라는 말을 꺼낼 때 이시하마의 표정은 그렇게 생각해서 그런지는 몰라도 평화로워 보였다. 의사로서의 가혹한 일을 간신히 지탱한 것은 여자들의 안도감과 그녀들이 살짝 본 미래에 대한 빛이었을 것이다. 하지만 수술을 한 측의 증언을 얻을 수는 있었지만, 수술을 받은 측의 증언은 한마디도 없다.

이시하마는 우리가 방문하고 2주일 뒤에 사망했다. 3월 3일, 여자의 절구女の節句*의 승천이었다.

4. 전후 일본의 '중절의 자유'

우생보호법의 성립

1945년부터 1947년에 걸쳐 인양 여성 성피해자들에 대한 중절수술이 남몰래 어둠 속에서 행해지고 있을 즈음, 1946년 4월 10일, 여성 참정권이 처음으로 행사된 제22회 총선거가 실시되어 한꺼번에 39명의 여성이 당선했다. 나아가 1947년의 4월 20일에 제1회 참의원 선거가 실시되어 여성 10명이 당선. 남녀평등의 실현으로서 국정에 참가하는 여성 국회의원이 탄생했다.

"후쿠오카현 선출의 사회당 국회의원이 시찰하러 와서 '성병 검사를 여성에게만 실시하는 것은 차별이다'라며 쓴소리를 했는데, 담당 의사는 아무 말이 없었다"(센다, 1977). 이 여성국회의원은 후쿠오카현 선출의 중의원 의원 후쿠다 마사코福田昌子이다.[14] 도쿄여자의전 졸업 후 규슈 제국대학 산부인과에 근무하여 규슈대 그룹에 동료도 많았다. '불법 임신' 중절의 참상을 알고서, 입법부에 있는 사람으로서 성폭력 피해를 온몸으로 감당하는 여성 측에 서서 행동을 한 것은 당연한 일이었을 것이다. 일본의 경우는 우생보호법에 의해 중절의 용인

14 후쿠다 마사코(1912-1975). 의사. 도쿄여자의전 졸업 후 규슈제국대학 산부인과 근무. 패전 초 후쿠오카에서 중의원 의원에 당선, 5선에 이르렀다. 그동안 지역의 인양 여성의 성피해·중절에 직면하여 여성에 임신중절의 기회를 부여하는 우생보호법 제정의 선두에 서서 6명의 제출자를 대표하여 제안 이유를 설명했다(사토 미즈에, 2016).

* 히나마쓰리ひな祭り라고도 한다. 여자 아이의 건강한 성장을 기원하는 명절로서 3월 3일에 행해진다.

을 진척시키는 것이 목표가 되었다. 물론 인양 여성의 '불법 임신'이라는 초법규적 조치에 의한 중절에 대해서는, 점령하이기도 해서 국회에서 공적으로는 논의되지 않았다. 그러나 우생보호법의 제안자가 인양 여성의 피해에 대한 관심과 관련성을 가지고 있었음을 알 수 있다.

1948년 6월 후쓰카이치 보양소가 그 역할을 조용히 마치고 폐쇄된 지 약 1년 반 뒤, '우생보호법안'이 중의원과 참의원 양원에 의해 의원입법안으로 제출되었다.

중의원에서의 제출자는 6명, 오타 덴레이, 오하라 히로오大原博夫, 가토 시즈에加藤シヅエ, 사카키바라 도오루榊原亨, 다케다 기요武田キヨ, 후쿠다 마사코福田昌子. 여섯 명 중 4명은 의사이다. 설명자는 후쿠다 마사코였다. 중의원에서의 제출자는 다니구치 야사부로谷口彌三郎 등 4명이었다.

법률의 목적 '제1조'에는 '이 법률은 우생상의 견지에서 불량한 자손의 출생을 방지함과 더불어 모성의 생명 건강을 보호하는 것을 목적으로 한다'고 하는, 지금으로서는 생각할 수 없을 정도의 우생 사상이 돌출해 있고, 모성보호는 부록이라는 감이 든다. '나병癩病'에 관한 우생수술도 법안에 포함되어 있다. '제3장 모성보호' 제13조에서 인공임신중절 신청의 요건의 하나인 "4. 폭행 혹은 협박에 의해, 혹은 저항하거나 거절할 수 없는 동안에 간음을 당하여 임신한 경우"라는 표현 가운데 인양 여성의 '불법 임신' 피해의 영향을 볼 수 있다.

우생보호법 성립의 배경에는 전후의 파멸적인 생활고, 영토 상실, 600만 명의 인양귀환자 등 인구 과잉감이 있었던 것은 사실일 것이다. 또한 '불법 임신' 관계의 의사 등 전문가가 낙태죄에 속박된 현상을 타개하고 여성들에게 '구제'의 길을 열어주려 한 열의도 이해가능하다. 당초 일본에 우생보호법이 성립한 배경은 다양하고도 복합적이었다. 그러나 20년 후의 서구의 여성운동처럼 '낳을 자유'를 요구하는 당사자의 주체적인 운동이 있었던 것은 아니었다.

우생보호법은 뿌리 깊은 우생사상에 타협하면서도 여성에게 중절의 길을 열었다고 평가된다. 이듬해 1949년의 개정에서 중절을 용인하는 조건에 '경제적 이유'가 더해져, 전후의 선진 제국 가운데 일본은 가장 안전한 중절이 법적으로 보장되는 나라가 되어, 중절 건수가 가장 많았을 때는 100만 건이 넘었다고도 이야기된다. 형법이 개정된 것이 아니라, 형법상 낙태죄는 그대로 둔 채, 그 적용 제외 규정으로서 우생보호법이 성립하였다. 1950년 전후의 선진국은 중절을 죄로 여기는 가톨릭 국가는 물론, 중절을 제한하는 나라가 많아, 일본은 합법적으로 중절을 용인하는 이상한 '선진국'이었다. 만일 인양여성의 끔찍한 성피해와 그 중절이 없었다면, 또한 그 현상을 아는 여성 국회의원이 없었다면, 우생보호법은 불가능했거나 전혀 다른 형태가 되었을지도 모른다. 전후의 젊은 여성들에게 있어 우생보호법은 만일의 경우 생리적인 '가케코미데라駆け込み寺'*였다. 합의의 성교섭에 의한 임신이라도 여성에게는 낳을 수 없는 때가 있다. 하물며 일방적이고 폭력적인 성행위에 의해 임신을 해 버린 경우는 말할 나위도 없다. 전시하는 물론 평화로운 시기에도 '낳음·낳지 않음'의 결정권의 유무

* 바람난 남편이나 강제 결혼에 시달린 끝에 도망 나온 여자를 도와 안전하게 숨겨 주는 특권을 가졌던 절.

는 여자의 일생을 좌우한다. 인양 여성의 희생은 전후 일본에서 대폭적인 중절의 자유화로, 여성의원들의 발의에 의해 한 줄의 선으로 이어졌다.

일본의 패전 직후, 이상과 같은 상황에서 성립한 우생보호법에 의해 일본의 여성운동, 나중에 '재생산 권리'라 불리는 성과 생식에 관한 권리에 이르는 운동은 다른 선진국과는 매우 다른 형태를 드러내면서도, 한편으로는 중절의 자유를 거둬들이려는 정권 측의 움직임과 대치하는 것이 되었다.

'낳다 · 낳지 않다'의 자기결정권을 둘러싼 싸움

미국에서 세계로 확대되어 1960년 전후에 시작된 제2차 페미니즘. 이에 대해 상술할 지면은 없지만, 그 하나의 큰 특징은 신체성에 기초한 성의 해방이자 평등이었다. 유럽과 미국에서 여성들은 '낳다 · 낳지 않다'에 관한 자기결정권과 중절의 자유를 요구하며 과감하게 싸웠다. 예를 하나만 들어보자. 1972년 가톨릭 국가인 프랑스에서 17세의 미혼여성 마리 클레어(Marie Claire)가 지인에게 폭력적으로 성피해를 당해 임신 중절을 했는데, 중절의 죄로 재판에 부쳐졌다(쇼와지르 회 편, 1987). 시몬 드 보부아르는 다른 저명인사 343명과 더불어 자신의 중절 체험을 공표하고, "임신 중절에 관한(이를 금하는) 법률은 사회가 여성을 억압하기 위해 만들어낸 시스템이라는 뜻"이라 단언했다. 얼마 전 사망한 정치가 시몬 베유는 당시 보건장관의 요직에 있었는데, 때로는 유머를 섞으면서 심각한 논의를 이어나갔다고 한다. 국내외의 여론이 비등함을 수용하여 프랑스에서 '사회적 이유'로 중절을 인정하는 법안이 의회를 통과한 것은 1974년의 일이다(합법화가 실현된 것은 이듬해인 1975년).

일본에서는 1970년대 초반과 1980년대 초반에 거의 10년의 간격을 두고 보수 정권인 정부 측에서 중절제한의 법안이 제출되었다. 두 번 모두 '경제적 이유'를 삭제하려 했는데, 경제대국이 된 일본의 경제발전을 위해 출생률 증가를 목표로 한 면도 있을 것이다. 1972년의 '개정안'에서는 태아에 장애가 있는 경우 중절이 용인된다는 조항이 부가되었기 때문에, 장애자들의 당연한 반대와 여성들의 네트워크('저지련'='여성의 몸으로부터 우생보호법개악저지연락회' 등)에 의해 저지되었다. 여기에 넌더리가 났는지 10년 후인 1992년의 개정안은 '경제적 이유'의 삭제로 축소한 것이었다. 이때는 여당의 여성 국회의원들도 '시기상조'라는 말로 반대로 돌아서서 중절의 자유는 가까스로 지켜졌다.[15] 여성들의 네트워크는 확대되었는데, 필자는 이 연하의 동성들('저지련'의 요네즈 토모코米津知子 등)에게 지금도 마음으로부터 친밀함과 존경심을 가지고 있다. 그렇기는 해도 앉은자리가 마음에 불편한 활동이었던 것은 사실이다. 어쨌든, 중절의 자유를 위해 현행의 '우생보호법을 지키라'고 주장해야만 했기 때문이다. 당시 필자는 이 우생보호법 성립의 저류의 일단에 인양 여성의 '불법 임신'과 그 중절이라는

15 필자는 이 운동의 중핵이 된 여성들보다 조금 연상이었지만, 평론가로서 집회에 참가하거나 TV 등의 매스컴에 대한 대응에 분주하게 움직이는 등의 나날을 보냈다. 1983년 4월 30일 NHK의 장기간 토론에서는 중절 제한에 대한 찬성이 가톨릭 신부와 소노 아야코曽野綾子, 반대가 산부인과 의사인 와가쓰마 다카시我妻堯와 필자였다. 토론 전에 거울을 보면서 처음으로 상대에게 느낌이 좋게 전달하는 방법을 궁리하는데 집중했다는 것을 필자는 기억하고 있다.

사실이 있었다는 것을 알지 못했다. 그리고 '우생' 사상이 세계에서 얼마나 시대에 뒤떨어진 수치스러운 것이 되어 있는지도 정확하게는 알지 못했다.

맺음말

머리말에 쓴 것처럼 1994년에 국제인구개발회의 카이로 '행동계획'에서 성과 생식에 관한 개인과 커플의 권리(=재생산 건강/권리)가 채택되었다. 그 뒤 일본에서는 경구 피임약 해금, 우생보호법 폐지, 이를 대신하는 법률로서 우생사상을 배제한 모체보호법의 성립(1996년)으로 분주하게 이어졌다. 모체보호법 성립에 이르러서는 전후의 여성운동을 이어받아 성의 존엄과 자기결정권에 대해 여성들의 논의가 좀 더 섞였어야 한다고 지금도 생각하고 있다.

그리고 여성의 '낳음'이라는 신체성에 대해 여성 지배를 의도하는 퇴행(backrush)은 어떤 때는 숨을 죽이지만, 반복해서 모습을 드러낸다. 폭력적인 성행위는 전시하에 폭발했지만, 평시에도 끊이지 않아서 그 결과 원치 않는 임신을 하는 것은 100% 여성이다. 여성은 어쨌든 '낳는 성'으로 쉽사리 규정되는데, 합의가 있든 없든 생물학적인 타이밍이 맞으면 '임신하는' 성은 여성이다. 여성의 인권은 이 신체성의 차이에 근거하여 정의되어야 한다.

2017년 6월 이시카와현 가가시石川県 加賀市 의회는 조례로 '생명 존중의 날'을 제정했다. 여기에서 말하는 '생명'은 '뱃속의 아기'로, '사회의 일원으로서 따뜻하게 맞'이할 수 있도록 정한 날은 7월 13일인데, 이 날은 인양 여성의 '불법 임신' 피해를 아는 의원들이 진력함으로써 우생보호법이 공포된 날이기도 하다. 일정의 조건하에서 인공 임신중절을 인정하는 법률이 공포된 그날이 '생명 존중의 날'로 정해진 것은 여성의 '낳지 않을' 선택에 대한 압력이 될 지도 모른다.

오늘도 전화戰火가 끊이지 않는 지역에서 성폭력과 '불법 임신'은 일어나고 있을 것이다. 평화를 가진 사회에서도 아직 여성의 인권으로서 '낳을·낳지 않을' 권리가 정착했다고는 단언할 수 없다. 평시에 여성의 선택이 존중받지 않는 상태에서는, 전시에 있어서의 '불법 임신'이 어디선가의 '밀명'에 의해 구제된다는 블랙박스로부터 벗어날 수 없다.

[부기] 친구인 하라 히로코로부터 들었던 인양 여성의 비극이 마음에서 떠나질 않아, 자질구레하게, 이를테면 『주간 신조』 게시판에 호소하는 등의 방법으로 자료를 모아 왔다. 도쿄 가정대학 여성미래연구소의 전후70년사에 각서로서 기록한 글(히구치, 2016)이 이 글의 토대가 되었다. 젊은 세대의 연구자들에 끼어 집필을 할 수 있었던 것에 대해 편자들에게 감사하고 싶다.

제8장

나치 독일의 성폭력은 어떻게 불가시화되었나

히메오카 도시코姫岡とし子

머리말

1970년대에 시작되어 1980년대 중반부터 사회적으로 널리 퍼졌고 1991년 독일 통일 이후에는 더욱 중요해진, 독일의 가해를 인식하고 사죄하고 보상하며 나아가 독일의 과거가 풍화되지 않도록 기록한다는, '과거의 극복'에 관한 관민 양쪽의 노력은, 일본에서도 이따금씩 '독일을 보고 배워야만 한다'는 발언이 들려올 정도로 적극적으로 이루어졌다. 나치의 박해에서 살아남은 사람들 혹은 전쟁이나 나치 지배를 직접 체험한 사람들의 숫자가 적어진 21세기가 되자, 과거를 기록함으로써 기억하겠다는 시도가 더욱 활발해지고 있는 것이다.

2005년 베를린에서는 한때 나치 중추부가 있던 곳 부근에 '살해된 유럽의 유대인을 위한 기념비'가 설치되었으며, 그 외에도 강제수용소, 나치 범죄의 현장, 나치의 정책결정 장소, 저항의 장, 개개인이 희생된 장소 등 가는 곳마다 박물관, 기념관, 기념비, 경고탑, 간판 같은 것이 설치되어 있다. 기억 문화가 증가되고 있을 뿐만 아니라, 견학자가 나치 범죄나 저항의 역사를 더 잘 이해하고 희생자를 생각할 수 있도록 희생자의 개인사(Personal history)를 기록하는 등 그 표상의 방식에도 다양한 연구가 이루어지고 있다.

다만, 희생자를 상기하는데 있어서는 집단에 따라서 받아들이는 방식에 차이가 보인다. 개인으로서 희생자로 등장하는 것은 이른 시기에 보상의 대상이 되었던 유대인이나 정치적·종교적 박해의 희생자, 나치에 대한 저항자가 대부분이다. 1980년대까지 나치 박해의 희생자로서 인정되는 경우가 드물었던 '잊혀진 희생자'이면서 '2류 피해자'였던 동성애자나 신티·로마인들, 안락사의 희생자 등은 기억 문화 속에서는 개인이 아닌 집단으로서 자리를 부여받고 있었다. 상습적 범죄자나 알콜 중독자, 노동기피자나 매춘부 등 '반사회적'이라는 카테고리로 강제수용소에 보내진 사람들의 경우, 관련 사실이 널리 알려졌다고는 해도, 기억 문화 속에서는 대부분 존재하지 않으며, 더구나 희생자 개인으로서 등장하는 일은 없다. 기억의 개인화는 그 의도와는 무관하게 희생자들 사이에 차이를 부각시키는 것이 되었다.

거리의 기념비에는 나치의 다양한 범죄 기록이 새겨져 있지만, 그 가운데 성폭력은 포함되어 있지 않다. 베를린의 중앙부에 설치된 '전쟁과 폭력 지배 희생자를 위한 독일연방공화국 중앙위령관'에는 어떠한 사람들이 어떻게 희생되었는지가 기록되어 있지만, 그곳에 성폭력이란 글자는 없다. 성폭력 피해자는 홀로코스트의 희생자를 비롯 강제수용소 수용자, 저항운동 참가자나 적군赤軍 여성병사, 전장과 점령지의 주민 등 별도의 카테고리에 포함된 피해자이기도 했기 때문에,

그 카테고리 속에 편입됨으로써 성폭력 피해자로서는 가시화되어 있지 않은 것이다. 나치의 범죄 중 하나였던 성폭력은 기억 지도 속에 명시되어 있지 않은 까닭에, 그 존재는 보이지 않게 되고 희생자를 상기하는 일도 곤란해진다.

그러나 여성 인권을 바라보는 관점이 변화하고 아시아의 '위안부' 문제가 화두가 됨에 따라, 보스니아-헤르체고비나(Bosnia-Herzegovina)에서의 강간과 강제임신이 많은 주목을 끄는 가운데, 1990년대에 독일에서도 나치 시대의 성폭력에 대한 연구가 시작되었다. 20세기에는 의도적으로 말살되었던 강제수용소 내 매춘 시설의 존재에 대해서는 지금은 절반 정도 남은 옛 수용소의 기념의 장소에서 간판 같은 곳에 기재되어 있고, 마우트하우젠(Mauthausen, 현재의 오스트리아에 소재)에서는 '특별동'이라 불리던 건물이 개수改修된 상태로 보여주고 있다. 또한 강제수용소에 설치되어 있던 매춘 시설에 관한 전시회가 2005년 마우트하우젠에서, 2007년에는 라벤스브뤼크(Ravensbrück)의 옛 여성 강제수용소에서, 그리고 2013년에는 그 확대판이 베를린의 의원회관을 필두로 독일 각지에서 개최되었는데, 매스컴에서 다루기도 했기 때문에 지금은 그 존재가 광범위하게 알려지게 되었다.

무수한 나치 범죄 중에서도 성폭력은 가시화된 시기가 좀 더 늦었던 까닭에, 기억 문화 속에서도 그 그림자는 옅다. 일반인은 물론 연구자들도 오랫동안 성폭력에 대해서는 주목하지 않았고, 그 존재가 의도적으로 은폐되기도 했다. 나치 시기의 성폭력은 어떻게 불가시화되어 온 것일까.

이 글에서는 이러한 성폭력의 불가시화라는 문제, 그리고 아직 부분적이기는 하지만 연구의 수준에서 해명이 이루어지게 된 배경에 대해서 서술해 보려 한다. 성폭력에 대해서는 세 가지 시기, 즉 폭력의 종류는 한정되지만 비교적 솔직히 이야기 된 종전 직후, 터부시되고 불가시화된 1949년의 독일 분할부터 1980년대까지, 그리고 피해자에 대한 청취조사나 회상록 독해에 젠더적 관점이 도입되어 전시 성폭력에 관심을 두게 된 1990년대 이후, 이 각 시기마다 취급되는 방식도 당사자들의 이야기도 차이가 있다. 그 때문에 이 세 시기를 시계열적으로 보는 것을 통해 성폭력의 불가시화에 관련된 요인, 혹은 지금도 불가시화가 계속되고 있는 요인을 밝히고 싶다. 그리고 나치 범죄 희생자들의 위계와 성폭력의 불가시화 사이의 관련에 대해서도 고찰해 보려 한다. 성폭력 관련 사료는 아주 적지만, 강제수용소의 매춘 시설에 관해서는 나치 관계 공문서나 다하우(Dachau) 등 옛 수용소에서 이루어진 재판의 사료, 생존자의 증언이나 보고가 존재하고, 회상록 가운데에서도 다루어지고 있어서 상대적으로 많은 사료가 입수 가능하다. 최근에는 이러한 사료나 생존자와의 인터뷰를 바탕으로 한 연구도 출판되고 있기 때문에, 고찰의 중심은 강제수용소 내의 매춘 시설로 한다.

1. 종전 직후—비교적 솔직하게 이야기되다

종전기의 적군赤軍에 의한 강간 이야기

제2차 세계대전 말기부터 점령 초기에 걸쳐 서쪽에서 독일로 진군한 미군이나 영국군도, 동쪽에서 진격한 소련군도 독일 여성을 강간했는데, 소련군에 의한 것이 압도적으로 많아 격렬한 시가전의 무대가 된 베를린에서는 적어도 11만 명을 넘고 있었다.[1] 통상적이라면 강간당한 여성들은 수치스러움과 자신의 '과실'에 대해 비난당하는 것에 대한 두려움 등의 이유로 침묵을 강요당하게 된다. 그러나 종전기의 강간의 경우 일상다반으로 일어난 주지의 사건이 되어 있었고, 무기를 가진 병사들을 상대로 여성이 저항할 수 없는 상황에 놓여 있었다는 것이 명백했으며, 나아가 당시에 널리 퍼지고 있던 '독일 여성은 야만스러운 러시아인의 위협에 노출되어 있다'라는 나치의 프로파간다가 현실이 되었다고 생각되었던 까닭에, 굳이 이를 숨길 필요가 없었다.

종전기에 씌어진 일기나 회상록, 소설 속에는 이러한 사건이 반복적으로 말해지고 있다. 비참한 일이기는 했지만 강간은 위기적 상황 속에서 "경험된 집단적 사건"(Grossmann, 1995=1999: 146)이기도 했고, 독일군이 동부전선에서 잔학한 폭력행위를 했다는 소문도 퍼져 있었

1 바바라 요르에 의한 추산(Johr, 1995=1996: 72). 그녀와 헤르케 잔다는 베를린으로 진격할 때를 포함하면 강간당한 여성의 수는 190만 명을 상회한다고 추정하고 있다(같은 책, 75). 이 숫자에 대해서는 제3절에서 다시 고찰할 것이다.

기 때문에, 이에 대한 복수로도 생각되고 있었다. 여성들은 이 강간을 "자연재해와 같은"(Grossmann, 2012: 93) 회피 불가능한 사건으로 받아들이고 있었기 때문에 "수치나 죄의식을 느끼는 경우는 없었"고(Grossmann, 1995 = 1999: 154), 사무적으로 대처하는 것도 가능했던 것이다.

당국도 임신 중절에 대한 벌칙규정을 일시적으로 효력정지하는 등의 공적 대처를 해야만 했는데, 그때에도 '야만적인 러시아인'이라는 표상이 효과적으로 작용했다. 중절은 강간을 당했다는 이유로만이 아니라, 몽골/아시아계의 러시아인이나 흑인 등 나치가 말하는 이른바 '열등 인종' 사이의 혼혈아의 탄생을 회피하고 싶었기 때문에 더욱 허가되었다. 그 때문에 중절을 희망한 여성들은 모두 "저항할 수 없었던" "러시아인에 의한 강간"이라는 패턴화된 내용의 신청서를 제출했다(같은 책: 151-152). 인종의식이 독일 국민 사이에 널리 침투해 있어서 이 같은 이야기는 그러한 의식을 뒷받침하였고, 나치 체제 붕괴 후에도 존속하게 되었던 것이다.

강제수용소 내 매춘 시설과 강제 성노동자를 보는 관점

전후에도 망각의 저편으로 밀려나지 않았던 또 하나의 성폭력은, 수용소 노동현장의 생산효율을 향상하기 위한 보장수단으로서 1942년 마우트하우젠을 시작으로 1945년 초반까지 아우슈비츠(Auschwitz) 등 10개소의 강제수용소에 설치된 매춘 시설에 관한 것이다. 다만 시설의 존재에 대해서는 전혀 알지 못했던 수용자도 있었다. 시설을 이용할 수 있었던 것은 블록의 장長이나 카포[2] 등 수용자 가운데 역할을 맡고 있던 이들이나 특별한 직능의 소유자 등 일부 특권적인 수용자에게 한정되었으며, 그것도 대부분은 독일 사람으로서 유대인은 대상 외였다.

그곳에서 성노동을 해야만 했던 여성들에 대해서 1990년대 초반에는 '강제매춘부(Zwangsprostituierte)'라는 명칭이 사용되었는데, 이 호칭은 일본의 '종군위안부'를 독일어로 번역할 때도 적용되었다. 그러나 매춘부라는 단어는, 강제라는 접두어가 붙어 있다고는 해도 대가를 얻고 있다고 연상하기 쉽다는 이유로 지금은 강제 성노동자(Sex-Zwangsarbeiterin)라는 명칭이 사용되고 있다[3](Mühlhäuser/ Eschebach, 2008: 27).

강제수용소를 관리하는 친위대는 시설에서 남성 수용자에게 성을 제공하는 여성을 당초에는 '매춘'을 했다는 이유로 수용된 여성들 중에서 자발적인 응모를 통해 확보하려 했다. 살아남기 위한 조건을 조금이나마 낫게 하기 위해, 혹은 '6개월 후에 석방해 주겠다'는 이야기를 믿고 '자발적'으로 응모한 여성도 분명 있었다. 그러나 필요한 숫자를 채우기에는 매우 부족했기 때문에 대부분은 강제적으로 선별되

2 카포는 강제수용소에서의 단위 집단의 우두머리로, 수용소 당국에 의해 수용자 중에서 임명되었다. 수용자들이 명령을 지키고 노동의 노르마(할당량-역자)를 달성할 수 있도록 감독했다. 그 때문에 폭력도 휘둘렀는데, 때로는 친위대보다 더 거칠었다. 반대로 수용자들의 고통 경감을 배려한 카포도 있었다. 카포에 임명된 이들은 폭력을 주저하지 않는 형사범이 가장 많았고 조직력이 있는 정치범이 그 다음으로 많았다.

3 이 명칭을 사용하게 됨으로써, 매춘 시설에 있었던 여성들도 다른 강제노동자와 마찬가지로 나치에 의한 박해의 희생자로서, 전시 중에 강제로 다른 노동에 종사하면서 착취를 당한 사람들과 마찬가지로 인정을 받고 존엄을 회복할 수 있어야 한다는 것이 강조되었다.

었다. 예를 들어서 비르케나우(Birkenau, 아우슈비츠)의 여성 시설에서는 외모가 좋은 여성 100명을 뽑아 샤워를 시킨 뒤 친위대가 벗은 몸을 관찰하여 궤양이나 부스럼이 없는 여성 50명을 선별했다(Sommer, 2009: 104). 이때 친위대는 상스러운 말로 냉소적인 감상을 이야기하면서 선별하는 일을 즐겼다(Schulz, 1994: 139). 결국 누구 하나 6개월 뒤에 석방되는 일 없이 그녀들은 기력이 쇠해서 혹은 성병을 앓게 되어 수용소로 돌아가거나(Amesberger et al., 2010: 114, n.153), 죽었다(Schulz, 1994: 140, 141).

그럼에도 불구하고 친위대는 매춘부 경험자가 자발적으로 응모했다는 이미지를 만들려 했는데, 실제로 많은 수용자들이 같은 생각을 가지고 있었고, 이 주제를 다루고 있는 저작에서도 이 같은 견해가 반영되어 있다(Amesberger et al., 2010: 114-115; Eschebach/Jedermann 2008: 271). 예를 들어 나치에 저항한 사제의 비서라는 이유로 수용된 난다 헤르버만은 가톨릭의 입장에서 매춘을 이유로 체포된 젊은 여성들에게 어머니와 같이 대했지만, 그녀가 돌봐주고 있던 여성이 성노동에 '자발적으로 응모'했다고 생각하면서 이에 대해 탄식하고 있다(Schulz, 1994: 140). 이러한 발언 속에는 '왜 저런 일을 하지'라는 비난이 포함되어 있다. 수용자 중에는 여성들이 수용소 내에서 견뎌내야만 했던 굴욕과 폭력을 언급하면서 지옥에서 달아나기 위해 그녀들이 성노동을 받아들였다며 이해를 드러내는 사람들도 없지는 않았지만(Paul, 1994=1996: 116, 119), 그녀들을 비난하는 목소리가 더욱 많았다.

이러한 '자발성'의 이미지는 수용되었을 때만 아니라, 다음 장에서 상술하는 것처럼, 전후에도 줄곧 강제 성노동자에게 스티그마를 부여하게 된다. 즉 '자발성'이라는 이미지는 당초부터 존재하던 매춘부에 대한 멸시의 감정과 교차하면서, 그녀들에 대한 편견을 강화하는 원인이 되었다. 나아가 수용소에서 행해지던 다른 노동과는 달리 성노동은 강제적인 것으로서 인정되지 않는 근거가 되었다.

매춘 시설의 존재에 대해서는 전후에 바로 출판되었던 생존자들의 회상록에서도 언급되고 있다. 이 시기의 회상록은 수용소 안에서 무슨 일이 일어나고 있었는지에 대해 자신의 체험이나 들은 이야기를 모두 전달하려는 강한 욕구에 사로잡혀 집필된 것이어서 어느 것도 숨기려 하지 않고 서술된 것으로서 알려져 있다(Wickert, 2002: 51). 수용소에 매춘 시설이 존재했다고 하는 졸지의 믿기 어려운 사태에 대한 놀람도 그중 하나였다. 매춘 시설을 언급한 회상록 중에는 정치범인 오이겐 코곤(Kogon, 1974 = 2001)이나 프리모 레비(Levi, 1976 = 1980)처럼 일본어로도 번역된 저명한 필자의 것도 포함되어 있거니와, 이들 저작이 판을 거듭하게 된 것은 재간된 이후, 특히 홀로코스트가 널리 사회적인 화제가 된 1970년대 이후의 일이었다. 종전 직후부터 1950년대까지는 당사자들의 생각과는 반대로, 수용소 생활에 대해 알고 싶다고 생각한 사람들이 적었던 것이다.

회상록의 집필자들은 대개 이러한 시설에는 부정적이어서 정치범에 의한 보이콧이나 수용소의 부패에 대해서 주로 기술하고 있다(Sommer, 2009: 16; Kogon, 1974 = 2001: 223). 여성에 대해서는 '창부'(Nansen, 1946: 187)라는 표현이 사용된다. 코곤은 이들이 수용소에 오기 전에 품행이 단정했던 것만은 아니라면서, 소수의 예외를 제외하고는 그리 주저하지 않고 그 운명을 따랐다고 경멸하여(Kogon, 1974

=2001: 223), 비난의 관점을 드러내고 있다. 집필자들에게는 그녀들이 강제로 성노동에 동원되었다는 의식이 없어 자발적으로 지원했다고 쓰고 있지만, '6개월 후에 석방해 주겠다'는 거짓말에 현혹되어 그렇게 한 것이라는 사실을 밝힘으로써 동정심을 드러내는 사람도 있다. 매춘 시설의 존재나 그곳에서 강제적으로 성노동을 해야만 했던 여성들에 대한 부정적인 견해는 곧바로 시설에 대한 터부화와 불가시화를 초래하게 된다.

2. 동서분단부터 1980년대까지—성폭력의 터부화 및 불가시화의 진전

냉전에 의한 이야기의 각인과 가해자의식의 결여

전후의 혼란이 정리되고 포로가 되었던 남자들이 돌아오자, 적군赤軍에 의한 강간이라는 개인적인 체험에 대해서는 침묵이 지배적인 것이 되었다. 남자들은 자기 아내가 강간당했다는 사실을 알려고 하지 않았으며 또한 그녀들을 지키지 못했다는 사실에 대한 증명을 마주하는 것도 바라지 않았다. 게다가 독일이 동서분단이라는 형태로 각각 독립국가를 수립한 뒤에는 전쟁 말기의 강간에 관한 이야기 역시 동서 양 진영이 각각 우열을 다투는 냉전에 의해서 규정받게 된다.

옛 동독에서는 소련의 도덕적 우월성을 해칠 수 있는 담론은 배제해야만 했기 때문에, 적군에 의한 대규모의 강간에 대한 이야기는 터부시되고, 전쟁에는 따르기 마련이라는 식으로 통상적 규모의 일반적인 강간에 대한 담론으로 환원되었다. 이와는 대조적으로 옛 서독에서는 사회적인 화제가 되기는 했지만, 그 이야기의 방식은 개개인의 피해 체험이라는 문맥에서 벗어나 '야만적이고 저급한 러시아인'이라는 표상을 부조함으로써 자신들의 문화적 우월성을 확인하기 위한 것이 되었다. 개인의 피해 체험을 문제 삼을 경우 당사자도 그 가족도 고뇌와 갈등에 사로잡히게 되었기 때문인지, 민족을 문제시하는 것을 통해 개개인의 감정은 건드리지 않으면서 독일인 여성을 '야만적이고 저급한 러시아인'의 희생자로서 묘사하는 것이 가능했던 것이다. 이는 1950년대에 옛 서독 주민들 사이에서 지배적이었던, 자신들을 전쟁이나 나치 체험의 희생자로 간주하는 이미지와도 잘 맞아서, 독일에 의한 전쟁범죄를 상대화하는 데 기여하게 되었다(Mühlhäuser, 2010 = 2015: xii; 2001: 385).

실제로, 1950년대부터 학생운동이 발흥하는 1968년까지 옛 서독의 일반인들에게는 과거를 반성하려는 자세가 보이지 않았다. 나쁜 것은 히틀러나 친위대일 뿐 전장에서 싸웠던 독일 국방군은 나치 범죄와 무연하다는 '청결한 국방군' 신화도 만들어졌는데, 그 속에는 성폭력에 대한 부정도 포함되어 있었다.[4] 독일군 병사들이 전장이나 점령지역에서 저지른 강간 등의 성폭력에 대해서는, 그 당시에도 그들

4 '청결한 국방군' 신화는 1995년 3월부터 1999년 11월까지 순회로 전시되었던 〈절멸전쟁—1941년부터 1944년 사이 국방군의 범죄〉에서 기아 전술을 포함한 현지 주민에 대한 탄압, 전쟁포로의 살해, 유대인 절멸에 관여 등이 드러나게 됨에 따라 붕괴했지만, 이 전시에서도 성폭력은 전무全無라고 해도 좋을 정도로 언급되지 않고 있다.

에게는 가해의식이 거의 없었고, 이들 성폭력은 전후 망각의 저편으로 추방되고 있었다. 게다가 전시 중에는 유대인이나 신티·로마, 흑인과의 성행위를 엄격한 처벌대상으로 규정한 '인종 치욕법'이나 이민족과의 성행위에 대한 금지령이 존재했으므로, 실제로는 이러한 규정들이 준수되지 않고 있었음에도 불구하고, 독일 주민들 사이에서는 병사와 이민족의 성적 접촉은 드물었을 것이라는 생각이 지배적이었다. 재판관조차도 인종 치욕법이 존재했으므로 독일군은 강간을 마음에 품기만 했을 것이라고 생각했다. 독일군이 가해자가 되는 성폭력이 문제될 여지는 전혀 없었던 것이다.

이러한 상황 속에서 나치 범죄의 흔적도 불가시화되었다. 예를 들어 나치의 이러저러한 만행의 무대가 되었던 강제수용소는 1940년대 말부터 1950년대 초에 걸쳐 그에 대한 관리가 당초의 점령군에서 독일인의 손에 넘어가지만, 전쟁범죄인, 난민이나 동부지역으로부터 추방된 독일인의 수용 등 시설 사용에 대한 수요가 없어지자, 노후화 등의 이유로 건물이 해체되었다. 행정에 부과된 나치 희생자 묘지의 관리라고 하는 의무조차도 제대로 달성하지 못하고, 가해행위나 희생자의 흔적은 추상화되거나 사라지게 된 것이다.

수용소 '기념의 장소'의 개설과 매춘 시설의 불가시화

옛 동독에서는 많은 공산당원이 수용되었고 독일 공산당 지도자인 에른스트 텔만이 처형된 부헨발트(Buchenwald) 강제수용소가 옛 소련으로부터의 추천도 있고 해서, 1958년에 '부헨발트 국민경종·기념의 장소'로서 설치되었다. 일찍이 이 장소에서 일어났던 범죄의 내용이

전시·보존되고 희생자에 대한 추도도 이루어지지만, '기념의 장소'를 설치한 주된 목적은 가해의 역사에 대한 기억이나 반성이 아니라, 공산주의자였던 동포의 파시즘에 대한 저항을 칭찬하고, 파시즘에 대한 승리에 의해 건설된 사회주의 국가의 정당성을 자랑하는 데 있었다. 강제수용소 시대에 이미 수용자 사이의 위계가 존재했는데, 전후에 그것이 해소되기는커녕 옛 동독 국가에 의한 정치범의 영웅시에 의해서 또다시 희생자의 서열화가 생겨났다.

수용소 옛터는 박물관이 되었지만, 매춘 시설의 존재는 기억하기에 적합하지 않다는 이유로 말소되었다. 부헨발트 강제수용소의 매춘 시설은 수용소 부지의 조감도에도, 견학안내를 할 때에도 드러나지 않았던 것이다. 1990년대 여름까지 '기념의 장소' 직원은 안내 중에 매춘 시설에 대해서 말하지 않도록 하고, 질문이 있더라도 간단히 대답만 하도록 지시를 받고 있었다고 한다(Paul, 1994 = 1999: 115). 자신도 수용자였고 부헨발트 = 도라 국제수용소위원회 의장이었던 발터 바르테르는 "우리들은 특별동(매춘 시설의 명칭)에 대해 쓰거나 말하는 것을 회피한다. 세상은 이 같은 것을 설명하는 데 관심이 없다고 생각하기 때문이다"(Sommer, 2009: 17)라고 말하고 있지만, 속내는 여기에 주목하는 것이 내키지 않았던 것이다. 수용자들이 비인간적인 취급을 받았던 수용소에 매춘 시설이 존재했다는 사실에 놀라 흥미를 갖게 될 견학자들에게 반파시스트 투사들의 활약을 설명하는 일이 용이하지 않았을 터이기 때문이다(같은 책: 321).

부헨발트뿐만 아니라 다른 수용소에서도 매춘 시설은 터부시되었다. 주된 이유는 수용자들, 특히 정치범이 그것을 바라지 않았기 때문이다. 『나치즘과 강제매춘』의 저자인 크리스타 파울(Christa Paul)은 집필 과정에서 이전의 정치범에게 편지나 전화로 수용자용 매춘 시설에 관해 문의해 보니, 그들은 매춘 시설에 관심을 기울이는 것에 대해 이해를 하지 못하고 불쾌감을 드러냈다고 한다. 정치범들은 매춘 시설의 존재가 알려지게 된다면, 강제수용소에서의 지옥 같은 생활에 대한 잘못된 이미지가 만들어지는 것이 아닐까 하며 우려했다(Paul, 1994 = 1996: 115, 117).

반사회적 분자의 차별

앞에서 말한 코곤의 성노동자에 대한 언급에서 보이듯, 정치범 중 대다수는 시민적 도덕을 내면화하고 있어서 강제수용소의 사례에 한정되지 않고 매매춘에 대해서는 원래 부정적이어서 매춘부를 멸시하고 있었다. 이를 더 강화한 것이 수용소 안에 존재했던 수용자 사이의 위계였다.

수용소 내에서 수용자들은 정치범, 형사범, 반사회적 분자, 유대인이라고 하는 카테고리로 분류되어 각각 다른 색깔의 표시로 식별되고 있었다. 정치범들은 다른 색의 수용자들에게 수용자로서의 동료의식을 가지고 있지 않았고, "반사회적 분자 및 범죄자는 우리에 대한 평가를 깎아내린다. 우리들은 이 같은 무리들과 도매금으로 언급될 생각은 없다"(Ayaß, 1995: 211)라는 말에서 드러나듯, 형사범과 반사회적 분자에 대해 차별적인 시선을 취했고, 전후에도 줄곧 자신들을 특별하게 취급했다. 그리고 1947년 '나치 피박해자연맹(Vereinigung der Verfolgten des Naziregimes)'을 결성할 때도 형사범이나 반사회적 분자는 피박해자라는 자격에 부합하지 않는다는 견해에 일치함으로써 그들을 멤버에 포함하지 않았던 것이다.

'연맹'이라는 한정된 장에 국한하지 않고 공적인 장에서도 그들은 "2류 수용자이자 2류 피해자"로서 취급되었다. 수용소 생존자에 의한 국제조직의 강력한 요청으로 1965년에 서독 최초의 역사기념관이 된 다하우에서는 80년대에 와서도 색으로 나뉘어 식별되고 있던 수용자 그룹 일람표에 대한 설명에, "처음에는 정치범[…]밖에 없었다. 세상을 향해 이들이 가치 없는 인간이라고 중상하기 위해 범죄자와 이른바 '반사회적 분자'가 수용되었다'(같은 책: 211-212)라고 기재되어 있었다.

강제 성노동자의 대부분은 반사회적 분자 그룹에 속해 있었다. '2류의 수용자'라는 사실이 다른 수용자들이 그녀들을 가일층 멸시하게 했다. 이들이 어차피 반사회적 분자이며 이전부터 매춘을 하고 있었다는 선입관이, 그녀들이라면 '자발적으로 지원했을' 것이라는 지레짐작과도 이어지고 있었을 것이다. 수용기간 증명과 '나치 피박해자 연맹' 가입을 위해 제출된 생존자 여성의 서간에 "매춘부는 '녹색'(형사범)과 마찬가지로 수용소에서 도드라졌다. 그들은 남성이 없다는 사실에 괴로워했고, 동성애가 만연해 있었다"(Amesberger et al., 2010: 114)라고 씌어 있는 것에서 알 수 있듯, 다른 여성 수용자들도 매춘부로 간주되던 여성에게 편견을 가지면서, 수용소 내 위계의 저변에 놓여 있는 것을 당연시했던 것이다. 강제 성노동자 중에는 정치범이라는 붉은 표시를 하고 있는 여성도 있었지만, "때마침 남자가 외국인이었기 때문이다. 그런데도 거만하게 정치범 행세를 하고 있다"(같은 책:

121)고 한 것에서 보듯, 반사회적 분자와 마찬가지로 취급되어 실제로 성노동을 마치고 수용소에 돌아오면 반사회적 분자의 검정색 표시를 하게 되는 여성도 있었다(같은 책: 114, n. 153).

정치범에 의한 매춘 시설 이용 은폐

그렇다면 매춘 시설의 존재에 대해서도, 강제 성노동자에 대해서도 대체로 부정적이었던 정치범은 시설을 이용하지 않았던 것일까. 회상록이나 수용자의 보고에는 모든 정치범이 매춘 시설에 대한 보이콧을 계획하여 "방문 첫날에 모든 정치범이 수용소 길가에 인간장벽을 만들어 시설을 방문하려는 유일한 정치범을 조소했다"(Schulz, 1994: 145)고 했듯, 예외를 제외하고 방문은 하지 않았다고 기록하고 있다. 또한 코곤의 회상록에도 친위대에 의한 시설 방문의 강요에 대응하여 수용소 전체에 끼칠 수 있는 악영향을 고려하여 딱 잘라 거부하지 않은 사례가 존재하지만, 그가 강조하려 한 것은 이는 어디까지나 전략적 이유에 의한 예외적인 것이었으며 정치범들은 전체적으로 이용하지 않는다는 방침을 지켰다는 사실이다(Kogon, 1974 = 2001: 223).

매춘 시설은 신청에 의한 허가제로 운영되었기 때문에, 남아 있는 사료를 통해 이용자의 상세 내용을 알 수 있다. 예를 들어 1942년 마우트하우젠 수용소의 이용자 중 60%는 형사범, 23%는 반사회적 분자, 12%는 정치범이었다(Sommer, 2009: 240). 정치범의 이용률은 상대적으로 낮았지만, 예외적이라고 할 정도는 아니었다. 정치범이 블록의 장 등의 역할을 맡고 있던 경우가 많았던 부헨발트나 다하우에서는, 강제 성노동자였던 W[5]가 인터뷰에서 정치범의 방문에 대해 말한

바 있고(Paul 1994=1996: 79,80), 정치범의 카포가 반복적으로 이용한다거나 수용소 내 저항운동의 지도자들도 이용자였다는 사실도 알려져 있다(Sommer, 2009: 241). 정치범에게 있어 시설을 이용하지 않았다는 이미지를 지키는 일은 개인과 정치범 전체의 명예를 위해 매우 중요하다고 생각되었기에 매춘 시설을 이용했다는 사실을 드러내고 싶지 않았던 것이다. 그것은 부헨발트 강제수용소에 관한 전후의 청취조사에서 15개의 허위보고 중 9개가 매춘 시설과 관련되었다는 사실(Schulz, 1994: 145)을 통해 여실히 드러나고 있다.

3. 1990년대 이후—성폭력에 대한 주목

1970년대부터 옛 서독에서는 전후에 태어난 젊은이들을 중심으로 아버지 세대의 나치 범죄 가담에 대한 비판적인 관점이 생겨나게 되어, 이전에 지배적이었던 희생자로서의 독일 국민이라는 내러티브는 차츰 모습을 감추게 되었다. 사회사나 일상사 연구가 활발해짐에 따라 지역사 연구자가 지역에서 청취조사를 시작하였고, 학교교육에서

5 Margarete W. 1990년 8월에 크리스타 파울과 인터뷰를 했다. 유태인 혼혈인과의 연애관계를 이유로 게슈타포에게 체포되어 라벤스브뤼크 강제수용소에 보내졌다. 1943년 여름에 부헨발트의 관리인에 의해 선별되어 강제 성노동자가 된다. 전후 옛 동독에서 파시즘의 희생자로서 인정받지만, 이주한 서독에서는 수용소에 들어가게 된 것이 비사회적 행동에 의한 것이므로 정치적 박해로 볼 수 없다고 해서 1988년까지 희생자 인정을 거부당했다.

도 학생들이 생존자로부터 이야기를 듣게 되었다. 1980년대에는 가해의 역사를 탐구·기록·기억하게 되었고, 기념비의 수도 늘어났다. 이 시점에서는 젠더적 관점을 도입한 청취조사는 아직 예외적으로만 이루어졌지만, 강간 등의 성폭력에 관한 이론 연구의 진전, 여성사 연구의 확산, 여성의 인권을 바라보는 관점의 변화 등에 의해 여성 특유의 폭력 체험을 고찰하는 기반이 만들어지고 있었다.

여성피해 담론의 주장과 그 비판

이 같은 배경하에서 냉전 종결 직후 페미니스트 영화제작자 헬케 잔더(Helke Sander)에 의해, 적군赤軍 병사가 독일인 여성에게 저지른 엄청난 수의 강간을 고발하는 다큐멘터리 필름이 제작되었다(Sander/Johr, 1992). 잔더의 목적 중 하나는 종전기의 강간, 즉 여성에 대한 남성의 성폭력을 사람들에게 새롭게 인식하게 하는 것이었는데, 상영 직후에는 이 영화가 가진 사회적인 임팩트에 대해 호의적인 반응이 나타났다(Bos, 2008: 108). 그러나 연구자들의 평가가 나뉘어졌고, 유대계 미국인 역사 연구자 아티나 그로스만 등은, 강간이 이루어진 역사적 배경을 언급하지 않고 독일인 여성의 피해만을 집중적으로 묘사하는 내셔널한 관점을 취하고 있는 점, 나치 범죄에 대한 여성의 협력이라는 역사적 문맥을 무시하고 남성=가해자/여성=피해자라는 보편적인 주장을 하고 있는 점에 대해 강하게 비판했다. 역사 인식이라는 관점에서도 이러한 '여성들의 수난 이야기'는 앞에서 언급한 독일인의 피해자의식과 동조하여 나치 범죄를 정시하는 일을 방해한다는 것이다(Grossman, 1995=1999: 155).

잔더에 대한 비판의 선두에 선 것이 유대계 미국인이었다는 사실은 시사적이다. 이는 잔더의 사례만이 아니라 1980년대 독일의 나치 여성사 연구가 대체로 인종주의와 성차별주의가 결합된 나치의 정책 중에 성차별주의 쪽을 중시함으로써 여성을 나치즘의 피해자로 간주하는 경향이 강했기 때문이다. 잔더와 요르가 적군 병사에게 강간당한 전체 여성의 수가 190만 명이라고 지적한 것을 두고 그로스만은 숫자에 대한 이 같은 집착 속에 여성들을 일반적으로 희생자로서 묘사하려는 억누르기 힘든 갈망이 느껴진다고(같은 책: 139) 적확히 지적하고 있다. 남성에 의한 여성의 억압과 배제라는 보편적 측면을 강조하는 것은 그야말로 당시 서독의 여성학 연구에 널리 나타나는 경향이었다. 다른 한편으로 1980년대 말부터 이미 여성의 가해자성을 지적하는 연구도 간행되었고(Ebbinghaus ed., 1987),[6] 그 뒤 '여성은 희생자'라는 주장이 차츰 후경으로 물러서고 역사적 문맥에 근거한 다면적인 고찰이 이루어지게 된다.

강제 성노동자 연구의 개시와 그녀들이 침묵한 이유

1990년대가 되어서야 비로소 '잊혀진 희생자'로서 부정적으로 간주되어 온 강제 성노동자들을 희생자로 인식하고 그들의 목소리에 귀를 기울이려는 움직임이 나타나게 되었다. 청취 조사에 있어 젠더적

6 『피해자와 가해자들』이라는 제목에서 알 수 있듯이 여성은 오로지 피해자라고 하는 견해를 탈피하여, 나치의 복지 정책 등에서 여성이 공범자의 역할을 수행했다는 사실을 지적하고 있다.

관점이 취해졌을 뿐만 아니라, 그녀들에게 줄곧 따라붙었던 '2류의 피해자'라는 인식을 불식시키려는 접근방식도 요구되었다. 3명의 강제 성노동자[7]의 이야기를 모은 『나치즘과 강제매춘』의 저자 파울에 의하면, 그중에서 2명은 수십 년이 지나서야 비로소 성노동을 강요당했다는 사실에 대해 말했다고 한다. 그녀들이 침묵하고 있었던 것은 기억을 떠올려야 하는 고통과 차별에 대한 두려움에 더해, 앞에서 말한 바와 같이 전후에도 정치범을 중심으로 한 매춘 시설의 터부시에 의해서 새롭게 차별을 실감했고, 여기에 1980년대 말까지 보상에서 제외되고 있었던 '매춘부', '반사회적 분자'라는 낙인을 내면화하도록 강요당하고 있었기 때문이다(Paul, 1994 = 1996: 10, 188, 189; Amesberger et al., 2010: 102).

수용소의 강제 성노동자로서 이름을 알 수 있는 여성은 174명인데 파울이 인터뷰할 수 있었던 사람은 5명뿐이었고, 이들은 모두 익명을 사용했고, 그중 2명은 공개되는 것을 거부했다[8](Sommer, 2008: 150). 2009년에 이 주제에 대한 대작을 출판한 좀머조차도, 시기가 늦어진 이유도 있고 해서 강제 성노동자로부터 직접 이야기를 듣는 것은 불가능했다. 좀머는 자신이 행한 강제 성노동자 이외의 수용자에 대한 인터뷰와 위의 5명에 대한 인터뷰[9]에 대한 분석을 통해 그녀들이 침묵한 이유를 고찰하고 있는데, 이를 아래에서 소개한다.

침묵하고 있었던 것은 '반사회적 분자'라는 레테르가 붙어 있던 강제 성노동자 여성뿐만이 아니었다. 정치적인 이유로 수용되는 경우가 많았던 폴란드인을 비롯하여 비독일인 강제 성노동자 여성들의 경우도 마찬가지였다. 이들은 '나치 체제의 희생자'로 인정되기는 했지만, 매춘 시설에 있었다는 사실이 알려지게 되면, 친위대가 매춘 시설을 통해 정치범을 타락시키려고 했다고 생각하고 있던 정치범들로부터 나치의 '협력자'라는 비난을 받게 되어 또다시 오명을 뒤집어쓴 채 무리에서 멀어지게 되기 때문이었다(같은 책: 152). 실제로, 매춘 시설에 보내졌다는 사실을 숨기지 않고 아우슈비츠 수용자 모임에 참가했던 여성은 그 덕택에 살아남을 수 있었다는 이야기를 듣고, 그 모임으로부터 발길이 멀어졌다(같은 책: 153-154). 매춘 시설의 창가에서 고향의 여성을 본 남성은 수용자들의 모임에서 그녀를 만났을 때 입이 찢어지는 한이 있더라도 그 건에 대해서는 말하지 않겠다고 약속했고, 한 차례 매춘 시설을 방문했을 때 이야기를 나눈 적 있는 여성을 우연히 재회한 남성은 그녀로부터 입 밖에 내지 말라는 부탁을 받았다(같은 책: 152). 두 사람 모두 새로운 인생을 시작하는 시점에서 성노동을 강요당했던 과거가 알려지기를 원하지 않았던 것이다.

나치 박해 희생자의 기억 속에서 신뢰, 애정, 협력 등의 감정으로 이어져 긍정적 위치를 점하고 있는 가족이라 할지라도, 성폭력 피해

7 3명은 익명으로 인터뷰에 응했는데, 이로부터 얼마 되지 않아 일본군 '위안부'가 실명으로 증언을 했다는 뉴스를 접한 1명이 여기에 용기를 얻어, 본명을 밝히지는 않았지만 독일 TV 방송국의 취재에 응해 사실에 대한 정당한 평가를 호소했다고 한다(Paul, 1994=1996: 역자 해설, 196).

8 파울 이외에, 함부르크의 '나치 체제하에서 잊혀진 희생자를 위한 프로젝트'라는 틀 속에서 1980년대에 지역의 페미니스트 연구자가 선구적으로 젠더적 관점을 도입한 청취조사를 수행했다. 공표되는 것을 거부한 2명의 여성에 대한 구술청취의 내용은 '노이엔가메(Neuengamme) 수용소 기념의 장소'의 문서관과 파울의 손에 있다.

9 좀머는 독일인이 아닌 사람까지 포함하여 매춘 시설이 있던 수용소의 수용자 30명(남성 24명, 여성 6명)에게 매춘 시설과 관련된 인터뷰를 실시했다. 남성 중 2명은 이용 경험이 있었다.

자의 경우 그 기억이 억압적으로 작용하는 경우가 많다. 남편에게 수용소에서의 체험을 고백한 여성은, '이 돼지 같은 창녀, 내가 수용소 간수였다면 너 같은 건 죽였을 텐데'라며 평생토록 비난을 받았고, 남편의 사후에도 홀몸인 채로 입을 다물어 버렸다. 어떤 여성은 수치스럽다는 이유로 어머니와 아이들에게도 말을 하지 않았다. 아우슈비츠에서 오직 한 사람, 수용소 매춘 시설에서의 성노동을 증언한 폴란드 여성의 경우, 남편이 문서관에 있는 그녀에 관한 보고의 반납을 요구해서, 문서관 직원이 그것을 파기했다. 좀머가 인터뷰를 요청하자 그녀는 매춘 시설에 있었다는 사실을 부정하며 거절했다(같은 책: 152-154).

강제수용소에서의 친위대에 의한 섹슈얼화된 폭력

회상록이나 수용자의 보고 속에서는, 가스실에서의 독살, 총살, 박살 같은 살인, 곤봉이나 채찍을 이용한 구타 등 수용소 내에서 친위대가 저지른 폭력이나 학대행위, 비인간적인 대우 같은 것은 필수라고 할 정도로 언급되고 널리 알려진 것과는 달리, 그들이 행사한 성폭력에 대해서는 기록된 것이 거의 없고 주목도 받지 못해서 불가시의 상태 그대로이다. 그때까지 수용자 연구는 수용자를 하나로 묶어서 취급했는데, 이렇게 되면 중립적인 입장에서 연구를 한다고 해도 남성 중심이 될 수밖에 없다. 여성 고유의 체험, 치욕이나 굴욕 등 여성 수용자들이 품고 있던 감정이나 이를 수용하는 방식 등은 고찰의 대상이 되지 않았기 때문이다.

1990년대에 젠더적 관점이 도입되어, 여성 집필자가 3할 전후를 점하고 있던 회상록[10]이나 재판 사료가 새로운 관점에서 읽히게 되고, 인터뷰도 이루어지게 되었다. 그리고 마침내 앞에서 말한 수용소 내 매춘 시설[11] 이외에도 다양한 형태를 취하고 있던 친위대에 의한 성폭력—한 걸음 더 나아간 형태로, 독일어권 연구자가 '섹슈얼화된 폭력'이라 부르는 다양한 폭력—의 양태나 여성이 이를 수용하는 방식, 그리고 그 뒤에 그녀들의 인생에 끼친 영향이 밝혀지고 있다.[12] 이 같은 폭력으로는, 강간, 성희롱, 성적 학대나 고문, 동성애에 대한 폭력적 제재, 강제적 단종 및 중절 등 생식능력의 박탈, 의학적 실험, 벌거벗은 신체검사, 삭발, 영양실조에 의한 무월경 같은 젠더 정체성의 박탈 등이 거론된다. 어떤 여성 수용자의 회상록에 기록되어 있듯 친위대는 "더 이상 여자가 아니다"(Füllberg-Stolberg et al., 1994: 7)라는 사실을 실감하게 하여 낙담시키는 한편에서 성적인 폭행을 가하고 있었던 것이다.

10 독일어로 읽을 수 있는 그 시점의 회상록만으로 약 450권에 이를 정도인데, 1945년부터 1950년에 걸쳐 집필된 것 중에서 25%, 1979년부터 1988년까지 집필된 것 가운데에서는 3분의 1이 여성에 의한 것이었다(Füllberg-Stolberg et al., 1994: 9).

11 친위대는 여성들을 강제로 매춘 시설로 보냈지만 자신들을 위한 전용 시설이 있었던 것은 아니었다. 파올의 저서에는 부헨발트 강제수용소의 친위대용 매춘 시설에서 성노동을 강제당하고 있었다고 하는 D의 이야기가 실려 있는데(Paul, 1994=1996: 150), 이후의 고찰을 통해 수용소에는 친위대용 매춘 시설이 없어서 그들은 주로 인근 마을의 시설을 이용하고 있었다는 사실이 판명되었다(Sommer, 2009: 41-48).

12 이 같은 성과를 대표하는 프로젝트로 두 개를 들 수 있다. 하나는 하노버(Hanover) 대학의 1990-1991년 겨울학기 세미나에서 출발한 프로젝트로서, 회상록 등 문헌사료를 중심으로 하여, 프로젝트를 지도한 퓔베르크-슈톨베르크 등이 편자가 되어 간행한 저작(Füllberg-Stolberg et al., 1994). 또 하나는 본문에서 서술한 빈(Wien)의 '분쟁 연구소'의 프로젝트이다.

'섹슈얼화된 폭력'이란, 빈(Wien)에 있는 '분쟁 연구소'의 연구원 아메스베르거(Amesberger) 등이 사용한 개념으로서, 직접적으로 개인에게 행사되는 폭력과 행위주체가 존재하지 않는 간접적이고 구조적인 폭력 모두를 문제삼는다. 이 개념 속에는 성적인 형태를 취하는 신체에 대한 폭력뿐만 아니라 여기에 수렴되지 않는, 수치심의 붕괴, 언어에 의한 모욕이나 친밀성의 부정 등 수용소라고 하는 전제적 시설(total institution)에서 체험할 수밖에 없는 구조적이고 체계적인 폭력도 포함된다[13](Amesberger et al., 2010: 26-28). 21세기로 전환하는 시점에서 이들은 이 개념을 사용하여, 라벤스브뤼크를 중심으로 한 강제수용소의 생존자 43명을 인터뷰하고, 다양한 형태의 섹슈얼화된 폭력의 실태, 여성들이 이를 받아들이는 방식과 이야기하는 방식 및 그 기억에 대해 묘사하고 있다.

폭력을 당한 당사자의 이야기 중에서, 저항할 수 없었기 때문에 희생자가 된 것이 명백한, 성적인 형태의 고문에 대해서는 주저 없이 이야기가 된다. 이를 통해서 무엇에 관한 쇼크가 가장 크고 무엇이 트라우마가 되고 있는가—예를 들면 사람들 앞에서 강제로 나체 상태가 되는 것, 삭발, 남성에 의한 감시와 훔쳐보기, 동료 수용자가 받은 고문이나 체벌의 상흔을 보는 것—하는 것은 문화적 배경이나 개인적 상황에 따라 다양했다는 사실을 알 수 있다.

당사자에 의한 이야기가 곤란한 것은 비난당할 가능성이 있는 행위일 경우이다. 예를 들어 수용자를 대상으로 한 친위대의 일방적인 강간은 묵인되었고, 수용자와 친위대 사이의 합의에 의한 성관계는 재판의 대상이어서 발각될 경우 수용자 쪽이 살해될 가능성도 있었음에도 불구하고 존재했다. 수용자의 입장에서는 위험이 있기는 하나 친위대와의 성관계를 통해 빵을 입수함으로써 생존의 가능성을 높일 수 있었기 때문이다. 그러나 아주 아름다운 여성 수용자에 대해서 같은 블록에 있던 여성이 인터뷰를 할 때에 "그년은 밤에 수시로 사라졌고, 항상 먹을 것을 가지고 있었다"(같은 책: 154)라고 말한 것에서 보듯, 친위대와의 성관계는 수용자 사이에서도 비난을 받기 일쑤였고, 이로 인해 친위대의 '협력자'로 간주될 가능성도 있었기 때문에 그 당시부터 입 밖에 내어서는 안 된다고 생각되었다. 이러한 관계에 대해서는 당사자가 아닌 사람으로부터 증언을 얻는 것은 가능하지만, 친위대와 성관계를 가졌던 당사자로부터 이야기를 듣게 될 가능성은 매우 낮다. 예를 들어 친위대와 성관계를 가졌다는 이유로 재판을 받았던 여성에 대해 이야기한 어떤 생존자에 대해서, 아메스베르거 등은 그녀 자신도 친위대에게 성적인 봉사를 강요당한 것이 아닐까 하고 생각하고 있지만, 본인은 여기에 대해서 말하고 있지 않다(같은 책: 155).

이야기를 얻지 못한 기억, 애매한 이야기

아메스베르거 등은 생존자 가운데 성폭력의 피해자였던 2명의 여성 M과 E에 주목해서, M에게는 1999년에 2회, 2000년에 1회로 총 3

13 남성도 여성과 마찬가지로 섹슈얼화된 폭력의 대상이 되고 있었다는 사실은 지금은 널리 알려져 있고 아메스베르거 등도 이 점에 대해 몇 번이나 언급하고 있지만, 여기에서는 여성만 다루기로 한다.

회, E에게는 1999년에 긴 시간에 걸친 인터뷰를 실시했다. 이 같은 인터뷰를 통해 '사실'도 물론 파악하려 했지만 그것은 첫 번째의 목적이 아니었다. 주로 문제가 되었던 것은 당사자가 자신의 체험을 파악하는 방식, 체험이 자신의 인생 속으로 편입되는 방식, 트라우마와 마주하는 방법 등 그녀들의 심정이나 심적인 피해에 관한 것이었다(Amesberger et al., 2010: 165). 일반화할 수는 없겠으나 이 귀중한 인터뷰를 통해서, 말하고 싶다는 욕구를 가지고 있으면서도 트라우마가 되어 있는 기억 가운데 무엇이 이야기되고 무엇이 애매해지는지를 알게 된다.

M과 E는 모두 오스트리아 동부 출신의 로마*로, 15세 때 체포되어 라벤스브뤼크 강제수용소로 이송되었다(같은 책: 169). M은 체포될 때 다른 소녀나 여성들과 함께 나이 든 남성으로부터 강간을 당했다. 그녀들은 이 강간에 대해서는 세 차례의 인터뷰에서 모두 자진해서 말하면서 분노의 감정까지 드러냈다. 이야기의 내용을 통해서 청자는 라벤스브뤼크의 친위대 식당에서 아코디언을 연주하던 아름다운 M이 친위대에게 성적인 봉사를 강요당했고(같은 책: 189), 1942년 아우슈비츠에 이송된 후로는 매춘 시설에서 성노동을 했다(M 자신이 신청했을 가능성도 있다)고 추측하고 있지만(같은 책: 196), M은 이에 대해 시사적으로밖에 말하지 않는다. 그녀는 아우슈비츠의 '창부'에 대해 설명할 때 '창부'에 대해 경멸하는 시선을 드러냈지만, 자신이 그 속에 들어가는지 여부에 대해 불명확하게 말하는 태도를 보였고, 이야기를 너무 많이 했다고 느꼈을 때에는 돌연 지금 들은 것을 보고하지 말아 달라고 간원했다고 한다(같은 책: 198).

E는 자신의 미모를 무기로 하여 친위대장의 의복을 세탁하거나 개나 고양의 사료를 주는 일 등의 특권적인 일을 하게 되어 수용자 사이에서 '친위대의 창부'라고 비난을 당했지만, 굴하지 않고 친위대와의 관계를 이용한다는 그녀의 생존전략을 관철하고 있었다. 수용자와 친위대 사이의 성관계에 대해 언급하면서, E는 그것을 다른 사람의 일이라고 주장하고 있지만, 청자는 그녀에게도 그와 같은 관계가 있었으리라고 추정하고 있다. 또한 '창부'라는 비난에 대해서는 "창부가 아니야, 노동을 해야만 했어, 하지 않으면 안 되었어"라며 강제성을 호소하고 있다. 그 뒤 그녀는 마우트하우젠에 이송되는데, 청자는 친위대에 의해 손을 부상당해 봉제 일을 할 수 없었던 E가 원칙대로라면 절멸수용소인 아우슈비츠로 갔어야 했지만, 성노동을 신청해서 죽음을 면했던 것은 아닐까 추측하고 있다(같은 책: 229). 친위대와의 성관계에 대해서는 자신으로서는 인정하고 싶지 않고 말로 표현할 수 없는 것이었으나, 친위대원인 P가 자신이 '수용소의 여자'였다고 말한 사실을 알고 나서는 이를 긍정하는 형태로 성노동을 했다는 사실을 인정하고, 나아가서는 '하지 않으면 안 되었던 것(must)'이라며 그 강제성을 강조하고 있다. 이 대화는 그녀에게는 너무나도 괴로웠던 듯하여, 그녀는 그 후 곧바로 인터뷰를 그만두었다(같은 책: 238).

청자들은 그녀들의 이야기가 가진 특징으로 단절, 탈락, 모순, 이해불가능, 암시 등을 들고 있다(같은 책: 344). 그녀들이 당한 성폭력 가운데 강간에 대해서는 이야기가 가능하지만, 성노동은 시사될 뿐이어

* 집시들이 스스로를 지칭하는 말.

서 추정을 하는 수밖에 없다. '창부'로 간주되어 자신이 비난당하는 것이 아닐까하는 불안에 휩싸여 "달리 선택지가 없었다는 사실"을 이해해 주기를 바라는 것이다. 강제당한 성노동이었고 그것이 생존을 위한 필연이었다고 해도, '창부'에 관한 부정적인 이미지로부터 벗어날 수 없기 때문에 스스로 고통스러워하면서 그 체험은 트라우마가 되고 있는 것이다.

맺음말

이상에서 강제수용소를 중심으로 나치 시대의 성폭력에 대해서, 그것이 불가시화된 배경에 존재한 국제정치의 정세, 그리고 그 가시화를 촉구한 역사인식 및 여성인권 인식의 변화와 연관시키면서 살펴보았다. 그 밖에 본고에서 언급할 수 없었던 성폭력으로는 뮐호이저의 『전장의 성』(Mühlhäuser, 2010 = 2015)에서 상술하고 있는, 독일군이 침공한 전선 곳곳에 만들어졌던 국방군용 매춘 시설이나 강제노동자용 매춘 시설, 특히 동부전선에서 혹독했던 병사에 의한 강간 등을 들 수 있다.

강제수용소에서의 생활체험에 대해서는 막대한 문헌과 증언이 존재하며 그 속에서 매춘 시설에 대해서도 언급이 되고 있지만, 이들 시설은 최근까지 공적인 기억에서 의도적으로 배제되어 왔다. 또한 그곳에서 성노동에 종사하도록 강요당하고 있었던 당사자들도 굳게 입을 닫고 있어서, 시설의 존재와 강제 성노동자의 상황을 세상에 알리려는 움직임이 나타난 후에도 인터뷰에 대답한 사람은 몇 명밖에 없다.

그녀들은 늘 차별을 받아 왔다. 수용소 시대에는 '반사회적 분자'라 하여 수용자들 사이의 위계 속에서 하위에 놓였고, 전후에도 줄곧 정치범은 물론 세간으로부터도 '2류의 피해자'라며 선이 그어진 채, 보상도 받지 못하는 '잊혀진 희생자'로 내몰려 왔다. 게다가 매춘과 매춘부는 수용소 안팎에서 매우 부정적인 이미지로 간주되고 있었다. 바로 이런 이유로 옛 동독에서는 '영웅적'인 정치범이 매춘 시설을 이용했다는 등의 추문은 회피되어야만 했고, 서독에서도 그 상황은 다르지 않았다. 매춘 시설과 매춘부는 기억하거나 희생자로서 구제되어야 할 가치가 없었던 것이다.

사태를 한층 강화한 것이 '자발성' 신화이다. 대부분의 경우 선별과 강제적인 배속이었으며, '자발적'으로 신청한 사람도 살아남기 위한 기회를 좀 더 얻기 위한 선택지였으나, '원래부터 그런 인간이었기 때문에 자발적으로 지원한다'고 간주되었던 것이다. 또한 강제 성노동자는 아니었지만 생존을 위해서 친위대 혹은 특권적 수용자들과 성적 접촉이 있었던 여성들도 주위로부터 혹독한 비난의 시선을 받아야만 했다.

'자발성'에 대한 이 같은 부정적 이미지는 희생자의 이야기의 구조에도 나타나고 있다. 제11장 사토의 논문 내용과도 겹치지만, 저항할 수 없다는 것이 명백한 성폭력, 즉 종전기 적군赤軍에 의한 강간이나 수용자가 체포 과정에서 당한 강간, 강제수용소에서의 성적 고문 등에 대해서는, 정당성이 담보되기 때문에 그다지 주저하는 것 없이 이야기가 되고, 폭력을 행사한 상대가 강한 비난을 받는다. 그러나 '매춘' 등 부정적 이미지가 강한 것 혹은 사정이 어쨌든 '자발적'으로 보일 여지가 있는 것에 대해서는, 비판받지 않고 싶다는 생각이나 굳이 불필요한 죄의식으로 인해, 타인의 이야기인 듯이 말한다거나 애매하게 시사할 따름으로, 화자 자신 속에서도 자신의 체험을 정리하는 것이 곤란해지게 된다. 물론 떠올리고 싶지 않다는 괴로운 마음도 이러한 생각을 한층 강화한다.

이 글에서 언급한 강제수용소 내 매춘 시설은 일본군 '위안부' 제도와 비교되는 부분도 있는데, 수감자용과 군용이라는 점에서 양자는 결정적인 차이가 있다. 다만 '매춘부'로서 받고 있었던 스티그마에 대해서는 일본군의 일본인 '위안부'와의 사이에 공통성이 발견되는데, 그것이 말할 수 없는 가장 큰 이유라고 생각된다.[14]

강제수용소의 유대인 생존자로서, 전후 미국에 건너간 루트 클뤼거(Ruth Klüger)는 1992년에 회상록을 출판했는데 그 시점에서는 강제 성노동에 대해 언급하지 않았다. 그러나 2016년 5월 독일연방의회에서 종전기념일 강연을 했을 때에는, 수용소의 매춘 시설에서 성노동을 강요당했던 여성들의 수용소 내에서의 가혹한 노동과 전후에도 편견에 노출되었던 생활을 언급하면서, 그들 강제 성노동자도 강제 노동자로서 정식으로 인정되어야 한다고 말했다(URL ①). 당시의 강제 성노동자는 이제는 거의 대부분 세상을 떠났다고 생각되지만, 그래도 '강제 노동자'로서 인정된다는 것은 그녀들의 존엄을 회복함에 있어 매우 중요한 것이다.

이 글이 다루고 있는 매춘 시설에 대한 것은, 홀로코스트의 중핵이라 할 강제수용소라는 장소에서 일어난 나치 국가범죄의 일부분을 이루는 사건으로서, 모든 수용자의 인권과 여성의 인권이 존중되게 된 21세기가 되어서야 겨우 옛 수용소의 기억의 장소에 거처할 곳을 부여받게 되었다. 또한, 전장에서 일어난 국방군의 성폭력이나 유대인에 대한 대량학살 이전에 일어난 강간에 대해서도 연구가 진전됨에 따라 그 상황이 조금씩 명백해지게 되었다. 그러나 성폭력은 살해와 비교하면 여전히 감수할 만하다고 이야기하려는 듯, 그것이 독일에서 기억의 장소에 등장하는 경우는 없다. 이 책을 포함하여 '전쟁과 성폭력에 관한 비교사'에는 이러한 현상에 도전한다는 의미가 담겨져 있다. 독일의 과거 극복은, 새로운 연구 성과에 의해서 밝혀진 측면을 진지하게 받아들임으로써, 홀로코스트는 물론 이에 부수되거나 이와 개별적으로 행사되었던 성폭력에 대해서도 이루어져야 할 것이다.

URL ① '독일연방의회, 도큐먼트, 홀로코스트 생존자 루트 클뤼거의 강제노동자에 관한 강연 초고 https://www.bundestag.de/dokumente/textarchiv/2016/kw04-gedenkstunde-rede-klueger-403436 (2017년 8월 24일 열람)

---

14 일본군 '위안' 시설과 비교할 필요가 있는 조직화된 독일 국방군의 군대 매춘 시설에 대해서는, 제도 및 성병 관련 사료가 남아 있어서 21세기 이후의 새로운 연구를 통해 상당 부분 해명되고 있다. 프랑스에서는 기존의 매춘숙소가 국방군용으로 전용되었고, 동부 전선에서는 대부분이 신설되었다. 그러나 누가 어떠한 경위로 매춘 시설에서 성노동을 했는지, 혹은 할 수밖에 없었는지, 그 대우나 노동 상황은 어떠했는지 등 성노동자와 관련해서는, 21세기 이후에 조금은 (특히 폴란드에서) 밝혀졌지만, 사료가 거의 없고, 당사자도 대부분 생존해 있지 않으며, 생존자가 있어도 인터뷰가 극히 어려운 상황이어서 상세한 해명이 불가능하다. 프랑스에 대해서는 Meinen(2002), 폴란드에 대해서는 Röger(2015), 옛 소련 지역에 대해서는 Mühlhäuser(2001; 2010 = 2015)를 참조.

제3부

역사학에 대한 도전

제9장

성폭력과 일본 근대역사학

: '만남'과 '만나지 못함'

나리타 류이치成田龍一

머리말

역사학에서는 성폭력에 관한 논의가 바야흐로 시작한 상황이다. 이 때문에 '성폭력과 일본 근대역사학'에 대한 고찰에는 역사학의 작법—문제의식, 방법, 사료, 그리고 서술—의 여러 방면에서 검토가 필요하다. 또한 역사학과 성폭력의 관계성을 묻는 이러한 일을 통해 역사학의 검증과 쇄신이 실현될 수 있겠지만, 아무래도 논의가 거기까지는 나아가지 못한다. 역사학과 문학연구를 필두로 하는 다양한 인접영역과의 '만나지 못함'이 눈에 띄는 가운데, 본고에서는 첫 번째로 '문제의식'과 관련하여 역사학이 성/성폭력과 마주하는 방법을, 두 번째로 '방법'과 관련하여 성폭력을 둘러싼 역사학의 역사를, 세 번째로 '사료'와 관련하여 역사학과 구술사와의 관계를 논점으로 하여, 문제의 소재를 제시해 보려 한다. 우선은 문학작품을 그 입구로 하려 한다.

메도루마 슌目取真俊의 『기억의 숲』(2009. 초출은 2004-08)은 오키나와

전 종결 직전 오키나와 본섬의 북쪽에 있는 작은 섬에서 17살의 사요코小夜子가 4명의 미군 병사에 의해 강간당한 사건을 발단으로 하여, 점령기 나아가 현대에 이르기까지 그 상흔이 남아있는 모습을 그린 소설이다. 피해자인 사요코는 미쳐버리고, 연인이었던 세이지盛治는 작살로 가해자인 미군 병사를 찌른 뒤 일변하여 범죄자가 된다. 미군 병사가 부상을 입은 까닭에 점령군이 마을 사람들을 조사하게 됨으로써 모든 도민이 아는 사건이 되어 버린다.

이 작품에서 메도루마 슌은 ① 성폭력을 가시화하고 이를 전쟁을 파악하기 위한 시점으로 하여, 성폭력을 하나의 전쟁으로 묘사한다. 그 때문에 방법론적·인식론적 고안이 이루어져 전 10장('장'이라는 표기는 없다)은 각각 인칭, 문체, 시점, 시제, 내용의 수준이 모두 제각기 다르게 서술된다. '복수複數의 이야기'와 '복수의 시점'에 의해서 성폭력과 그 연쇄가 기록되고, 발단이 되는 강간 사건의 통일된 모습은 서술되지 않는다.

또한 작품 속에는 ② 성폭력의 피해자인 사요코 본인의 목소리는 씌어 있지 않다. 피해자의 목소리를 빼앗는 것이야말로 성폭력의 특징이며, 따라서 성폭력은 피해자가 아니라 주변의 인간들에 의해서 기억되고, 기록된다는 것이 작품으로서 명확해진다. 나아가 ③ 성폭력이 야기한 폭력의 연쇄·중층성이 표서表書되고, 하나의 성폭력이 시간·공간을 넘어서 현재의 괴롭힘에까지 이르는 연속성이 묘사됨으로써 독자에게 심문을 하는 듯한 소설이 되어 있다. 오키나와—화자의 시간—'지금'의 연환이 성폭력을 매개로 드러난 것이다.

처음부터 문학작품을 가지고 나왔는데, 여기에는 두 개의 이유가 있다. 첫 번째로 역사학이 오랫동안 문학과의 차이화를 도모하는 것을 그 과학성의 근거로 하면서, 역사학과 문학과의 사이에 경계를 설정하는 일을 계속해왔다는 점을 지적할 수 있다. 그 결과 사적 영역은 오랫동안 역사학의 고찰대상으로부터 멀어져 있었는데, 그중 가장 대표적인 것이 성이다. 그 때문에 성/성적인 것은 문학에 맡기고, 성폭력을 역사학의 시야로부터 멀게 해 버렸다. 오해를 불러일으키지 않도록 덧붙이자면, 내가 주장하는 것은 역사학은 문학에 달라붙어야 한다는 것은 아니다. 후술하겠지만 역사학이 바야흐로 사적 영역에 눈을 돌리게 되는 가운데, 새롭게 문학작품과 만나게 될 것이다. 문학작품이 성폭력을 주제로 하여 서술하는 방법을 통해서, 역사학의 문제의식과 방법, 서술의 작법이 드러나게 될 것이고, 또한 문학을 다루는 문학연구가 만들어온 방법—텍스트로서 담론에 접근하는 방법—에서 배울 점도 많을 것이다.

두 번째 취지는 문학작품에 새겨져 있는 노력도 또한, 역사의 흔적으로서 다른 사료와 동등하게 취급하는 것이 필요하다는 지적이다. 이 점에서 보자면 메도루마는 (역사학보다 앞질러 가려는 듯) 성폭력을 취급했고, 『기억의 숲』에는 2000년대 초반의 성폭력관이 드러나 있는 셈이다.

성폭력에 관한 언급

메도루마의 문학적 작업은 오키나와에 있었던 구체적인 사건과 관련되어 있다. 덴간 모리오天願盛夫 편의 『오키나와 점령 미군 범죄사건장』(1998; 2011)은 점령기에 오키나와에 있었던 미군 병사의 범죄를 매건마다 '발생연월일', '발생장소', '피해자', '보상 등 대상법령'을 거론하며 '사건개요'를 기록한 저작이다. 강간 사건이 많다는 점, 그 피해자의 대다수가 어린아이나 10대 여성이란 점이 눈길을 끈다.

메도루마 작품의 사건 설정은 덴간의 저작이 다루는 시기(1945년 8월 15일 이후)보다 앞선 시기를 다루는데, 오키나와전 말기, 즉 점령 이전에 이미 성폭력이 있었다는 것을 사건의 차원에서 기록하여 문제를 제기하고 있다. 사건이 문제에 주목하게 함과 더불어, 작품이 사건과 그 속사정까지를 밝혀내는 관계가 여기 있다. 그리고 여기에서 사건과 작품의 관계는, 문학작품만이 아니라 연구의 작법을 기반으로 한 '서술'에 있어서도 같은 상관성을 가지게 되는 것이다.

메도루마의 『기억의 숲』 연재보다 이른 시기에 잡지 『세카이世界』(2000년 12월호)가 '전시 성폭력'이라고 하는 특집을 꾸리고 있던 것을 상기하려 한다. 같은 해에 개최된 '여성국제전범법정'에 호응하는 기획이었는데, 부제로 '시민에 의한 심판'이라는 제목을 내걸고 '위안부'를 축으로 하는 '사실'의 규명을 목표로 하여, 전장에서의 여성에 대한 강간 등 일련의 폭력을 '성폭력'이라고 확실히 규정했다. 특집의 계기가 된 '여성국제전범법정'은 '성폭력'에 대해서 문제제기를 하고, 이를 중대한 범죄로 고발하는 자세를 보인 것이었다. 그것은 나아가 메도루마의 『기억의 숲』과 서로 반향을 일으키게 된다.

전장에서 여성에 대한 폭력은 때때로 '적'에 대한 폭력과 등치되어 남성성의 발휘로서 긍정되는 경우도 드물지 않았다. 이에 대한 인식이 '성폭력'으로 전환된 것은 1990년대부터 2000년대 초반에 걸쳐서의 일인데, 메도루마의 작품에도 이는 확실하게 드러나 있다.

이 같은 사회적 인식의 전환을 시야에 두고, 역사학 특히 일본 근대역사학(일본사학)이 어떻게 성폭력을 논해왔는가, 그리고 그 배후에는 무엇이 있는가에 대한 문제에 접근해 보려 한다.

1. 일본 근대역사학과 성/성폭력

일본 근대역사학은 지금까지 주로 '제도'와 '운동'을 분석의 대상으로 해왔다. 제도와 운동을 공공적 영역의 핵심으로 인식한 것에 따른 것인데, 이는 지배와 저항이라는 문제로 이어져 '전후 역사학'의 근간을 이루는 마르크스주의적 테제에 정확하게 조응하는 대상이었다. 권력에 대한 역사적 해명과 권력에 대한 저항의 발굴·소개가 그것이다. 무엇보다 이 두 대상에는 사료가 풍부하게 남아있어 '실증'이 보증되는 영역이기도 했다.

이것은 (1) '전후 역사학'이라고 불리는 1950년대 일본 근대역사학에서 전쟁에 대한 논급이 모두 개전開戰의 경위와 강화講和를 서술하는 것으로 시종하고 있어, 전투나 전장에서 보이는 인간 존재의 어두운 부분으로는 들어가지 않았다는 것과 대응하고 있다. 인간의 존재론과 관련되는 사적인 영역은 오로지 문학의 영역으로 만들어버린 것이다. 그러나 ① 제도와 제도를 지탱하는 정신을 둘러싸고 마루야마 마사오丸山眞男와 그 학파의 문제제기가 있고, 나아가 이를 받아들여 ② '민중사 연구'가 '민중'이라는 주체의 양상을 탐구하는 가운데, 역사학도 제도와 운동에서 불거져 나온 영역을 취급하게 되었다.

즉 1960년대 이후 (2) '민중사 연구'가 비일상(사건, 운동)과 일상과의 관계에 착목하고, '전후 역사학'이 취급해온 운동보다 먼저 일상이나 전쟁 속에서의 일상을 논하기에 이른다. 즉 사적인 영역을 대상으로 편입하게 된 것인데, 전쟁 속의 일상에 대해서 논하는 경우, 우선은 '총후'를, 그 다음에는 민중(병사)의 전장에서의 경험을 언급하게 되었다. 선구적으로 오하마 데쓰야大濱徹也가 『근대 민중의 기록 8 · 병사』에서 병사의 성을 다루었다(오하마 편, 1978). 오하마는 병사의 일상을 언급하는 가운데, 군대 내의 '화류병' 대책과 함께 병사의 성의 양상에 대해 언급했다. 이러한 '민중사 연구'는 역사학이 차츰 사회학 등 다른 학지와의 접점을 가지게 된 것을 의미했다. 그러나 문학과는 여전히 분업체계를 펼쳐놓고 있었다.

이러한 일본 근대역사학이 큰 변용을 보인 것은 (3) 1980년대 후반부터의 일이다. 결정적이었던 것은 '위안부' 문제를 둘러싼 상황이다. 역사학의 입장에서 보면, '위안부'는 이미 알고 있는 대상이었고 벌써 논의가 되기도 했지만, 그 존재가 지닌 의미를 감지할 수 없었던 역사인식이 새롭게 문제시되었다. '위안부' 문제는 인간존재에 새롭게 접근하는 것을 촉구하여, 역사학에서 '영역'—'대상'—'방법'—'인식'—'서술'에 대한 연구가 새롭게 시도되었다. 역사학에서 '성'(섹슈얼리티)을 주제로 삼는 일도 이러한 상황 속에서 새롭게 부상했다.

물론 그때까지 일본 근대역사학이 성을 취급해오지 않은 것은 아니다. 그러나 (1)과 (2)의 시기에 역사학이 대상으로 한 성이란 '공창(제도)' 및 '폐창(운동)'과 '산아제한(운동)'에 집중하고 있어(매매춘과 생식), 여기에서도 제도와 운동의 차원에 한정되었다.

그렇지만 1980년대 후반 이후에는 새로운 방법과 인식 아래에서 대상의 확대가 모색된다. 성이라고 하는 경험, 성적인 것을 둘러싼 의식과 표상의 탐구이고, '마음'과 '몸'에 대한 관심이며, 사적인 영역을 대상으로 하는 자세였다. 이와 연동하여 공창제도·폐창운동, 산아제한 운동에도 새로운 시점이 도입되어, 운동 속에 잠재하는 '창부娼婦'에 대한 차별의식이 폭로되는 등 역사학의 방법과 역할이 논의되었다.

본고의 주제에 관련시킬 경우, '위안부' 문제의 등장 이후 (3) 속에서 전쟁과 성폭력을 둘러싼 문제계가 일본 근대역사학에 있어서 빼도 박도 못하는 '대상'—'방법'이 된 것이다. 이는 폭력/성폭력의 영역에 대한 착목인데, 전자(폭력)에 있어서는 지금까지 오로지 국가권력의 폭력을 주로 다루어 왔던 것으로부터의 전환이 요청된다. 가부장적 폭력에 대한 착목으로서 '성욕' 나아가서는 남성성을 파고든다. 국가권력에 멈추지 않는 가부장적 권력이 지적되고, 성폭력이 전쟁범죄로 인식된 것이다(요시다 유타카, 2014).

또한 후자(성폭력)에 대해서는 피해자에게 침묵을 강요하는 폭력으로서의 성폭력이라는 인식이 도입된다. 전시—전장에 있어서 가해자가 자각하지 못하는 폭력으로서의 성폭력이 인지되기에 이르렀다.

게다가 역사교육과 연동하면서 성폭력을 문제화하는 작업도 행해지고 있다. 이 점은 역사학이라는 영역의 중요한 특징이 된다.

이리하여 역사에서의 폭력/성폭력이, 역사학의 고찰 대상으로서의 폭력/성폭력이 되어 1980년대 후반 이후 자각적으로 탐구되기에 이른다. 결정적인 계기가 1991년에 김학순이 실명으로 나와 일본 정부를 고발한 사건이라는 것은 이미 공통의 인식이 되었다. 이를 전환점으로 하여 지금까지 에피소드처럼 서술되고 있던 성폭력이, 전쟁에 대한 사적인 고찰의 근간이라는 인식이 도입되었다.[1]

일본 근대역사학의 동향

다시 일본 근대역사학의 동향을 정리하면, ① '위안부'를 둘러싼 논의에 관심을 집중하면서, ② 전장과 더불어 인양, 점령 등의 사건 속에서 발생한 성폭력으로 시야를 넓히고, ③ '위안부', '점령군 위안시설'이라는 '제도' '시설'과 더불어, 모든 여성에 대한 성폭력을 시야에 담는다. 또한 ④ 강간에 한정하지 않고 다양한 성폭력/성폭력의 다양성에도 관심을 두게 되었다.[2]

이는 ⑤ 전쟁에 대한 재해석으로 이어지고, 전쟁이라는 단어가 지시하는 시기와 인식을 재확인시킨다. 점령과 성폭력이 주제화되고 (Molasky, 1999 = 2006; 게이센조카쿠엔 대학 평화문화연구소 편, 2014; 챠조노, 2014; 히라이 카즈코, 2014 등), 지금까지 성폭력이라는 인식이 결여된 상태에서 전쟁이 논의되고 전쟁상像이 제시되고 있었다는 사실의 문제점이 분명해졌다.

나아가 ⑥ 핵심적으로는 역사학 그 자체에 대한 재검토가 행해져, '위안부'를 중심적인 과제로 파악하지 않아 온 것에 대한 비판적인 반성이 이루어졌다. 실증이라는 방법이 새롭게 의문시되고, 문학의 영역을 필두로 한 (역사학이라는 학지에 있어서) 낯선 학지와의 접근도 시도된다. 특히 문헌자료의 위상과 의미가 의문시되고 구술사에 대한 관심이 높아진다. 또한 종래의 역사학의 작법을 상대화하여, 담론 분석의 수법, 특히 사료가 내재하고 있는 젠더 편향성에 대한 자각도 진전된다.

이리하여 1980년대 후반 이후의 일본 근대역사학은, 성폭력에 대한 관심을 가지고 '위안소'라는 '제도'와 '위안부'의 '경험'으로서의 성폭력에 대한 구체적인 고찰을 행하게 되었는데, 이는 역사학에 있어 ⑦ '경험'을 대상화하고 '경험'을 방법화하는 것과 다름이 없다. 성폭력을 대상으로 하는 것을 통해 일본 근대역사학은 새로운 한 걸음을 내디뎠다.

2. 성폭력을 둘러싼 일본 근대역사학의 역사

일본 근대역사학이 여기에 이르기까지의 추이를 전쟁 연구에 입각하여 개관해 보자. 이에나가 사부로家永三郎의 『태평양전쟁』(1968)은 이른 단계부터 전쟁과 성폭력에 착목하고 있다. '전쟁 역사학'의 주도자 중 한 사람이었던 이에나가는 독자적으로 성이라는 영역에 주목하고 있던 역사가였다(이에나가, 1965).

『태평양전쟁』에서 이에나가는 사료적으로는 전장에서의 강간에 대

1 이상에 관해서는 나리타 류이치, 『역사학의 스타일』(2001b), 『역사학의 포지셔낼리티』(2006), 『역사학의 내러티브』(2012)를 참조하기 바란다.

2 지금까지 현상으로서만 취급되어 온 적과 내통한 여성에 대한 보복으로서의 '삭발'에 대해서도 성폭력의 하나로서 논의가 시작되고 있다.

한 수기를 참조·인용하는 가운데, 소설가인 다무라 다이지로田村泰次郎의 작품「벌거벗은 여인이 있는 대열」(1954),「메뚜기」(1965)에 착목한다. 다무라는 1940년대에 독립혼성제4여단 제13대대에 소집되어, 산시성山西省 중동부에서 치안전에 종사할 때 '위안부'와 접촉하였는데, 후에 이를 작품화한다. 이에나가는 다무라에게 작품 속에 일어난 일이 '사실'인지를 묻고, 이를 바탕으로『태평양전쟁』에 서술하고 있다.

덧붙이자면 많은 문학연구자들도 다무라의 작품에 관심을 집중하여 증언으로서 검증하고 있다. 이때 다무라의 작품을 포함한 문학작품에 있어서 성폭력의 취급—독법의 전환—을 제시한 것은 히코사카 다이의『시리즈 어느 무능병사의 궤적』의 제1부『사람은 어떻게 해서 병사가 되는가』(1984)이다. 히코사카는 이 책에서 "남자라는 사실로부터, 다무라 다이지로는 물론, 김일면도 야스다 다케시安田武도 해방되어 있지 않다"고 갈파하고, "'전쟁과 성'에 얽힌 신화"를 파헤침으로서 병사들의 "생의 확증"으로서의 성/성폭력이라는 논의를 비판했다.

또한 (다소간 시야를 확장하면) 이시다 요네코·우치다 도모유키 편『황토 마을의 성폭력—따냥大娘들의 전쟁은 끝나지 않았다』(2004)에 수록된 이케다 에리코池田恵理子의「다무라 다이지로가 묘사한 전쟁의 성」(2004)은 다무라의 '요설'을 지적하고 있다. 이케다는 다무라가 '팔로군의 여성병사', '조선반도 출신의 '위안부'', '성폭력 피해를 당한 중국인 여성'이라는 '세 종류의 여성'을 묘사한다고 논한다. 이 책에 대해서는 나중에 좀 더 검토하도록 한다.

요시미 요시아키에 의한 문제제기

일본 근대역사학, 나아가서는 역사학에 있어서의 전환—성폭력에 대한 인식과 착목, 그리고 그것의 문제화—의 지표가 되는 것은 요시미 요시야키의 『종군위안부』(1995)에서의 문제제기이다. 요시미는 김학순의 고발에 촉발이나 된 듯 일본군의 '위안부' 관여를 공문서를 통해 실증했다(『아사히신문』 1992년 1월 11일). 요시미의 문제제기에 의해 '위안부' 문제는 정치 · 외교문제화하는 한편으로 역사 인식으로서도 큰 진전을 보이게 된다.

요시미가 제출한 논점을 도쿄 역사과학연구회 편, 『역사를 연구하는 사람을 위하여』(2017)에 수록된 「일본군 '위안부' 문제와 역사학」에서 찾아보자. 강연기록을 재수록한 것인데, 2015년의 단계에서 요시미 자신이 총괄한 것이다.

요시미는 '위안부' 문제를 "'과거의 극복'을 위한 자기검증", 그리고 "전쟁책임 문제"로서 고찰한다. '위안부' 문제에서 "현대 일본의 역사의식"을 찾고 "일본의 지도자들"의 의식을 고찰하는 가운데, 그들이 '강제성'을 "군 · 관헌에 의한 약취略取"라고 한정하여 '위안부'들의 '피해'에 무관심하다고 비판한다. 국제 여론을 둘러보며 배상 · 보상에 대해 언급하면서, 전시 · 전후의 국가책임의 문맥에서 '위안부' 문제를 추궁한다.

또한 요시미는 '위안부' 소집의 '강제성'이 그 시대에도 위법이고 범죄였다고 하면서, 사례를 나열하면서 상세한 논의를 펼치고 역사적인 고찰을 전개한다. 법률이 역사 비판의 근거가 됨과 동시에, 전후의 전쟁체험기 · 회상록에서도 '위안부'와 관련된 사례를 추출하고 그 '실태'

를 소개한다. 요시미에 따르면 '위안부'의 실태에 대한 해명이 논의의 출발점이자 또한 방법이 되고 있다. 하타 이쿠히코秦郁彦(1999 등)를 논쟁 상대로서 지명하면서, 조선인 여성이 "유괴 혹은 인신매매된" 것에 대해서 하타와의 견해의 차이는 없고, 논점이 되는 것은 "일본군의 책임이 되는가"라는 점에 대한 해석이라고 요시미는 말한다.

이를 바탕으로 요시미는 "관헌에 의한 폭행·협박을 사용한 연행"에 대해서, 군법회의, B, C급 전범재판의 기록 등을 통해, 인도네시아나 중국의 예를 상세하게 들고 있다. '위안소'에서의 '강제'에 대해서도 국제법에 따라 '자유의 박탈'을 기준으로 하여 '위안소'의 규정을 소개·검토하고 그 실태를 문제화한다.

마지막으로 ① 전쟁·무력분쟁 시 여성에 대한 성폭력을 방지할 것, ② 여성·아동의 인신매매를 막을 것, ③ 매매춘이나 성폭력에 대한 인식틀을 변혁할 것, 그리고 ④ 전후에 "평화롭고 자유로우며 민주주의적인 사회를 만들어 온" '자랑'을 '위안부' 문제를 연구하는 의의와 과제로 한다. ④에 주석을 더하자면, 요시미는 "일본인의 자부심"을 하나의 초점에 두고, "외국으로부터 얘기를 듣는 것보다 먼저 일본인 스스로가 확실하게 해명하고, 잘못이 있으면 잘못이 있었다고 확실히 하는 것이 일본인으로서의 자랑과 연결된다"고 말하고 있다.

이리하여 요시미는 현재의 과제와의 긴장관계 속에서, '군대와 성폭력', '전쟁과 성'이라는 논의의 틀과 대상을 '위안부' 문제를 핵으로 하여 만들어 내어, 역사학에 있어서 성폭력을 둘러싼 고찰을 주도해 가게 된다.

> 역사학은 개별적인 것에 대한 실증 위에 구축되어야만 하지만, 현재 우리가 품고 있는 과제를 해결하는 일에 기여해 나가는 데에 역사를 연구하는 의미가 존재한다.

이 말이 요시미의 원점을 드러내고 있다. 또한 "다른 성노예 제도와의 비교 연구"를 심화하는 것을 "역사학의 중요한 연구과제"라고도 서술하며, 성폭력을 과제로서 설정하는 것이 역사학의 역할이라고 결론을 내린다. 요시미의 진지한 자세를 엿볼 수 있다.

'방법'에 착목하면, 요시미는 '실증'을 할 때 문자자료, 특히 공문서를 중시한다. 앞의 이에나가와 비교하면, 이에나가는 '증언'이기는 하지만 문학작품에 눈을 돌려 거기로 나아갔다. 이에 비해 요시미는 문학작품에 대해서는 신중하다. 『풀뿌리 파시즘』(1987)에서는 전기戰記나 종군기를, 『불탄 자국으로부터의 데모크라시』(2014a)에서는 일기를 각각 사료로 사용하여 사람들의 경험의 양상 속으로 들어간다. 그러나 '위안부'에 대한 논의에서는 구술청취 이외에는 공문서를 주된 사료로 사용한다. 권력과의 대결이라는 출발점을 가지고 있기 때문에 그런 방법을 사용했을 것이다.

성폭력을 둘러싼 논의의 확산

요시미를 중심으로 한 역사가들에 의해서 '위안부' 문제에 대한 고찰은 급속히 진전되었다. 도쿄재판을 오랫동안 고찰해 온 우쓰미 아이코内海愛子는 「전시 성폭력과 도쿄재판」(2000)에서, 도쿄재판에 회부된 성폭력 및 그 속에 나타나는 인식과 논의를 밝혔다. 나아가 『일본 점령기 성매매관계 GHQ 자료』(하야시 히로후미 감수, 2016-17)나 『성폭력 문제 자료집성』(1기 = 전 25권+별책, 2004-06; 2기 = 전 11권, 2009-10) 등 많은 사료집도 간행했다. 전자는 GHQ 법무국 특히 공중위생복지국의 문서를 집성한 것으로, 점령정책과 그 운용의 실정이 나타나고 있다. 이에 비해서 후자는 '매매춘'을 축으로 하여, 법규에서 실태조사, 보고서 혹은 신상조사표, 수기, 고찰 · 연구, 나아가 다큐멘터리까지 광범위하게 집성했다. 성폭력과 관련된 사료 및 자료가 정리 · 간행되어 공유되었다.

여기에서 논점이 되는 것은 사료와 자료를 생성하는 것이다. 성폭력의 사료를 두고 말할 때, 당사자들에 의한 사료의 부재와 공백이라는 문제가 항상 따라다닌다. 성폭력이 지닌 꺼림칙함이 사료의 결락을 가져오는데, 그 공백을 메우는 것으로서 '증언'이 다양하게 요구되어 왔다. 그중에서도 앞에서 언급한 『황토 마을의 성폭력—따냥들의 전쟁은 끝나지 않았다』(이시다 · 우치다 편, 2004)는 성폭력 증언과 관련된 선구적인 업적으로, 성폭력 증언을 어떻게 청취하고 기술할 것인가에 대한 방법적인 검토와 그 실천이 이루어지고 있다. 이 책은 성폭력을 ① 전쟁범죄로서, 그리고 ② 전장에서의 인권침해로서 고찰하여 전쟁범죄의 대상을 확대함과 더불어, ③ 성폭력에 대한 기존의 인식을 비판하고 반성을 촉구함으로써 말 그대로 역사의 재심을 실행한 저작이 되었다.

이 저작에서는 중일전쟁 시기 중국 산시성 위현山西省盂縣에서 일어난 일본군에 의한 성폭력 피해가 밝혀졌다. 지역사가 되기도 했지만, 이 사건에 대해서는 적극적으로 언급하고 있지 않았다. 이시다 팀은

'위안부' 문제의 국제공청회(1992년) 이후 1996년 10월에 실태조사를 개시하고, (1998년 10월의 소송을 거쳐) 2003년 3월까지 18회에 이르는 청취조사를 기반으로 한 성과를 이 책에서 공표했다.

이시다 팀은 "증언기록" 즉 "어떠한 청취조사"도 "어떤 조건과 관계성 가운데 이루어졌는지를 제외한 채, 청취하게 된 문구만으로는 독립적으로 나아가게 할 수는 없다"(「머리말」)는 인식하에, 9명의 여성과 그 가족들을 합쳐 모두 20명으로부터 청취조사를 실시하고, 이를 바탕으로,

> 많은 사람이 관련된 몇 차례의 청취조사를 정리자가 정리하지만, 그 기록 원고는 연구회에서 몇 번이고 퇴고를 거듭한 것

이라고 제출하고 있다. 성폭력의 세 가지 케이스—'할당'에 의한 여성의 '공출', 다른 마을로부터의 연행, 납치·강간—와 성폭력의 일상화가 증언을 통해 밝혀졌다. 1년 넘게 이어진 피해의 양상(인위린尹玉林, 양시허楊喜何)이 기술되어 있고, 피해자 중 한사람인 완아이화의, 자신은 팔로군의 병사로서 '성폭력의 피해자'라는 자기규정을 가지지 않는다는 말도 확실히 써 두고 있다.

동시에 이시다 팀은 "기억과 기록·기술의 사이에 있는 문제"를 탐색한다. 전후 성폭력 피해에 대해서 줄곧 "그녀들을 침묵하게 한 것은 무엇인가." 그리고 일본군에게 "적의 여자"라는 이유로 "인간으로서의 존엄을 유린당한 여성들"은, "적에 의해 유린된 여자"로 간주됨으로써 "존재 자체가 공동체의 명예에 상처를 입히는 것이 되었다"는 해석을 펼친다. 일본군과 공동체라는 이중의 억압에 의해서 여성들은

침묵을 강요당해 왔다는 것이다.

이 책은 피해의 구조를 보다 입체적으로 이해하기 위해 「증언해설 따냥들의 마을을 습격한 전쟁」(가토, 2004)을 '논문편'에 넣지 않고 '증언편'에 덧붙이는 등의 시도도 하고 있다.

새로운 단계에서의 동향

이리하여 '위안부' 문제를 중심으로 하는 구술청취가 이루어져 그 경험이 증언으로서 밝혀지기 시작하는데, 근년에는 새로운 단계로 진입하고 있다. 즉 전쟁범죄 및 전쟁책임론 속에 성폭력을 추가하는 것에 대한 공통 인식이 만들어지는 가운데, 역사(전쟁) 서술에 성폭력을 편입하는 작업이 시작된 것이다(가사하라, 2010 등).

또한 연구서인 역사학연구회·일본사연구회 편 『'위안부' 문제를/에서 생각한다』(2014)와 논점을 정리한 이와사키 미노루岩崎稔·오사 시즈에長志珠絵 편 『'위안부' 문제가 드러낸 일본의 전후』(2015)가 간행되었다.

전자는 "'위안부' 문제를 생각하는 것은 '위안부' 제도와 실태에 대해 생각하는 것이고 이는 '위안부' 문제의 기초로서 불가결한 것"이라고 하면서도, 여기에 덧붙여 "'위안부' 문제에서 생각하는 시점이 중요하다"는 목표를 드러낸다. '~에서'라는 말의 함의를 설명한 뒤 "'위안부' 문제라는 것은 전시와 평시(일상세계)의 관련을 시야에 넣음으로써 처음으로 이해 가능한 문제"이고, "'위안부' 문제에서 생각하는 시점"에서는 전시뿐만 아니라 "일상생활을 포함한 역사 전체"를 생각하는 것이 요청된다고 했다. 성폭력을 입구로 삼아 '역사 전체'를 지향한 이 책에서는 나아가 요시다 유타카의 「전쟁범죄 연구의 과제」(2014)에서

"전쟁의 '매혹적인 면'"으로서 병사의 "'남성성'의 문제"를 놓쳐서는 안 될 것이라고 지적하면서 인간 존재의 영역으로 파고들고 있다.

후자의 이와사키·오사의 논문은 '위안부' 문제를 둘러싸고 ① "역사학에서의 실증적인 수준"의 높아짐과 이와 반비례하는 듯한 "사태의 악화와 심각화"라는 "기묘한 역립 관계"를 지적하고, 이를 ② 아시아·태평양전쟁과 식민지 지배, 냉전의 종결이라는 "두 개의 전후의 귀결의 불완전함"과 "기억론적 전회"로 설명한다. 동시에 ③ "'위안부' 문제의 공론화"의 과정을 '전쟁범죄'→'여성의 인권문제'→'군사 성폭력'으로 정리하는 한편, ④ 당초에는 "'위안부' 문제를 피해 여성들의 목소리라고 보도"한 저널리즘에 대해서 "한번 열렸던 가능성에 대한 망각"을 행하고 있다면서, ⑤ "집합적 기억"에 의문이 제기되고 있다고 지적하고 있다.

또한 이 논문은 "'위안부' 문제에 대해서, 이를 이 사회의 집합적 기억을 둘러싼 논쟁으로 이해하는 시점"에서 "반지성주의"와 "운동 쪽의 대립"을 눈여겨보고, "결과적으로 희생자를 빼앗아버리는" 것이 되었다고 말하며, ⑥ "일본인 '위안부'" 문제의 부상을 함께 언급하고 있다.

또한『제4차 현대역사학의 성과와 과제』전 3권(역사학연구회 편, 2017)에도 각 권의 해당 부분에서 '위안부'와 성매매에 대한 연구를 소개, 언급하면서 '성과'로서 거론하고 있다. 기지 혹은 식민지와의 관계, 제도의 국제 비교, '증언'과 구술사 같은 논점도 제시되고 있다. 특히 '제도'로부터 '사회'에 접근하여 남성들의 매춘행위에 착목하고, 성산업과 그 업자들을 언급하고 있지만, 오로지 실증의 대상으로서 검토하는 데 그쳐 있어서 역사학의 문제의식이나 방법과 연관된 논의로서 고찰하는 경우는 적다.

구루시마 노리코久留島典子·나가노 히로코長野ひろ子·오사 시즈에長志珠絵 편『역사를 고쳐 읽는다—젠더로 본 일본사』(2015)는 성폭력에 대한 역사학의 접근이 역사교육과 연동해서 전개된 성과이다. 이 책의 근현대사 부분에서는「근대 공창제도와 폐창운동」,「'가라유키상*'과 식민지 공창제도」,「일본군 '위안부'와 아시아의 여성들」,「오키나와전과 젠더」,「만주 이민과 인양 경험」,「점령과 성·지역」,「매춘방지법의 성립과 성매매의 다양화」,「미군기지와 성폭력」의 항목 외에,「특집 성과 생식」이 수록되어 인신매매, 성병(검사), 성노예, 성(생식)의 국가관리 등에 대한 논점이 추가되었다.

덧붙이자면, 근년의 군사사—전쟁연구의 성과 중 하나인『시리즈 지역 속의 군대』전 9권(하라다 외 편, 2014-15)에서 성폭력에 대한 기술은 칼럼「미군에 의한 성폭력과 여성들」(제6권)과「유곽·위안소」(제9권)뿐인데, 후자에서는 "근대의 공창제, 유곽은 일본군과 밀접한 관계를 가지고 전개되었다. 전시 중에는 이러한 유곽이 전쟁 수행 일색으로 재편되었다"고 서술되어 있다. 남성 일색의 편집위원(집필자도 대부분이 남성) 속에서 이 정도로 항목을 만들 수 있었다고 할지 아직도 불충분하다고 할지는 견해가 갈라지는 부분이다.

성폭력을 대상—방법—인식의 관점에서 고찰해 왔는데, '전후 역사학', '민중사 연구'와 함께해 온 일본 근대역사학은 이 움직임을 배경으로 몇몇 개의 대립축을 떠안은 채 변해 나가야만 한다. 그 정도로 성폭력은 중요하고 심각한 과제라는 것이 발견된 것이다. 이미 우에노 지즈코는『내셔널리즘과 젠더』(1998)에서 그 문제를 역사학을 향해

던지고 있었지만, 역사학의 반응은 우에노의 비판과 만나지 못했고, 응답은 거의 보이지 않았다(나리타, 2011). 그러나, 그래도 여기까지 일본 근대역사학도 변화해 오고 있다고 이해하고 싶다.

3. 구술사와의 '만나지 못함'

성폭력에 대한 역사적 고찰은 일본 근대역사학의 작법을 모든 면에 있어서 재검토하도록 촉구해 왔는데, 그 내부에서 성폭력이라고 하는 대상에 대한 착목과 그것을 둘러싼 방법과 서술 혹은 인식의 (대립까지는 아니라고 해도) 균열이 나타나고 있다는 것도 함께 지적해야 할 것이다. 균열의 초점을 '사료'를 축에 두고 살펴보자.

'사료'와 관련해서는 그동안 일본 근대역사학의 전개 속에서 문서중심주의로부터 벗어날 것이 제창되었고, 사료로서의 증언과 실증의 관계에 대해서 이미 제언이 제시되어 왔다. 예를 들어 하야시 히로후미는 "사실과 실증에 집착하는 연구야말로 피해자의 심각한 체험에 대한 증언을 뒷받침하는 것이 될 수 있다"고 한다. 그러나 동시에 "결코 이전과 같은 '실증주의'가 아니라, 위안부를 필두로 하는 성폭력 피해자의 증언에 의해 진지하게 자신의 방법을 다시 묻는 것을 토대로

* 규슈 지역에서 주로 사용된 말로, 19세기 후반에 주로 동아시아, 동남아시아로 건너가 매춘부로 일한 여성을 가리킨다. 이들의 삶을 애정 어린 시선으로 관찰한 모리사키 가즈에의 르포르타주 『가라유키상』이 잘 알려져 있다(한국에서는 『쇠사슬의 바다』라는 제목으로 번역됨).

'실증'을 추구한다"며 하야시는 '실증'을 재정의할 것을 촉구하고 있다(하야시 히로후미, 2001).

즉 역사가의 작업으로서 실증(논증)은 필수이지만, 기록된 것(문서)을 제시하는 것만으로는 너무나 소박하다는 것이다. 사건에 따라서는 당사자에 의해 씌어진 것이 미처 존재하지 않거나 당사자의 기록 속에 명백한 허위가 있는 것도 드물지 않아, 사건을 논증하는 절차가 '사실'이나 '진실'과는 단순히 대응하지는 않는 상황이다. 누구의 관점에서의 '사실'인지, 무엇을 위해 '사실'을 논증하는지를 함께 물을 때, 실증하는 절차가 변하게 될 것이다. 하야시는 실증이라는 방법을 포기하지 않으면서도 지금까지의 실증에 대한 개념을 새롭게 정의하려고 한다.

그러나 자서전에서의 '허위'를 술회하는 등 자신과 관련된 증언이 의도적으로 허언虛言을 담고 있어 '사실'과 어긋나거나 모순될 때, 어떠한 '해석'이나 판단을 해야만 할 것인가와 관련해서 새로운 논점도 생겨나고 있다.[3] 그리고 증언에 어긋남과 흔들림이 존재한다는 것에 착목하고 이를 해석하려 한 것이야말로 구술사 연구가 제공한 논점 중 하나이다.

지금 하나의 사료의 '생성'과 관련하여 이야기해 보자. 말할 필요도 없이, 증언은 청자가 존재함으로써 비로소 생성되고 성립한다. 전시의 성폭력과 관련된 증언도 '듣는 쪽'과 '들려주는 쪽' 사이에서 생겨난다.

구술사는 증언자와 직접 대면하여 증언을 듣는 것에 집중하여, 문맥을 공유하면서 증언을 생성한다. 그러나 문장화된 증언을 독해할 때는 문맥을 공유하지 않은 곳에서 출발하게 된다. 이러한 관점에서 보면, 구술사라고는 하지만 일단 채록된 증언을 독해할 때에는 이전과 같은 방식이 요구된다는 것을 의미하게 된다.

채록된 것에서 그 목소리를 듣는 것, 그것이 성폭력을 대상으로 한 경우에 하나의 과제가 된다. 채록된 것을 어떻게 고찰할 것인가. 다시 말하자면 사료의 생성과정에 대한 고찰을 포함한 사료의 해독이 필요하다는 것이고, 사료는 처음부터 완성된 형태로 존재하는 것이 아니라는 것이다. 역사학에서 사료 비판이라고 하는 작업이 구술사 연구에서도 마찬가지로 행해지고 있는데, 독해할 때는 이 점에 유의하여 사료의 생성과정을 포함시켜 논의해야만 한다.

구술사와 일본 근대역사학

이렇게 생각할 때 역사학에 있어서 구술사와의 관계가 하나의 중요한 논점이 되고 있다. 역사학과 구술사와의 '만남(혹은 만나지 못함)'(!)에는 몇 개의 계기가 있다. 첫 번째는 1970년대 후반(아직 구술사라는 말이 사용되지 않던 시기), 야마자키 토모코山崎朋子, 야마모토 시게미山本茂実 혹은 모리사키 가즈에森崎和江 등의 '듣고 쓰기'에 역사가들이 충격을 받았던 시기이다. 나카무라 마사노리中村政則는 『노동자와 농민』을 집필할 때 구술 청취 기록을 행했는데, 이에 대한 관심에서 야마자키, 야마모토와 좌담회를 했다. 나카무라는 "종래의 역사 파악의 방법을 조금이라도 바꿔보자"며 구술 청취 기록에 착수했다고 말하고 있다(나카무라, 1998).

3 이와 관련하여 에고 히스토리라고 하는 문제제기가 이루어지고 있는데, 아직 논의는 도상에 있다. 어쨌든 「특집 전기 · 평전 · 개인사의 작법을 재고하다」, 『역사평론』(역사과학협의회 편, 2015)을 참조하기 바란다.

두 번째는 1980년대 후반 역사학연구회가 구술사에 착목하여 '구술사'를 『역사학연구』의 특집으로 구성하는 한편(역사학연구회 편, 1987), 단행본으로도 간행했던 시기이다(역사학연구회 편, 1988a; 1988b). 이 시기 역사학연구회가 주목한 사람은 혼다 가쓰이치本多勝一와 사와치 히사에澤地久枝인데, 『중국으로의 여행』(혼다, 1972)과 『기록 미드웨이 해전』(사와치, 1986)을 중심으로 하여, 거기에 이르는 두 사람의 방법을 검토하고 있다.

세 번째는 2000년대 초반에 『역사학연구』가 '방법으로서의 '구술사' 재고'(역사학연구회 편, 2006)를, 『역사평론』이 '구술사와 여성사'(역사과학협의회 편, 2004)를 각각 특집으로 꾸린 것이다. 또한 오카도 마사카쓰大門正克가 제2기의 중심에 있던 요시자와 미나미吉沢南의 구술사를 논하고 그 의미를 검토하고 있다(오카도, 2007).

그리고 지금이 네 번째의 시기이다. 아라라기 신조의 「구술사의 전개와 과제」(2015), 히토미 사치코人見佐知子의 「구술사와 역사학/역사가」(2017) 등 비교적 긴 시기를 대상으로 한 연구사 정리가 이루어지고 있다.

그러나 역사학이 구술사와 공존하는 과정에서 종종 증언이나 청취에 대해 역사학의 완고한 태도가 드러난 경우도 있었다. 분명 역사학의 대상은 확대되고, 듣고 쓰기/청취가 지닌 중요성이 명백해졌음에도, 역사학 속에서 구술사를 게토화하고 특별 취급하여 제한하려는 움직임도 작동하고 있다.

나카무라 마사노리는 앞에서 말한 좌담회로부터 30년이 지난 시점에 구술사를 주장한 저작 『쇼와昭和의 기억을 파헤치다』(2008)를 간행했다. 나카무라로서는 두 번째 시도인데 '오키나와전'(10명), '만주'(9

명), '히로시마, 나가사키'(7명)로부터의 청취가 기록되어 있다. 구술사를 통해서 "역사학(일본 현대사)의 재구축을 시도하고 싶다"는 나카무라의 의욕이 드러나 있다.

화자의 이야기를 공들여 재구성하는 가운데, 역사가로서 나카무라는 끊임없이 개별적인 체험을 전체 속에서 의미를 부여하기 위해, 서술에 있어 대략적인 사실관계는 연구나 문헌에 맡기고, 듣고 쓰기를 통해 사건의 세부적인 리얼리티를 명확하게 하는 방법을 취하고 있다. 이 점에서 나카무라의 구술사는 역사학의 인식은 변화시키고 있지만, 역사 서술을 전환하는 데까지 이르지는 않았다. 새로운 수법은 어디까지나 사건의 차원에서 오고가는 것에 한정되어 있어, (사료로서) 기술되는 것, (역사로서) 서술되는 것—채록된다는 차원의 논의—은 지금부터의 과제이다.[4]

4. '전회'를 둘러싸고

문맥을 좀 확장해서 이 어긋남과 관련된 전술한 논점을 역사학에서의 '방법'으로서 논할 때, 언어론적 전회를 필두로 하는 '전회'의 인식과 관련된 어긋남에 이르게 된다. 이것은 역사학에서의 전회에 대

4 이 책에 관한 필자의 서평(나리타, 2008b) 및 논고 「'듣는 것'과 '쓰는 것'」(나리타, 2008a)을 참조하기 바란다. 한편 본고를 탈고한 뒤 오카도 마사카쓰의 『이야기하는 역사, 듣는 역사—구술사의 현장에서』(이와나미신서, 2017)가 간행되었다. 다른 글에서 검토하려 한다.

한 이해, 아니 그 이전에 전회의 인정 여부에 있는 듯이 보인다.

'전회'를 둘러싸고는 실체주의와 구성주의의 대립으로 이해하는 경우가 많은데, 역사학에서 전회는 헤이든 화이트(Hayden White)로 대표되는 역사 서술 차원에서의 전회와, 스테드먼 존스(Gareth Stedman Jones)로 대표되는 사료 해독 차원에서의 전회가 있다. '사료' 차원에 관련해서 존스는 차티스트 운동을 "실체적인 '계급'"을 기반으로 하는 것이 아니라 국가 제도에서 배제되었던 사람들을 "'인민'이라는 언어"를 통해 구축한 운동으로 본다.[5] 존스는 사료와 '사실'의 사이를 읽어냄으로써 화이트 류의 서사론적 전회와는 다른, 사료 해설 차원에서의 전회를 보여준다. 그렇다면 사료·증언으로부터 '실증'을 가능하게 하는 것은 과연 무엇일까라는 인식과 관련된 질문이 배후에 가로놓여 있는 셈이다. 사료와 실증이라고 하는, 역사학의 근본과 관련되는 이 질문은 성폭력을 '대상'—'방법'으로 할 경우 현전한다.

한편 '서술' 차원과 관련하여 화이트는

> 역사라는 것은 언어를 사용하는 시도인데, 그 언어를 사용하여 역사 일반이나 전체 역사 과정의 다양한 단편의 의미에 대해서 언명이 구축되는 다양한 담론 세계를 구성하는 방법을 채용하는 것이다(White, 1973=2017).

라고 말한다. 이 서술 차원에 관해서는 구술사 연구 쪽에서도 아직 인식이 일천한 것으로 보인다. 이것은 연구자가 당사자를 대신해서 이야기를 한다는 일에 뒤따르는 논점에 대해서, 공간公刊을 하게 될 때 어떻게 실천적으로 노력하고 이를 토대로 어떻게 재구성할 것인가 하는 것이 될 것이다.

비교를 둘러싸고

'전회'는 비교라고 하는 역사학의 방법에서도 과제가 된다. 성폭력에 대한 고찰을 하고 있는 이 책이 『전쟁과 성폭력의 비교사를 향하여』라는 제목을 단 것은, 비교(사)를 근간에 두어 온 지금까지의 역사학에 대해 새롭게 비교(사)를 초점화하고 그 전회를 가져오는 것을 의도하고 있다. 여기에서 전회라는 것은 '인권'이든 '민주주의'이든 지금까지 역사학에서 비교의 시점(=축)이 서양과의 비교에 치우쳐 있었다는 것뿐만이 아니라(이 같은 지적은 이미 충분히 행해졌다), 시점이 고정된 부동의 것이 되어 있어 그것이 객관성·보편성을 드러내는 것으로 간주되어 온 것에 대한 비판이다.

또한 무엇과 무엇, 어디와 어디, 어떤 사례와 어떤 사례를 비교할 것인가 하는 대상의 설정 그 자체가 결코 자명한 것이 아니라는 것도 염두에 두고 있다. 대상의 설정이 이미 결론을 선취하고 있다는 사실과 더불어, 사상事象을 솎아내는 방법에 이미 시점(=축)과 평가가 들어가 있다는 것에 대한 비판적 지적이다.

비교의 시점 및 비교 대상의 설정이라고 하는 비교사의 출발점 그 자체가 역사적인 배경이나 조건, 제약과 구속을 지닌 채 역사적으로 형성되어 왔다. 이러한 관점을 도입하지 않으면 현재의 인식이 그대

5 역자인 하세가와 다카히코長谷川貴彦의 「뉴레프트 사학의 유산」(2010)을 참조하기 바란다.

로 역사, 즉 과거의 사건을 재단해 버리게 된다. 비교사적 전회를 역사학에 있어서의 방법론적 과제 중 하나로 하는 것은 이러한 이유 때문이다. 이것은 왜 지금까지 역사학에서 성폭력이 논의되지 않았는가를 질문하는 것과 같은 작업이다. 이 질문을 제외하고서는 성폭력은 논의될 수 없고, 이 질문을 경과함으로써 비교사적 전회의 필요성이 인식될 것이다.

실제로 논의는 전개되기 시작했다. "남성병사의 욕망이라는 것이 보편적이지도 자연적이지도 않"고, "병사와 남자다움이라는 것이 당연히 짝을 이루는 것이라 하여, 이 같은 남성성의 강조가 국민국가 성립 이후에 일어난 일이었다"고 간주하고, "다양한 국민을 동원하는 근대적 군대라는 것은 비대화한 남성성(masculinity)에 호소하는 역사상 드문 존재였다"(마쓰바라, 2014)고 지적되고 있다. 성폭력을 고찰하는 것에 의해서 역사학은 한 단계 더 나아간 추이, 다시 말하자면 전환을 시도한다.

더불어 구술사와의 만남이 불가능한 것도 전회와 관련되어 있고, 역사학이 구술사와의 만남을 위한 서사론적 전회의 검토도 필요하다.

당사자의 '목소리'를 듣는 것이 구술사 실천의 시작이 되지만, 역사학에서는 그 '목소리'를 재현—재구성—서술하는 작업이 그 뒤를 따른다. 이 때문에 버튼을 잘못 누르면 구술사는 역사가들 사이에서의 '목소리'의 상호 쟁탈전 혹은 상호부정이 되기 쉽지만, 기본이 되는 것은 '목소리'가 누구의 것인가 하는 것이다. 당사자의 목소리를 둘러싼 싸움으로 문제를 파악하면, 역사수정주의가 쳐 놓은 덫에 보기 좋게 걸려버릴 것이다. 일찍이 애버리지니Aborigine의 세계관에 무한한 공감을 보낸 호카리 미노루保苅実는 『급진적 구술사』(2004)에서

'역사적 진실'은 대개 폐쇄적이고 배타적이다. 그러나 '역사에 대한 진지함'은 타자에 대해서 열려있다(호카리, 2004).

라고 한 바 있다.

여기에서 호카리는 타자의 언어를 빼앗으려 서로 경쟁하는 "역사적 진실"이 아니라, "역사에 대한 진지함"(테사 · 모리사 스즈키)이 요구된다고 한다. 호카리가 제기한 것은 윤리라는 의미이다.[6]

다시 말해 역사학이 하는 일이란 사건 당사자의 목소리를 듣는 것이고, 따라서 당사자라는 것은 누구인가라는 것에 민감하게 반응하는 것이 요구된다는 것과 다르지 않다. 역사학은 스스로 경험하지 않은 것을 당사자를 대신해서 이야기하는 것을 필연으로 하고, 어떤 형태로든 당사자의 목소리를 빼앗고 있다는 것에 대해 자각적일 것이 요청된다.

나아가, 청취된 목소리를 누구를 향해 이야기할까 하는 논점이 부상하면서, 새로운 세대를 향해 이야기한다는 점이 역사교육에 함께 부여된다. 기억의 단계에 들어간 전쟁 경험을 파악하고 서술하는 역사학의 쇄신이 성폭력에 대한 접근과 더불어 긴밀한 과제가 되고 있다. 수많은 만나지 못함에서 벗어나서 일본 근대역사학, 아니 역사학 그 자체의 전회가 행해져야 한다. 지금이야말로 역사학에서의 정념장*이 아닐까 한다.

6 이 '진지함'이라는 말에 대해서 역사교육자인 오가와 고지小川幸司는 '적절한 말'인지 의문이라고 했다. '진지함'이 쟁탈전의 대상이 되기 쉽다는 것을 염려하며, 나리타(2001a)를 참조하면서 "사건의 의미를 타자와의 관계성 가운데 기술한다"는 표현이 호카리의 "실천의 의미"를 드러내고 있을 것이라고 한다(오가와 · 나리타 · 하세가와, 2018).

* 가부키 등에서 가장 중요한 장면. 여기에서는 중요한 국면을 뜻함.

제10장

전시 성폭력 피해를 듣는다는 것

— 『황토 마을의 성폭력』을 단서로

아라라기 신조蘭信三

머리말

이 글은 중국 산시성山西省에서 일어난 일본군 성폭력에 대해 조사한 이시다 요네코와 우치다 도모유키 등의 작업을 단서로, 아시아·태평양전쟁 시기 일본군에 의한 전시 성폭력 피해 이야기가 어떻게 청취가능하게 되었는지를 밝히려는 것이다. 구체적으로는 이시다 요네코·우치다 도모유키 편『황토 마을의 성폭력—따냥들의 전쟁은 끝나지 않았다』(2004) 및 이시다 요네코의 일련의 논문[1]을 바탕으로, 억압되어 온 피해 여성들에게서 일본군 성폭력 피해의 기억이 '해동'되어

1 이시다 요네코의 일련의 논문은 아래과 같다. 이시다 요네코, 「기록되지 않은 기억—산시성에 있어 전쟁피해·조사 기술 속의 성폭력」(1999b), 「중국 화북의 전장에서 일본군 성폭력의 구조—산시성 현지조사에서 보이기 시작한 것」(1999a), 「중국 산시성에서 일본군 성폭력에 관한 조사에 대하여」(2001), 「중국에 있어 일본군 성폭력 피해의 조사·기록에 착수하여」(2002), 「침묵을 강요하는 구조와 자존감정을 회복하는 관계」(2004), 「중국 농촌에서 일본군 성폭력의 구조」(2005).

가는 과정을 따라가 보려 한다. 청자의 등장에 의해 피해 여성들의 개별적인 이야기가 시작되고, 화자와 청자 사이의 '대화' 속에서 성폭력 피해에 대한 기억에서 해방되는 모델 스토리(여기에서는 '해방의 모델 스토리'라 부름)가 구축되어 가는 과정을 오늘날의 구술사론의 관점에서 밝혀보려 한다.

1. 과제의 설정, 문제의 소재

왜 이시다 팀의 작업을 다루는가

이시다와 우치다 등을 중심으로 하는 '산시·밝히는 모임'[2]의 중국 산시성 위현에서 일어난 일본군 성폭력 피해자에 대한 청취 실천에 기초한 『황토 마을의 성폭력』 및 이시다 요네코의 여러 논고에서는 전시 성폭력 피해자의 청취에 대한 뛰어난 식견이 많이 발견된다.

구술 청취를 시작한 1996년 당시 산시성 위현의 농촌 지역은 아직 실질적으로는 '미개방 지구'의 상태였다. 그곳에 가해국에 속하는 일본인 연구자와 시민이 들어가 일본군에 의한 전시 성폭력 피해에 관한 구술 청취를 하는 데에는 이러저러한 곤란이 있었으리라고 짐작된다.[3] 그러나 이시다 팀은 이러한 곤란을 꿋꿋이 극복하여, 양쪽에 의한 '이야기의 장'[4]이 서서히 형성되면서 피해 여성들의 경험이 지속적으로 청취되기 시작했다. 그 과정에서 피해 여성들은 자신의 개인적 경험을 넘어 다른 피해자들의 경험이나 마을의 상황을 알고, 자신들의 성폭력 피해의 의미를 이해/요해하고, 화자와 청자 쌍방에 의해 정형화된 이야기, 다시 말하면 자신의 '모델 스토리'를 구축해 나간다. 그리고 그 과정을 통해서 피해 여성들은 전시 성폭력이라고 하는 트라우마로부터 해방되기 시작한 것이다.

이시다 팀의 이 같은 역사 실천은 전시 성폭력 피해에 관한 청취 실천의 하나의 도달점이라고도 할 수 있을 것이다.[5] 피해의 기억은 반세기 이상에 걸쳐 억압되고 트라우마화 되어 있었다. 이시다 팀의 시도는 피해 여성에게 있어서는 물론, 그녀들의 기억의 억압에 일정한 역할을 해 온 지역사회에 있어서도, 나아가서는 가해를 망각한 전후

2 '산시·밝히는 모임'의 정식 명칭은 '중국에 있어 일본군 성폭력의 실태를 밝히고 배상 청구 재판을 지원하는 모임'으로 1998년 7월에 조직된 모임이다.

3 중국에는 개혁개방 이후에도 외국인이 들어갈 수 없는 '미개방 지구'가 남아 있다. 이시다 팀이 조사를 개시한 1996년의 단계에도 외국인이 농촌으로 자유롭게 들어가 활동할 수 있었던 것은 아니었다. 같은 해 필자도 기요카와 고지清川紘二가 이끄는 만몽개척단 조사팀의 일원으로 중국 동북부의 옛 만몽개척단 입식지 옛터가 있는 농촌을 처음으로 방문했다. 현지 농민으로부터 개척단에 관한 이야기를 청취하면서 중국인 연구자와의 공동 연구도 시도했다. 그러나 '위만주'(일본제국의 괴뢰국이었던 '가짜' '만주국'이라는 의미)에 관한 공동연구는 이러저러한 장애에 부딪쳐 손쉽게는 진전되지 않았다. 이 경험을 통해서도 이시다 팀의 작업에 얼마나 곤란이 뒤따랐을지 쉽게 짐작할 수 있다. 또한 이시다 팀의 활동은 현지 협력자와의 원활한 관계구축을 통해서 가능했다는 사실은 더 말할 필요도 없다.

4 '이야기의 장'이란 구체적으로는 화자와 청자에 의한 구술 청취의 장을 의미한다. '이야기의 장', 대화, 청취는 화자와 마찬가지로 청자의 존재가 중요하며, 여기에 청취가 이루어지는 계속적인 '이야기의 장'의 형성이 중요하다고 생각된다. 이시다 팀이 계속적으로 개설한 '이야기의 장'에 의해 화자가 말을 하고, 나아가 이를 통해서 새로운 화자가 등장하는 순환적인 환경이 만들어졌다.

5 요시미 요시아키로 대표되는, 한국인 일본군 '위안부'에 관한 한일 양국에서의 연구가 또 하나의 훌륭한 도달점이라는 사실은 말할 필요도 없다.

일본사회에서 살아온 청자인 이시다 팀과 이 일로부터 배우는 우리들에게 있어서도, 중국에서 일본군이 가한 성폭력에 관한 역사인식을 새롭게 하는 귀중한 역사 실천이었다.

이시다 팀의 연구는 지금까지의 몇몇 연구에서도 선행연구로서 거론되어 왔다. 그중에서 고하마 마사코小浜正子(2005)는 이 연구를 정면에서 언급한 연구로서, 본고와 거의 유사한 문제의식을 공유하고 있다.[6] 고하마는 구술자료를 사용한 중국현대사 연구의 가능성이라는 관점에서 이시다 팀의 연구를 거론하고, 이 연구가 일본군 성폭력 연구로서만이 아니라, 중국의 지역사회사 연구로서도 빼어나다는 것을 밝혔다. 특히 일본군과 팔로군(중국공산당의 군대)이 격렬하게 충돌했던 이 지역에서 마을의 복잡성과 이를 반영하려는 듯 화자를 아주 잘 조합한 청취 조사에 주목한다. 마을 속에 대일 협력 기관과 항일 세력이 미묘하게 교차하는 이 지역의 복잡성과, 피해의 이야기를 억압하고 있던 몇 겹의 요인을 이시다 팀의 청취조사가 잘 풀어 나간 점이나, 일본군에 협력한 변절자로서 '한간漢奸'이라는 낙인이 찍힌 노인의 이야기를 통해 통상적 방법으로는 해명되지 않는 마을의 관계성과 일본군 성폭력 사이의 관련성을 밝힌 점을 높이 평가하고 있다.

이 글은 고하마의 논문에서 시사를 얻으면서도 여기에서 충분하게 논의되지 못한 이시다 팀의 청취 실천에 주목한다. 그중에서도 침묵으로부터 이야기가 시작되는 과정과 각각의 이야기로부터 '해방의 모델 스토리'가 구축되는 과정에 착목하여 그 청취 실천을 검토하려 한다.

이야기를 규정하는 담론 공간

우선 본고의 문제설정에 보조선을 긋자. 무릇 화자는 자신의 과거의 체험을 상기하고 체험한 사건의 '날것 그대로의 기억'(이시다의 독자적인 용어. 원체험에 관한 당시의 '그때 그곳'에서의 기억이라는 의미)을 소박하게 이야기하는 것이 아니다. 이 점은 사회학뿐만 아니라 역사학에 있어서도 주지의 사실이다(나카무라, 2003).

과거의 체험을 이야기할 경우 과거의 '그때 그곳'에서의 체험은 청취 이전에 이미 당사자에 의해 반복되고 반복되어 집단이나 커뮤니티의 규범이나 가치관에 의해 의미가 부여되고 경험화된다.[7] 그리고 그야말로 이야기되는 '지금 여기'를 규정하는 담론 공간에 의해 큰 영향을 받는다(사쿠라이, 2002). 성피해를 이야기하는 경우, 청자가 누구인지, 청자와의 관련성은 어떠하며 주제에 대한 청자의 '준비'가 어느 정도인지라는 대면적인 '이야기의 장'이 이야기를 규정한다. 그러나 그 이상으로 화자가 속하는 마을이나 친족과 같은 특정한 집단이나 지역 커뮤니티 내에서 성피해의 과거가 어떻게 억압되고 혹은 이야기되어 왔는지, 나아가서는 널리 사회 전반에서 그것이 어떻게 이야기되어 왔는지가 한 사람 한 사람의 이야기를 규정한다. 사쿠라이 아쓰시桜井

6 또한 최근 역사학에서 요시다 요네코 등의 연구를 언급한 것으로는 히토미 사치코人見佐知子의 「'전쟁의 아이들'로부터 구술사를 생각한다」라는 보고가 있다(2017년 9월 3일 일본구술사학회 제15회 대회의 테마 세션 '다시 '전쟁의 아이들'을 생각하다').

7 여기에서는 '경험'과 '체험'을 구별하여 사용한다. 체험은 '그때 그곳'에서의 이른바 '날것 그대로의' 사건이다. 경험은 그 뒤 자신이나 지역사회·준거집단의 가치관/모델 스토리, 사회의 가치관/마스터 내러티브에 의해 그 체험이 해석되고 의미가 부여된 것을 말한다.

厚는 전자의 화자나 그가 속한 친족이나 마을에서 전형적인 이야기를 '모델 스토리'라고 하고 그 중요성을 강조하고, 이에 비해 후자의 사회 전체에서 이야기되는 지배적 담론을 '마스터 내러티브' 혹은 '도미넌트 스토리'라 했다. 그리고 개인의 이야기는 이들과의 대항관계 혹은 공진共振 관계에 있다는 것, 모델 스토리의 내용이나 구조와 더불어 이야기의 상호 관계성에 착목하는 일의 중요성을 밝히고 있다(사쿠라이, 2002: 36). 특히 전시 성폭력과 같은 트라우마화한 체험에 관한 경우는 이야기할 수 없는 기억, 즉 '침묵'의 중요성, 그 사회적 의미를 반복하여 지적해 왔다(같은 책; 최근의 것으로는 요모타四方田, 2017).

이처럼 전시 성폭력 피해의 이야기를 둘러싸고는 침묵, 개인의 이야기, 집단/커뮤니티의 이야기, 사회의 이야기라는 네 개의 위상이 상정되고 이들은 상호 규정적인 관계에 있다고 할 수 있다.[8] 이 네 개의 위상을 감안하고 말을 하면, 본 장은 '침묵에서 개인의 이야기로', '개인의 이야기에서 새로운 집단/커뮤니티의 이야기('해방의 모델 스토리')로'라고 하는 두 개의 위상의 추이과정을 밝히려는 것이다.

이야기의 다양성과 동형성—왜 모델 스토리 구축을 주제화하는가

어떠한 유사한 체험/경험을 한 집단이나 어느 지역 커뮤니티에 사는 사람들을 대상으로 하는 구술청취를 해 본 경험이 있는 사람이라면, 누구나 그 사람들의 이야기 속에서 어떤 종류의 정형화되고 공통된 이야기와 만나게 될 것이다. 예를 들어 필자의 경우, 1989년 이후에 중국에서 일본으로 귀국한 소위 중국잔류일본부인(이하 '잔류 부인'[9]이라 부름) 혹은 일시 귀국 중의 잔류 부인에 대한 구술청취를 계속해 왔다.

그곳에서 이야기되는 중국에서의 잔류 경험은 실로 다양했지만 잔류의 경위나 지역사회에서의 배제에 관해서는 어떤 종류의 정형화된 이야기와 만나게 되었다.

구술청취를 처음 시작할 때 필자는 잔류 부인의 다양한 이야기에 놀랐다. 이는 잔류의 경위 이외에 잔류생활을 보낸 장소(농촌인가 도시인가), 부부 관계나 가정생활의 상황, 지역사회에의 대응(포섭인가 배제인가), 문화대혁명 등 정치운동에서의 박해의 상황, 일본의 친족과의 연관성이나 중국 가족의 일본으로의 '귀국' 의지 등등 잔류 체험이나 일본으로의 귀국 경위에 관한 다양한 요소가 있어서, 이에 따라 한 사람 한 사람의 이야기가 실로 다양했기 때문이었다(아라라기 신조, 1994).

그러나 다양한 이야기의 한편에 중국에 잔류하게 된 경위나 지역

8 요모타(2017)는 일본군 '위안부' 문제를 둘러싼 담론 공간으로서, "침묵, 개인의 이야기, 집단/커뮤니티의 모델 스토리, 사회의 마스터 내러티브"에 더해 국가의 외교정책을 덧붙이고 있다. 사회의 마스터 내러티브와 국가의 정책(내러티브)은 서로 겹치는 경우도 있고 괴리되는 경우도 있다. 예를 들어 요모타가 지적하듯, 2015년의 한일 정부의 합의에 의해 한국사회의 마스터 내러티브와 국가의 정책이 어긋나게 됨으로써 한국 사회에서 극심한 반대가 일어났던 것을 상기할 필요가 있다. 또한 나중에 서술하게 될 잔류 부인이나 잔류 고아에 관한 담론의 경우, 당초에는 사회의 마스터 내러티브와 국가의 정책이 겹쳐져 있었지만, 2003년 이후의 집단소송에 의해 어긋나게 되었고, 2007년의 화해를 통해 정부는 정책을 전환했다.

9 제2차 세계대전 패전으로 '외지'에 거류하고 있던 일본인은 대부분 내지로 인양했다. 그렇지만 구만주에 거류하고 있던 일본인 여성과 아이 약 15만 5천 명 이상이 현지에 잔류했다. 일본국 정부는 종전 당시 13세 이상의 여성을 잔류 부인, 그 미만의 아이를 잔류 고아라 부른다. 잔류 부인은 '잔류 여성'이라고 올바르게 불러야 한다는 비판이 페미니즘으로부터 나오고 있지만, 공식적인 호칭이기도 하고, 동시에 일반화하고 있으므로 여기에서는 그대로 사용한다.

사회로부터의 배제에 관한 단계가 되면, 잔류는 결코 자신이 희망하여 선택한 것이 아니라 상황에 의해 '강요당한' 것이라는 것,[10] 중국에서는 '일본귀자日本鬼子'[11]로서 사회로부터 배제/소외되었다는 것, 항상 일본을 그리워하는 마음으로 가득차서 귀국을 바라지 않은 적이 없었다, 라고 하는 잔류 부인들 사이에서 정형화된 이야기(모델 스토리)를 자주 접하곤 했다.[12]

앞에서 언급한 사쿠라이의 논의를 참고한다면, 잔류 부인의 잔류 경위나 지역사회에서의 배제에 대한 공통된 이야기는, 단순히 공통되어 있는 것이 아니었다. 그것은 잔류 고아는 전쟁희생자이므로 귀국할 때나 귀국 후에 적응할 때 국가가 구제하고 지원할 필요가 있지만, 잔류 부인은 '주체적인 선택'에 의한 국제결혼이므로 국가가 구제할 의무가 없다는, 국가에 의한 마스터 내러티브에 대한 카운터 내러티브(대항적 이야기)로서 구축되고[13], 이야기되어 온 것이었다(아라라기 신조, 2007).

억압으로부터 해방의 모델 스토리로

이러한 모델 스토리론을 일본군 '위안부' 문제, 일본군 성폭력 연구에 끌고 들어와 보면, 우선 우에노 지즈코의 '모델 피해자'론이 주목된다. 이 책 서장 우에노의 논문에서 이야기하고 있듯 우에노는 일본군 '위안부' 문제를 둘러싼 담론 공간에서 '모델 피해자'가, 위안부였다는 것은 수치라는 종래의 마스터 내러티브에 대해서 페미니즘에 의해 카운터 내러티브로서 구축되었고, 나아가 여기에 민족적 내셔널리즘과 창부차별이 결합되어 있다는 것을 아주 잘 포착하고 있다(우에노,

1998: 176).

그러나 우에노를 필두로, 이 같은 '모델 피해자' 상이 일본군 '위안부' 문제/일본군 성폭력에 관한 담론 공간에서 구체적으로 어떻게 구축되어 갔는지를 해명한 것은 거의 없다. 필자가 아는 한에 있어, 그 과제를 정면으로 마주한 것은 야마시타 영애이다.[14]

중국 산시성에서 있었던 일본군 성폭력에 관해 말하자면, 그야말로 이시다 팀의 청취라고 하는 역사 실천이야말로 화자인 여성들과

10 일본 정부는 잔류 부인은 중국인과 국제결혼을 하겠다는 주체적인 선택에 의해 남게 되었으므로, 주체적인 판단이 불가능했던 잔류 고아와 다르다고 해석했다. 그러나 그 결혼은 패전 후의 혼란 가운데 살아남기 위해서 '강요당한' 선택이고 이는 주체적 선택과는 다르다는 점에서 잔류 부인의 내러티브는 정부의 내러티브와 대립하여 재판으로 이어졌다(아라라기 신조, 2009).

11 '일본귀자'란 침략자인 일본인을 '귀鬼'로 표현하여 전후 중국사회에서 일본인을 차별적으로 부를 때 사용되었다. 잔류 일본인에 대한 멸칭의 상투어로서, 잔류 고아는 '소일본귀자'라며 욕을 먹었다(아라라기 신조, 2009).

12 잔류 부인이 말하는 중국 잔류의 모델 스토리를 잔류 고아도 공유하고 있다. 어떠한 경위로 공유하게 되었느냐는 질문에 대해 필자는 이하의 가설을 생각하고 있다. 즉 1972년의 국교정상화 이후 잔류 고아는 잔류 부인이나 일본의 지원자에게 도움을 받으면서 육친과 연락을 주고받았다. 그 과정에서 잔류 고아들은 잔류 부인들로부터 잔류의 역사적 경위나 배경에 대해 듣고, 잔류 부인들의 역사인식이나 전형적인 이야기(모델 스토리)를 배웠으며, 나아가 방일의 과정에서 잔류 고아에 관해 일본 정부가 말하는 마스터 내러티브를 학습했다. 잔류 고아들은 잔류 부인의 모델 스토리와 일본 정부가 말하는 마스터 내러티브를 주로 수용하거나 모순되는 상태 그대로 자신의 이야기로 삼았다.

13 잔류 부인의 이야기는 일본 사회의 마스터 내러티브나 다른 잔류 부인의 모델 스토리를 의식한 이야기인 동시에 중국사회나 중국의 지역사회에서의 마스터 내러티브를 의식한 것이기도 하다는 사실은 말할 나위도 없다(아라라기 신조, 2007).

14 2016년 9월 4일의 일본구술사학회 심포지엄 '일본군 '위안부' 문제와 구술사연구 의/에의 도전'에서 발표된 야마시타 영애의 「한국의 '위안부' 청취 작업의 역사—'증언집'을 중심으로」라는 보고이다. 이 글은 이 책 제1장에 실린 야마시타의 논문의 초고가 되었다.

지역사회와 더불어, 이 건에 대해 모델 스토리를 구축해 나간 것이라고 말할 수 있다.[15] 결론을 미리 말하자면, 본 사례에서 여성들에게 침묵을 강요하고 있었던 것은 직접적으로는 가족과 친족, 지역 사회의 역사관, 그리고 그 기저에 있는 가부장제였다. 동시에 대일협력 세력과 항일세력이 교차하고, 피해와 가해가 복잡하게 얽혀 있는 마을의 상황도 역시 피해의 이야기를 억압하고 있었다. 마을의 남자들에게 공유된, 성피해를 당한 것은 피해자의 수치일 뿐만 아니라 집안의 수치이고, 마을의 수치이기도 하다는, '기억의 공동체'(이시다의 개념. 이것은 마을의 모델 스토리라고 말할 수 있다)가 동시에 마을의 도미넌트 스토리로서 반세기에 걸쳐 여성들에게 침묵을 강요해 왔다. 그러나 이시다 팀의 작업을 통해 피해 여성들은 침묵을 깨고 이야기를 꺼냈을 뿐만 아니라, 나쁜 것은 가해자인 일본군이지 자신들이 아니라며, 자신들은 아무것도 부끄러울 게 없다고 하는 해방의 모델 스토리를 자신의 손으로 획득하고 나아가서는 일본군과 일본국가의 잘못을 일본 법정에 제소하기에 이른 것이다.

2. 전시 성폭력/일본군 '위안부' 문제와 증언[16]

증언의 두 가지 힘

오키나와에서의 '집단자결'(쟈하나, 2008)과 더불어 전시 성폭력/일본군 '위안부' 문제만큼 '당사자의 증언'이 주목을 받은 경우는 없다.

예를 들어 요시미 요시아키도 나카무라 마사노리도 일본군 '위안부'였던 김학순의 기자회견(1991년 8월 14일)에서의 증언(커밍아웃)을 직접 눈으로 확인하고, 큰 충격을 받았다고 한다(나카무라, 2003; 요시미, 1995). 특히 요시미는 그 이후의 연구자 인생을 이 문제에 몰두하여 이 영역을 깊이 개척해 나갔다. 야스마루 요시오安丸良夫의 표현을 빌면 김학순의 기자회견에서의 언어, 표정, 태도를 포함한 증언의 모습이 요시미의 마음을 움직이게 하여, 요시미로 하여금 종군위안부 연구를 본격적으로 시작하게 한 것이다(야스마루・나리타 외, 1998: 209).

이러한 사실로부터 읽어내어야 할 것은 김학순이 실명으로 증언을 했다는 사실이 주는 충격뿐만 아니라, 이를 받아들이는(이야기를 듣는) 한일 양쪽의 페미니즘이나 시민운동의 존재감과 그 무게이다. '위안

15 '해방의 모델 스토리'를 테마로 한다면, 그것이 중국사회에서 전시 성폭력 피해에 억압적인 마스터 내러티브에 충격을 가해 그것을 변화시킨 과정이나 양자의 상호규정적인 관계의 과정을 논하는 일은 빠져서는 안 될 작업일 것이다. 그러나 지면의 제약으로 본고에서는 여기까지 파고들기는 어렵다. 이 점에 관해서는 송샤오펑(2016) 및 본서 제11장 사토의 논문을 참조하기 바란다.

16 이 책이 대상으로 하는 전시 성폭력/일본군 '위안부' 문제에 있어서는 '증언'이 키워드가 되어 널리 사용되어 왔다. 이 문제가 일본 정부의 책임을 명백히 한다는 큰 목적하에서 전개되어 왔다는 경위를 고려할 때 이는 피하기 힘든 일일 것이다. 그러나 법정에서나, 혹은 사회문제의 해명 등 책임의 추궁이라는 문맥에서 사용되는 '증언'이라고 하는 본래적인 의미뿐만 아니라, 청취의 장에 있어서도 화자의 인생 전반에 걸치는 이야기(구술사)라는 보다 광의의 경우에도 '증언'이라는 말이 사용되고 있다. 여기에서는 사카모토 지즈코를 따라 그 구별을 명확히 하여, '증언'을 법정에서 사용되는 협의의 경우 등으로 한정하고, 인생을 이야기한다는 광의의 경우에는 '이야기'나 라이프 스토리/라이프 히스토리(이를 통틀어 구술자료 및 구술의 역사(= oral history)라 칭한다. 이는 '증언'은 사실(fact)이나 진실(truth)을 증명하기 위한 문맥에서 사용되고 있어서, 본고와 같이 피해자들의 이야기하는 현실(reality)을 중시하는 경우에는 사용하지 않는 편이 적절하다고 생각하기 때문이다(사카모토, 2005).

부'의 이야기는 그 이야기를 듣는 '청자'나 '이야기의 장'의 형성이 중요한데, 그 이야기를 공유하는 사람들 없이는 성립할 수 없었기 때문이다.

이처럼 '위안부'의 증언에는 우리들을 움직이게 하여 역사인식을 새롭게 하고, 나아가서는 '위안부'를 둘러싼 패러다임을 전환하게 하는 충격적인 힘이 있었다. 그 이후 증언과 그 청취는 '위안부'를 둘러싼 연구/사회운동의 중요한 방법·자료가 되었다(같은 책, 210).

증언의 진실성

그런데 증언을 중시하게 되었다고는 해도, 요시미는 증언이나 구술자료를 진상규명의 자료로 사용하기 위해서는 그 진실성이 문서자료에 의해 담보되는 것이 필요하다고 한다. 예를 들어 중일전쟁기에 조선의 보통학교 생도였던 소녀가 경찰에 연행되어 일본 내지에서 '위안부'가 되었다는 증언은 사실에 반한다고 한다. 또한 '위안부'로서 실명으로 증언한 문옥주의 경우, 강제적으로 연행되었다고 말했다가, "나는 이미 버린 몸이라고 생각해서, 이왕 이렇게 된 바에야 돈이라도 많이 벌자고 생각해서 곧 받아들였다"고 말하는 등 그 증언에 일관성이 없다는 것을 지적하고 있다(요시미, 1998: 133).

일본군 '위안부' 문제와 관련하여, 당사자와 이들의 지원자는 일본의 국가 책임이나 범죄의 실태를 명확히 하는 것을 목적으로 하고 있다. 여기에서는 증언이나 구술자료가 가장 유력한 증거가 되므로, 실태는 어떠하였던가 하는 진실성의 재구성(검증)은 피할 수 없다고 한다(같은 책: 134). 요시미는 위안소의 실태 등의 미시적인 면에 대해서는 증언을 중시하고, '위안부' 제도의 창설 · 운영 · 지휘계통 등 제도적 측면이나, 군의 정책이나 전쟁 전체의 상황과 같은 거시적인 면에 대해서는 피해 여성들이 알 리도 없으므로 문서자료로 보완한다는, 증언과 문서자료의 보완관계를 제시하고 있다(같은 책: 134).

증언/구술자료와 전시 성폭력/일본군 '위안부' 연구

1970년 무렵부터 세계적으로 구술사의 복권이 나타났다. 그러나 일본의 역사학계는 여전히 방법으로서의 구술사에 대한 의문이나 주저가 뿌리 깊었다. 이는 문헌자료를 주요 자료로 하는 주류 역사학에서는 청취조사에 의한 구술 자료는 그 객관성, 자료로서의 신뢰성, 화자의 대표성, 이야기의 재현가능성 같은 문제가 남는다고 하는 기본적인 의문이 불식되지 않았기 때문이다.

역사학에서 구술사에 대한 적극적인 관점과 소극적인 관점이 혼재하는 상황은, 요시미 등의 연구나 사회운동의 실천을 규정하는 것이 되었다. 동시에 일본군 '위안부' 문제에서의 논의가 역사학의 구술사론에 영향을 끼쳐 왔다는 측면도 있다(사쿠라이, 2012).

'구축되는 증언'과 어떻게 대면할 것인가

요시미 등은 한국이나 일본에서 복수의 일본군 '위안부'로부터 직접 이야기를 듣고 문헌자료를 보완적으로 사용하는 한편 그것들을 논문으로 발표했다. 그 과정에서 청자의 속성이 달라짐에 따라 들려주는 이야기의 내용이 달라질 가능성이 있다는 것을 요시미는 알고 있었기에(요시미, 1998: 129), 증언에서는 그 진실성뿐만 아니라 증언에 포함되어 있는 잘못된 기억이나 기대를 포함한 이야기, 거짓말이 "왜 이야기되었나 하는 사회적 의미"도 중요하다는 것을 이해하고 있었던 것으로 생각된다(같은 책: 135-136).

청자가 달라지면 들려주는 이야기가 달라진다는 것은 화자와 청자의 '대화'에 의해 청취가 '구축된다는' 것을 드러내고 있다. 또한 잘못된 기억의 중요성은 알레산드로 포르텔리(Alessandro Portelli)에 의해 유명한, 이야기 속에서 구축되는 '잘못된' 기억의 사회적 의미와 관련해서 생각하면 이해가 가능하다. 포르텔리는 그의 유명한 논문「루이지 트라스툴리의 죽음」(Portelli, 1991=2016, 원 논문은 1981년)에서 1949년 3월에 중앙 이탈리아의 테르니라고 하는 공업도시에서 일어난 경찰과 노동자들의 충돌에서 사망한 루이지라는 청년의 죽음이 1953년의 충돌에서 일어났다는 이야기가 전해지고 있는 사례를 재제로 하여, 문화와 기억의 '긴 지속' 가운데 그 기억이 어떻게 만들어지고 새롭게 씌어지고 해석되어 왔는지를 빼어나게 논의하고 있다(같은 책: 296). 요시미는 이 같은 기억의 구축성에 대한 논의가 구미에서 일어나고 있는 것이나, 구술사를 둘러싼 구축주의적 시점에 대해서도 기본적인 지식을 어느 정도 가지고 있었던 것으로 짐작된다.

그럼에도 불구하고, 요시미의 증언/구술사에 관한 이해는 종래의 실증주의적인 관점을 벗어나지는 못했다. 이는 일본군 '위안부' 문제에 관한 연구/사회운동이 일본 정부의 책임을 밝힌다는 큰 목적하에서 전개되었다는 상황이나, 그 과정에서 일본군 '위안부' 문제를 부정하는 역사수정주의 진영으로부터 증언의 애매함이나 부정확함에 대해 '실증주의라는 외피'를 쓴 가차 없는 공격이 이루어지고 있었기 때문일 것이다.

그렇다면, 이 같은 상황 가운데에서 일본군에 의한 전시 성폭력의 청취는 어떻게 연구되고, 무엇을 목표로 하여 청취가 진행되고 있었는가를, 이시다 팀의 청취 실천을 통해 상세히 살펴보자.

3. 전시 성폭력 피해를 듣는다는 것—이시다 요네코 등의 청취 실천

일본군 성폭력 피해자인 중국인과의 만남

이시다 요네코 역시 김학순의 커밍아웃에 충격을 받았다고 한다.[17] 그것은 이시다가 중국에서 청취 실천을 하는 토대가 되었고, 1996년 8월 오카야마시岡山市에서 개최된, 일본군 성폭력 피해자인 완아이화의 증언 집회에 참가하여 그 모습을 직접 접하게 됨으로써, 이시다는 중국 조사로 발길을 내딛게 되었다. 완아이화의 고독한 모습에 "그녀가 지금 그 마을에서 어떠한 일상생활을 보내고 있는지, 당시의 마을의 상황이나 전후의 마을 상황을 알고 싶다"고 부탁하여, 일본군 성폭력 피해의 청취 조사 팀에 참가하여 현지를 방문하게 된 것이다. 산시성 위현이라는 일본군의 거점이었던 농촌을 방문하게 됨으로써, 중일전쟁의 최전선의 전장의 모습이 구체적으로 보이기 시작했다고 한다(이시다, 2002: 20).

17 2017년 4월 16일 필자가 이시다 요네코와 인터뷰한 내용에 의함.

피해 여성/따냥들[18]은 그 이전에는 누구한테도 자신의 이야기를 한 적이 없고, 이시다 팀이 방문하게 된 것을 계기로 50년간의 침묵을 깨고 자신의 피해 경험을 이야기하기 시작했다. 당초에는 구체적인 피해의 이야기가 되면 따냥들은 울고, 기분이 나빠져, 토하거나 실신하거나 떨리는 것을 참을 수 없게 되었다(같은 책: 21). 이시다 팀은 따냥들의 손을 잡거나 단지 끌어안거나 함으로써, 이해하고 있다는 마음을 전하고 기다렸다. 그 과정에서 서로 무엇을 생각하고 있는지가 전달됨으로써 청취조사가 시작되었다고 한다.

이 조사의 과정에서 현지 관계자로부터 "오는 게 너무 늦어, 할 작정이면 제대로 하라"라는 말을 듣고, "이 청취를 확실히 기록으로 남기고 제대로 된 연구를 함으로써, 이야기되는 피해의 실태를 많은 일본인에게 전해야만 한다"고 결심했다고 한다(같은 책, 17-22).

중국에서의 일본군 성폭력 피해자에 대한 청취조사로

이시다는 중국 근현대사 연구자로서, 20세기 초의 혁명단체였던 광복회와 농민의 관련성을 연구 테마로 하여 문서 자료를 바탕으로 연구하는 오서독스한 역사학자였다. 이 때문에 중국에서의 일본군 성폭력에 관한 연구를 함에 있어 우선 문서 자료를 조사했다. 그러나 거기에는 거의 아무것도 쓰여 있지 않았고, 쓰인 게 있다고 하더라도 몇 줄 정도여서 실제의 내용은 거의 없었다. 예를 들어 어느 따냥은 매일같이 윤간을 당했는데, 이 일은 어느 문서에도 씌어있지 않았다. 그녀가 말하지 않는다면 밝혀지지 않았을 것이고, 문서자료로부터는 도달할 수 없는 것이었다. 그 때문에 중국에서의 일본군 성폭력에 관한 연구를 할 때는 '현장에서 피해자로부터 이야기를 들을 수밖에 없다'고 각오했다고 한다(같은 책: 26).

이시다 팀의 청취 실천의 방법

이시다 팀에게 있어서 청취 경험은 처음이었다. 게다가 앞에서도 말했듯 일본군 성폭력 피해라고 하는 트라우마적인 경험에 관한 청취는 그렇게 간단히 이루어질 수 있는 것이 아니었다. 이러한 곤란은 시간을 들여 극복해 나갈 수 있지만, 청취 자체는 거의 무방침으로 시작했다고 한다(같은 책, 20).

이시다 팀은 그때까지 중국사 연구에서 흔히 행해지던, 선행연구에 근거한 구조화 혹은 반구조화된 청취를 실행하여, 상당한 정도의 데이터를 축적해 나간다는 종래형의 청취조사의 방법을 취하지 않았다. 그러한 방법이 아니라, "한 사람 한 사람이 어떻게 자신의 피해를 느끼고 있고, 어떻게 이야기하려 하고 있는가"라는 점에 착목하면서 이야기를 듣는다는 방침을 취했다. 하루 네 시간을 한도로 하여, 따냥들의 피해를 듣고, "이를 반복해서 축적하는 것"이 청취 작업의 중심이었다(같은 책: 21).

18 이시다 팀은 피해 여성들을 중국어로 '할머니'라는 의미의 '따냥'이라 부른다. 이는 구술청취나 재판 지원의 과정에서 양쪽의 관계성이, 이야기를 듣는 연구자와 피해 여성이라고 하는 관계를 넘어 서로 신뢰하는 고유명사의 관계로 변하게 되어, 어느새 피해 여성이라고 하는 추상화된 호칭으로는 표현할 수 없게 된 것을 보여주고 있다. 그래서 이 절에서는 이시다 팀의 용례를 따라 피해 여성/따냥이라 표현한다. 한편 이시다 자신은 그녀들을 같은 세대의 연상의 여성에게 사용하는 말인 '따제大姐'라 부른다고 한다. '따냥'도 '따제'도 모두 친밀한 관계에서 사용하는 호칭이다.

이시다 팀의 청취 실천에서는 몇 가지 매우 흥미로운 식견을 얻을 수 있었다. 그중 가장 흥미로운 것이 '대화'로서의 청취인데, 젠더에 따른 이야기의 차이라고 하는 것이었다.

'대화'로서의 청취

이시다는 구술청취를 거듭함에 따라 청취의 중요한 특성을 깨닫게 되었다. 예를 들어 '대화'로서의 청취로 상징되듯, 화자의 이야기가 없으면 청취는 성립하지 않지만, 청자의 의도나 의식을 빼고서도 그것은 성립하지 않는다는 것, 청자 쪽도 화자에게 능동적으로 작용을 하고 있어서 양쪽이 상호작용하는 가운데 청취가 성립한다는 것이 매우 중요한 요소라는 사실을 알게 되었던 것이다. 특히 그것은 청자가 유도하는 것을 통해 듣고 싶은 부분을 이끌어내고 때로는 별도로 정보를 전함으로써, 이시다가 말하는 '날것 그대로의 기억'을 조작하고 합성하는 이른바 '자의적인 청취'와는 전혀 다른 것이라는 것은 말할 필요도 없다.

K. 플러머는 이야기에 의한 스토리가 만들어지기 위해서는 화자뿐만 아니라 청자가 필요하며, 화자와 청자의 상호작용, 공동행위에 의해 스토리가 만들어진다고 한다(Plummer, 1995=1998). 청자는 때로는 동반자이고, 코치이고, 강제자이기도 하지만, 한센병자의 이야기를 청취해 온 아라라기 유키코蘭由希子에 따르면, 한센병자의 경우 스토리를 함께 만드는 청자는 "변호사이자 언론의 취재자이고 지원자이며 연구자·조사자였다"고 한다(아라라기 유키코, 2004/2017: 419). 이시다 팀의 경우 그것은 현장에서 청취를 한 '산시·밝히는 모임'이고, 일

본의 지원자들이기도 했다. 이시다 팀은 청취와 진지하게 대면하는 가운데 구술사의 방법이나 생애사의 방법이 획득해 온 중요한 시점과 기법을 예기치 않게 체득하고 실천하고 있었던 것이다.

이야기되는 체험은 '날것 그대로의 기억'이 아니다

또한 이시다는 이야기되는 것은 원체험으로서의 '날것 그대로의 기억'이 아니라, 따냥들이 속한 마을이라고 하는 공동체의 규범에 의해 규정되고 '해석된 원체험(경험)'이라는 것을 지적한다. 그 때문에 청취되기 전의 피해 여성은 "자신의 성폭력 피해를 부끄럽다고 생각하고, 괴롭다고 생각하고, 자신은 왜 그때 반항할 수 없었을까 하면서 자신을 책망하면서, 누구에게도 말하지 못한다"고 생각하고 있었다고 한다. 이처럼 자신을 책망하면서 괴로워하는 것은 그녀의 의식을 속박하는 공동체의 의식이 그녀에게 새겨져 있었기 때문이라는 것이다(이시다, 2002: 24-25). '그때 그곳'에서의 체험('날것 그대로의 기억')은 공동체의 규범에 의해 해석되고 있고, 그것이 '지금 이곳'에서 이야기된다고 하는, 구술청취의 특질이 지적되고 있는 등, 이시다 팀의 실천에는 당시 구술사론의 최첨단의 식견이 드러난다.

'대화' 속에서 구축되는 '이야기'

게다가 같은 사람이 이야기하는 경우에도 이야기 방식이나 청자가 달라지면 이야기도 달라진다는 것, 여기에 청자의 연령이나 젠더 차이, 외국인인지 아닌지 등도 영향을 준다는 것, 또한 청취가 회를 거듭하게 됨에 따라 화자도 변해 간다는 것을 이시다는 잘 알고 있었다.

피해 여성의 마음 깊은 곳에서 흘러나오는 눈물에 공감하면서 양쪽의 신뢰관계가 깊어지고 화자와 청자가 서로 이야기를 나누는 과정에서 성폭력 피해자가 직면해야 하는 과거가 공유되기 시작한다. 몇 차례의 구술청취 속에 화자 쪽에서도 청자 쪽에서도, 피해 입은 따냥들의 인생에 대한 '이야기를 만드는' 과정이 있다고 이시다는 지적한다(같은 책: 24-25).

즉 구술청취라고 하는 것은 어떤 개별의 관계의 변화라는 프로세스 속에서만 존재하고, 피해 여성/따냥의 인생은 청자와 화자의 긴 대화의 가운데에서 만들어지는 "이야기이다"라고 하는 지적은, 그야말로 사쿠라이 아쓰시가 주장하는 대화적 구축주의에서의 '대화'와 다름없다.

청취 속의 젠더, 가부장제

성폭력 피해에 관한 구술청취가 지닌 특성과는 별도의 문제로, 청취의 과정에서 젠더에 따른 이야기의 차이가 존재한다는 사실을 이시다는 발견했다. 이를테면 "여성의 세계는 좁아서 사리에 맞게 말하지 못한다"는 것이다. 따냥들은 자신의 생일은 음력으로 언제인지 잘 기억하고 있지만, 정작 자신의 나이를 모른다. 그 때문에 피해 당시의 나이를 확정하는 것이 매우 힘들었다. 게다가 따냥들은 "자신과 가족, 기껏해야 이웃 사람들밖에" 모른다고 한다(같은 책: 26-27).

이 때문에 그 더듬거리는 증언을 신빙성이 없다고 제멋대로 생각하는 사람이 있을지 모르지만, "그것은 인간적 상상력의 빈곤이다"라고 이시다는 단언한다. 왜냐하면 성폭력 피해를 당한 따냥들의 기억은 "주변에까지 미칠 여유가 없"고, 그녀들은 문자를 모를 뿐만 아니라 "자신이 살고 있는 세계도 아주 좁고, 마을 전체의 일을 알지 못한다. 그러므로 청취를 해도 자신과 가족, 기껏해야 이웃 사람들밖에" 모르기 때문이다. 게다가 전족을 하고 있어 자유롭게 멀리까지 걸을 수 없으므로, 필연적으로 살아가는 세계가 좁고 이야기하는 세계도 가까운 범위에 머물러 있다. 이시다는 청취하는 가운데 '전족을 하고 있다'는 것의 의미를 겨우 알게 되었다고 한다(같은 책: 27).

'기억의 공동체'와 여성들

한편 마을의 남성들로부터 이야기를 듣게 되면 실로 이야기가 명쾌하고 당시를 아는 모두가 대략 비슷한 것을 이야기한다. 예를 들어 언제부터 일본군이 주둔하고, 어떻게 잔학한 행위를 했는가 물으면, '기억의 공동체'에 의한 '마을의 도미넌트 스토리'를 요령있게 이야기해 준다(같은 책: 27). 마을에서는 전후의 긴 역사 가운데 피해에 대한 마을의 역사 이야기(도미넌트 스토리)가 만들어져 있어 그곳에는 남자들에 의한 '기억의 공동체'가 형성되어 있었다고 한다.

그러나 해당 따냥들은 피해의 당사자임에도 불구하고 이 일본군 성폭력 피해에 대한 '마을의 도미넌트 스토리'로부터 배제되어 있다. 이는 따냥들은 남자들이 구성하는 '기억의 공동체'에 직접적으로는 속해 있지 않고, 가족 속에서 가부장의 아래에서 보호되고 억압되고 있었기 때문이다(같은 책: 27).

따냥들은 마을의 규범과 가부장제에 구속되어, 일본군으로부터 성폭력을 당한 일의 전모에 대한 마을의 역사 이야기도 모르고, 자신을 꾸짖으며 결코 이야기를 해서는 안 되는 것으로 피해의 기억을 마음 속 깊이 숨기고 침묵해온 것이다.

해방으로서의 청취

이시다 팀이 이 청취 실천 속에서 목표로 한 것은 피해를 당한 화자와 가해국 쪽에 속한 청자의 '대화' 속에서 그 경험의 의미가 피해 여성/따냥들에 의해 이해/요해되고, 나아가서는 그 과정을 통해서 그녀들이 전시 성폭력 피해자라는 트라우마로부터 해방되는 것이었다. 그렇다면 과거의 꺼림칙한 기억에 대한 새로운 의미부여는 어떻게 획득될 수 있었던가.

이시다는 전시 성폭력 피해와 같은 트라우마적 경험에 관한 "청취는 당사자의 심신 속 지울 수 없는 체험에 대한 자신의 인식이나 감정을 해방하는 과정이 될지 여부에 좌우된다"고 한다. 즉 "자신의 체험을 부끄럽다고 생각하는 것은, 해방되지 않고 억압되어 있는 상태에서의 기억의 모습"이고, 그 억압되어 있는 기억을 어떻게 해서 해방해 나갈 것인가가 중요하다고 한다. 이를 위해서는 "반복해서 피해에 대해 이야기하고, 다른 사람의 피해 상황이나 마을에서 일어난 일도 알게 됨으로써, (따냥들이) 잊어버리고 있었던 것을 기억해 내거나 마을의 일을 알"게 되는 것이 중요하다고 한다. 또한 따냥들이 일본에 와서 일본어를 알지는 못할지라도, 일본에서의 집회의 기록이나 보도 등의 비디오를 봄으로써, 자신의 신변에 어떤 일이 일어났는가를, 마을 전체나 중일전쟁에서의 중국의 피해라고 하는 큰 문맥 속에 놓고 보는 것이 가능해지게 되었다는 것도 컸다고 한다(같은 책: 26-27).

이와 같은 중국 마을에서의 지속적인 청취조사나 일본에서 개최된 집회에서의 경험을 바탕으로 "자신의 신변에 일어난 일이 무엇이었던가 하는 사실을, 그녀의 피해를 받아들이면서 함께 분노하고 함께 울던 사람들이 있다는 사실을 아는 가운데 인식해 나간다." 그리고 피해는 따냥들만의 개인적인 문제가 아니라는 것을 모두 함께 인정하고, 잊고 싶은 "과거가 이야기"되는 것에 의해 그 과거와 직면하는 것이 가능하게 되어, 조금씩 치유되어 간다(같은 책, 26-27).

신뢰 가능한 청자에 의한 지속적인 청취의 실천뿐만 아니라 일본에서의 운동이나 재판투쟁까지 포함한 활동 가운데에서 피해 여성/따냥들은 트라우마적 경험으로부터 해방되기 시작한다. 이는 그야말로 피해 여성, 청자, 그리고 지원자에 의한, 피해 여성을 해방하기 위한 '새로운 이야기(모델 스토리)의 구축'이고 그 획득이었다고 할 것이다.

따냥들에 의한 '해방의 모델 스토리' 구축

앞에서 말한 것처럼 이시다 팀에 있어서 피해 당사자의 기억과 마을의 남성들의 기억의 존재방식의 차이를 발견한 것은 큰 의미가 있었다(이시다, 2004: 19). 남자들의 기억은 '마을의 기억'이라는 남자들의 도미넌트 스토리였지만, 그것은 피해 당사자인 따냥들의 기억과는 크게 달랐다. 그 자체가 마을의 사회구조를 이야기하는 것인데, 일본군에 의한 성폭력 피해에 대한 인식은 세 개의 시대적 구분과 각각에 있어서 피해 여성과 지역사회와의 관계의 모습에 의해 규정되고 있다고 할 것이다. 우선 (a) 1940년대의 일본군 점령통치 시대에 있어 피해 여성에 대해 미묘하게 대립하는 인식 (b) 1950년대 이후의 신중국 성립 이후의 지역사회에서 피해 여성에 대한 인식, 그리고 (c) 1990년대 이후의 따냥들에 의한 이야기의 구축 후의 피해자의/에 대한 인식이다.

1990년대 이후에 따냥들에 의해 획득된 이야기('해방의 모델 스토리')의 최대의 포인트는, 따냥들이 자신의 피해와 대면하면서 큰 역사적 문맥 가운데 자신의 피해를 이해하고, 자신은 잘못하지 않았다고 하는 자신감을 회복함으로써, 자신의 피해를 구체적인 이야기로서 말할 수 있게 되었다는 점이다. 나아가 그것은 재판을 통해 자신을 괴롭힌 일본의 책임자로 하여금 사죄하게 하고, 평생의 손해를 조금이라도 보상하게 하며, 명예를 회복하여 마을 속에서 가슴을 활짝 펴고 살고 싶다는 해방의 이야기였다(같은 책: 22).

그때까지는, 피해자이면서도 1950년대 이후 마을의 남자들에 의한 도미넌트 스토리에 규정되어 성폭력 피해는 "마을의 수치", "집안의 수치"(체면이 서지 않는다)라는 이유로 피해의 기억은 억압되고 있었다. 피해 여성들은 자신의 피해를 부끄럽게 여기고, 자신을 나무랐으며, 피해를 이야기하지 못했다. 마을의 '기억의 공동체'에 의한 도미넌트 스토리는 억압적인 효과를 지녔다. 일본군 병사로부터 성폭력 피해를 당해 혼담이 파탄이 나게 되는 등 "집안의 수치"가 되었다. 또한 점령 지역에서는 대일협력을 위해, 일본군의 요구에 굴복하여 "여성을 제공"[19]한 경우도 있었다. 그 담당자가 될 수밖에 없었던 사람은 그 책임을 지거나 '한간'으로 처벌되곤 했다. 또한 여기에 친족 관계도 복잡하게 얽혀 일본군 성폭력을 둘러싼 가해와 피해의 고발은 어려웠고, 게다가 "마을의 수치"가 되기도 했던 것이다.

그중에서도 일본군 고참 병사에게 장기간 구속되어 계속적으로 성 피해에 노출되어 아이까지 낳게 되는 성폭력을 당했음에도 불구하고, 일본군과 내통했다는 여성이라는 이유로 1950년대의 삼반오반三反五反 운동[20] 가운데 '역사적 반혁명'의 죄에 부쳐져 투옥된 난런푸南二僕의 사례는, 일본군 점령 지구에 있어서 성폭력 피해의 복잡성을 상징하고 있다. 그 뒤에 삼반오반 운동에서 추궁된 죄는 그녀 자신의 책임이 아니라고 해서 표면적으로는 명예가 회복되었지만, 그녀에 대한 비판적인 시선은 지역에서 사라지지 않고, 문화대혁명기에 다시 '역사적 반혁명'이라는 스티그마가 덧칠해짐으로써, 가족에게 폐를 끼치지 않기 위해 그녀는 자살을 선택했다(이시다 · 우치다 편, 2004: 53-54). 게다가 그녀는 일본군 점령기인 1943년에 일본군과 내통한 여자라 하여 그 가족이 학살되는 피해도 당했다. 그녀는 일본군에 의한 성 피해를 당했을 뿐만 아니라, 대일협력자로 간주되어 항일세력에 의해 가족이 피살되는 피해를 당하고, 또한 전후의 지역사회에서도 대일협력자라는 스티그마 아래에서 살 수밖에 없었다는 이중 삼중의 피해를 입은 것이다.

19 '여성의 제공'은 '여성의 공출'로 표현된다. 예를 들어 '톈진天津에서의 일본군 '위안부' 공출 시스템'이라는 식으로 사용되었다. 공출이라 할 때 전시하에 시작되었던 미곡공출제도가 유명한데, 이는 수확한 미곡을 강제로 정부에 제공하는 시스템이었다. 이러한 경우로부터 일본군 점령지역이나 만주에서 인양할 때 강제로 여성을 '제공'한 행위를 가리켜 '공출'이라 한다.

20 삼반오반 운동이란 1951년부터 1953년까지 걸쳐 중국공산당에 의해 전개되었던 정치운동을 말한다. 삼반은 국영기업에 대한 것이고 오반은 사기업에 대한 운동인데, 그 경영자뿐만 아니라 이전에 지주, 옛 국민당원, 외국인 등이 비판의 대상이 되는 경우도 있었다고 한다. 그 뒤의 정치운동에서도 잔류 부인이나 그 가족이 비판의 대상이 되는 경우도 있어, 이것들이 초기 귀국에 대한 동기가 되었다고 말하는 잔류 부인(잔류 고아도)이 많다.

이처럼 복잡한 사회구조나 사회관계나 역사적 상황 가운데, 피해 여성들의 피해의 기록은 억압되어 온 것이다. 이로부터의 해방은 트라우마로부터 해방됨으로써 말하는 것이 가능하게 되었다는 것만을 의미하지 않는다. 마을 사람들이나 피해 여성들을 속박하고 있던 역사적인 부담의 연쇄가 풀리게 되고, 피해 여성들이 자신들을 억압하고 있는 것을 이해하고 그곳에서 해방되어 가는 과정이다. 그야말로 피해국의 화자와 가해국의 청자가 대화를 거듭하면서 손을 잡고 함께 역사를 '재심'하고 이야기를 고쳐나가는 역사 실천 그 자체이다.

4. 이시다 팀의 청취 실천의 현재적 의의

청취와 사회운동의 관계성

지금까지 반복해서 말한 것처럼 '대화'를 통한 청취가 이시다 팀의 기본자세였다. 그리고 그것은 성폭력 피해자/따냥들에 대한 인간적 공감에 기초한 것이다(이시다, 2004: 31). 당초 이시다 팀의 청취의 목적은 중국에서의 일본군의 성폭력의 실태를 밝히는 것이었지만, 피해 여성들에 다가서서, 이야기하는 것의 의의를 이해하고, 이야기하고/듣고 한 결과로서 피해 여성들은 트라우마로부터 해방되기 시작했다.[21]

그러나 여기에서 주목해야 할 것은, 연구가 운동이나 재판에 종속되어서는 안 된다고 이시다 팀이 주장하고 있다는 것이다. 물론, 이시다 팀은 산시성의 피해 여성/따냥들의 재판 투쟁을 지원하고 있지만, "재판을 전제로 그 원고를 찾기 위한 청취 조사를 시작한 것은 아니었다"고 이시다는 말한다(같은 책: 21). 재판을 지원하면서도 재판에 부치는 것을 이시다 팀이 권유한 것은 아니었다. 물론 화자와 청자의 상호의 관계성이 재판이라고 하는 구체적인 조건 가운데 성립한 것, 혹은 성립하고 있다는 것은 충분히 자각하고 있었다. 그러나 청취의 내용이 재판에서 유리할지 어떨지 하는 배려는 전혀 하지 않았다. 증언 기록에는 이 같은 배려는 주어지지 않았다. 왜냐하면, 이러한 배려는 이야기를 해 준 사람들에 대한 모욕이고, 자기 자신이 하고 있는 것의 가치를 떨어뜨리는 것이라고 생각했기 때문이다(같은 책: 23).

그러나 사회 문제화되고 있는 과제나 사건에 관한 구술청취는 때로 이 지점이 어려운 경우가 있다. 예를 들어 한국에서 일본군 '위안부'에 대한 청취 조사에 종사해 온 사카모토 지즈코坂本千壽子(2005)는 운동이나 언론 보도에 의해 일본군 '위안부'의 이야기가 좌우되는 모습을 아주 잘 보여주고 있다. 또한 잔류 고아나 잔류 부인의 국가배상 집단소송에 나타나는 이야기의 변화에서도 같은 현상이 발견된다. 재판 과정에서 국가의 인양 정책이나 귀국·정착 지원정책의 잘못을 주장하는 이른바 '재판의 이야기'가 당사자들과 지원자들 사이에서 모델 스토리로서 구축되어, 종종 그들의 이야기에서 그 모델 스토리가 정

21 오늘날의 조사윤리에서 보면, "피해나 고난으로부터 생환한 생존자들을 재트라우마화할 위협"에 놓이게 할 수 있는 일이 있어서는 안 된다(사쿠라이, 2002: 276). 이시다 팀은 세심한 주의를 기울이고 있었지만, 이 청취 실천에 관해서는 이 부분에서 의문이 남는다.

형화되고 나아가 지배적인 이야기로 되어 그 밖의 이야기가 억압되기 십상이다(아라라기 신조, 2007).

재판 투쟁은 당사자의 인권을 지키기 위해 필수적이지만, 그것이 이야기나 증언을 좌우하는 것은 본말전도이며 그 '리스크'에 자각적이어야만 한다는 것을 이시다 팀은 엄격하게 묻고 있다. 피해자를 억압으로부터 구해내는 모델 스토리는 매우 중요하며, 그것이 종래의 관점에 변화를 요구하고, '역사의 재심'을 재촉하는 원동력이 된다. 하지만 그것은 다른 이야기를 억압하는 모델 스토리/도미넌트 스토리로 함몰되기 쉽다는 함의를 이시다 팀의 관점에서 읽어낼 수 있으리라.

정형화된 이야기, 각각의 다양한 이야기

사쿠라이 아쓰시는 역사 체험을 계속 이야기할 경우, 청자의 이와 같은 자세 때문에 이야기에 곤란이 생겨난다는 점에 대해 경종을 울리고 있다. 즉 당사자인 화자로부터 경험적 이야기를 청취하거나 스스로 이를 계속 이야기하려고 하는 사람들에게 있어서는, 열심히 하면 할수록 빠지기 쉬운 함정이 있다는 것을 냉철하게 지적한다.

구술청취에 있어서 모델 스토리는 중요한 요소이다. 청취를 실천하는 우리는 한 사람 한 사람의 다양한 이야기 가운데에서 그것을 발견하려 하고, 나아가 마스터 내러티브를 찾아내어 이것들이 개인의 이야기에 어떻게 영향을 주고 있는가를 고찰한다. 그러나 어떤 경우에는 그 모델 스토리가 독립하여, 그 이외의 이야기가 억압되고 배제되게 될 위험성을 자각해야 한다. 그것은 예를 들어 사카모토가 갈파하는 것처럼, 한국에서 일본군 위안부 이야기의 장에서 피해자의 이야기가 "피해의 이야기로부터 고발의 이야기로" 정형화되고, 그 이외의 이야기는 배제되어 버리는 위험성을 드러낼 것이다(사카모토, 2005). 사카모토의 지적은 "가혹한 역사적 체험 속에서 혹독한 차별과 피해를 받으면서도 살아남은 이들의 경험 앞에 꼼짝도 못한 채, 생존자 혹은 희생자인 체험자를 무조건 숭배하고 영웅화하고 성스러운 것으로 여기는 경향"으로 이어져, "계속 이야기되는 경험은 모델화되고 고정화되며, 다양한 경험도 일원화되어 관리되기 쉽다"는 사쿠라이의 지적과 호응하고 있다(사쿠라이, 2008: 16). 그리고 사쿠라이는 청취하는 사람들이 다음과 같은 것을 경계해야 한다고 이야기한다.

> 제2세대라고 하는 청자 쪽이 이야기에 집어넣는 판타지나 신화성은, 이러한 경향을 쉽사리 부추기는 측면도 있다는 사실에 주의를 기울일 필요가 있다. (중략) 한 사람 한 사람 체험자가 말하는 경험은 다양하고, 또한 계속 이야기되는 경험은 체험자와 청자의 상호작용성을 바탕으로 성립하는 '현재'의 표상이라면, 이야기를 계속하는 행위는 과거를 역사라는 것에 고정화하는 것이 아니라 늘 현재로 재활성화하는 것이라는 사실을 잊어서는 안 된다(같은 책:16).

이상의 지적은 "한 사람 한 사람이 어떻게 자신의 피해를 느끼고 있고, 어떻게 이야기하려 하는가"에 주의를 기울이며 청취조사를 하고 있는 이시다 팀의 자세와 반향하면서, 청취를 하는 우리의 준비에 대해 냉철하게 묻고 있다.

맺음말

이시다 팀의 작업은 반세기 이상에 걸쳐 피해의 기억이 억압되어 트라우마화한 것에 대해, 피해 여성은 물론 지역사회나 중국사회, 나아가서는 가해국으로서의 일본 사회에서도, 중국에서 일본군이 행한 성폭력에 관한 역사 인식을 새롭게 하는 매우 귀중한 역사 실천이었다. 이시다 팀의 이 같은 작업은 전시 성폭력 피해에 관한 청취 실천의 한 도달점이었다는 사실을 확인했다.

마지막으로, 이시다 팀의 일련의 연구에 대해 남은 과제를 지적해 두고 싶다.

우선 첫 번째로, 『황토 마을의 성폭력』에서 피해 여성들의 이야기의 변화에 관한 서술이다. 이시다 팀은 청취 실천에 관한 방법론적인 논의에 있어서는 이야기가 늘 변화하고 있다고 강조하지만, 『황토 마을의 성폭력』에서는 그것이 구체적으로는 드러나지 않고, 이야기는 고정적으로 서술되고 있다. 일련의 작업을 면밀히 따라가다 보면, 본고에서 제시하고 있는 것처럼, 침묵에서 개별적인 이야기로, 개별적인 이야기에서 해방의 모델 스토리로의 이야기의 다이나믹한 변화를 알아차리게 된다. 그러나 구체적으로 어떠한 이야기의 변화가 있었는지 텍스트 속에서는 잘 드러나지 않는다. 이 점을 유의하여 이야기의 위상과 내용의 변화가 상세히 드러나게 된다면, 『황토 마을의 성폭력』은 완성된 이야기의 서술이 되지 않았을까 한다.

두 번째로, 청취 실천과 그에 관련되어 발견된 식견의 서술도 훌륭하지만, 그것은 어디까지나 실천에 의해 얻어진 체험적인 것이었다.

당시 이미 전개되고 있던 역사학과 사회학에 있어서 구술사론과 생애사 이론은 참고되지 않고 있다. 예를 들어 현대사에 있어서 '청취' 작품의 걸작인 요시자와 미나미吉沢南『우리들 속의 아시아 전쟁—프랑스령 인도네시아의 '일본인'』(1986/2010)에서 요시자와는 실증주의적 시점에서 '청취'의 방법론에 대해 상세하게 논하고 있다. 또한 일본현대사에서 구술사론을 주도한 나카무라 마사노리는 이시다 팀이 청취를 행하던 시기에 이미 주요한 저작과 방법론을 전개하고 있었다. 또한 다소 계보를 달리하지만 정치사 분야에서도 '공인公人의 구술사'론을 전개하고 있던 이토 다카시伊藤隆나 미쿠리야 다카시御厨貴 등도 방법론에서 거의 완성되어 있었고, 사회학에서 사쿠라이 아쓰시의 방법론은 완성기였다. 이시다는 이 같은 역사학이나 사회학에서의 구술사론을 참조하거나, 혹은 자신들의 실천적 식견과 맞추어 보면서 체험론적 방법론을 정제하여 새로운 구술사론을 제출했어야 하지 않을까.

세 번째로, 마찬가지로 당시 왕성하게 논의되던 역사학의 구조주의적 시점에 대한 것이다. 이시다 팀은 청취의 장에서 구조주의적인 시점을 체험적으로 학습해 나갔지만, 이 점에 대해 깊이 파고드는 논의는 하고 있지 않다. 앞에서 소개한 고하마(2005)는 이시다 팀의 작업을 실증주의와 구조주의를 이어주는 것이라고 파악하고 있는데, 이러한 관점에 대해서는 의문을 갖지 않을 수 없다. '이야기의 담론 공간'을 명확히 의식하지 않는 청취의 고찰·분석은 결국은 종래의 역사학이 행해 온 '사료와 자료'에 근거한 역사 연구를 보완하는 것으로서의 구술청취와 마찬가지가 아닌가. 이것이『황토 마을의 성폭력』속에서 청취에 의한 이야기와 역사학적 논문이 별개로 배치되어 있는 구성과 관련되어 있는 것은 아닌지. 물론 이 책은 한 권의 책으로서는 이야기와 역사서술이 상호 보완이 되고 있고, 청취를 살린 뛰어난 역사 연구가 되어 있다. 그럼에도 불구하고 이것은 각각의 장에서 다루어지고 있을 뿐이어서 이야기는 '구술자료'로만 규정되는 것이 아닌가. 이것은 구술자료는 문서자료를 보충하는 것이라는 요시미 요시아키의 입장과 차이가 없다. 이 입장이 당시의 역사학적 서술에 있어 청취 텍스트의 스타일인 것인지, 아니면 그것이 시대적인 '한계'인 것인지 생각해 볼 필요가 있다.[22]

이러한 과제 특히 『황토 마을의 성폭력』의 서술 스타일을 넘어설 수 있는 힌트는 이보다 17년이나 전에 간행된 가와다 후미코의 『빨간 기와집赤瓦の家』(1987)[23]에서 찾을 수 있다. 가와다의 『빨간 기와집』은 일본군 '위안부' 배봉기에 관한 10년에 이르는 장기간의 구술청취에 기초한 것인데, 배봉기의 경험을 밝힌 것일 뿐만 아니라, 그녀의 이야기를 날실로 하고 당시의 조선사회(식민지 조선사회, 나아가서는 일본제국사회)를 씨실로 하여, 배봉기를 둘러싼 "살아진 세계"를 중층적으로 그려내고 있다. 게다가 일본군 '위안부'였던 시기만이 아니라, 전후의 그녀의 "살아진 세계"까지도 기술하고 있어, 피해의 이야기('증언')에 편중되기 쉬운 일본군 '위안부' 연구나 전시 성폭력 연구를 상대화하고 있다. 배봉기의 일생에 걸친 이야기와 역사적 배경이 엮이는 서술에서 한 사람의 일본군 '위안부'의 살아진 역사가 손에 잡힐 듯이 묘사되고 있다. 물론 이 『빨간 기와집』을 논픽션 작품으로 규정하는 경우도 있어, 엄밀하게는 역사 연구서라고는 할 수 없으므로, 이를 구술사 작품의 모델로 하는 것에는 이론異論도 있을 것이다. 그러나 역사학의

전통에 묶여있지 않았던 가와다였기 때문에, 배봉기의 이야기를 충분히 살리면서 역사적 배경도 충분히 집어넣을 수가 있었다. 그리하여 아마 이미 가와다에게도 다른 누구에게도 그 이상의 것은 기대하기 힘들 혼신의 작품이 되었던 것이다.

이시다는 가와다의 『빨간 기와집』에 충격을 받고, 이 연구에 준거하면서도 전시 성폭력에 관한 수업이나 산시성에서의 청취를 진행했다고 한다.[24] 그러나 그 서술의 스타일은 계승하지 않았다. 역사학이라는 학문 분야가 이를 허락하지 않은 것일까. 우쓰미 아이코內海愛子와의 공편저 『어느 일본병의 두 개의 전쟁—곤도 하지메近藤一의 끝나지 않는 전쟁』(우쓰미 · 이시다 · 가토 편, 2005)에서도 이시다 팀의 이러한 스타일은 답습되고 있다. 이 스타일은 역사학에 있어서 청취(구술) 텍스트의 하나의 준거가 되는 스타일이라고 해야만 할 것인가.

이상에서 서술한 지적은 다소 트집을 잡는 듯한 것이기는 하지만, 이에 대한 의식적인 논의가 이루어진다면, 이시다 팀의 연구는 후진인 우리들에게 있어서 더욱 큰 지침이 되었을 것이다.

22 본서 제1장 야마시타의 논문에서도 한국에서 '위안부' 경험을 어떻게 청취하고, 어떻게 서술하며, 작품화할 것인가에 대해 정신대연구회에서 안병직과 윤정옥의 논쟁을 사례로 들어 논하고 있다. 사실성을 중시할 것인지 아니면 화자의 리얼리티를 중시할 것인지, 이 둘을 어떻게 조합할 것인가 하는 것은 어려운 문제이다.

23 이 책의 무대가 된 전전의 오키나와는 해외나 내지로 돈을 벌러 가야만 하는 섬이었는데, '빨간 기와집'이란 '남양'에서 번 돈으로 만들어진 빨간 기와로 지붕을 한 멋진 집을 뜻한다. 집락의 가운데에서도 멋진 집이 '위안소'로 꾸며져 있었는데, 일견 무관심한 듯 보이는 제목이 작품의 주제인 조선인 '위안부'들의 생활만이 아니라, 전전 게라마제도慶良間諸島 마을의 생활, 주둔하는 일본군의 모습도 매우 잘 서술하고 있다.

24 2017년 4월 16일 필자가 이시다 요네코와 인터뷰한 내용에 의함.

이시다 팀은 큰 초석을 쌓았다. 지적한 몇 가지 문제는 다음을 잇는 우리들에게 남은 과제이다.

[부기] 마지막으로 사적인 이야기를 하려 한다. 필자는 지금까지 만주로부터의 인양자나 중국잔류 일본인으로부터 구술 청취를 해 왔고, 인양과 잔류 등 일본제국을 둘러싼 사람의 이동에 대한 연구를 개척해 왔다. 그 때문에 만주 인양자들이 겪은 성폭력에 대해서는 잘 알고 있다고 확신하고 있었다. 그러나 이를 연구의 대상으로 삼지는 않았다. '전쟁과 성폭력'을 문제시하는 젠더적 시점을 충분히 갖추고 있지 않았다고 생각하고 있었기 때문이다. 그러다 이 글을 준비하는 가운데, 2017년 4월 오카야마시의 이시다 요네코 씨를 방문하여 긴 인터뷰를 하게 되었다. 그곳에서 이시다 씨를 만나 '산시·밝히는 모임'이 해 온 역사 실천과 비로소 만날 수 있었다. 그것은 잊을 수 없는 하루가 되었다.

필자의 부친도 한때 중국 산시성 부근에 병사로 파견된 적이 있었다. 아버지는 중일전쟁이 발발하던 해인 1937년에 지원하여 1946년 복원復員*할 때까지 대략 10년 동안 병사/하사관으로서 중국·동남아시아 전선에 있었다. 혹시나 해서 아버지의 '군경력증명'을 떼 본 뒤 경악했다. 전장에서 행위에 관한 아버지의 이야기를 기억해 내고, 이를 '상상'할 때마다 동요하는 마음을 억누를 수 없었다. 아버지의 말의 편린이 『황토마을의 성폭력』과 연결되었기 때문이었다. 이시다 씨에게 그 사실을 털어놓았더니 "곤도 하지메 씨를 한번 만나는 게 좋겠다"는 조언을 들었다. 곤도 씨는 이시다 팀이 여러 번 구술청취를 했던 인물로서(우쓰미 · 이시다 · 가토 편, 2005), 자신과 관련되어 있던 전장 두 곳을 방문하면서 자신의 전쟁 체험과 대면하고 있던 사람이었다.

전시 성폭력 관련의 문헌을 읽을 때마다, 전장 속 아버지의 모습이 상상되어 괴로웠지만, 이제 와서 되돌릴 수는 없는 일이었다. '복원병復員兵의 아들'로서의 책임이 있기 때문이다. 그러나 필자는 중국전선에서의 성폭력과 전쟁범죄, 그리고 아버지가 저질렀을지도 모를 전장에서의 수많은 일들과 정면으로 마주할 마음의 준비를 아직 갖추지 못했다.

* 전쟁이 끝나 병역에서 해제되는 것

제11장

전쟁과 성폭력: 이야기의 정통성을 둘러싸고

사토 후미카佐藤文香

머리말

전쟁에 수반되는 성폭력, 그것은 인류의 역사에 강한 흔적을 남겼지만, 빛나는 영웅의 이야기에는 어울리지 않는다는 이유로 묵살되어 왔다. 혹은 전쟁의 자연스러운 부산물로 오랫동안 묵인되는 한편으로, 치욕스러운 이야기로서 가끔씩 전쟁 수행의 구실로 이용되어 왔다. 본고는 전시 성폭력 혹은 분쟁 관련 성폭력이라고 불리는, 전쟁에 수반되는 성폭력의 경험이 어떠한 문맥에서 그 이야기를 억압 혹은 증식시키는가를 모색하는 사고의 실험을 하려는 시도이다.

성폭력이란 성행위에 관여하고 있는 사람 중 한쪽이 그 행위를 바라지 않는 상황에서 다른 한쪽이 그 행위를 강제한다는 사태를 의미한다. 여기에는 가해자와 피해자가 존재하고, 가해자와 피해자는 같은 행위와 관련되어 있지만, 가해자에게 있어 단지 '성행위'로서 경험되는 것이 피해자에게 있어서는 '폭력 행위'가 된다. 같은 행위를 한

쪽이 '섹스 강요'라는 폭력이라고 문제제기를 할 경우 또 다른 한 쪽은 '사랑의 줄다리기' 같은 통상의 성행위의 범주 속에 가두려 한다. 성폭력은 늘 사건의 해석을 둘러싼 논쟁 속에 놓이게 된다.

피해자는 그 폭력성으로 인해 충격과 공포에 사로잡히는 동시에, 성적인 것이라는 사실에서 유래하는 수치의 감각이나 주변으로부터의 편견에 의해 이야기하기 곤란한 상태에 놓인다. 가해자는 그 곤란에 편승하여 피해자가 그 사건을 피해로서 이야기하려는 것을 전력을 다해 부정하려 한다. 때로는 자기가 피해자라고 호소하는 경우도 있다. 상황의 정의를 둘러싼 논쟁에서는 오랫동안 남자의 성욕 본능론과 피해자 과실론의 존재가 가해자를 면책하고 피해자에게 책임을 전가하는 데 기여해 왔다.

이러한 상황에서는 피해자에게 행위 선택의 여지가 없었다고 생각될수록 피해를 말하는 정통성이 인정되기 쉽다. 구체적으로는 피해자가 성교에 동의하는 것이 불가능하다고 간주되는 청소년이었거나, 반항을 할 수 없을 정도로 심각한 폭행이나 협박이 가해진 경우이다. 그렇지 않을 경우 피해자가 피해를 호소하기에 적합한 인물인지 아닌지를 엄격히 캐묻게 된다. 즉 실제로 어느 정도 저항을 했는가, 그때의 복장은 선정적이지 않았는가, 왜 스스로 위험을 인지하지 못했는가, 지금까지 어떠한 성 체험을 해 왔는가 하는 것이다. 만일 성폭력 피해자에게 부합하는 것으로 판단되지 않으면, 그 경험은 무화되거나 왜소화되어, 피해자 자신이 원했던 것이라거나 자업자득이라는 말로 판단된다. 즉 피해의 이야기는 그 정통성을 빼앗기게 된다.

이 같은 성폭력이라는 경험—해석을 둘러싼 투쟁 속에서 피해자의 이야기가 늘 그 정통성을 가혹하게 추궁당하는 경험—이 전시 혹은 분쟁과 관련된 상황에서 발생할 경우에 대해 생각하는 것이 본고의 목적이다.

제1절에서는 전쟁에 수반되는 성폭력 해석의 패러다임 시프트를, 이에 대한 비판적 고찰 속에서 개관한다. 이를 바탕으로 제2절에서는 전쟁에 대한 집합적 이야기가, 성폭력을 포함한 전시의 성적 관계에 대한 이야기를 어떻게 규정하는지를 생각해 보려 한다.

1. 구축된 성폭력 이야기

'전쟁병기로서의 강간' 패러다임의 '레이프 스크립트'

전쟁에 수반되는 성폭력—그 전형이 전시 강간이다—은 오래토록 남성의 성적 욕망에 의해 발생하는 우발적인 사건으로 간주되어 전쟁범죄로 인식되지 않은 채로 가해자를 면책해 왔다. 전시에 있어 일반인의 보호를 규정한 1949년의 제네바 조약(제4조약)은 제27조에서 여성에 대한 특별한 보호를 규정하고 있는데, 강간이나 강제 매춘이 '명예에 대한 침해'로 취급되는 등 문제의 소지가 있는 내용을 담고 있다. 그리고 이러한 가부장제적 규정조차도 강대국의 정치에 휩쓸려 법적인 효력을 갖지 못했다(Hirschauer, 2014:84).

강간이 전쟁범죄 및 인도에 관한 죄로서 처음으로 유죄 판결을 받은 것은 1993년에 설치된 구 유고슬라비아 국제전범법정(판결은 2001

년), 그리고 제노사이드로서의 강간에 첫 유죄 판결이 내려진 것이 이듬해인 1994년에 설치된 르완다 국제전범법정(판결은 1998년)에서였다[1](같은 책: 193). 전시 성폭력이 가시화되고 면죄부를 박탈당하기에 이르는 이 역사적 과정에 일본군 '위안부'라는 존재가 일정한 역할을 했다는 사실은 잘 알려져 있다. 이들이 자신의 피해를 고발하기 위해 증언을 시작한 1990년대, 양 분쟁의 전시 성폭력은 지금까지와는 다른 의미 속에서 가시화되고 인식되었다. 즉 전쟁의 부산물로서의 성폭력/강간에서 특정한 목적을 위해 사용된 전술의 일환, 곧 전쟁병기로서의 성폭력/강간으로 전시 성폭력/강간의 패러다임 시프트가 일어난 것이었다.

행위나 경험이 존재한다는 것은 지각이나 표상을 통해서 비로소 가능해지는 사태라고 하는 포스트구조주의적인 관점에서 강간을 고찰한 페미니스트 연구자 중에 샤론 마커스(Sharon Marcus)가 있다(Marcus, 1992). 그녀가 제시한 개념이 '레이프 스크립트'이다. 여기에서 스크립트란 우리가 사건이나 행위를 조직하고 해석하기 위해 사용해야 하는 프레임, 곧 해석의 틀을 의미한다(같은 책: 391). 강간은 단지 그곳에 있거나/없는 것이 아니다. '레이프 스크립트'를 통해서, 곧 어떤 해석이나 시점을 배제하고 특정한 해석이나 시점을 특권화하는 것을 통해서 그곳에 있거나/없는 것이 된다.[2]

이 '레이프 스크립트' 개념을 이용하여 '전쟁병기로서의 강간'이라는 새로운 해석 패러다임의 확립을 비판적으로 검토한 것이 도리스 E. 버스(Dorris E. Buss)이다(Buss, 2009). 그녀는 르완다 국제전범법정에서 '전쟁병기로서의 강간'이라는 패러다임이 확립됨으로써, 전시 강간이 인도에 대한 범죄 및 학살의 수단이라는 의미를 지니게 되어 유죄판결이 내려졌다는 그 의의와 성과를 충분히 인정하면서도, 이러한 해석이 지니는 한계의 측면—알 수 없게 된 것, 피해자라고 인식되지 않게 된 카테고리, 추궁되지 않는 질문이 생겨난 것—도 조명을 하려 했다.

제1장 야마시타의 논문이나 제10장 아라라기의 논문은 '증언'이 화자와 청자의 대화에 의해 구축된다는 구술사의 중요한 관점을 예증하고 있거니와, '증언'의 공동 구축은 재판기록과 같은 공적 자료 분석을 통해서도 드러나고 있다. 버스가 제시한 것은 바로 여성들의 피해가 공동체의 고난의 이야기를 의미하도록 그녀들이 특정한 종류의 피해자로 만들어져 가는 프로세스였다(같은 책: 146). '전쟁병기로서의 강간'은 성폭력이 조직적으로 확산된다거나 공적으로 획책되었다는 사실, 즉 무작위의 행위가 아니라 계획적인 정책으로서 실시되고 있다는 것을 강조했다[3](Niarchos, 1995: 958; Buss, 2009: 149). 이러한 이유로

1 나아가 2002년 로마 규정 발효에 근거한 국제형사재판소가 설립되어 전시 성폭력을 국제법 위반으로 재판하는 새로운 기구가 만들어졌다(Hirschauer, 2014: 84). 한편 요시미 요시아키에 의해 관계 자료가 정리된 바 있는데(요시미 감수, 2011), 도쿄 재판에서의 성폭력에 대한 취급은 전반적으로 가벼웠고 문제의식 또한 희박했다고 평가받고 있다(『아사히 신문』, 2017년 3월 21일).

2 '상대가 동의했다고 생각했다'는 가해자의 주관이 존중되고 피해자의 거부가 진정한 의사를 전달한 것으로 간주되지 않는 '레이프 스크립트'야말로 페미니스트가 새롭게 고쳐 써야 할 것으로 간주된다.

3 1990년대 초반에는 페미니스트 법학자들 사이에서 '젠더 범죄로서의 강간'과 '제노사이드로서의 강간'이라는 인식을 둘러싼 논쟁도 있었다. '제노사이드로서의 강간'을 강조해야 한다고 본 페미니스트에 대해 그 예외성을 지나치게 중시함으로써 그토록 예외적이지 않은 여성에 대한 폭력을 간과해버린다는 것을 경계하는 페미니스트들도 있었던 것이다. 그러나 양자 모두 강간을 보다 큰 폭력의 도구로 간주한다는 점에서 이론은 없었다(Buss, 2009: 149).

법정에서는 강간을 '집단에 대한 죄'로서 제시할 것을 요구했다(Buss, 2009: 150).

'집단에 대한 죄'로서의 강간이라고 하는 법정의 인식틀은 르완다의 투치 족과 후투 족의 남녀를 '레이프 스크립트'의 특정한 위치에 놓이게 했다. 모든 성폭력/강간은 후투 족 남성이라는 가해자에 의한 투치 족 여성이라는 피해자에 대한 것으로 여겨졌고, 그 공통 패턴과 영향의 지속성(공동체의 파멸)이 강조되었다(같은 책: 156). 그 결과 불가시화된 성폭력/강간—그것이 피해자가 남성이었거나 후투 족 여성이었던 성폭력/강간이었다. '레이프 스크립트'는 이야기의 일관성을 해칠 가능성이 있는 강간 피해자를 소거하게 되었던 것이다(같은 책: 160).

더불어 버스는 '레이프 스크립트'가 피해자의 생존가능성을 좌우할 수 있는 요소—취약성의 정도나 이용가능한 자원, 본인 혹은 주변의 용기 있는 행위와 임기응변—조차도 소거해 버리기 십상이라는 점에 착목했다(같은 책: 156). 그 결과 당초 전쟁의 부산물이라는 자연화를 능가할 정도의 과격성을 가지고 있었던 '전쟁병기로서의 강간' 개념이, 또다시 '전시 강간은 불가피하다'라고 하는 문제 많은 관점을 되살아나게 해버렸다는 사실에 그녀는 경종을 울리고 있다. 모든 불일치와 복잡성을 명료하게 하지 않으면, 전쟁에 수반되는 강간이 불가피하지 않은 상황을 상정하는 것은 불가능하다고 하는 버스의 지적은 귀 기울일 만한 가치가 있는 것이리라(같은 책: 161).

성폭력의 '안전보장화'와 '페티시화'

사라 메거(Sara Meger)는 나아가 '전쟁병기로서의 강간' 패러다임에 의해 성폭력이 '안전보장화'되고 그것이 '페티시화'까지 야기한다는 것을 비판적으로 고찰하고 있다(Meger, 2016).

'안전보장화'란 국제관계론에서 코펜하겐 학파가 현실주의자에 대한 대안으로 제기한 이론이다. 이들은 '안전보장'을 객관적 실재로 간주하는 대신 언어행위에 의해 그것이 '실존적 위협'으로서 구축되어 가는 정치적 프로세스—안전보장화—로서 이해하려 한다(같은 책: 151).

올레 웨버와 부잔 베리가 제창하는 '안전보장화' 프로세스는 일반적으로 다음과 같은 단계를 밟는다[4](Buzan et al., 1998: 26; Hirschauer, 2014: 27).

1. 안전보장화의 액터에 의해 어떤 문제가 실존적 위협으로서 제시될 것
2. 신뢰 가능한 청중에 의해 그 위협이 수용될 것
3. 이 위협에 대처하고 대응하기 위한 비상조치가 전개될 것

메거가 말하는 성폭력의 '페티시화'란 이 안전보장화 프로세스에 거의 대응하는 형태로 다음과 같은 프로세스를 거쳐 간다.

4 어떤 문제가 순조롭게 '안전보장화'되고 비상조치가 전개되어 위협이 약해지거나 적절히 처리된 뒤에는 '탈안전보장화'가 일어난다. 탈안전보장화란 위협을 제거하고 그 문제를 안전보장화 이전의 상태로 되돌리는 것이다(Hirschauer, 2014: 29).

1. 전쟁에 수반되는 성폭력이 권력관계나 폭력연속체에서 탈문맥화되고 분리된 현상으로서 균질화된다. 일상과는 별개의 현상으로서 다양한 성폭력이 하나로 묶이는 한편, 안전보장상의 위협이 되는지 그렇지 않은지[5]에 따라 새로운 위계(hierarchy)가 만들어진다. 무력집단의 전략 목적과 직접적으로 결부되지 않는 것으로 보이는 일상의 강간을 필두로 젠더에 기초한 다종다양한 폭력이 배제된다. 문맥으로부터 이탈하여 성폭력은 대립하는 집단/국가 사이의 사건이 된다(Meger, 2016: 152-153).
2. 대중매체, 운동, 정책, 학문의 담론에서 전쟁에 수반되는 성폭력이 불쾌한 사태로서 대상화(objectify)되고, 국제안전보장의 어젠다와 실천에 영향을 끼친다. 문맥과 의미를 박탈당한 성폭력은 열광의 대상이 되어 국제정치에서 '상품'이 된다.[6] 선인과 악인, 피해자와 가해자를 확연하게 나누는 '전쟁병기로서의 강간' 이야기는 그 야만성이 경쟁적으로 다루어지고, 이에 대한 관심은 폭력의 규모나 강도로 초점화된다(같은 책, 152-153).
3. 전쟁에 수반되는 성폭력이 글로벌한 차원에서 대상화된 결과, 지역적인 안전보장의 액터, 가해자, 피해자에게 예기치 않은 영향이 나타난다. 의도하지 않은 부정적인 결과로서 교환가치가 생겨나고, 성폭력이 상업적 가치를 가진 '스펙터클'로 화한다. 국제원조나 정책 어젠다의 초점이 편중됨으로써 조직이나 개인에게 인센티브가 생겨난다. 예를 들어 콩고민주공화국에서는 후원국가가 관심을 가진 것을 알게 된 전투원이 성폭력을 '효과적인 거래 수단'으로 생각하게 되거나, 지역 활동가가 자원에 대한 접

근을 구하는 여성에게 성폭력을 이용하도록 장려하거나 하는 의도하지 않은 결과를 낳게 되었다(같은 책: 151-152, 155-156).

이 같은 고찰을 통해서 메거는 '전쟁병기로서의 강간'으로의 패러다임 시프트는 페미니스트가 당초에 상정했던 만큼 래디컬한 이행은 아니었다고 결론을 내린다. 왜냐하면 앞에서 말한 것처럼 이 패러다임이 젠더에 기반한 다른 이러저러한 폭력을 덮어버리고, 전시 성폭력을 일상의 강간이나 민간인이 범하는 성폭력보다 더 나쁜 것으로 간주하도록 위계를 강화해 버렸기 때문이다. 버스가 경고한 바와 마찬가지로 이 개념을 통해서는 분쟁을 근절하고 성폭력의 근원과 맞서는 것은 불가능하다고 메거는 생각하고 있다(같은 책: 156).

이상에서 보듯, 전쟁에 수반되는 성폭력에 대한 새로운 해석 패러다임으로 등장한 '전쟁병기로서의 강간' 스크립트에서는 집단의 범주에 따라 가해자와 피해자의 역할이 배치된다. 외부집단의 가해자가 범하는 안전보장상의 위협이 되는 강간에 대해 이야기의 수용자가 열광하는 것과 달리, 내부집단의 가해자가 범한 강간은 간과되며, 안전보장상의 위협으로 간주되지 않는 일상의 허다한 성폭력은 허용 가능

5 UN은 ① 국제사회가 불안으로 여기는 범죄일 것, ② 지휘관의 책임이 있을 것, ③ 민간인이 표적이 되어 있을 것, ④ 범죄를 면책하려는 분위기가 있을 것, ⑤ 국경을 넘나드는 것일 것, ⑥ 정전 위반일 것이라고 하는 여섯 가지 항목을 적용하여 안전보장상의 위협으로서의 성폭력을 규정하고 있다(True, 2012: 119; Meger, 2016: 153).

6 콩고민주공화국에서 2010년에 일어난 전시 강간에 대한 대처는 국제적인 후원국가, 저널리스트, 정치가뿐만 아니라 연구자들의 관심과 선의를 불러 일으키며 자원으로서 기능하였다고 보고되고 있다(Eriksson Baaz and Stern, 2013: 105; Meger, 2016: 154).

한 것으로서 경시된다. 같은 집단의 내부에서 발생하는 성폭력보다 다른 집단에서 가해진 성폭력을 중대한 것으로 취급하며, 일상적으로 발생하는 성폭력을 쇄말적인 것으로 간주하고 비상시의 그것을 안전보장상의 위협으로 여기는 이 같은 경험의 분단과 범용적인 희생의 위계는 어떠한 논리하에서 일어나는 것인가. 다음 절에서 좀 더 생각해 보기로 하자.

2. 전시의 성적 관계의 연속성

에이전시와 이야기의 정통성

앞에서 본 '전쟁병기로서의 강간'은 해석 패러다임으로는 새롭지만, 사건 그 자체가 1990년대에 돌연 발생한 것이 아니라는 점은 두말할 필요도 없다. 전투 집단을 분발하도록 결속력을 강화하는 것, 권력의 소재를 알게 함으로써 병사에게 우월감을 부여하는 것, 적의 사회적 유대를 파괴하여 불안정한 상태에 두는 것, 이는 모두 역사상 반복적으로 행사되어 온 전시의 성폭력 이용이다. 이러한 전술적 의도 속에서 생각할 때 강간을 전시의 다양한 성적 관계의 연속성 속에서 생각해 볼 필요가 있다는 것을 알게 된다.[7]

제4장 히라이의 논문은 '위안소' 설치의 목적과 효능에 대해 당사자인 남성들이 어떻게 생각하고 있었는지를 살피고 있다. 그 배후에는 강고한 '남성 신화'가 있고, 조지 패턴 장군의 "녀석들은 섹스 없이는

싸우지 않는다"(Roberts, 2013=2015: 206)는 전형적인 문구에서 보듯, 대부분의 군대는 여성과의 섹스를 전사인 남성의 전투의욕의 '연료'로서 이용해 왔다.[8]

이와 같은 실리적인 기능에 더해 성적 관계는 누가 지배권을 갖고 있는가를 명확히 한다는 의미에서 상징적인 기능도 발휘한다. 상품으로서의 섹스는 이를 구매하는 병사들에게 권력을 자각하게 하고 그들 사이에서 거만한 태도를 기르는 반면, 여성을 빼앗기고도 어찌할 도리가 없는 현지의 남성들은 굴욕과 분노에 몸을 떨게 하는 것이다. 전후의 폐허 속에서 매매춘을 하는 광경은 패자가 된 남성들에게는 굴욕이 된다. 영토의 상징이라 할 여성들의 신체를 마음껏 누리는 승자 남성들이 자신의 열등한 상황을 싫든 좋든 깨닫게 하기 때문이다. 물론 경제적인 필요에 내몰려 어쩔 수 없이 하게 된 매춘이라면 여전히 동정의 여지라도 있을 것이다. 그러나 사치를 누리고 싶다거나 쾌락을 원해서, 혹은 물건을 사고 싶다는 등의, 경제적인 필요에서 비롯된 것이 아닌 매춘은 더 큰 분노를 일으키며, 돈도 받지 않는 자유연애의 차원이 되면 언어도단으로 간주된다.

실제로는 타국의 군대가 주둔하는 사회에서 병사와 현지 여성 사

7 분쟁시의 성폭력을 회색지대까지 포함하여 고찰하기 위해 '성적 지배'라는 용어를 사용한 미야지 나오코도 참조할 것(미야지, 2008).

8 1992년에 UNTAC(UN 캄보디아 잠정통치기구) 사무총장 특별대표였던 아카시 야스시明石康의 악명높은 발언—힘든 일을 참아내고 있는 "혈기왕성한 젊은 병사"에게는 "젊고 아름다운 이성을 뒤쫓아 갈 권리"가 있다—에서 2013년에 '위안부제도 필요론'을 내세우며 오키나와 주둔 미군에게 풍속업을 활용할 것을 진언한 하시모토 도루 오사카 시장에 이르기까지 오늘까지도 이들 계보의 사례는 부족함이 없다.

이에 맺어지는 성적 관계는 다양한 형태를 오간다(제5장 챠조노의 논문도 참조). 연애가 성취되어 결혼에 이르는 경우가 있는가 하면, 병사와 교제하고 있던 여성이 연인·약혼자의 출국 후에 매춘에 빠져드는 경우도 있고, 강간을 계기로 매춘부가 되는 경우도 있다.

'에이전시'란 포스트구조주의의 사상적 조류 가운데 자기결정권을 가진 자율적인 개인으로서의 주체 개념이 해체된 후에 등장한 중요 개념이다. 미셸 푸코가 말했듯 인간이 주체(subject)가 된다는 것은 기존의 질서에 복속(subject to)하는 과정이지만, 주체를 담론에 선행하는 것으로서가 아니라 담론적 실천의 수행에 의해 사후적으로 구축되는 것으로 규정함으로써, 온전한 능동성도 온전한 수동성도 회피하기 위해 사용되게 된 것이 에이전시라는 개념이다. 담론적 실천의 매체인 에이전시에는 기존 질서의 재생산뿐만 아니라 교란이나 변혁의 가능성도 함의되어 있다.

기존의 질서 속에 살아가는 사람들은 저마다의 사회적 조건에 의해 어쩔 수 없이 제약을 받으면서도 그 사회적 조건에 대응하는 존재이기도 하다. 서장 우에노의 논문이 지적하는 것처럼 에이전시는 피해자의 생존전략의 발로이기도 하기에, 이를 인정하는 것은 구조적 폭력의 존재를 부정하거나 면책하지 않는다. 인간은 구조에 대해 어쩔 수 없는 수동적인 존재가 아니며, 어떠한 상황 아래 놓여도 이에 대응하는 힘을 어느 정도는 가졌다. 이 같은 함의가 포함된 개념으로서 본고도 에이전시를 사용하려 한다.

〈도표 1〉의 가로축은 해당 사회가 성적 관계의 당사자인 여성의 에이전시를 어떻게 인식하는가를 보여주고 있다. 즉 가로축에 열거된

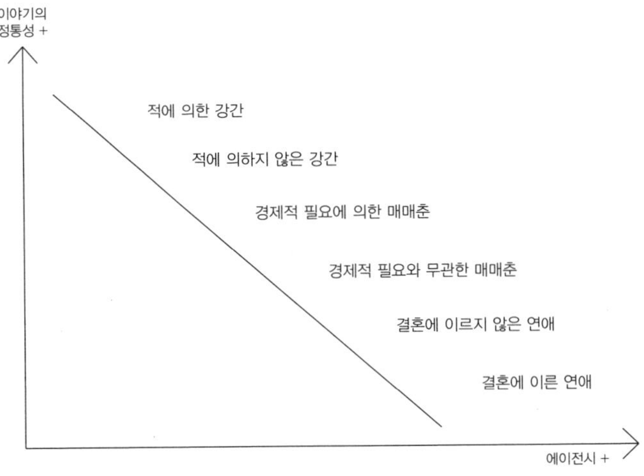

〈도표 1〉 수난 이야기에서 에이전시와 이야기의 정통성

강간/매매춘/연애라고 하는 성적 관계는 오른쪽으로 갈수록 해당 사회로부터 여성의 에이전시를 읽어낼 수 있게 된다. 강간보다 매매춘, 매매춘보다 연애로 갈수록 여성의 자유로운 의지가 작동할 여지가 있는 것으로 간주된다. 그리고 이 에이전시와 반비례하는 형태로 해당 사회는 '이야기의 정통성'을 배치하고 있는 것으로 보인다. 즉 〈도표 1〉의 세로축은 해당 사회가 그 성적 관계에 대한 이야기에 부여하는 정통성을 의미한다.[9] 강간/매매춘/연애 가운데 가장 높은 곳에 있는

9 다만 이 도표에서는 '자국에서의' 성적 관계로 콘텍스트를 한정할 필요가 있다. '타국에서의' 성적 관계에 관한 경우 남자들은 연애나 매춘을 공공연히 말하면서도 강간에 대해서는 목격했다는 사실조차도 단호하게 부정해 왔다(Mühlhäuser, 2010 = 2015: 28-29). 독일의 경우 '자국에서의' 수난 이야기로서 소련병에 의한 독일인 여성의 강간이 이야기되지만, 독일인 여성의 적국 병사와의 '배신'은 반복적으로 비난받았다. 한편 '타국에서의' 독일병과 러시아 여성 사이의 연애나 매매춘 같은 만남이 자유롭게 이야기되는 것에 비해 성폭력은 결코 언급되는 경우가 없었다(같은 책: 230-231).

것이 '적에 의한 강간'에 관한 '이야기의 정통성'이다. 공동체의 기억에서 전쟁이 희생된 피해자의 수난의 이야기[10]에 지배되고 있고, 또한 피해자의 스티그마와 차별을 능가할 정도로 이를 문제화하려는 집합적인 의지가 작동하는 경우에는, 이 '적에 의한 강간'의 이야기야말로 가장 정통적인 것으로서 수용된다.

앞에서 살펴본 '외부집단에 의해 내부집단에 가해진 강간'이라는 이야기의 패턴화와 횡일橫溢은 르완다나 콩고에만 해당되는 현상이 아니다. 예를 들어 독일에서는 제2차 세계대전 말기에 소련병들에게 강간당한 여성들의 경험의 언어화가 이야기의 스테레오타입화와 궤를 함께하게 됨으로써 가능해졌다면서(Mühlhäuser, 2010 = 2015, xiv), 레기나 뮐호이저는 다음과 같이 말하고 있다.[11]

> 피해자의 개인적인 이야기는 그 해석 틀이 사회에서 공유되고 있는 경우에만 사람들이 귀를 기울이고 그 정당성이 인정된다. 피해자의 이야기로서 통용되고 있는 것과 모순되는 여성의 경험은 수치의 이미지나 공범자라는 비난을 뒤집어쓰게 된다(같은 책: xxiii).

독일에서 소련병에 의한 여성의 수난이 스테레오타입화된 이야기로서 등장한 것은 1990년대의 일이었다(제8장 히메오카의 논문도 참조). 아티나 그로스만은 그 배경에 있던 동기를 엄격하게 지적한 역사학자인데, 그녀에 따르면 이 수난의 이야기야말로 새로운 고난의 국민공동체를 구성하고 '민족'의 통일을 재정당화하여 '병든' 독일에 '회복'의 기반을 제공하는 정치적 기능을 수행하게 되었던 것이다(Grossmann, 1995=1999: 155).

같은 패전국이었지만 일본의 경우에는 전쟁에 수반되는 성폭력이라는 여성들의 수난에 대해 이야기의 정통성이 부여되는 일은 없었다고 해도 좋을 것이다. 본서의 제6장 이노마타의 논문과 제7장 히구치의 논문이 밝히고 있는 것처럼, 만주에서 소련군에 의해 성폭력을 당하거나 공동체로부터 인신공여 성격의 '접대'를 강요당했던 여성들의 존재는 오랫동안 공적 공간에서 이야기되지 않았다.[12] 수난의 집합적 기억에 소환된 여성의 지정석이란 정숙한 어머니와 아내의 것이어서, 성폭력 피해자 여성들에게 그 장소는 주어지지 않았던 것이다.[13]

전쟁에 수반되는 성폭력의 새로운 패러다임에 길을 열었던 일본군

10 본고를 탈고한 후 일본의 패전 트라우마를 ① 용감하게 전사한 영웅의 '아름다운 나라'의 이야기, ② 희생당한 피해자의 '비극의 나라'의 이야기, ③ 아시아 각지에서의 가해자의 '꺼림칙한' 이야기가 서로 각축하는 기억으로 분석한 하시모토 아키코(Hashimoto, 2015=2017)를 알게 되었다. 에이전시와 이야기의 정통성의 관계에 착목한 도식은 필자가 독자적으로 만들어낸 것이지만, 배경으로 설정한 본고의 〈그림 1〉의 수난 이야기는 하시모토의 유형 ②, 〈도표 2〉의 영웅 이야기는 유형 ①과 겹친다. 또한 하시모토의 논의는 동일한 공동체 가운데 복수의 이야기가 경합하면서 공존하는 것을 보여주고 있다는 점에서 시사하는 바가 매우 풍부하다.

11 대개의 이야기는 내용이나 어휘 선택, 구조에 있어서 유사해서, 순결과 명예를 지키고 목숨을 희생하려는 여성들의 각오가 강조된다. 뮐호이저도 마커스의 '레이프 스크립트'를 활용하면서 이야기의 빈출頻出은 사건 그 자체가 아니라 이야기에 부여된 정통성을 드러내는 것이라고 해석하고 있다(Mühlhäuser, 2010=2015, 35-36).

12 단, 인양 여성의 수난은 배외주의적이고 내셔널리스틱한 인터넷 공간에서 이웃 나라에 대한 적의를 부추기는 재료로서 사용되고 있다(야마모토, 2015b: 45).

13 총력전에 동원된 후 국민은 '총체기억'(total memory)을 향해 또다시 동원되었다고 보는 캐롤 글럭은, 이 국민적 이야기의 여성의 장章에서는 국기를 손에 쥐고 병사를 환송하는 '국방부인'이 고난을 견뎌내는 몸뻬 차림의 모친상이 되었다고 서술하고 있다(글럭, 2007: 351, 373).

'위안부'들 또한 공적인 문제로서 피해를 이야기하는 정통성을 부여받을 때까지 스티그마를 두려워하여 긴 침묵을 강요당했다. 그 비극이 '민족의 수난'으로서 이해된 것은 공동체 속에서 그녀들이 말하는 것을 가능하게 한 대신에, 제2장 기노시타의 논문이 지적하는 바와 같이 일본인 '위안부'를 불가시화하는 반작용도 수반했다. 중국에서의 미디어 담론을 조사한 송샤오펑宋少鵬은 '위안부'에 대한 집합적 기억이 민족주의의 틀 속에 있다는 것을 다음과 같이 서술하고 있다.

> '위안부'는 국가의 손실로서 국가의 역사기술에 편입되었을 뿐만 아니라, 민족이 '뒤쳐져서 당했다'는 증거와 상징으로서 국민의 민족 억압의 집단기억에도 편입되었고, 또한 민족 부흥이라는 애국주의의 추진력이 되기도 했다(송샤오펑, 2016: 222).

이 같은 민족적 기억의 배후에 있는 '희생자의식 내셔널리즘'을 문제 삼고 있는 것이 임지현이다.[14] 임지현에 따르면 전후 내셔널리즘 담론에서 수동적인 '피해자'로부터 능동적인 '희생자'로 기억을 승화하는 과정에서 '희생자의식 내셔널리즘'은 생성된다. 사실 여부를 불문하고 '희생자'라는 숭고한 역사적 위치를 역사적 행위자에게 부여하고, 그 기억을 통해 내셔널리즘을 정당화하는 메커니즘이 '희생자의식 내셔널리즘'이다(임지현, 2017: 70-71).

앞의 사례를 두고 말하자면, 소련병에 의해 강간을 당한 독일인 여성과 일본군에 의해 '위안부'가 된 중국인 여성이라고 하는, '적에 의한 강간'이라는 전적으로 수동적인 '피해자'에게 이야기를 할 수 있는 정통성을 부여하고, 그 존재를 능동적인 '희생자'로 승화시키는 것이야말로 '희생자의식 내셔널리즘'을 성립하게 하는 기술이라고 말할 수 있을 것이다.

다시 〈도표 1〉로 되돌아가 보자. 세로축의 가장 높은 위치에 있는 '적에 의한 강간'은, 해당 사회가 그 '이야기의 정통성'을 최대한 인정하는 것과는 정반대로 가로축에 있는 여성의 에이전시를 가장 낮게 평가하는 위치에 있다. 이 때문에 '희생자의식 내셔널리즘'에 의해 일단 능동적인 '희생자'의 지위가 주어진 여성들은 피해를 말하는 정통성을 받아들이는 대신, '피해자'로서의 자신에게 자유로운 재량으로 행동 가능한 여지가 어느 정도 있었던 것인지를 이야기하는 것은 허락되지 않게 된다. '위안부' 증언집 제6집을 이끌었던 한국 연구자 김명혜(제1장 야마시타의 논문 참조)의 말을 빌면 "희생이 된 자신이라는 스테레오타입화된 이야기"와 모순되는 기억은 존재의 여지가 거의 없어져 버리게 되는 것이다(Kim, 2008: 189; Mühlhäuser, 2010 = 2015: x). 개인의 기억이 형성·변용되는 과정이 국가의 역사의 구축과정과 흡사하다는 기억 연구의 성과를 언급하면서 캐롤 글럭(Carol Gluck)은 다음과 같이 지적한다(글럭, 2007: 293).

> 어떠한 사적인 과거라야 사람들 앞에 드러낼 수 있을까 하는 것은 사회적으로 결정된다. 시대와 더불어 풍조가 변화하면 거기에 따

14 임지현은 전후의 기억문화가 국경을 넘어 왕래하는 것을 통해 만들어진 트랜스내셔널한 기억공간에서 기억의 탈민족화와 재민족화가 동시에 진행된다고 분석하고 있다(임지현, 2017).

라 사람들 앞에 드러낼 수 있는 것도 바뀌어 간다. 지금 무엇이 기대되는 것인가에 주의를 기울이면서 사람들은 자신의 과거를 '떠올리는' 것이다. (중략) 일찍이 대문자의 역사는 국가라는 형태를 취하면서 사람들을 전쟁으로 내몰았다. 지금 그와 마찬가지의 대문자 역사가 전후라는 단장을 하고, 개인의 기억의 세부에 수정을 유발하는 한편으로 꽤나 다른 기준으로 이들 행위를 재판하고 있는 것이다(같은 책: 294).

전쟁에 수반되는 성폭력 피해가 스티그마화되어 오랫동안 침묵을 강요당하는 상황에 놓여 있었다는 사실은 몇 번이고 확인해 둘 필요가 있다. 그러나 일단 공동체가 전시의 수난 이야기 속에서 피해를 말하는 정통성을 인정하게 되면, 피해자에게 에이전시를 발휘할 수 있는 여지가 없다고 간주되는 '적에 의한 강간' 피해를 정점으로 하는 이야기의 서열이 만들어진다. 이리하여 '적에 의한 강간'에 대해 '적에 의하지 않은 강간'이, '경제적 필요에 의한 매매춘'에 대해 '경제적 필요와 무관한 매매춘'이 이야기하기 어려운 것이 되고 불가시화된다. 나아가 '결혼에 이르지 않은 연애'에 비해 '결혼에 이른 연애'는 최대한의 에이전시가 인정되고 있다는 이유로 희생의 이야기에서 말하기의 정통성이라는 위치를 갖지 못한다. 전쟁 신부가 건너간 곳에서 경험한 가정폭력 등의 비극은 많은 경우 공동체의 수난 이야기와 분리되어 개별화되는 것이다.

이야기의 차이에 의해 반전하는 이야기의 정통성

그렇지만, 이야기의 서열이란 고정적인 것일까? 제8장 히메오카의 논문은 전쟁에 수반되는 성폭력의 이야기가 해당 사회의 문맥에 의해 규정된다는 것을 독일을 사례로 시계열적으로 상세히 논하고 있는바, 〈도표 1〉에 게재된 이야기의 정통성의 서열이란, 이야기되는 전쟁을 공동체의 어떠한 이야기가 틀을 지우는가에 따라 크게 변화될 수 있는 것이 아닌가. 구체적으로 말하자면, 〈도표 1〉의 서열은 어디까지나 공동체의 이야기가 수난의 이야기로 감싸져 있을 경우에 한정된 것이 아닐 것인가.

희생된 피해자의 이야기가 아니라 용감하게 싸운 영웅의 이야기를 전경화하면서 전쟁을 이야기할 경우, 여기에 어울리지 않는 기억 역시 억압될 것이다. 이 책의 '서문'에서 편자가 말하고 있듯 노르망디 상륙작전 이후 프랑스에서 미군의 만행을 폭로한 『병사와 섹스』의 간행 이후, 저자인 메리 루이즈 로버츠는 미국의 일반 시민, 특히 퇴역군인들로부터 큰 반발을 들어야 했다. 이는 미국에서 '좋은 전쟁'으로 평가되어 온 제2차 세계대전 영웅들의 가해성이 이 책에서 생생하게 폭로되었기 때문일 것이다.

글럭은 제2차 세계대전에 대한 기억을 둘러싼 논쟁을, 위상이 다른 기억영역으로 나누어 분석해 보여주었다(글럭, 2007: 349-384). 그녀는 허버트 버터필드의 논의에 의거해, 선과 악, 가해자와 희생자를 명확하게 구별하고, 적의 편에 대한 상상력을 절대 작동하지 않도록 하는 단순한 내러티브를 '영웅 이야기'라고 부르고, 그 집요함을 각 기억영역에서의 작용에서 찾는다(Butterfield, 1951: 10-11; 글럭, 2007: 502). 공식적인 기억영역에서는 강요당하지 않는 한 자신의 과거의 괴로운 부분에서 눈을 돌리기 위해 '영웅 이야기'가 유지된다(글럭, 2007: 358). 대중문화나 매스 미디어에서 개별적인vernacular 기억은 때로 공식적인 기억에서 벗어나기도 하지만, 다른 한편에서 승인이나 보상을 요구하는 많은 '기억 활동가'가 자신의 기억을 '영웅 이야기'에 편입하기를 요구하며 싸운다(같은 책: 359-361). 뿐만 아니라 아주 사적이어서 계통적이지는 않았던 각 개인의 기억은 개별적인 기억으로부터 이미지를 빨아들이면서 때로는 공적인 이야기의 모델에 맞춰 구축되었다(같은 책: 361-362). '영웅 이야기'에 대한 도전이 너무도 곤란한 것은, 이들 다른 위상 모두에서 이야기에 대한 집착과 그것이 파괴당하는 것에 대한 거절·저항이 존재하기 때문이다.

거절과 저항은 '영웅 이야기'에 도전하는 전시 성폭력 피해자를 침묵하게 하는 형태로 나타나는 것만은 아니다. 성폭력 가해자가 그것은 피해자가 스스로 원했던 것이었다고 생각하고 싶어 하는 것과 꼭 마찬가지로, 전시 성폭력의 가해자 역시 제 스스로 몸을 바친 피해자의 상에 매달린다. 로버츠의 책에 인용된 병사의 회상록—"오늘날의 유럽은 인생에서 한번은 빵 한 덩어리 값에 다리를 벌린 적 있는 멋진 프티 부르주아 여성들로 가득차 있다"(Roberts, 2013=2015, 164)—은 미소지니(여성 경멸)로 가득 차 있거니와, 이는 스스로 떳떳하지 못하다는 사실을 드러낸 것이기도 하다. 죄의식을 희석하기 위해서 그들은 "빵 한 덩어리의 값에 다리를 벌리"는 여성 쪽에서 에이전시를 읽어낸다. 이렇게 함으로써 그들은 '영웅 이야기'를 손상시키지 않으면서 그 등장인물로서의 명예를 지키는 것이다.

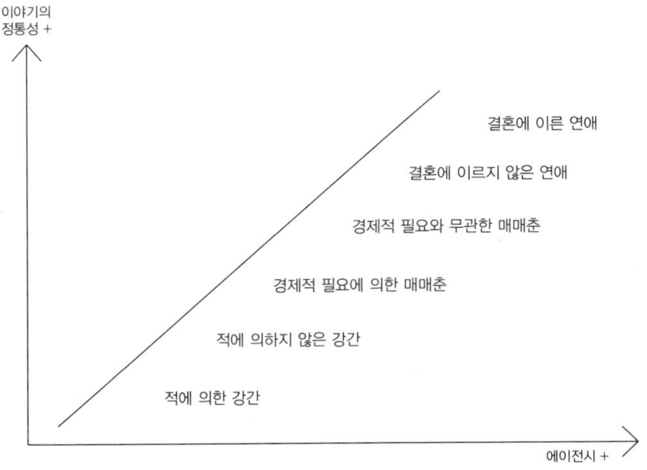

〈도표 2〉 영웅 이야기에서 에이전시와 이야기의 정통성

여기에서는 해당 성적 관계와 관련된 여성 쪽에서 에이전시를 발견하는 것을 통해 꺼림칙한 감정이 엷어지게 됨으로써 이야기를 가능하게 하고 있는 것이 아닐까. 〈도표 1〉의 수난의 이야기와 달리, 해당 사회가 전쟁을 영웅주의적 코드로 이야기할 경우에는 〈도표 2〉와 같이 '적에 의한 강간'이야말로 그 이야기를 감추어야만 하는 가장 부끄러운 경험으로서 간주된다. 제3장 오카다의 논문은 일본 점령하의 필리핀에서 '위안부' 제도가 어떻게 합법적인 것으로 이해되고 있었던 것인가를 상세하게 밝히고 있는데, 강간을 매매춘과 비슷한 것으로 얼버무리는 것은 관련 행위에 대한 죄책감을 희석시킴으로써 이야기의 정통성을 높이려는 방향으로 작동한다고 생각된다. '이야기의 정통성'을 드러내는 〈도표 2〉의 세로축이 보여주는 것처럼, '경제적 필요와 무관한 매매춘'은 '경제적 필요에 의한 매매춘'보다도 손쉽게 이야기할 수 있고, '연애'에 이르게 되면 가해/피해라는 문맥과는 무관한 형태로, 공적으로 말해도 되는 해피엔드 스토리가 될 것이다. 제4장 히라이의 논문은 가혹한 성노동을 강요당했던 조선인 '위안부'가 특정한 남성에게서는 '유흥대금'을 받지 않는 '스짱 관계'를 맺었다는 사실을 병사의 체험담을 통해서 밝히고 있는데, 이러한 관계성에서 강한 정서적 유대를 읽어내는 그들의 해석은 그 자체가 이야기를 가능하게 하는 기능을 달성하고 있는 것일 터이다.

여기에서 〈도표 1〉과 〈도표 2〉의 차이를 이야기하는 주체의 차이—〈도표 1〉은 피해자 여성의 이야기, 〈도표 2〉는 가해자 남성의 이야기—로 이해할 필요는 없다. 되풀이하지만 가로축은 '성적 관계의 당사자인 여성의 에이전시'에 대한 해당 사회의 인식을, 세로축은 해당 사회가 그 '성적 관계에 대한 이야기에 부여하는 정통성'을 의미하는 것이다. 〈도표 1〉과 〈도표 2〉의 차이는 화자가 피해자인가 가해자인가가 아니라, 이 성적 관계를 발생시킨 전쟁에 대해 해당 공동체가 어떠한 집합적 기억을 가지고 있는가 하는 전쟁 이야기의 질적인 차이에서 유래하는 것이다.[15]

이를 명확하게 하기 위해 〈도표 1〉과 마찬가지로 〈도표 2〉에서도 여성의 이야기를 거론하는 편이 좋을지 모르겠다. 송샤오펑이 민족에 의한 '망각'의 기억으로 든 항전 여성병사의 포로로서의 성폭력 경험은 그 한 사례이다. 항전 여성 병사는 중국의 민족적 영웅으로서 그녀들이 자결을 통해서 보여준 충성이나 혹형을 견뎌낸 강인함이 영웅이라는 증좌로 이용되는 것과는 반대로, 성폭력 피해는 숨겨져 왔다. 송샤오펑은 "가해진 폭력의 잔혹함은 영웅의 광휘를 드높이는데, 왜 성폭력만은 영웅으로서 입 밖으로 드러내기 어려운 치욕이 되는 것인가"라고 질문한다. 여기에 여성에 대한 중국 남성의 소유의식이 스며들어 있다는 것이다(송샤오펑, 2016: 230). 중국의 항일 전쟁이 영웅 이야기를 전경화하면서 이야기될 때, 여기에는 에이전시가 발휘될 여지가 없는 '적에 의한 강간'을 말하는 정통성은 없다. 항전 여성병사가 민족적 영웅인 까닭에 가부장제 사회는 그녀들에게 피해를 말하는 정통성을 주지 않는 것이다.

이처럼 전쟁이 영웅 이야기라는 프레임으로 구축될 경우 공동체가 '성적 관계에 대한 이야기에 부여하는 정통성'은, 전쟁이 수난 이야기라는 프레임으로 구축될 경우의 이야기의 서열과는 반전되는 형태로 배열된다. 제5장 챠조노 논문의 점령기 일본에서의 사례에서 나타난 '생존전략'의 다양한 모습—강간당한 후 교섭에서 금전을 요구, 매매춘의 상대에게 몸을 의탁하는 경우, 거래를 제의하고 '처'가 되는 것—과 여기에서 발휘되고 있는 여성의 에이전시는, 수난 이야기에서 억압되고 불가시화 되는 것과는 대조적으로, 영웅 이야기 속에서는 성폭력과는 거리가 먼 관계인 것을 드러내는 증거로서 기능하면서 악의 없이 혹은 담담하게 이야기되는 것은 아닐까. 말하는 주체가 누구인지가 문제되지 않는, 그것이 피해자의 이야기이건 가해자의 이야기이건 간에, 어떤 이야기에 정통성을 부여하고 여기에서 벗어나는 이

15 주 9에서 말한 것처럼 〈도표 1〉은 '자국에서의' 성적 관계에 한정된다. 공동체에게 있어서 자국에서의 전쟁 경험은 '수난 이야기'라는 색채를 짙게 풍기지만, 타국에서의 성적 관계에 대한 이야기는 '수난 이야기'라는 규정성을 벗어나 반전되기 때문이다.

야기에는 귀를 기울이려 하지 않는 것은 그 공동체에 있어서 전쟁이라는 마스터 내러티브의 규정력인 것이다.

맺음말—성폭력 연속체 가운데에서

제2절에서는 전쟁에서 발생하는 성적 관계를 강간, 매매춘, 연애라고 하는 연속선상에서 파악해 왔는데, 마지막으로 그 의미를 페미니즘의 역사 속에서 확인하고 본고를 마무리하려 한다.

일찍이 리브*의 여성들은, 한쪽에 지켜야만 하는 여자로서의 '주부'를 두고 다른 쪽에 유린되어도 되는 여자로서의 '창부'를 두는, 여자의 이분화야말로 가부장제를 성립하게 하는 기술이라 비판하고 이 둘을 이으려고 분투했다. 또한 페미니즘 중에는 성매매를 둘러싼 젠더 비대칭성에 주목하여 그 자체를 가부장제하의 성폭력이라고 비판하는 흐름도 있었다.

남성에게 권력과 자원을 많이 배분하는 가부장제라는 구조하에서는 직접적인 물리적 폭력으로서의 강간뿐만 아니라 노동 시장에서의 여성의 취약성을 배경으로 한 성매매가 발생하고, 나아가서는 자신을 지키기 위한 수단으로 여성이 결혼을 선택하기도 한다. 본고가 제시한 조감도는 분쟁과 관련되어 일어나는 다양한 성적 관계를 가부장제하의 젠더 관계로서 고찰하는 사고 실험이기도 했다.

일탈로서가 아니라 일상 속에서 일어나는 것으로서 성폭력을 파악하려는 시도는 리즈 켈리가 '성폭력 연속체'라는 개념을 제기한 이후(Kelly, 1987 = 2001) 글로벌한 운동으로서 전개되었고, 1993년 여성에 대한 폭력철폐 선언으로 결실을 맺기에 이르렀다.[16] 연속성을 그리는 방식은 제각각이겠지만, 가정폭력이나 부부간 강간이 아닌 단순한 결혼을 여기에 포함하는 것에는 여전히 저항감을 느끼는 독자도 있을 것이다. 여기에서 또 하나 더 도입하고 싶은 것은 보호세 갈취(protection racket)라는 개념이다.

페미니스트는 '보호'가 여성의 종속과 밀접히 연관되어 있으며, 보호하는 자/보호받는 자라고 하는 젠더화된 이원론이야말로 공과 사를 관통하는 불평등한 젠더 관계를 정당화해 왔다고 비판해 왔다.[17] 고전적인 의미에서의 '보호세 갈취'란 막연한 적으로부터의 보호에 대한 대가로 제공하는 것을 의미하지만(Stiehm, 1982: 373), 이 글에서는 여성이 자신을 지킨다고 칭하는 남성에 의해 보호를 약속받는 상황을 가리킨다. '갈취'라는 유비(아날로지)는 사람들이 놓여 있는 장소와 선택을 만들어 내고 있는 구조를 해명하고, 힘과 그 위협이 구조적인 의

16 여성에 대한 다양한 형태의 폭력을 철폐할 것을 처음으로 제기한 것은 서구 페미니스트들이었다. 남반구의 페미니스트들은 남북의 구조적 불평등을 망각하는 것에는 단호하게 저항하면서, 사티, 지참금 살인, 할례와 같은 '해로운 전통적 실천'을 후진적 문화 혹은 문명화로 간주하는 것을 거부하고, 북반구에서 두드러진 아내 구타나 강간과의 연관성을 강조했다(Weldon, 2006: 84-85).

17 보호를 합리적으로 선택하는 사람들은 체계적인 의존을 재생산함으로써 실제로는 비합리적으로 행위하고 있는 셈인데, 안전을 잃는 리스크를 감수하는 것이 불가능하므로 취약한 사람일수록 이러한 불평등한 관계로부터의 탈출은 곤란해진다(Peterson, 1992: 51-52).

* '리브레이션(liberation)'의 준말. 여기에서는 여성해방 운동을 의미.

존의 생산·재생산에 가담하고 있다는 것을 밝히기 위해 도입된 것이었다(Peterson, 1992: 53).

보호하는 자는 보호에 실패할 경우 낭패를 겪고 불만을 느끼기 때문에 보호 대상자의 행동을 제약하려고 한다. 보호되는 자는 그에게 있어서 걸리적거림, 하중荷重이 되고, 최종적으로는 수치가 된다. 보호되지 않는 보호대상자야말로 실패의 가장 명백한 증거가 되기 때문이다(Stiehm, 1982: 373-374).

일찍부터 이 개념을 사용하여 보호자의 딜레마를 분석한 주디스 힉스 스팀(Judith Hicks Stiehm)은 진정한 위협은 '적'이 아니라, 보호를 제공한다고 자칭하는 자가 고의로 사람을 착취하고, 보다 좋은 관리나 안전을 위해 사람을 조종하거나 조정하거나 해를 끼치며, 보호를 조직화한다면서 폭력을 야기하거나, 갑작스레 공격해 온다거나 하는 쪽이라고 말한다(같은 책: 373).

이러한 '보호세 갈취'를 구성하고 있는 것은 개개의 남성만이 아니다. 국가 역시 다양한 형태의 '보호'—사생활의 보호, 소유권의 보호, 다른 시민이나 외부의 위협으로부터의 보호—를 약속하는 '보호세 갈취자'로서 기능하고 있다.[18] 사람들은 국가 아래에서 실제로 보호의 필요성을 다양하게 경험하면서 안전보장이라는 명목의 '보호'를 어쩔 수 없는 것으로서 이해하려고 한다. '안전보장'의 대안이 결여되어 있다는 바로 그 이유로 인해 사람들은 국가의 보호라는 형태 속에 참가하도록 강요당하는 것이다(Peterseon, 1992: 50-51).

페미니스트의 시점에서 보면, 국가는 남성을 '보호세 갈취자'로 지원하면서 여성에게는 보호의 대가로 정치적·개인적 자율을 단념하도록 해 왔다. 그리고 V. S. 피터슨이 말하는 것처럼, 결혼 역시 '보호세 갈취'를 떠받치는 장치로서 존재한다. 결혼은 여성에 대한 다양한 위협으로부터의 보호—다른 남성으로부터의 폭력이나 노동 시장에서의 취약성으로부터의 보호—를 약속하고, 여성들은 제한된 선택지 가운데에서 결혼이라는 선택을 강요당하는 것이다(같은 책: 51).

이상과 같은 페미니스트의 고전적인 고찰로 되돌아가서 보면, 젠더의 위계와 구조적 폭력의 재생산이 얽혀 있는 결혼을 성폭력 연속체 속에 두는 일은 아주 엉뚱한 것이라고는 할 수 없을 것이다.[19] 그러나 이러한 확장주의적 성폭력 이해는 아직 어떠한 종류의 위험을 내포하고 있다는 사실도 분명하다. 한국의 성노동자(sex worker) 문제에 천착해 온 정희진은 가부장제하에서 이성애 · 성폭력 · 성매매는 질적으로 구분되지 않는다고 본 '성폭력 연속체' 개념은 중산계급 여성의 억압을 설명하기 위한 개념에 불과하다고 비판하면서, 이러한 종류의 사고는 "복잡한 현실을 단순화하는 '실재'에 대한 욕망, 서구 근대적 사유의 폭력"이라고 지탄한다(정희진, 2007: 55).

정희진의 비판은 자신이 경험하지 않은 것을 당사자를 대신하여 이야기하는 것은 '목소리의 찬탈'이라는 사실에 충분히 자각적이지 않

18 찰스 틸리(Charles Tilly)는 "정부 자신이 일반에게 외부로부터의 전쟁 위협을 시뮬레이션하고 자극하며 날조하기조차 하는 것, 그리고 정부의 억압적 · 수탈적 행위가 종종 시민의 생계에 있어서 현상 최대의 위협을 구성하고 있다는 사실로부터, 대부분의 정부는 '보호세 갈취자들'과 본질적으로 같은 방식으로 작동하고 있다"고 말한다(Tilly, 1985: 171).

19 개인 간에서 국제관계까지, 침실에서 전장까지, 평시와 전시를 불문하고 일어나는 다종다양한 폭력을 연속선상에서 이해하고 고찰한 신시아 콕번도 참조할 것(Cockburn, 2004).

으면 안 된다고 한 제9장 나리타의 논문에서의 역사학에 대한 경구와 도 서로 호응한다. 우리들은 '성폭력 연속체'의 연속성뿐만 아니라 그 차이에도 민감해짐으로써 '목소리의 쟁탈'에 함몰되는 것을 피할 필요가 있다. 그리고 현상의 사이에서 관련성을 찾아내려는 '욕망'과 '폭력'을 경계하는 한편으로, '강간적 매춘', '매춘적 강간', '연애적 매춘', '매춘적 연애' 등의 회색지대를 소거하지 않고, 전시의 폭력적인 구조 가운데에서 피해자가 희미하게나마 발휘한 에이전시의 흔적을 훼손되는 일 없이 건져 올려야 할 것이다.

'적에 의한 강간'을 에이전시가 발휘될 여지가 없는 정통적인 수난으로 간주하는 사회(도표 1)도, '결혼에 이르는 연애'에는 폭력 같은 것은 추호도 없다고 간주하는 사회(도표 2)도, 이야기의 정통성과 여성의 에이전시에 대한 인정을 연관 짓는다는 점에서 모두 가부장제의 논리에 기반하고 있다. 페미니즘은 이 같은 논리에 맞서서 아무리 구조적 강제가 있었다고 해도 에이전시는 발휘될 수 있다는 것을, 그리고 여성이 에이전시를 발휘하고 있기 때문이라고 하여 거기에 구조적 강제가 없는 것은 아니라는 것을 주장해 왔던 것이다. 전쟁에 수반되는 성폭력의 복잡하고 다양한 모습을 이해하기 위해서는, 어떠한 상황하에서도 발휘될 수 있는 여성의 에이전시와 어떠한 상황하에서도 발생할 수 있는 젠더 관계의 구조적 폭력, 이 둘을 모두 시야에 둔 고찰이 필요한데, 이것이야말로 전시와 평상시에 수반되는 성폭력의 근절을 위한 투쟁에 있어서 불가결한 것이다.

전쟁과 성폭력의 비교사를 지향하는 이 책은 자신의 논리의 올바름을 말하기 위해 멀리 떨어진 지역의 사례를 탈문맥화하여 유용하는

"부정론자들의 인터내셔널"(임지현, 2017: 65)의 하나의 사례로서 받아들여질지도 모르겠다. 그렇지만 비교사는 "정전화된 이야기를 회피하는 길"을 제공하고, 역사학자를 "내셔널한 시각 속에 스스로 닫아 두는 데 익숙한 습관으로부터 해방시키는" 트랜스내셔널한 작업이 될 수도 있을 터이다(글럭, 2007: 10).

다양한 경험과 예지를 모으고, 전시와 일상의 성폭력을 관련지으면서 다양한 성적 관계의 베리에이션 속에서 생각할 것. 전쟁을 근절하고 성폭력의 근원과 마주하기 위해 큰 조감도를 그릴 것. 본서가 그 하나의 시안이 되기를 바랄 따름이다

후기

한국어판 후기

역자 후기

참고문헌

후기

이 책은 2016년 개최된 '전쟁과 성폭력'에 관한 두 개의 심포지엄을 계기로 만들어진 것이다. 하나는 3월 12일에 리쓰메이칸立命館 대학에서 개최된 심포지엄 '전쟁과 성폭력의 비교사를 향하여—강간, 매매춘에서 연애까지'이고 다른 하나는 9월 4일에 히토쓰바시 대학에서 개최된 일본 구술사학회(JOHA) 심포지엄 '일본군 '위안부' 문제와 구술사연구의/에의 도전'이다. 이 책은 이 두 심포지엄의 테마였던 '전쟁과 성폭력, 비교사, 여성의 에이전시, 구술사'라는 주제를 키워드로 하여 두 심포지엄에 관여했던 멤버들의 공동작업의 성과인 셈이다.

전자(리쓰메이칸 심포지엄)는 2015년 M. L. 로버츠의 『병사와 섹스—제2차 세계대전하 프랑스에서 미군은 무엇을 했는가?』(Roberts, 2013)와 R. 뮐호이저의 『전장의 성—독소전쟁하 독일병과 여성들』(Mühlhäuser, 2010)의 일본어 번역본이 간행된 것을 계기로 우에노 지즈코가 두 책의 번역자를 초대하여 기획한 것이다. 그것은 모든 전쟁에서 병사가 섹스를 요구한다는 사실이 우발적인 것이 아니라 비대칭적인 권력관계의 불가피한 일부라고 보고, 독일, 프랑스, 일본에서 전쟁과 성폭력의 비교사라는 관점에서 점령군 '위안부'와 일본군 '위안부'의 위치를 살피려는 목적을 가진 것이었다. 또한 연애, 매춘, 강간을 연속적인 것으로 간주하고 이를 여성의 에이전시와 관련지어 논의한다는 점에서 이중으로 도전적인 기획이었다.

기존에 동아시아에서 전쟁과 성폭력에 관한 논의는 왕왕 일본군 '위안부' 문제가 다른 경우와는 비교가 불가능한 유일무이한 것으로 주장되기 십상이었다. 이는 일본군의 그것이 독보적으로 대규모적인 것이었기 때문이다. 이는 또한 전쟁에서 병사의 섹스는 뒤따르기 마련이라든가 '위안부' 제도는 일본만의 것이 아니었다는 등 일본군 '위안부' 문제를 부정하거나 상대화하려는 역사수정주의에 대항해서 이를 사회 문제화할 때 하나의 전략이기도 하였다. 전쟁과 성폭력의 고유성과 보편성을 모두 시야에 넣은 것이 가능하다는 비교사의 시도는 자극적인 것이어서 리쓰메이칸의 심포지엄은 많은 청중을 불러 모았다.

후자(JOHA 심포지엄)는 JOHA 연구활동위원이면서 전자의 심포지엄에도 참석한 히라이 가즈코와 이 위원회의 위원장인 아라라기 신조, 만주 인양 당시의 성폭력 피해를 연구하는 야마모토 메유(일본학술진흥회 특별연구원)가 기획하여, 일본군 '위안부' 문제와 구술사의 관계를 학회 심포지엄으로 개최한 것이다. 그때까지 구술사 연구의 장에서 일본군 '위안부' 문제를 둘러싼 '증언'이 정면에서 다루어진 적은 없었다. 오히려 많은 구술사 연구자들은 이를 피하고 있었다.

야마모토가 이 심포지엄의 취지 설명에서 서술했듯 일본군 '위안부' 문제는 한국인 '위안부'의 커밍아웃을 통해서 사회 문제화되고 그 '증언'이 중요한 역할을 수행했다. 이 '증언'의 위치부여를 둘러싼 논쟁은 중요한 논점의 하나였음에도 불구하고, 이를 전문으로 하는 구술사 연구자는 발언을 해 오지 않았다.

이는 일본군 '위안부' 문제는 연구의 축적이 두터울 뿐만 아니라 논자의 정치적인 입장에 대한 물음이 늘 요구되는 주제여서 발언을 하기가 어려웠기 때문이었다. 게다가 '증언'의 구축성을 둘러싼 논의는 그 확실성을 의문시하는 역사수정주의들의 주장을 부채질하게 될 가능성이 커서 이와 혼동되기 쉽다는 점을 꺼려했기 때문이기도 했다.

그러나 국내의 논의가 혼란에 빠져들어 새로운 논의의 전개가 요망되는 지금 구술사 연구가 논의를 진전시키는 역할을 해야만 하는 때가 왔다고 세 사람은 판단했다. JOHA의 심포지엄은 한국, 필리핀, 일본에서의 사례를 광의의 구술사적 관점에서 대상화한 것으로서, 이 역시 주목을 받아 많은 이들이 참가했다.

이처럼 두 개의 심포지엄은 기존의 일본군 '위안부' 문제의 논의 방식에서는 없었던 관점을 분명히 하고 인식의 틀까지 공유하고 있었던 것이어서, 이 심포지엄을 바탕으로 이 책을 편집하기에 이르렀다. 여기에 더해 만주 인양 시기 성폭력을 당한 여성의 중절에 관한 연구를 축적해온 히구치 게이코와, 인양 여성의 성폭력 피해/피해자 담론을 본격적으로 논의해 온 이노마타 유스케를 집필자로 추가하여 이 책의 진용을 갖추었다.

만주 인양 시기에 일본인 여성이 당한 성폭력 피해는 일본군 '위안부' 문제를 비판하는 대항적 사례로서 역사수정주의자가 언급해 왔다. 만주로부터의 인양 체험을 묘사한 요코 가와시마 왓킨스의 『요코 이야기』(Kawashima Watkins, 1986=2013) 역시 정치화되곤 했다. 이 책에서는 역사수정주의자들에 의한 전유에 맞서면서 전쟁과 성폭력의 비교사라는 관점 아래 만주 인양 시기의 성폭력 피해를 논의하는 것이 어떻게 가능한가에 대한 해명이 시도되고 있다.

이 책은 위에서 말한 두 개의 심포지엄을 계기로 한 것이지만, 편집 기획에서 간행까지의 2년 동안 집필자 전원이 긴밀한 연락을 취하고 세 차례의 연구회를 개최하여 원고에 대한 코멘트를 주고받으면서 공저에 값하는 노력을 거듭해 왔다. 자화자찬이 되겠지만, 역사학과 사회학 두 분야의 참가, 젠더 구성, 다양한 연령층 등 여러 면에서 균형을 갖춘 공동연구 그룹이 되었다고 생각한다.

'머리말'에서 전쟁과 성폭력 연구는 아시아발이라고 서술했거니와, 이 책의 '전쟁과 성폭력의 비교사'라는 시도도 전쟁과 성폭력 연구에 새로운 한 걸음을 내디딜 수 있기를 바란다. 또한 혼란을 거듭하고 있는 국내의 논의에 새로운 전개를 가져올 수 있기를 희망한다.

마지막으로 이 책의 편집을 담당한 이와나미쇼텐의 오하시 구미 씨에게 마음속 깊은 감사를 전한다. 여러 분야에 걸쳐 있는 개성적인 집필자들의 글을 유려하게 마무리한 솜씨에는 경탄할 수밖에 없었다.

2018년 1월

엮은이

한국어판 후기

이 책이 한국에서 간행되어 무한한 영광으로 생각하며 집필자 일동은 기쁨을 억누를 수 없습니다.

우선, 무엇보다도 일본군 '위안부'로서 고난으로 가득한 인생을 살면서 명예회복을 요구하는 과정에서 돌아가신 많은 분께 진정 어린 애도의 뜻을 표하면서, 그 고난을 이겨내며 살아온 할머니 여러분들께 이 책을 바칩니다. 또한 전후 오랫동안의 노력을 통해 '기억의 구멍' 속에 봉인되었던 일본군 '위안부' 문제를 찾아내고 한국 내에서 사회문제화하여 한일 간의 정치·외교적인 문제로 제기하였을 뿐만 아니라, '전쟁과 성폭력'이라는 문제로 세계를 이끌어 온 한국의 지원자·연구자 여러분들께 경의와 함께 삼가 이 책을 바칩니다.

'패러다임 전환'이라는 말은 이제 유행이 지난 말이 되었지만, 일본군 '위안부' 문제 혹은 '전쟁과 성폭력 문제'만큼 이 표현이 적절한 경우는 없을 것입니다. 1989년 11월의 베를린 장벽 붕괴 후에 시작된 일련의 사건들 그리고 냉전의 종결은 제2차 세계대전기와 냉전기에 연관된 많은 억압된 과거의 사건을 상기시키고 이를 역사의 재심에 부치게 하였습니다. 그 가운데에서도 일본군 '위안부' 문제만큼 충격을 준 것은 많지 않을 것입니다. 특히 1991년 8월 14일 김학순 할머니가 커밍아웃을 통해 일본 정부를 고발한 일은 동아시아, 나아가 전 세계에 충격을 주었습니다. 냉전 종결 후인 1990년대 전반에 일어난 르완다 분쟁이나 유고슬라비아 분쟁에서 대규모의 제노사이드와 더불어 밝혀진 조직적인 성폭력은 세계를 놀라게 하여, 때마침 전시 성폭력에 대한 국제적인 규제의 긴급성이 공유되기에 이르렀습니다. 이리하여 2000년 분쟁하의 여성에 대한 폭력을 전쟁범죄로 취급하는 UN 안보리 결의가 채택됨으로써 전시 성폭력을 규정하는 국제적 규범이 만들어졌습니다.[1]

이 국제적 규범의 출발점에 김학순 할머니의 고발과 1980년대 민주화 운동 이후 한국 여성운동의 오랜 투쟁이 있었음은 두말할 나위도 없을 것입니다.

그러나 그 뒤로도 분쟁하의 성폭력은 줄어들지 않았습니다. 2003년에 일단 종결된 것처럼 보였던 콩고 분쟁은 그 이후로도 무장집단 사이의 싸움이 계속되어 주민들이 여기에 휘말리게 되는 사건으로 이어졌습니다. 이는 성폭력에 노출되어 상처 입은 여성들을 치료하는 콩고민주공화국의 산부인과 의사 드니 무퀘게Denis Mukwege를 그린 〈여자를 수리하는 남자〉(2015)를 보면 잘 아실 것입니다. 목숨을 건 무퀘게의 치료행위를 다룬 감동적인 이 다큐 영화는 세계적으로 널리 상영되었으며, 그는 2018년 노벨 평화상을 수상하기도 하였습니다. 무퀘게의 위대함은 더 말할 나위 없겠지만 그의 위대함에 반비례하듯 콩고에서의 성폭력 상황은 비참하기 이를 데 없습니다. 아쉽게도 전

1 佐藤文香(2020)「戦争と性暴力」『現代地政学事典』編集委員会編『現代地政学事典』丸善出版。

시 성폭력에 대한 국제적인 규범이 보편적으로 통용되지 않는다는 사실이 노정된 것입니다.

이제 눈을 돌려 우리 자신을 성찰해 보면 이 규범이 일본에도 도달해 있는 것인지 묻지 않을 수 없습니다. 1991년에 김학순 할머니의 고발은 일본 시민사회에 큰 충격을 주었습니다. 일본군 '위안부' 문제에 관한 다양한 지원 운동이나 연구가 이루어졌을 뿐만 아니라, 한일 시민운동이나 연구의 장에서도 수많은 연대와 공동의 고리가 생겨났습니다. 이 규범은 일본 시민사회 일부에서는 확실히 공유되고 있고, 한국의 지원자 · 연구자와 더불어 국제 여론을 주도하고 있는 일본인도 있습니다. 일본 정부 역시 1965년의 한일기본조약을 고집하고 있기는 하지만, 과거 30년간 불충분하게나마 대응하려는 노력을 해 왔으나 한국 정부와 합의에 도달하지는 못했습니다. 그리고 이제 일본군 '위안부' 문제는 한일 정부 사이에서 암초가 되어 있고, 일본 내의 지원자 · 연구자 사이에서도 분열과 대립이 커지고 있습니다.

올해도 8월 14일을 맞이하게 됩니다. 김학순 할머니의 고발로부터 29년째의 여름이 되는 셈인데, 이 문제는 아직 해결을 보지 못하고 있습니다. 지혜를 모으고 해결의 실마리를 찾아내야 할 것입니다. 이 책은 '전쟁과 성폭력' 연구의 최첨단을 개척함으로써 교착된 논의를 타개할 수 있는 길을 찾기 위해 기획되었습니다. 남아프리카의 진실화해위원회가 아파르트헤이트(유색인종 격리정책) 이후의 사회통합을 이끌어 왔듯이, 한일 간에 가로놓인 전쟁 책임과 식민지 책임의 문제를 해결하지 않으면 안 될 것입니다. 이 책이 조금이나마 이 문제의 해결에 기여할 수 있기를 바랍니다.

마지막으로 이 책의 한국어판 출판을 위해 노력한 서재길 선생과 출판 환경이 좋지 않은 상황에서도 이 책을 출판을 맡아 준 어문학사에 깊은 감사의 뜻을 표합니다.

2020년 7월

엮은이

역자 후기

이 책과의 인연은 10년쯤 전에 시작되었다. 2010년 연세대에서 열렸던 만주학회 국제학술대회에서 일본인의 만주 체험에 관한 발표를 위해 방한한 아라라기 신조 교수와의 만남이 그 출발점이었던 것 같다. 이듬해 역자가 근무하던 서울대 규장각한국학연구원의 국제학술대회를 기획하면서 아라라기 교수를 초청했는데, 만주국 붕괴 이후 일본제국 신민의 지위에 대한 흥미로운 주제의 발표를 들을 수 있었다. 만주국에 입식된 수십만의 가난한 일본 농민이 국가에 의해 버려졌고 그중에서 1/3가량이 사망했으며, 적지 않은 수의 일본인이 시베리아에 억류되었다는 사실도 처음으로 알게 되었다. 이 국제학술대회에서 역자는 당시 역사 왜곡 문제로 논란이 되고 있던『요코 이야기』를 둘러싼 기억과 재현의 문제에 관해 발표를 했는데, 아라라기 교수로부터 이 책 6장에서 서술되고 있는 만주 인양 여성의 성폭력 문제에 관한 이야기를 들을 수 있었다.

이것이 인연이 되어 이번에는 아라라기 교수가 주도하는 '20세기 동아시아에서의 인구 이동과 사회통합'에 관한 연구 프로젝트에 참여하게 되어 매년 한두 차례씩 학술회의나 워크숍에 참석하면서 일본에서의 새로운 연구 경향에 대한 귀동냥을 얻을 수 있었다. 특히 2016

년 12월 4일 도쿄의 조치 대학에서 개최된 전후 인양 70주년 기념 심포지엄 '전후인양과 성폭력을 말하다—〈마음 깊은 곳의 슬픔〉(2015)·〈미즈고의 노래〉(1977) 상영회'에서는 한국에서는 좀체 접하기 어려운 영상물을 통해서 식민 가해국이자 패전국의 국민으로서 감당할 수 없는 성폭력 피해를 입고서도 침묵해야만 했던 여성들의 모습을 보며 눈시울을 붉힐 수밖에 없었다. 내셔널리즘이 소환하는 '위안부' 담론 속에 가려진 계급과 젠더의 문제를 개념적으로만 이해하고 있었던 것이 아니었던가 하는 반성을 하게 되었다.

2018년 5월 조치 대학에서 열린 출판 기념 심포지엄에서 『전쟁과 성폭력의 비교사를 향하여』라는 제목을 단 이 책을 처음으로 접하게 되었는데, 불가시화된 일본인 위안부, 위안소와 남성성, 점령기 '빵빵'에 대한 논의는 매우 새로웠다. 특히 일본군 '위안부' 문제를 한일 간의 역사 인식 문제로 가두지 않고, 이를 출발점으로 삼아 전쟁과 성폭력이라는 보편적인 주제를 탐구하겠다는 시도가 매우 도전적으로 여겨졌다. 2차 대전 시기 프랑스, 독일, 동유럽 등에서 독일군은 물론, 소련군이나 미군에 의해 행해진 성폭력과 그 기억의 억압은 한국에서는 거의 접할 수 없었던 주제였다. 책을 읽지 않은 상태로 참가했던 까닭에 심포지엄에서 논의된 내용을 제대로 파악하지 못했지만, 이 책의 키워드로 사용되고 있는 '에이전시'와 '성폭력 연속체'라는 개념에 대한 문제제기가 주로 이루어졌던 것으로 기억한다. 한국의 독자들 역시 이 개념의 현실정합성이라는 문제에 주목하지 않을까 한다.

이 책을 번역하겠다고 주변에 알렸을 때, 역자의 능력에 의구심을 드러낸 사람들이 있었다는 이야기를 전해 들었다. 일본어를 전공하지 않았다는 것을 지적하는 줄 알고 한쪽 귀로 흘려보내긴 했지만, 번역이 끝난 지금에 와서 보니 그 말의 의미를 알 것도 같다. 전쟁과 성폭력의 관계를 탐구한 역사에 관한 서술이라 적힌 입구로 들어갔는데, 마지막 장의 번역을 끝내고 나와 보니 출구에 젠더 연구라고 씌어 있는 형국인 것이다. 가부장제의 유산이 온몸에 덕지덕지 묻어 있는 경상도 출신의 중년 남성에게 '성폭력 연속체'나 '보호세 갈취' 등의 개념이 버거운 것이었음을 고백하지 않을 수 없다. 그럼에도 불구하고 전쟁과 성폭력의 비교사를 다룬 이 책이 여성 연구자가 아니라 남성 연구자에 의해 발견되고 번역되었다는 사실이 갖는 의미가 적지는 않을 것이라고 믿는다.

수업 시간에 함께 책을 읽었던 장은애, 김채봉, 다카하시 아야코, 그리고 한국여성문학학회의 우에노 지즈코 심포지엄에 유일한 남성 연구자로 참석하여 자료를 구해준 전재욱에게 감사한다. 초교를 읽고 검토해준 조지혜, 최원빈, 윤아영에게도 큰 신세를 졌다. 예상보다 늦어진 원고를 원서보다 훨씬 멋진 책으로 만들어준 어문학사 윤석전 대표와 편집부에 고마움을 전한다. 젠더 이슈로 늘 부딪치는 큰딸 은빈에게 아빠가 완전 '꼰대'는 아니라는 사실을 이 책이 증명해 주기를 바란다.

2020년 7월

서재길

참고문헌

ㄱ

가노 마사나오鹿野政直 2004/2008『兵士であること一動員と従軍の精神史』朝日新聞社(2008『鹿野政直思想史論集』第5巻, 岩波書店所収).

가메야마 미치코亀山美知子 1984『近代日本看護史』全3巻, ドメス出版.

가미쓰보 다카시上坪隆 1979『水子の譜一引揚孤児と犯された女たちの記録』現代史出版会.

가미조 아키라上條彰 1985『あの山を越えれば一第二師団元主計少尉の追憶』私家版. *82

가사하라 도쿠시笠原十九司 1997「日本軍の残虐行為と性犯罪」『戦争責任研究』17.

——1999『南京事件と三光作戦一未来に生かす戦争の記憶』大月書店.

——2010『日本軍の治安戦一日中戦争の実相』岩波書店.

가와다 후미코川田文子 1987/1994『赤瓦の家一朝鮮から来た従軍慰安婦』筑摩書房(1994ちくま文庫).

가와바타 이와오川端巖夫 1990『スンダ列島の回想一わが青春のインドネシア』私家版. *446

가토 노부히로加藤修弘 2004「証言解説 大娘たちの村を襲った戦争」, 石田米子・内田知行編『黄土の村の性暴力一大娘(ダーニャン)たちの戦争は終わらない』創土社.

가토 사부로河東三郎 1989『ある軍属の物語一草津の墓碑銘』思想の科学社. *114

간자키 기요시神崎清 1974『売春一決定版・神崎レポート』現代史出版会.

갈퉁Galtung, Johan1991『構造的暴力と平和』高柳先男ほか訳, 中央大学出版部.

게이센조카쿠엔 대학 평화문화연구소 편恵泉女学園大学平和文化研究所編 2007『占領と性一政策・実態・表象』インパクト出版会.

고노 다카시河野卓 1973『学徒動員・高射砲兵から勅令憲兵への道』私家版. *95

고노 마사토河野正人 1993「慰安婦と兵隊」『朝風』13.

고하마 마사코小浜正子 2005「〈学会展望〉口述史料を利用した中国近現代史研究の可能性一山西省盂縣の日本軍性暴力研究をめぐって」『東洋史研究』64(2).

고혜정Koh, He-Jeong 2001「일본군 '위안부' 피해자들의 증언을 기록하며 진실을 찾아 떠나는 어두운 기억여행〔日本軍 "慰安婦" 被害者たちの証言を記録して一真実を探して旅立

つ暗い記憶旅行〕」『実践文学』実践文学社.

구리카미 요리유키 편繰上頼行編 1987『悲傷と栄光の第六区隊』私家版.*72

구로다黒田一一 1956「警保主任」, 野上今朝雄ほか『戦犯』三一書房. *621

구로다 하루오黒田春夫 1989『慟哭 補遺』私家版. *47

구로카와분촌유족회黒川分村遺族会 1981『ああ陶頼昭』黒川分村遺族会.

——1995『返事の来ない手紙』黒川分村遺族会.

구루시마 노리코·나가노 히로코·오사 시즈에 편久留島典子・長野ひろ子・長志珠絵編 2015『歴史を読み替える—ジェンダーから見た日本史』大月書店.

구마가이 신이치로熊谷伸一郎 2005『金子さんの戦争—中国戦線の現実』リトルモア.

구와지마 세쓰로桑島節郎 1978/1997『華北戦記』図書出版社(1997『華北戦記—中国にあったほんとうの戦争』朝日文庫). *39

국립민속학박물관우회 편国立民族学博物館友の会編 2015「特集 泉靖一が歩いた道」『季刊民族学』154.

국제법률가위원회国際法律家委員会(ICJ) 1995『国際法からみた「従軍慰安婦」問題』自由人権協会(JCLU)・日本の戦争責任資料センター訳, 明石書店.

글럭グラック, キャロル(Gluck, Carol) 2007『歴史で考える』梅崎透訳, 岩波書店.

기노시타 나오코木下直子 2017『「慰安婦」問題の言説空間—日本人「慰安婦」の不可視化と現前』勉誠出版.

기후현개척자흥회岐阜県開拓自興会 1977『岐阜県満洲開拓史』岐阜県開拓自興会.

기후현척우협회 2004『岐阜県拓友協会の記録』岐阜県拓友協会.

김명혜Kim, Myung-Hye 2004「미완성의 이야기: 일본군 '위안부'들의 경험과 기억〔未完成の物語—日本軍"慰安婦"たちの経験と記憶〕」『韓国文化人類学』37(2).

김부자金富子 2010「「韓国併合」100年と韓国の女性史・ジェンダー史研究の新潮流」『ジェンダー史学』6.

——2013「「国民基金」の失敗—日本政府の法的責任と植民地主義」,「戦争と女性への暴力」リサーチ・アクション・センター編 / 西野瑠美子・金富子・小野沢あかね責任編集『「慰安婦」バッシングを越えて—「河野談話」と日本の責任』大月書店.

김성례金成禮 2002「여성주의 구술사의 방법론적 성찰〔女性主義口述 史の方法論的省察〕」『韓国文化人類学』35(2).

김수진金秀珍 2001「정신대문제대책협의회 전 공동대표 윤정옥〔挺身隊問 題対策協議会前共同代表尹貞玉〕」『女性と社会』13.

——2013「트라우마의 재현과 구술사: 군위안부 증언의 아포리아〔トラウマの再現と口述史—軍慰安婦証言のアポリア〕」『女性学論集』30(1).

김윤옥金允玉 2001「女性国際戦犯法廷の成果と残された課題」, VAWW-NET ジャパン 編『裁かれた戦時性暴力—「日本軍性奴隷制を裁く女性国際戦犯法廷」とは何 であったか』白澤社.

김은실金恩実 1994＝2000「민족담론과 여성: 문화, 권력, 주체에 관한 비판적 읽기를 위하여〔民族談論と女性—文化, 権力, 主体に関する批判的読み 方のために〕」『韓国女性学』第10集(＝2000 中野宣子訳「民族言説と女性—文化, 権力, 主体に関する批判的読み方のために」『思想』914).

김일면 1976『天皇の軍隊と朝鮮人慰安婦』三一書房.

김호자金好子 1992「かにた婦人の村を訪ねて—ロ心(ああ)従軍慰安婦—慰霊碑」, 在日韓国民主女性会編『真の謝罪と補償を求めて朝鮮人従軍慰安婦』第2集, 在日韓国民主女性会.

ㄴ

나가오 가즈오長尾和郎 1968『関東軍軍隊日記——兵士の生と死と』経済往来社.*862

나가이 가즈永井和 2000「陸軍慰安所の創設と慰安婦募集に関する一考察」『二十世紀研究』1.

——2015「日本軍慰安所政策について」,「戦争と女性への暴力」リサーチ・アクション・センター編 / 西野瑠美子・小野沢あかね責任編集『日本人「慰安婦」—愛国心と人身売買と』現代書館.

나리타 류이치成田龍一 2001a『〈歴史〉はいかに語られるか—1930年代「国民の物語」批判』NHK ブックス.

——2001b『歴史学のスタイル—史学史とその周辺』校倉書房.

——2006『歴史学のポジショナリテ—歴史叙述とその周辺』校倉書房.

——2008a「「聞くこと」と「書くこと」」『日本オーラル・ヒストリー研究』4.

——2008b「書評 中村政則『昭和の記憶を掘り起こす』, あるいはオーラル・ヒストリーと歴史学の刷新について」『UP』37(11).

——2011「上野千鶴子と歴史学との関係について, 二, 三のこと」『現代思想』2011年 12月臨時増刊号「総特集 上野千鶴子」.

——2012『歴史学のナラティヴ一民衆史研究とその周辺』校倉書房.

나오이 마사다케直井正武 1973『戦魂一シンガポール攻略戦・パラオ島防衛戦』東宣出版.*457

나카니시 아키오中西昭雄 1992「3 人の“憂国”の論者へ」, 日本の戦後責任をハッキリさせる会編「ハッキリニュース」7.

나카무라 마사노리中村政則 1998「月報」『労働者と農民一日本近代をささえた人々』小学館ライ ブラリー.

——2003「言語論的転回以後の歴史学」『歴史学研究』779.

——2008『昭和の記憶を掘り起こす一沖縄, 満州, ヒロシマ, ナガサキの極限状況』小学館.

난바라 유키오南原幸夫 1983『遥かなる仏印一我が軍隊の軌跡』春隣草舎. *228

노부타 사요코信田さよ子 2003/2012『家族収容所一「妻」という謎』講談社(2012 河出文庫).

누마자키 이치로沼崎一郎 1997「〈孕ませる性〉の自己責任一中絶・避妊から問う男の性倫理」『インパクション』105.

누마즈・전후의 전우회 편沼津・戦後の戦友会編 1986『かたりべの群れ』沼津・戦後の戦友会.

니시오카 쓰토무西岡力 1992「「慰安婦問題」とは何だったのか」『文藝春秋』70(4).

니시카와 미유키西川幸 2015「シンガポールに置き去りにされた日本人「慰安婦」」,「戦争と女性 への暴力」リサーチ・アクション・センター編 / 西野瑠美子・小野沢あかね責任編集『日本人「慰安婦」一愛国心と人身売買と』現代書館.

니시카와 유코西川祐子 2013「続「古都の占領」一忘却に抗して」, 中部大学編『アリーナ』15.

——2017『古都の占領一生活史からみる京都 1945-1952』平凡社.

니시카와 히로시西川浩 1985『私の大東亜戦記』私家版. *81

ㄷ

다나카 도시유키田中利幸 1993『知られざる戦争犯罪一日本軍はオーストラリア人に何をしたか』大月書店.

——2008「国家と戦時性暴力と男性性一「慰安婦制度」を手がかりに」, 宮地尚子編著『性的支配と歴史一植民地主義から民族浄化まで』大月書店.

다나카 야스요시田中保善 1978『町医者ボルネオにたたかう一独歩四三二大隊戦記』西日本新聞社.

다무라 다이지로田村泰次郎 1954/2005「裸女のいる隊列」(2005『田村泰次郎選集 第4巻』日本図書センター所収).

——1965/2005「蝗」(2005『田村泰次郎選集 第4巻』日本図書センター所収).

다카사토 스즈요高里すずよ 1992「従軍慰安婦問題と沖縄」, 従軍慰安婦問題行動ネットワーク編『従軍慰安婦問題アジア連帯会議報告集』従軍慰安婦問題行動ネットワーク.

다카하시 데쓰야高橋哲哉 2001『歴史 / 修正主義』岩波書店.

다카하시 유키하루高橋幸春 1995『絶望の移民史ー満州へ送られた「被差別部落」の記録』毎日新聞社.

다케가와 스스무竹河進 1959『憲兵はザンゲする』国際観光出版社.*796

다케나카 가쓰오·스미야 에쓰지竹中勝男・住谷悦治編 1949『街娼ー実態とその手記』有恒社.

다케무라 야스코竹村泰子 1991「世界は目をつぶってくれないー強制連行と従軍慰安婦」『月刊社会党』435.

다케이 아야카武井彩佳 2017『〈和解〉のリアルポリティクスードイツ人とユダヤ人』みすず書房.

다쿠시 에쓰코澤岻悦子 2000『オキナワ 海を渡った米兵花嫁たち』高文研.

덴간 모리오 편天願盛夫編 1998『沖縄占領米軍犯罪事件帳ーRyukyuan ぷーたぎなサナガベッチの時代』ぐしかわ文具店.

——2011『沖縄占領米軍犯罪事件帳 第2弾ーみるみるぱたいディスチャ ージの時代』サン印刷.

도노무라 마사루外村大 2012『朝鮮人強制連行』岩波新書.

도미무라 준이치富村順一 1977『琉球慰安婦ー天皇制下の闇の性』玄曜社.

도미야마 이치로冨山一郎 1995/2006『戦場の記憶』日本経済評論社(2006 増補版).

도베 히데아키戸邉秀明 2006「書評 内海愛子・石田米子・加藤修弘編『ある日本兵の二つの戦場ー近藤一の終わらない戦争』」『日本オーラル・ヒストリー研究』2.

도이 다카코·다카기 겐이치·센고쿠 요시토土井たか子・高木健一・仙谷由人 1992「座談会 アジアに友人のいる日本となる ために」『月刊社会党』448.

도쿄 역사과학연구회 편東京歴史科学研究会編 2017『歴史を学ぶ人々のために一現在をどう生きるか』岩波書店.

ㅁ

마쓰모토 요시松本良男著/幾瀬勝彬編 1989『秘めたる空戦一三式戦「飛燕」の死闘』光人社.

마쓰바라 히로유키松原宏之 2014「兵士の性欲, 国民の矜持」, 歴史学研究会・日本史研究会編『「慰安婦」問題を/から考える一軍事性暴力と日常世界』岩波書店.

맥두걸McDougall, Gay J., 1998/2000『戦時・性暴力をどう裁くか一国連マクドゥーガル報告全訳』VAWW-NET Japan 編訳, 凱風社(2000 増補新版).

메도루마 슌目取真俊 2009『眼の奥の森』影書房.

문부성 조사국 편文部省調査局編 1962『日本の成長と教育一教育の展開と経済の発達』帝国地方行政学会.

문옥주文玉珠・語り/森川万智子・構成解説 1996『ビルマ戦線 楯師団の「慰安婦」だった私』梨の木舎.

미야시타 다다코宮下忠子 2010『思川 山谷に生きた女たち一貧困・性・暴力もうひとつの戦後女性史』明石書店.

미야시타 히로시宮下弘 1989『いがみの権太参戦記』私家版. *49

미야지 나오코宮地尚子 1998「孕ませる性と孕む性一避妊責任の実体化の可能性を探る」『現代文明学研究』1.

—— 2008「性暴力と性的支配」, 宮地尚子編著『性的支配と歴史一植民地主義から民族浄化まで』大月書店.

미조구치 류조溝口隆造 1985『ある在満国民学校終戦始末記』私家版.

미즈모토水本生 1970『セブ島懐古』私家版.

미즈우치 도시오水内俊雄 1992「朝鮮人強制連行・強制労働を考える」『地理』37(6).

ㅂ

박경식朴慶植 1965『朝鮮人強制連行の記録』未來社.

——1993「朝鮮人強制連行」, 梁泰昊編『朝鮮人強制連行論文集成』明石書店.

박유하朴裕河 2014『帝国の慰安婦一植民地支配と記憶の闘い』朝日新聞出版.

박재일朴在一 1957『在日朝鮮人に関する綜合調査研究』新紀元社.

방위청방위연수소전사실 편防衛庁防衛研修所戦史室編 1966『比島攻略作戦』朝雲新聞社.

보104이야기간행위원회 편歩一〇四物語刊行会編 1969『歩一〇四物語一わが連隊の記録』

私家版.* 26

박정애朴貞愛 2014「정대협 운동사의 현재를 담다—전쟁과 여성인권 박물관〔挺対協運動史の現在を込める—戦争と女性人権博物館〕」『歴史批評』106.

——2015「열정과 냉정 사이: 일본인 여성이 일본군 '위안부' 문제를 만나는 방법〔熱情と冷静の間—日本人女性が日本軍 "慰安婦" 問題に出会う方法〕」『女性文学研究』33.

ㅅ

사누키 아키오讃岐章男 1986『広野の戦場』第一出版. *216

사와치 히사에澤地久枝 1986『記録 ミッドウェー海戦』文藝春秋.

사카모토 지즈코坂本知壽子 2005「「尊厳」概念から見直した日本軍「慰安婦」問題—「証言」と高齢者介護問題の観点から」『女性歴史文化研究所紀要』14.

사쿠라이 아쓰시桜井厚 2002『インタビューの社会学—ライフストーリーの聞き方』せりか書房.

——2008「序 語り継ぐとは」, 桜井厚・山田富秋・藤井泰編『過去を忘れない—語り継ぐ経験の社会学』せりか書房.

——2012『ライフストーリー論』弘文堂.

사토 다다시佐藤貞 2004『軍隊まんだら』新風舎.*284

사토 미즈에佐藤瑞枝 2016「福田昌子とその時代Ⅰ」『福岡 女たちの戦後』第1号, 戦後の女性記録継承プロジェクト・福岡女性史研究会.

사토 후미카佐藤文香 2013「ジェンダーの視点から見る戦争・軍隊の社会学」『戦争社会学の構想』勉誠出版.

사토 후미카・이토 루리 편佐藤文香・伊藤るり編 2017『ジェンダー研究を継承する』人文書院.

서아귀徐阿貴 2012『在日朝鮮人女性による「下位の対抗的な公共圏」の形成—大阪の夜間中学を核とした運動』御茶の水書房.

성폭력문제자료집성Ⅰ性暴力問題資料集成Ⅰ 2004-06『性暴力問題資料集成』第Ⅰ期, 全25巻＋別巻 1, 不二出版.

성폭력문제자료집성Ⅱ性暴力問題資料集成Ⅱ 2009-10『性暴力問題資料集成』第Ⅱ期, 全11巻, 不二出版.

센다 가코千田夏光 1970「特別レポート 日本陸軍慰安婦」『週刊新潮』(6. 27).

──1973『従軍慰安婦 ─“声なき女”八万人の告発』双葉社.

──1974『続・従軍慰安婦 ─ 償われざる女八万人の慟哭』双葉社.

──1977『皇后の股肱 ─ 民草としての決算書』晩聲社.

──1978『従軍慰安婦 続篇』三一書房.

──1981/1985/2005『従軍慰安婦・慶子 ─ 中国, ガ島, ビルマ…死線をさまよった女の証言』光文社(1985 光文社文庫; 2005 復刻版, クラブハウス).

소네 가즈오曽根一夫 1984『続 私記南京虐殺 ─ 戦史にのらない戦争の話』彩流社.

──1993『元下級兵士が体験見聞した従軍慰安婦』白石書店.

소네 히로미曽根ひろみ 1990「「売女」考 ─ 近世の売春」, 女性史総合研究会編『日本女性生活史 3 近世』東京大学出版会.

송샤오펑宋少鵬 2016「メディアの中の「慰安婦」ディスコース ─ 記号化された「慰安婦」と「慰安婦」叙述における記憶 / 忘却のメカニズム」秋山洋子訳, 小浜正子・秋山洋子編『現代中国のジェンダー・ポリティクス ─ 格差・性売買・「慰安婦」』勉誠出版.

쇼상 쥬니카이捜三十二会 1978『黄塵 捜索第三十二連隊第二中隊史』私家版. *219

쇼와지르 회 편ショワジール会編 1987『妊娠中絶裁判 ─ マリ = クレール事件の記録』辻由美訳, みすず書房.

스스무 슈자부로進収三郎 1989『父の戦記』朝日カルチャーセンター. *430

스와 야사키치諏訪弥佐吉 1980『東満国境ある記 ─ あゝわれらが青春』私家版. *84

시라토리 다카히로白鳥隆壽 1962『シッタン河に沈む ─ ビルマ敗走記』私家版.*867

시라토리 미치히로白取道博 2008『満蒙開拓青少年義勇軍史研究』北海道大学出版会.

시로타 스즈코城田すず子 1971『マリヤの讃歌』日本基督教団出版局.

시마모토 시게조島本重三 1977「軍慰安所」, 戦争体験を記録する会『私たちと戦争 2』タイムス. *233

시모쓰 이사무下津勇 1978『泥濘と黄塵 』経済政潮社出版局. *90

시모지마 데쓰로下嶋哲朗 2012『非業の生者たち ─ 集団自決 サイパンから満洲へ』岩波書店.

시모카와 마사하루下川正晴 2017『忘却の引揚げ史 ─ 泉靖一と二日市保養所』弦書房.

시미즈 스미코清水澄子 1992「「慰安婦問題」解決のためのアジア連帯会議」, 従軍慰安婦問題行動ネットワーク編『従軍慰安婦問題アジア連帯会議報告集』従軍慰安婦問題行動ネ

ットワーク.

——1994「国会での活動と今後の運動について」, 第2回強制「従軍慰安婦」問題アジア連帯会議実行委員会編『"奪われた名誉を取り戻すために"—第2回強制「従軍慰安婦」問題アジア連帯会議報告』第2回強制「従軍慰安婦」問 題アジア連帯会議実行委員会.

시바 겐스케芝健介 2015『ニュルンベルク裁判』岩波書店.

시바 료타로司馬遼太郎 1969『歳月』講談社.

시오바라 요시카즈塩原良和 2005『ネオ・リベラリズムの時代の多文化主義—オーストラリアン・マルチカルチュラリズムの変容』三元社.

시카모토 지즈코坂本知壽子, 2005「할머니와 나의 작은 목소리〔ハルモニと私 の小さな声〕」, 韓国口述史研究会編『口述史—方法と事例』ソニン.

쓰치카네 도미노스케土金富之助 1977『シンガポールへの道—ある近衛兵の記録 下』創芸社.*110

ㅇ

아라라기 신조蘭信三 1994『「満州移民」の歴史社会学』行路社.

——2007「中国「残留」日本人の記憶の語り—語りの変化と「語りの磁場」をめぐって」, 山本有造編『満洲 記憶と歴史』京都大学学術出版会.

——2009「総説 課題としての中国残留日本人」, 蘭信三編著『中国残留日本人という経験—「満洲」と日本を問い続けて』勉誠出版.

——2015「オーラルヒストリーの展開と課題」, 大津透ほか編『岩波講座日本歴史 第21巻 史料論』岩波書店.

아라라기 유키코蘭由岐子 2004/2017『「病いの経験」を聞き取る—ハンセン病者のライフヒストリー』皓星社（2017 新版, 生活書院）.

아리요시 사와코有吉佐和子 1967『非色』角川文庫.

아마코 구니天児都 1998「引揚者の中の強姦妊娠及び性病感染者の保護について」『九州大学医学部産婦人科教室同窓会誌』40.

아오키 료헤이青木良平 1979「無錫の酒保と慰安所」『つわもの 静岡県歩兵第三十四連隊第六中隊誌』私家版.

아키모토 미노루秋元実 1986「慰安婦と兵隊」, 沼津・戦後の戦友会編『かたりべの群れ』沼津・ 戦後の戦友会.

아키야마 요코秋山洋子 2003「中国女性が語る戦争」『世界文学』98, 世界文学会.

안도 히코타로安藤彦太郎・寺尾五郎・宮田節子・吉岡吉典 1964『日・朝・中三国人民連帯の理論と歴史』日本朝鮮研究所.

알렉시예비치Alexievich Svetlana 2008/2016『戦争は女の顔をしていない』三浦みどり訳, 群像社 (2016 岩波現代文庫).

액티브 뮤지엄 '여성들의 전쟁과 평화 자료관'アクティブ・ミュージアム「女たちの戦争と平和資料館」編 / 西野瑠美子・金富子責任編集 2006『証言 未来への記憶―アジア「慰安婦」証言集 I 南・北・在日コリア編 上』明石書店.

―― 2010『証言 未来への記憶―アジア「慰安婦」証言集II 南・北・在日コ リア編 下』明石書店.

야노 히사시矢野久 2004『ナチス・ドイツの外国人―強制労働の社会史』現代書館.

야마모토 메유山本めゆ 2013「父の痕跡―引揚援護事業に刻印された性暴力と「混血」の忌避」, 京都大学グローバルCOEプログラム「親密圏と公共圏の再編成をめざすアジア拠点」『帝国日本の戦時性暴力』.

―― 2015a「生存者(サヴァイヴァー)の帰還―引揚援護事業とジェンダー化された〈境界〉」『ジェンダー研究』17.

―― 2015b「戦時性暴力の再 - 政治化に向けて―「引揚女性」の性暴力被害を手がかりに」『女性学』22.

―― 2016「二日市保養所との出会いと再会」『福岡 女たちの戦後』1,戦後の女性記録継承プロジェクト・福岡女性史研究会, 1.

―― 2017「NHK・ETV 特集「告白―満蒙開拓の女たち」を見て―性暴力 から「満蒙開拓移民」の記憶を問い直す」『ふぇみん』3169.

야마시타 영애山下英愛 1992「訳者まえがき―尹貞玉「挺身隊取材記[前編]」」, 尹貞玉ほか『朝鮮人女性がみた「慰安婦問題」―明日をともに創るために』三一書房.

―― 2008『ナショナリズムの狭間から―「慰安婦」問題へのもう一の視座』明石書店.

―― 2009「日本人「慰安婦」をめぐる記憶と言説―沈黙が意味するもの」, 加藤千香子・細谷実編『暴力と戦争』明石書店.

―― 2016「金学順―半世紀の沈黙を破る」, 苅谷剛彦編『ひとびとの精神史』第 8 巻, 岩波書店.

야스마루 요시오安丸良夫 / きき手: 成田龍一・岩崎稔・大内裕和 1998「「慰安婦」問題と歴史学―安丸良夫氏に聞く」, 日本の戦争責任資料センター編『新装版 シンポジウム ナシ

ョナリズムと「慰安婦」問題』青木書店.

야요이 미술관 · 우치다 시즈에 편弥生美術館・内田静江編 2005『女學生手帖―大正・昭和乙女らいふ』河出書房新社.

양현아梁鉉娥 2001「증언과 역사쓰기―한국인 '군 위안부'의 주체성 재현〔証言と歴史を書くこと―韓国人"軍慰安婦"の主体性再現〕」韓国社会史学会『社会と歴史』60.

――, 2006「증언을 통해서 본 한국인 '군위안부'들의 포스트식민의 상흔(Trau-ma)〔証言を通してみた韓国人"軍慰安婦"たちのポスト植民のトラウマ〕」『韓国女性学』22(3).

에바타 미노루江畑稔 1978「慰安所の事ども」, 旧制静高同窓会編『地のさざめごと―旧制静岡高等学校戦没者遺稿集』私家版.

에자키 히카루江先光 1982『慰安婦秀雲』叢文社. *876

역사과학협의회 편歴史科学協議会編 2004「特集 オーラル・ヒストリーと女性史―沈黙の扉を開く」『歴史評論』648.

――2015「特集 伝記・評伝・個人史の作法を再考する」『歴史評論』777.

역사학 연구회·일본사 연구회 편歴史学研究会・日本史研究会編 2014『「慰安婦」問題を/から考える―軍事性暴力と日常世界』岩波書店.

역사학연구회 편歴史学研究会編 1987「特集 オーラル・ヒストリー」『歴史学研究』568.

――1988a『オーラル・ヒストリーと体験史―本多勝一の仕事をめぐって』青木書店.

――1988b『事実の検証とオーラル・ヒストリー―澤地久枝の仕事をめぐって』青木書店.

――2006「小特集 方法としての「オーラルヒストリー」再考」『歴史学研究』811, 813.

――2017『第4次 現代歴史学の成果と課題』全3巻, 績文堂出版.

오가와 신지 · 나리타 류이치 · 하세가와 다카히코小川幸司・成田龍一・長谷川貴彦 2018「〈鼎談〉「世界史」をどう語るか」『思想』1127.

오노자와 아카네小野沢あかね 2010『近代日本社会と公娼制度―民衆史と国際関係史の視点から』吉川弘文館.

――2015「性奴隷制をめぐって―歴史的視点から」『戦争責任研究』84.

오누마 야스아키 · 기시 도시미쓰 편大沼保昭・岸俊光編 2007『慰安婦問題という問い―東大ゼミで「人間と歴史と 社会」を考える』勁草書房.

오사 시즈에 · 오카도 마사카쓰長志珠絵・大門正克 2014「まえがき―「慰安婦」問題と出会うために」, 歴史学研究会・日本史研究会編『「慰安婦」問題を/から考える―軍事性暴力

と日常世界』岩波書店.

오자와 가즈히코小沢一彦 1979『インド洋戦記』図書出版社. *224

오자와 노부오 2016『俳句世がたり』岩波新書.

오카다 다이헤이岡田泰平 2014「戦時性暴力はどう裁かれたか―セブ・マクタン島コルドバの事例から」『アジア太平洋研究』39.

오카도 마사카쓰大門正克 2007「オーラル・ヒストリーの実践と同時代史研究への挑戦―吉沢南の仕事を手がかりに」『大原社会問題研究所雑誌』589.

오카모토 노부오岡本信男 1962『ラバウルの落日――等兵の人間記録』弘文堂. *865

오하마 데쓰야大濱徹也編 1978『近代民衆の記録 8 兵士』新人物往来社.

와타리 아케시亘明志 2012「戦時朝鮮人強制動員と統治合理性」『長崎ウエスレヤン大学地域総合研究所紀要』10(1).

요모타 이누히코四方田犬彦 2017「より大きな俯瞰図のもとに―朴裕河を弁護する」, 浅野豊美ほか編『対話のために―「帝国の慰安婦」という問いをひらく』クレイン.

요시다 세이지吉田清治 1977『朝鮮人慰安婦と日本人―元下関労報動員部長の手記』新人物往来社.

――1983『私の戦争犯罪―朝鮮人強制連行』三一書房.

요시다 시게노리吉田重紀 1981『慟哭の孤島―グアム島玉砕の記録』廣済堂出版. *108

요시다 유타카吉田裕 2002『日本の軍隊―兵士たちの近代史』岩波新書.

――2014「戦争犯罪研究の課題」, 歴史学研究会・日本史研究会編『「慰安婦」問題を / から考える』岩波書店.

요시미 요시아키吉見義明 1987『草の根のファシズム―日本民衆の戦争体験』東京大学出版会.

――1992「従軍慰安婦と日本国家」, 吉見義明編・解説『従軍慰安婦資料集』大月書店.

――1995『従軍慰安婦』岩波新書.

――1998「「従軍慰安婦」問題と歴史像―上野千鶴子氏に答える」, 日本の戦争責任資料センター編『新装版 シンポジウム ナショナリズムと「慰安婦」問題』青木書店.

――2007「「強制」の史実を否定することは許されない」『世界』765.

――2009「「従軍慰安婦」問題研究の到達点と課題」『歴史学研究』849.

――2010『日本軍「慰安婦」制度とは何か』岩波書店.

——2011「戦時性暴力に関する日本軍将兵の意識」『戦争責任研究』71.

——2012「インタビュー「河野談話」が投げかけたもの」『歴史地理教育』798.

——2013「橋下発言をどうみるか一日本軍「慰安婦」問題再考」『世界』846.

——2014a『焼跡からのデモクラシー—草の根の占領期体験』上・下, 岩波書店.

——2014b「「河野談話」をどうみるか」『戦争責任研究』82.

——2014c「河野談話検証は何を検証したか」『世界』860.

——2015a「日本軍「慰安婦」問題のひとつの焦点一朝鮮半島での誘拐と人身売買をめぐって」『総合女性史研究』32.

——2015b「日本軍「慰安婦」制度の本質は何か」『日本の科学者』50(1).

——2016a「国会議員による名誉毀損事件裁判を闘って」, 歴史学研究会編『歴史学研究』945.

——2016b『日本軍「慰安婦」問題の歴史と現状について』, 新日本婦人の会編『女性 & 運動』252.

——2016c「真の解決に逆行する日韓「合意」一なぜ被害者と事実に向き合わないのか」『世界』879.

——2016d「日韓は合意を白紙化すべき」, 前田朗編著『「慰安婦」問題・日韓「合意」を考える一日本軍性奴隷制の隠ぺいを許さないために』彩流社.

——2017「日本軍「慰安婦」問題と歴史学」, 東京歴史科学研究会編『歴史を学ぶ人々のために一現在をどう生きるか』岩波書店.

요시미 요시아키 감수吉見義明監修 2011『東京裁判一性暴力関係資料』現代史料出版.

요시미 요시아키・하야시 히로후미 편吉見義明・林博史編 1995『共同研究 日本軍慰安婦』大月書店.

요시미재판변호단・오노자와 아카네・요시미 재판 함께 액션!吉見裁判弁護団・小野沢あかね・YOSHIMI 裁判いっしょにアクション! 2015『日本軍「慰安婦」制度はなぜ性奴隷制度と言えるのか PARTⅢ』(パンフレット).

요시자와 미나미吉沢南 1986/2010『私たちの中のアジアの戦争一仏領インドシナの「日本人」』朝日選書(2010 新版, 有志舎).

요시카와 히데오吉川秀雄 1980「青春の池州」, 嵐歩兵第一二〇連隊七中隊・秋霜独立歩兵第五一三大隊第四中隊編『中隊史 軍靴の跡』私家版.

우쓰미 아이코·이시다 요네코·가토 노부히로 편内海愛子・石田米子・加藤修弘編 2005『ある日本兵の二つの戦場一近藤一の終わらない戦争』社会評論社.

우쓰미 아키코内海愛子 2000「戦時性暴力と東京裁判」, 内海愛子・高橋哲哉責任編集『戦犯裁判と性暴力』緑風出版.

우에노 지즈코上野千鶴子 1998/2012『ナショナリズムとジェンダー』青土社(2012 新版, 岩波現代文庫).

—— 2017「「帝国の慰安婦」のポストコロニアリズム」, 浅野豊美・小倉紀蔵・ 西成彦編著『対話のために—「帝国の慰安婦」という問いをひらく』クレイン.

——2001『構築主義とは何か』勁草書房.

——2005『脱アイデンティティ』勁草書房.

——감수 / 一宮茂子・茶園敏美編 2017『語りの分析—〈すぐに使える〉うえの式質的分析法の実践』, 立命館大学生存学研究センター『生存学研究センター報告』27.

윤명숙尹明淑 2003『日本の軍隊慰安所制度と朝鮮人軍隊慰安婦』明石書店.

윤정옥尹貞玉 1990 = 1992「'정신대' 원혼 서린 발자취 취재기〔'挺身隊'怨念の足跡取材記〕」『ハンギョレ新聞』1月 4日, 1月 12日, 1月 19日, 1月 24日(= 1992 山下英愛訳「挺身隊取材記[前編]」, 尹貞玉ほか『朝鮮人女性がみた「慰安婦問題」一明日をともに創るために』三一書房 : 12-48).

윤정옥 외尹貞玉ほか 1992『朝鮮人女性がみた「慰安婦問題」一明日をともに創るために』三一書房.

윤택림尹澤林 2010「여성은 스스로 말할 수 있는가: 여성 구술 생애사 연구의 쟁점과 방법론적 논의〔女性はみずから語れるか一女性口述生涯史研究の争点と方法論的論議〕」『女性学論集』27(2), 梨花女子大学校韓国女性研究院.

——, 2011「구술사 인터뷰와 역사적 상흔: 진실 찾기와 치유의 가능성〔口述史インタビューと歴史的トラウマ一真実探しと治癒の可能性〕」『人文科学研究』30, 江原大学校人文科学研究所.

이나가키稲垣照相 1969『応召懐古』私家版. *685

이마니시 요시노리今西義則 1973『軍医の手記』私家版. *93

이마이 료이치今井良一 2005「戦時下における「満洲」分村開拓団の経営および生活実態一長野県泰阜分村第八次大八浪開拓団を事例として」『村落社会研究』12(1).

이마이 신베에今井新兵衛 1968『航空戦の蔭に一第五飛行士団経理官の集い』五経会. *673

——1970『銀茶従軍記』窓同人会. *77

이상화李相和 1997「'위안부'의 귀국 후 삶의 경험〔"慰安婦"の帰国後の人生経験〕」, 韓国挺身隊問題対策協議会真相調査研究委員会編『日本軍 "慰安婦" 問題の真相』歴史批評社.

이선형Lee, Sun-Hyeon 2001「나의 기억: 증언활동 및 증언집 작업기〔私の記憶一証言活動及び証言集作業記〕」『女性と社会』12.

이시다 요네코石田米子 1999a「中国華北の戦場における日本軍の性暴力の構造一山西省の現地調査から見えてくるもの」『女性・戦争・人権』2.

——1999b「記録されない記憶一山西省における戦争被害調査・記述の中の性暴力」, 岡山大学文学部東洋史研究室『芝蘭集一好並隆司先生退官記念論集』.

——2001「中国山西省における日本軍性暴力に関する調査について」神奈川大学人文学会『人文研究』144.

——2002「中国における日本軍性暴力被害の調査・記録に取りくんで一被害女性たちの「出口気」(心にわだかまるものを吐き出す)の意味を考える」『中国女性史研究』11.

——2004「沈黙を強いる構造と自尊感情を回復する関係」『岡山部落解放研究所紀要』13.

——2005「中国農村における日本軍性暴力の構造」『鳴門史学』18.

이시다 요네코・우치다 도모유키 편石田米子・内田知行編 2004『黄土の村の性暴力一大娘(ダーニャン)たちの戦争は終わらない』創土社.

이시다 유지石田勇治 2002『過去の克服一ヒトラー後のドイツ』白水社.

이시하마 아쓰미石濱淳美 2004『太田典礼と避妊リングの行方』彩図社.

이에나가 사부로家永三郎 1965『歴史家のみた日本文化』文藝春秋新社.

——1968/1986『太平洋戦争』岩波書店(1986 第2版).

이와사 준岩佐純 1996『兵庫・風雪二十年』兵庫新聞社.

이와사키 미노루・오사 시즈에岩崎稔・長志珠絵 2015「「慰安婦」問題が照らし出す日本の戦後」, 成田龍一・吉田裕編『記憶と認識の中のアジア・太平洋戦争』岩波書店.

이용기Lee, Yong-Gi 2002「구술사의 올바른 자리매김을 위한 제언〔口述史の正しい定着のための提言〕」『歴史批評』58, 韓国歴史研究会.

이치카와 야스토市川靖人 1989『ああ, 海軍ばか物語』万有社. *115

이케가와 레이코池川玲子 2011『「帝国」の映画監督 坂根田鶴子一『開拓の花嫁』・一九四三年・ 満映」吉川弘文館.

이케다 에리코池田恵理子 2004「田村泰次郎が描いた戦場の性」, 石田米子・内田知行編『黄土の村の性暴力—大娘たちの戦争は終わらない』創土社.

이토 가즈오伊藤一男 1973『私の戦場—随想』私家版. *491

이토 게이치伊藤桂一 1971「月報」『近代民衆の記録 3』新人物往来社.

인양항・하카타를 생각하는 모임 편引揚げ港・博多を考える集い編 1998『戦後 50年 引揚げを憶う(続)—証言・二日市保養所』引揚げ港・博多を考える集い.

일본사회당 섀도캐비닛日本社会党シャドーキャビネット 1993「日韓・日朝政策の論点整理と課題」『月刊社会党』(453).

일본의 전쟁책임 자료센터 편 2009-13「〈資料構成〉戦争体験記・部隊史にみる日本軍「慰安婦」」『戦争責任研究』66-80.

——1998『シンポジウム ナショナリズムと「慰安婦」問題』青木書店.

일본의 전후책임을 확실히 하는 모임日本の戦後責任をハッキリさせる会編 1991「ハッキリ通信」1.

임지현林志弦 2017/2018「グローバルな記憶空間と犠牲者意識—ホロコースト, 植民地主義ジェノサイド, スターリニズム・テロの記憶はどのように出会うのか」原佑介訳,『思想』1116(2018 橋本伸也編『紛争化させられる過去—アジアとヨーロッパにおける歴史の政治化』岩波書店所収, 近刊).

ㅈ

재일한국민주여성회在日韓国民主女性会 1991『隠ぺいされた歴史に今こそ光を!「朝鮮人従軍慰安婦」』在日韓国民主女性会.

쟈하나 나오미謝花直美 2008『証言 沖縄「集団自決」—慶良間諸島で何が起きたか』岩波新書.

'전쟁과 여성에 대한 폭력' 리서치액션센터 편,「戦争と女性への暴力」リサーチ・アクション・センター編 / 西野瑠美子・小野沢あかね責任編集 2015『日本人「慰安婦」—愛国心と人身売買と』現代書館.

전쟁희생자를 마음에 새기는 모임戦争犠牲者を心に刻む会 1997『私は「慰安婦」ではない—日本の侵略と性奴隷』東方出版.

전후책임을 묻고 관부재판을 지원하는 모임戦後責任を問う・関釜裁判を支援する会編 2014『関釜裁判ニュース—釜山従軍 慰安婦・女子勤労挺身隊公式謝罪等請求事件 1993-2013年』戦後責任を問う・ 関釜裁判を支援する会.

정희진鄭喜鎮 2005=2007「성 판매 여성, 페미니스트, 여성주의 방법 메모〔性販売女性, フ

ェミニスト, 女性主義方法に関するメモ〕」『女 / 性理論』12, 図書出版ヨイヨン(=2007 山下英愛訳「性販売女性, フェミニスト, 女性主義方法の再考」『女性・戦争・人権』8: 52-65).

제2차 대전 시기 오키나와 조선인강제연행학살 진상조사단第二次大戦時沖縄朝鮮人強制連行虐殺真相調査団 1972『第二次大戦時沖縄朝鮮人強制連行虐殺真相調査団報告書』第二次大戦時沖縄朝鮮人強制連行虐殺真相調査団.

조선인 종군위안부 문제를 생각하는 모임朝鮮人従軍慰安婦問題を考える会 1992『朝鮮人従軍慰安婦問題資料集』朝鮮人従軍慰安婦問題を考える会.

조선인강제연행 진상조사단朝鮮人強制連行真相調査団 1990『強制連行された朝鮮人の証言』朝鮮人強制連行真相調査団.

조중태趙重泰 1985=2005「日軍의 오키나와韓国人虐殺記〔日本軍の沖縄韓国人虐殺記〕」『新東亜』(304): 460-485(=2005 岩橋春海訳『日本軍の沖縄における韓国人虐殺の記録』戦争への道を許さない女たちの杉並の会事務局. 2005 復刻版).

ㅊ

창가학회부인평화위원회創価学会婦人平和委員会編 1981『あの星の下に』第三文明社.

챠조노 도시미茶園敏美 2014『パンパンとは誰なのか―キャッチという占領期の性暴力とGIとの親密性』インパクト出版会.

――2018『もうひとつの占領―セックスというコンタクト・ゾーンから』インパクト出版会,

척무성拓務省 1942『女子拓殖者指導者提要』拓務省.

청청 전우회 편増城戦友会編 1987『茘枝の実―16年兵 血と涙の回顧録』私家版. *21

ㅎ

하나부사 도시오花房俊雄 2006「研究集会「強制連行とは何か」の開催趣旨」, 強制動員真相究明ネットワーク主催「研究集会「強制連行とは何か」」報告原稿.

하나오카 슌스케花岡俊輔 1978「日記(十四―十六年)」, 旧制静高同窓会編『地のさざめごと―旧制静岡高等学校戦没者遺稿集』私家版.

하라 요시히사原彬久 2000『戦後史のなかの日本社会党』中央公論新社.

하라다 게이치原田敬一ほか編 2014-15『シリーズ 地域のなかの軍隊』全9巻, 吉川弘文館.

하마무라 기사부로濱村幾三郎 1987『北斗七星から南十字星まで』讃文社. *100

하세가와 다카히코長谷川貴彦 2010「訳者解題 ニューレフト史学の遺産」, G.ステッドマン・ジョーンズ著 / 長谷川貴彦訳『階級という言語―イングランド労働者階級の政治社会史 1932-1982年』刀水書房.

하시모토 노부야橋本伸也 2016『記憶の政治―ヨーロッパの歴史認識紛争』岩波書店.

하야시 가오리林かおり 2005『私は戦争花嫁です―アメリカとオーストラリアで生きる日系国際結婚親睦会の女たち』北國新聞社出版局.

하야시 가오리·다무라 게이코·다카쓰 후미코林かおり・田村恵子・高津文美子 2002『戦争花嫁―国境を越えた女たちの半世紀』芙蓉書房出版.

하야시 다메유키林為之 1971「懐かしい杭州駐屯の思い出」『歩兵第六連隊歴史・追録』第二部, 歩六会. *512

하야시 히로후미林博史 2001「「法廷」にみる日本軍性奴隷制下の加害と被害」, VAWW-NET ジャパン編『裁かれた戦時性暴力―「日本軍性奴隷制を裁く女性国際戦犯法廷」とは何であったか』白澤社.

——2015『日本軍「慰安婦」問題の核心』花伝社.

하야시 히로후미 감수林博史監修 2016-17『日本占領期性売買関係 GHQ 資料』全9巻, 蒼天社出版.

하야카와 노리요早川紀代 2007「占領軍兵士の慰安と買売春制の再編」, 恵泉女学園大学平和文化研究所編『占領と性―政策・実態・表象』インパクト出版会.

하타 이쿠히코秦郁彦 1999『慰安婦と戦場の性』新潮選書.

한국정신대문제대책협의회 20년사편찬위원회 편 2014『한국정신대문제대책협의회 20년사』한울.

한국정신대문제대책협의회 진상조사연구위원회 편 1997『일본군 "위안부" 문제의 진상』역사비평사.

호리에 도쿠조堀江督三 1970「外出の思い出」『高砲 22 戦史』私家版. *487

호사카 마사야스保阪正康 2015『戦場体験者―沈黙の記録』筑摩書房.

호카리 미노루保苅実 2004/2018『ラディカル・オーラル・ヒストリー―オーストラリア先住民アボリジニの歴史実践』御茶の水書房(2018 岩波現代文庫近刊).

혼다 가쓰이치本多勝一 1972『中国への旅』朝日新聞社.

홍상진洪祥進 2003「朝鮮人強制連行の概念について―日本の研究状況と日弁連の勧告」『統一評論』457.

효교현경찰사편찬위원회 편兵庫県警察史編纂委員会編 1975『兵庫県警察史 昭和編』兵庫県警察本部.

후루쿠보 사쿠라古久保さくら 1999「満州における日本人女性の経験ー犠牲者性の構築」『女性史学』9.

후루하시 아야古橋綾 2013「日本軍「慰安所」制度とセクシュアリティー日本軍将兵による「戦争体験記」に着目して」『RiCKS コリア研究』4.

후생성원호국厚生省援護局編 1977『引揚げと援護三十年の歩み』厚生省.

후지메 유키藤目ゆき 2015『「慰安婦」問題の本質ー公娼制度と日本人「慰安婦」の不可視化』白澤社.

후지모리 아키코藤森晶子 2016『丸刈りにされた女たちー「ドイツ兵の恋人」の戦後を辿る旅』岩波書店.

후지이 히사시藤井恒 1981『陶頼昭を訪ねて』私家版.

후쿠나가 미와코福永美和子 2016「東ドイツの想起政策と統一後の変容ーブーフェンヴァルト強制収容所をめぐって」, 石田勇治・福永美和子編『想起の文化とグローバル市民社会』勉誠出版.

후쿠치 히로아키福地曠昭 1986『哀号・朝鮮人の沖縄戦』月刊沖縄社.

후쿠치 히로아키 편福地曠昭編 1992『オキナワ戦の女たちー朝鮮人従軍慰安婦』海風社.

히구치 게이코樋口惠子 2016「覚え書き・引揚げ女性の性被害」『戦後 70年, 女たちのステージ…周縁から中心へ』東京家政大学女性未来研究所.

히라이 가즈코平井和子 1995「日本軍「慰安婦」と郷土の兵隊たち」『静岡県近代史研究』21.

——2014『日本占領とジェンダーー米軍・売買春と日本女性たち』有志舎.

히라이 미호平井美帆 2016「忘れたいあの陵辱の日々ー忘れさせない乙女たちの哀咽(シリーズ人間 No. 2290)」『女性自身』(10. 4).

히로타 가즈코広田和子 1975/2009『証言記録 従軍慰安婦・看護婦ー戦場に生きた女の慟哭』新人物往来社(2009 新人物文庫).

히메오카 도시코姫岡とし子 2016「ドイツの歴史教育とホロコーストの記憶文化」『学術の動向』21(5).

히코사카 다이彦坂諦 1984『ひとはどのようにして兵となるのかーある無能兵士の軌跡 第1部』上・下, 罌粟書房.

——1991『男性神話』径書房.

──1995『総年表 ある無能兵士の軌跡』柘植書房.

히토미 사치코人見佐知子 2017「オーラル・ヒストリーと歴史学 / 歴史家」, 歴史学研究会編『第 4次 現代歴史学の成果と課題』績文堂出版.

Agamben, Giorgio, 1998 = 2001, *Quel che resta di Auschwitz: L'archivio e il testi–mone. Homo sacer III,* Bollati Boringhieri(= 2001 上村忠男・廣石正和訳『アウシ ュヴィッツの残りのもの一アルシーヴと証人』月曜社).

Alakus, Baris/Katharina Kniefacz/Robert Vorberg eds., 2006, *Sex-Zwangsarbeit in nationalsozialistischen Konzentrationslagern*, Mandelbaum Verlag.

Amesberger, Helga/Katrin Auer/Brigitte Halbmeyer eds., 2010, Sexualisierte Ge–walt: Weibliche Erfahrungen, in: *NS-Konzentrationslagern, 4 Auflage*, Mandel–baum Verlag.

Ayaß, Wolfgang, 1995, *Asoziale" im Nationalsozialismus*, Klett-Cotta.

Bos, Pascale, 2008, Feministische Deutungen sexueller Gewalt im Krieg. Berlin 1945, Jugoslawien 1992-1993, in: Eschebach/Mühlhäuser eds., *Krieg und Geschlecht, Gewalt im Krieg und Sex-Zwangsarbeit in NS-Konzentrationslagern*, Metropol: 103-123.

Buss, Doris E., 2009, Rethinking "Rape as a Weapon of War", *Feminist Legal Studies*, 17: 145-163.

Butler, Judith, 1997 = 2004/2015, Excitable Speech: *A Politics of the Performative*, Routledge(= 2004, 2015 竹村和子訳『触発する言葉一言語・権力・行為体』岩波書店).

Butterfield, Herbert, 1951, *History and Human Relations*, Collins.

Buzan, Barry/Ole Wæver/Jaap de Wilde, 1998, Security: *A New Framework for Analysis*, Lynne Rienner.

Cockburn, Cynthia, 2004, The Continuum of Violence: A Gendered Perspective on War and Peace, in: Wenona Mary Giles/Jennifer Hyndman eds., *Sites of Violence: Gender and Conflict Zones*, University of California Press: 24-44.

Ebbinghaus, Angelika ed., 1987, *Opfer und Täterinnen. Frauenbiographien des Na–tionalsozialismus*, Delphi Politik.

Eriksson Baaz, Maria/Maria Stern, 2013, *Sexual Violence as a Weapon of War?: Per–ceptions, Prescriptions, Problems in the Congo and Beyond,* Zed Books.

Eschebach, Insa/Katja Jedermann, 2008, Sex-Zwangsarbeit in NS-Konzentrations–lagern. Anmerkungen zu einer Werkstatt-Ausstellung der Gedenkstätte Ravens–brück, in: Eschebach/Mühlhäuser eds., *Krieg und Geschlecht, Gewalt im Krieg und Sex-Zwangsarbeit in NS-Konzentrationslagern*, Metropol: 269-278.

Füllberg-Stolberg, Claus/Martina Jung/Renate Riebe/Martina Scheitenberger eds., 1994, *Frauen in Konzentrationslagern: Bergen-Belsen, Ravensbrück*, Edition Tem- men.

Goffman, Erving, 1961 = 1984, *Asylums: Essays on the Social Situation of Mental Pa- tients and Other Inmates*, Doubleday(= 1984 石黒毅訳『アサイラム―施設被収容者の日常世界』誠信書房).

――, 1963/1973 = 1970/2001, *Stigma: Notes on the Management of Spoiled Identity*, Prentice-Hall, Revised ed. 1973(= 1970 石黒毅訳『スティグマの社会学―烙印を押されたアイデンティティ』せりか書房. 2001 改訂版).

Grossmann, Atina, 1995 = 1999, A Question of Silence: The Rape of German Wom-en by Occupation Soldiers, *October*, 72: 43-63(= 1999 荻野美穂訳「沈黙という 問題―占領軍兵士によるドイツ女性の強姦」『思想』898).

――, 2012, *Juden, Deutsche, Alliierte. Begegnungen im besetzten Deutschland. Aus dem Englischen von Ulrike Bischoff*, Wallstein.

Groult, Benoîte, 1975 = 1979, *Ainsi Soit-Elle*, B. Grasset(= 1979 有吉佐和子・カトリーヌ・カドゥ訳『最後の植民地』新潮社).

Hamburger Institut für Sozialforschung ed., 2002, *Verbrechen der Wehrmacht. Di- mensionen des Vernichtungskrieges 1941-1944*, Ausstellungskatalog, Hamburger Edition.

Hashimoto, Akiko(橋本明子),2015 = 2017, *The Long Defeat: Cultural Trauma, Memory, and Identity in Japan*, Oxford University Press(= 2017 山岡由美訳『日本の長い戦後―敗戦の記憶・トラウマはどう語り継がれているか』みすず書房).

Hirschauer, Sabine, 2014, *The Securitization of Rape: Women, War and Sexual Vio- lence*, Palgrave Macmillan.

Johr, Barbara, 1995 = 1996, Ereignisse in Zahlen, in: Barbara Johr/Helke Sander, *BeFreier und Befreite. Krieg, Vergewaltigungen, Kinder*, Verlag Antje Kunstmann: 46-73(= 1996 寺崎あき子・伊藤明子訳「大量強姦をめぐる数字」『1945年・ベ ルリン解放の真実―戦争・強姦・子ども』パンドラ：66-115).

Johr, Barbara/Helke Sander, 1995 = 1996, *BeFreier und Befreite. Krieg, Vergewalti- gungen, Kinder*, Verlag Antje Kunstmann(= 1996 寺崎あき子・伊藤明子訳『1945年・ベルリン解放の真実―戦争・強姦・子ども』パンドラ).

Kawashima Watkins, Yoko 1986 = 2013, *So Far from the Bamboo Grove*, William Morrow & Co. (=2013 都竹恵子訳『竹林はるか遠く―日本人少女ヨーコの戦 争体験記』ハート出版)

Kelly, Liz, 1987 = 2001, The Continuum of Sexual Violence, in: Mary Maynard/Jalna Hanmer eds., *Women, Violence and Social Control*, Palgrave Macmillan: 46-60(＝2001 喜多加実代訳「性暴力の連続体」, ジャルナ・ハマー / メアリー・メイナード編, 堤かなめ監訳『ジェンダーと暴力ーイギリスにおける社会学的研究』明石書店: 83-106).

Kim, Myung-Hye 2008, Narrative Darstellung und Produktion von Wissen. Erzählungen korea- nischer Frauen, die das System sexueller Versklavung durch die japanische Armee überlebt haben, 1935-1945, in: von Insa Eschebach/Regina Mühlhäuser eds., *Krieg und Geschlecht: Sexuelle Gewalt im -ieg und Sex-Zwangsarbeit in NS- Konzentrationslagern*, Metropol Verlag: 187-205.

Klüger, Roth, 1992＝1997, *Weiter Leben: Eine Jugend*, Wallstein Verlag(＝1997 鈴木 仁子訳『生きつづける一ホロコーストの記憶を問う』みすず書房).

Kogon, Eugen, 1974＝2001, *Der SS-Staat*, Kindler Verlag(＝2001 林功三訳『SS 国 家ードイツ強制収容所のシステム』ミネルヴァ書房) .

Kruger, Josiane, 2006＝2007, *Née d'amours interdites: Ma mère était française, mon père, soldat allemand*, Librairie Académique Perrin(＝2007 小沢君江訳『ボッシ ュの子ーナチス・ドイツ兵とフランス人との間に生まれて』祥伝社).

Lardreau, Suzanne, 2009＝2010, *Orgueilleuse*, Editions De Borée(＝2010 小沢君江 訳『誇り高い少女』論創社).

Levi, Primo, 1976＝1980/2017, *Se questo è un uomo*, Giulio Einaudi Editore(＝1980 竹山博英訳『アウシュヴィッツは終わらないーあるイタリア人生存者の考察』朝日選書 ; 2017『改訂完全版 アウシュヴィッツは終わらない これが人間か』朝日選書).

MacKinnon, Catharine/Andrea Dworkin, 1988＝2002, *Pornography and Civil Rights: A New Day for Women's Equality*, Organizing Against Pornography(＝2002 中里見博・森田成也訳『ポルノグラフィと性差別』青木書店).

Marcus, Sharon, 1992, Fighting Bodies, Fighting Words: A Theory and Politics of Rape Prevention, in: Judith Butler/Joan W. Scott eds., *Feminists Theorize the Po- litical*, Routledge: 385-403.

Meger, Sara, 2016, The Fetishization of Sexual Violence in International Security, *International Studies Quarterly*, 60(1): 149-159.

Meinen, Insa, 2002, *Wehrmacht und Prostitution im besetzten Frankreich*, Edition Temmen.

Mojares, Resil B./ David Taylor, et al., 2015, *The War in Cebu*, University of San Carlos Press.

Molasky, Michael S., 1999＝2006, *The American Occupation of Japan and Okinawa: Literature and Memory*, Routledge(＝2006 鈴木直子訳『占領の記憶 / 記憶の占 領ー戦後沖縄・日本

とアメリカ』青土社).

Mühlhäuser, Regina, 2001, Vergewaltigungen in Deutschland 1945. Nationaler Op- ferdiskurs und individuelles Erinnern betroffener Frauen, in: Naumann ed., *Nach- krieg in Deutschland*, Hamburger Edition: 384-408.

——, 2010 = 2015, *Eroberungen: Sexuelle Gewalttaten und intime Beziehungen deutscher Soldaten in der Sowjetunion*, 1941-1945, Hamburger Edition(= 2015 姫 岡とし子監訳『戦場の性—独ソ戦下のドイツ兵と女性たち』岩波書店).

Mühlhäuser, Regina/Insa Eschebach, 2008, Sexuelle Gewalt im Krieg und Sex- Zwangsarbeit in NS-Konzentrationslagern: Deutungen, Darstellungen, Begriffe, in: Eschebach/ Mühlhäuser eds., *Krieg und Geschlecht, Gewalt im Krieg und Sex- Zwangsarbeit in NS-Konzentrationslagern*, Metropol: 11-32.

Nansen, Odd, 1946, *Von Tag zu Tag. Ein Tagebuch*, H. Dulk.

Niarchos, Catherine N., 1995, Women, War, and Rape: Challenges Facing the International Tribunal for the Former Yugoslavia, *Human Rights Quarterly*, 17(4): 649-690.

Nora, Pierre ed., 1984/1986/1992 = 2002/2003, *Les lieux de mémoire*, Éditions Gallimard(= 2002 谷川稔監訳『記憶の場—フランス国民意識の文化 = 社会史』全 3 巻, 岩波書店).

Norma, Caroline, 2016, *The Japanese Comfort Women and Sexual Slavery during the China and Pacific Wars*, Bloomsbury Academic.

Paul, Christa, 1994 = 1996, *Zwangsprostitution: Staatlich errichtete Bordell in Nationalsozialismus*, Edition Hentrich(= 1996 イエミン恵子・池永記代美・梶村道 子・ノリス恵美・浜田和子訳『ナチズムと強制売春—強制収容所特別棟の女性 たち』明石書店).

Peterson, V. Spike, 1992, Security and Sovereign States: What Is at Stake in Taking Feminism Seriously? in: V. Spike Peterson ed., *Gendered States: Feminist(Re)Vi-sions of International Relations Theory*, Lynne Rienner Publishers: 31-64.

Plummer, Ken, 1995 = 1998, *Telling Sexual Stories: Power, Change and Social Worlds*, Routledge(= 1998 桜井厚ほか訳『セクシュアル・ストーリーの時代—語りのポリティクス』新曜社).

Portelli, Alessandro, 1991 = 2016, The Death of Luigi Trastulli: Memory and the Event, in: *The Death of Luigi Trastulli and Other Stories: Form and Meaning in Oral History*, SUNY Press(= 2016 朴沙羅訳「ルイージ・トラストゥッリの死」『オーラルヒストリーとは何か』水声社所収).

Pratt, Mary L., 2008, *Imperial Eyes: Travel Writing and Transculturation*, Revised ed.,

Routledge.

Roberts, Mary Louise, 2013 = 2015, *What Soldiers Do: Sex and the American GI in World War II France*, University of Chicago Press(= 2015 佐藤文香監訳 / 西川美樹訳『兵士とセックス一第二次世界大戦下のフランスで米兵は何をしたの か?』明石書店).

Röger, Maren, 2015, *Kriegsbeziehungen. Intimität, Gewalt und Prostitution im besetz-ten Polen 1939 bis 1945*, Fischer.

Sander, Helke/Barbara Johr, 1991/1992, *BeFreier und Befreite. Krieg, Vergewalti- gungen, Kinder*, Deutschland, 35 mm, Farbe und s/w, Teil 1: 90 Minuten, Teil 2: 102 Minuten.

Schulz, Christa, 1994, Weibliche Häftlinge aus Ravensbrück in Bordell der Männerkonzentrationslager, in: Füllberg-Stolberg/Jung/Riebe/Scheitenberger eds., *Frauen in Konzentrationslagern: Bergen-Belsen, Ravensbrück*, Edition Temmen: 135-146.

Scott, Joan Wallach, 2007 = 2012, *The Politics of the Veil*, Princeton University Press(= 2012 李孝徳訳『ヴェールの政治学』みすず書房).

Sedgwick, Eve Kosofsky, 1985 = 2001, *Between Men: English Literature and Male Homosocial Desire*, Columbia University Press(= 2001 上原早苗・亀澤美由紀訳『男同士の絆』名古屋大学出版会).

Sen, Amartya, 1992 = 1999, *Inequality Reexamined*, Oxford University Press(= 1999 池本幸生・野上裕生・佐藤仁訳『不平等の再検討一潜在能力と自由』岩波書店).

Sitoy, Adelino B., 2014, *The History of Cordova*, Province of Cebu with the Assistance of the University of San Carlos, Cebu City.

Sommer, Robert, 2008, Warum das Schweigen? Berichte von ehemaligen Häft–lingen über Sex–Zwangsarbeit in nationalsozialistischen Konzentrationslagern, in: Eschebach/Mühlhäuser eds., *Krieg und Geschlecht, Gewalt im Krieg und Sex–Zwangsarbeit in NS–Konzentrationslagern*, Metropol: 147-166.

——, 2009, *Das KZ-Bordell: Sexuelle Zwangsarbeit in nationalsozialistischen Konzentrationslagern*, Ferdinand Schöningh.

Spivak, G.C., 1988 = 1998, Can the Subaltern Speak? in: C. Nelson and L. Gross–berg eds., *Marxism and the Interpretation of Culture*, University of Illinois Press(= 1998 上村忠男訳『サバルタンは語ることができるか』みすず書房).

Stiehm, Judith Hicks, 1982, The Protected, The Protector, The Defender, *Women's Studies International Forum*, 5(3/4): 367-376.

Tilly, Charles, 1985, War Making and State Making as Organized Crime, in: Peter Evans/ Dietrich Rueschemeyer/Theda Skocpol eds., *Bringing the State Back In*, Cambridge University Press: 169-191.

Tonkin, Elizabeth, 1992, *Narrating the Past: The Social Construction of Oral History*, Cambridge University Press.

True, Jacqui, 2012, *The Political Economy of Violence Against Women*, Oxford Uni-versity Press.

Weldon, S. Laurel, 2006, Inclusion and Understanding: A Collective Methodology for Feminist International Relations, in: Brooke A. Ackerly/Maria Stern/Jacqui True eds., *Feminist Methodologies for International Relations*, Cambridge Universi- ty Press: 62-87.

White, Hayden, 1973=2017, *Metahistory: The Historical Imagination in Nineteenth- Century Europe*, The Johns Hopkins U.P. (=2017 岩崎稔監訳『メタヒストリー ——九世紀ヨーロッパにおける歴史的想像力』作品社).

Wickert, Christl, 2002, Tabu Lagerbordell: Vom Umgang mit der Zwangsprostitution nach 1945, in: Eschebach/Jacobeit/Wenk eds., *Gedächtnis und Geschlecht: Deu–tungsmuster in Darstellungen Nationalsozialistischen Genozids*, Campus: 41-58.

증언집

한국정신대문제대책협의회 · 정신대문제연구소 엮음 1993『강제로 끌려간 조선인 군위안부들』 증언집1, 한울.

——엮음 1997『강제로 끌려간 조선인 군위안부들』 증언집 2, 한울.

——엮음 1999『강제로 끌려간 조선인 군위안부들』 증언집 3, 한울.

한국정신대문제대책협의회 2000년 일본군 성노예전범 여성국제법정 한국위원회증언팀 2001『기억으로 다시 쓰는 역사 : 강제로 끌려간 조선인 군위안부들 4』 풀빛.

한국정신대문제대책협의회 2000년 일본군 성노예전범 여성국제법정 한국위원회 · 한국정신대연구소 2001『강제로 끌려간 조선인 군위안부들 5』 풀빛.

한국정신대문제대책협의회부설 전쟁과여성인권센터연구팀 엮음 2004『역사를 만드는 이야기—일본군 '위안부' 여성들의 경험과 기억 : 일본군 '위안부' 증언집 6』 여성과 인권.

기독살림여성회 편, 2004『전북지역 일본군 '위안부' 생존자의 이야기』 봉천.

대일항쟁기 강제동원피해조사 및 국외강제동원희생자 등 지원위원회 편, 2013『들리나요? 열두 소녀의 이야기』 국무총리소속 대일항쟁기 강제동원피해조사 및 국외강제동원희생자 등 지원위원회.

집필자 소개

야마시타 영애山下英愛

1959년생으로 분쿄文教 대학 문학부 교수이다. 전공은 한국문화론이다. 저서로는 『내셔널리즘의 틈새에서—'위안부' 문제를 보는 또 하나의 시각』(2008), 『여자들의 한류—한국 드라마를 읽다』(2013) 등이 있다.

기노시타 나오코木下直子

1978년생으로 특정비영리활동법인 사회이론·동태연구소 연구원이다. 전공은 사회학, 역사사회학, 젠더론이다. 저서 및 논문으로는 『'위안부' 문제의 담론공간—일본인 '위안부'의 불가시화와 현전』(2017), 「페미니즘 운동에 있어서 일본인 '위안부'—1970년대 우먼 리브의 텍스트를 중심으로」 등이 있다.

오카다 다이헤이岡田泰平

1971년생으로 도쿄 대학 대학원 총합문화연구과 교수이다. 전공은 동남아시아사이다. 저서 및 논문으로는 「전시성폭력을 어떻게 재판할 것인가—세부 막탄섬의 코르도바의 사례를 통해」(2014), 『'은혜의 논리'와 식민지—미국 식민지기 필리핀의 교육과 그 유제』(2014) 등이 있다.

챠조노 도시미茶園敏美

1960년대생으로 리쓰메이칸立命館 대학 산업사회학부 강사이다. 전공은 비교젠더연구, 역사사회학이다. 저서로는 『또 하나의 점령—섹스라는 접촉지대에서』(2018), 『빵빵이란 무엇인가—캐치라는 점령기 성폭력과 GI와의 친밀성』(2014) 등이 있다.

이노마타 유스케猪股祐介

1976년생으로 특정비영리활동법인 사회이론·동태연구소 연구원이다. 전공은 역사사회학이다. 논문으로는 「호모소설한 전쟁의 기억을 넘어서—'만주이민여성'에 대한 전시성폭력을 사례로」(2015), 「만주이민 여성과 전시성폭력」(2013) 등이 있다.

히구치 게이코樋口恵子

1932년생으로 도쿄 가정대학 여성미래연구소 소장이며 동 대학 명예교수이다. 전공은 가족관계학, 여성학이다. 저서로는 『여자의 교육방식—사랑과 자립을 향한 출발』(1978), 『대요양시대를 살다—긴 인생을 마음껏 기뻐할 수 있는 사회로』(2012) 등이 있다.

히메오카 도시코姫岡とし子

1950년생으로 도쿄 대학 대학원 인문사회계연구과 명예교수이다. 전공은 독일 근현대사, 젠더사이다. 저서로는 『역사를 다시 읽다—젠더로 본 세계사』(공편저, 2014), 『유럽의 가족사』(2008) 등이 있다.

나리타 류이치成田龍一

1951년생으로 니혼日本 여자대학 인간학부 교수이다. 전공은 역사학(근현대 일본사)이다. 저서로는 『근현대 일본사와 역사학—고쳐 쓴 과거』(2012), 『'전쟁 경험'의 전후사—이야기된 체험/증언/기억』(2010) 등이 있다.

사토 후미카佐藤文香

1972년생으로 히토쓰바시 대학 대학원 사회학연구과 교수이다. 전공은 사회학, 젠더 연구이다. 저서로는 『군사조직과 젠더—자위대의 여성들』(2004), 『젠더 연구를 계승하다』(공편저, 2017) 등이 있다.

전쟁과 성폭력의 비교사

가려진 피해자들의 역사를 말하다

발행일 2020년 8월 28일

엮은이 우에노 지즈코 · 아라라기 신조 · 히라이 가즈코
옮긴이 서재길
펴낸이 박영희
편 집 박은지
디자인 최소영
마케팅 김유미
인쇄·제본 AP프린팅
펴낸곳 도서출판 어문학사
서울특별시 도봉구 해등로 357 나너울카운티 1층
대표전화: 02-998-0094/편집부1: 02-998-2267, 편집부2: 02-998-2269
홈페이지: www.amhbook.com
트위터: @with_amhbook
페이스북: www.facebook.com/amhbook
블로그: 네이버 http://blog.naver.com/amhbook
다음 http://blog.daum.net/amhbook
e-mail: am@amhbook.com
등록: 2004년 7월 26일 제2009-2호

ISBN 978-89-6184-958-6 (93910)
정가 23,000원

이 도서의 국립중앙도서관 출판예정도서목록(CIP)은 서지정보유통지원시스템 홈페이지(http://seoji.nl.go.kr)와 국가자료종합목록 구축시스템(http://kolis-net.nl.go.kr)에서 이용하실 수 있습니다. (CIP제어번호 : CIP2020031846)